审计判断学

李敬 / 著

图书在版编目(CIP)数据

审计判断学/李敬著. —上海：立信会计出版社，2018.3
ISBN 978-7-5429-5731-3

Ⅰ.①审… Ⅱ.①李… Ⅲ.①审计学—研究 Ⅳ.①F239.0

中国版本图书馆 CIP 数据核字(2018)第 043415 号

策划编辑	窦瀚修
责任编辑	洪梅春
封面设计	南房间

审计判断学

Shenji Panduanxue

出版发行	立信会计出版社
地　　址	上海市中山西路 2230 号　邮政编码　200235
电　　话	(021)64411389　　传　真　(021)64411325
网　　址	www.lixinaph.com　电子邮箱　lxaph@sh163.net
网上书店	www.shlx.net　　电　话　(021)64411071
经　　销	各地新华书店
印　　刷	常熟市梅李印刷有限公司
开　　本	787 毫米×960 毫米　1/16
印　　张	18.5
字　　数	392 千字
版　　次	2018 年 3 月第 1 版
印　　次	2018 年 3 月第 1 次
印　　数	1—3100
书　　号	ISBN 978-7-5429-5731-3/F
定　　价	40.00 元

如有印订差错，请与本社联系调换

前　　言

　　为审计判断活动构建一套专业学说是一件冒险而又艰辛的事情。冒险的因素很多，主要包括构建的体系是否存在缺陷、思考的结果是否缺乏利用价值等；艰辛的因素也很多，主要包括开创一门学说所要具备的能力、总结审计判断活动实践经验与上升为理论的困难等。理想和现实总有一步之遥。对于我而言，近三十年的审计时光，映射了人生最美好的阶段。时至今日，如果还停留在原地，没有这些思考和探究，那确实是无法原谅自己的。

　　本书的框架内容涉及：审计判断学概述（审计判断认知、审计判断释义及特征、审计判断力与判断主体要求）、审计判断学基本原理的构建（审计转化判断原理、审计假设判断原理、审计因果判断原理、审计逻辑判断原理、审计解构判断原理、审计风险判断原理、审计价值判断原理）、审计判断学运用原理及实证分析（审计判断评估与决策，审计判断策略与设定，审计判断测试、验证及认定，现代审计判断发展），以及若干审计判断活动实践经验总结。实践经验总结主要以判断案例为主，穿插在每一个重要论述环节。其中，审计判断基本原理构建的内容有七个：转化判断原理、假设判断原理、因果判断原理、逻辑判断原理、解构判断原理、风险判断原理和价值判断原理。转化判断原理和解构判断原理来源于对审计执业判断实践过程的思考，逻辑判断原理和因果判断原理来源于哲学的引导，风险判断原理和假设判断原理来源于审计学和其他专业领域的启发，价值判断原理来源于运用判断时的内在力量的支撑。对每一个基本原理的阐述，都涉及对审计判断活动的思考和总结，并且在基本原理之中深入探讨了判断信念、整体性、重要性等审计判断概念。

　　组成审计判断运用原理的内容有：判断评估与决策，判断策略与设定，判断测试、验证与认定。审计判断运用原理部分结合大量判断实践活动，按照审计准则和审计判断双向驱动实证分析，主要以列表方式为实务工作者提供借鉴和思考。

　　关于审计判断主体要求及提升和现代审计判断发展，主要探讨了判断力、判断发展方向等一些具体的细节，是为了促进审计判断学不断丰富和完善而考虑的。

　　完成这本书用了十年的时间，思考的时间还更漫长，有些思考不断涌现又不断地被否定,思想的空间到处是散落的片断,而形成书面文字是殚精竭虑和凝神忘世的过程,真是"别有一番滋味在心头"。今天,终于将这些思考的片断精心串联起来,组成一个整体,有幸呈献给热爱和关注审计事业的人们。倘若说这本书还有一些思想的火花,还有一些值得启迪的东西,那都是来自一颗愿与您分享的真诚之心。

李 敬

2018 年 3 月

目　　录

第一部分　审计判断学概述

第一章　审计判断认知 … 2
第一节　审计判断的形成 … 2
第二节　审计本质与审计判断 … 6
第三节　审计理论或结构中的审计判断 … 11
第四节　审计概念与审计判断 … 14
第五节　审计实务中的审计判断 … 18

第二章　审计判断释义及特征 … 23
第一节　审计判断释义、目的与分类 … 23
第二节　审计判断的特征 … 27
第三节　审计判断主体及整体观讨论 … 33

第三章　审计判断力与判断主体要求 … 37
第一节　审计判断力 … 37
第二节　审计判断主体的知识要求 … 43
第三节　审计判断主体的能力要求 … 46
第四节　审计判断主体的素质要求与道德训练 … 51

第二部分　审计判断学基本原理的构建

第四章　审计转化判断原理 … 57
第一节　转化与判断 … 57
第二节　转化判断中的信息与识别 … 62
第三节　判断经验与转化 … 68
第四节　判断信念与转化 … 71

第五章　审计假设判断原理 … 77
第一节　假设与判断 … 77
第二节　审计假设对判断的影响 … 82
第三节　假设判断创建 … 86
第四节　审计判断设定 … 89

第六章　审计因果判断原理 … 93
第一节　因果律概述 … 93
第二节　因果关系与判断 … 97
第三节　结构、动机和行为 … 101

第七章　审计逻辑判断原理 … 105
第一节　逻辑判断属性 … 105

第二节 逻辑判断推理	108
第三节 问题、线索与标准	113
第四节 审计证据与逻辑判断	123

第八章 审计解构判断原理 · 131
第一节 整体与判断	131
第二节 分解判断原理	135
第三节 重构判断	141
第四节 重要性判断	144

第九章 审计风险判断原理 · 154
第一节 风险概述	154
第二节 风险判断	157
第三节 风险判断思路、决策和影响	164

第十章 审计价值判断原理 · 173
第一节 价值判断原理概述	173
第二节 价值判断理念、指引与分歧	178
第三节 价值判断相关内容分析	181

第三部分 审计判断学运用原理及实证分析

第十一章 审计判断评估与决策 · 186
第一节 审计判断评估	186
第二节 内部控制判断评估	188
第三节 风险判断评估	192
第四节 全面判断评估	202
第五节 评估方法与步骤	216
第六节 审计判断决策	219

第十二章 审计判断策略与设定 · 225
第一节 审计判断策略分析	225
第二节 审计程序或判断程序	233
第三节 审计判断设定运用	239

第十三章 审计判断测试、验证及认定 · 253
第一节 判断测试与验证概述	253
第二节 判断测试与验证的具体运用	257
第三节 审计判断认定	264

第十四章 现代审计判断发展 · 280
第一节 现代审计判断	280
第二节 审计判断现状分析	283
第三节 现代审计判断发展需构建的内容	286

第一部分　审计判断学概述

　　审计判断学是关于审计实践活动的一门专业技能学问,在长期的实践当中依附于审计事物,伴随审计事物不断适应人类经济社会活动的发展而发展,形成了不同于其他专业技能的特有框架和内容。审计判断的本质是对整体经济事实的把握,获取事实的真相,消除既成事实的不确定性。因而,它既能作为既成事实的鉴证,又能从中发现问题和查找原因,甚至对未来作出有依据的预测。审计判断从审计本质属性当中汲取动力,维护审计活动运行,在运行中不断丰富,形成涉及审计判断转化与解构、审计判断假设与设定、审计判断测试与认定、审计判断评估与决策、审计判断效能与风险等核心框架内容,与当今审计理论和实践紧密结合,在融合众多个体判断活动之后逐步发展为现代审计判断,更多地体现为有组织的集体判断行为,现实地成为审计活动的真正驱动,为审计这一事物的价值及各项功能得以实现提供保证和服务,正朝着规范有序、科学合理的道路行进。同时,现代审计判断学的提出以及在实践中运用,已渐渐彰显自身魅力。当然也有待进一步的深入研究和拓展,使之更加符合一门专业技能学问所应有的内涵和特色。

第一章　审计判断认知

"世有伯乐,然后有千里马。千里马常有,而伯乐不常有。"

——[唐]韩　愈

"人要是由于缺乏一种确定的知识而没有什么可以来指引自己,就会在生活的大部分行动中处于犹疑不决的状态。人常常必须满足于一种单纯的概然性的朦胧状态,而在这方面所用的功能就是判断。"

——[德]莱布尼茨

第一节　审计判断的形成

在对审计判断认知之前,有必要了解什么是判断。根据《辞海》的解释,判断是对事物的情况所作的断定。判断通常被认为是一种主观意义的意识活动和形式。我们知道,判断的过程,本身就是认知的过程。凡是具备对事物的情况有一定断定能力的人都会使用判断。在这里,我们没有必要对人类个体判断的形成和发展作深入的分析研究,那是哲学家、生理学家或心理学家的事情①。我们是否可以考虑,简单地论及人的一般生理判断和心理判断,以及人类社会活动中专业判断的形成,用以启发对判断以及审计判断的初步认知。

一、个体判断与专业判断

人的生理判断在先天和后天过程中,自然地与周围环境契合形成,人们可以通过身体感官来判断周围的环境状况。例如,通过眼睛判别物体的形状大小、色彩差异、光线明暗等;通过声音判别人和物的远近距离、高低差别、亲疏关系等。这是一个自然赋予的奇妙功能,因为绝大多数人都能拥有,所以显得较为平常。相较于生理判断,人的心理判断却

---

① 康德哲学所表述的中心就是"先天综合判断如何可能"的问题,提出了知性的范畴,强调自然科学和数学知识可能是由于先天的认识形式对感觉材料进行统摄的结果。黑格尔在《逻辑学》中认为一切事物都是一个判断,提出:"判断是概念在它的特殊性中。判断是对概念的各环节予以区别,由区别而予以联系。在判断里,概念的各环节被设定为独立的环节,它们同时和自身同一而不和别的环节同一。"洛克在《人类理智论》当中提出:"所谓判断,就其本义而言,就是在未确知其然时,就假定其然。"怀特海将其称为推理性判断。

是一个非常复杂的过程,会涉及感觉、表现、感情和意志,以及逻辑和语言的使用,属于人的意识范畴,主要是通过思维来推断事物存在的状态或发展的某种趋势。如对于刮风下雨等自然现象,人们可以集中观察到的无数简单的现象累积形成经验来作出判断,这些积累的经验往往能预测并反映出事物的真相,因而会不断接近事物运行的规律①。人的生理判断与心理判断是和谐、统一的,共同组成人的判断能力。当然,这种判断能力的显现或运用还有赖于知识、经验和诸多技术方法的保证。

我们认为,个体判断是一个心智(意识的一部分)作用于外物的过程,属于意识范畴,融合到人的实践行为中去后,判断的终极意义在于找寻事物的规律以求自身的生存和发展。随着自然社会的演变,人的智力得到开发并逐步走向成熟,对客观事物的认知程度不断加深,个体的判断具备了深度和广度,群体的经验也不断积累和传承,人们历经实践到理论,再从理论回到实践,周而复始,最终在某些领域中形成了独特的判断。这就是所谓的专业领域判断,具备了职业化和社会化的特点②。当然,各类职业的发展也必定是经过了相当漫长的过程,不同时期有不同的特点,贝勒斯所列举的职业的特点当属现代职业的一般特点。他认为职业训练当中应排除师徒相传的方式,也许是出于这种方式固有的一些局限和弊端考虑的(如知识的非系统性),其实在许多需要大量判断的专业领域当中,带教方式是有用的而且是最有效的一种,只是不再以师徒关系称谓,而是建立一些改良的新型带教模式。审计职业领域当中涉及大量判断,其职业训练的内容不能忽略带教,这是由于该专业的知识还需要在实践中运用并顺利转化成各种能力。

我们认为,最初的专业领域判断的形成,其出发点应该是围绕人的自身生存和发展,即从密切关系到人的自我及其衣食住行等领域中发展起来的。人首先要关注自我的身体,一切对身体运转的异常,都会格外受到重视,因此,医学专业上的判断是起源较早的专业判断领域之一。我国古代《黄帝内经》所述医学领域中,有关医学判断的记载也有很多,这些都是长期经验积累而形成的判断,可以成为佐证。例如,经书中拿一个人的饮食喜好对身体的影响作出这样的判断:"所以多吃咸味的东西,会使血脉凝滞,而面上无光;多吃苦味的东西,会使皮肤干燥而毛发脱落;多吃辛味的东西,会使筋拘挛而爪甲枯槁;多吃酸味的东西,会使肉坚厚而唇缩;多吃甜味的东西,会使骨骼发生疼痛而头发脱落。这就是五味偏食的情况。所以心喜欢苦味,肺喜欢辛味,肝喜欢酸味,脾喜欢甜味,肾喜欢咸味。

---

① "以前船夫从船桨头搅起的水涡上寒气的大小判断天气的冷暖,牧民'冬宰'时能从血液在手上凝结的情形判断气温的变化。如此他们从生活历练中积累了非常丰富的气象知识……人们平时观察的现象有水鸥至、燕子归、马熊产仔、食古雕筑巢、雪猪眠毕、桃树花开、草籽结实、草山转色、树胶溢出等,这些成为藏历中最具民族特色的地方。"——西藏历算学家 贡嘎仁增

② 按照贝勒斯的观点,一种确定的职业具有如下特点:①职业人员必须接受相当时间的教育训练,一般要完成大学教育;②职业训练的内容以系统化的知识为主,而非师徒相传的技能或技艺;③职业训练以服务为导向,旨在帮助解决一般公众个人所难以解决的事务;④采用专业认证制度;⑤成立专门学会或专业团体;⑥专业人员享有工作的自主性。

这就是五味与五脏的和合协调。"① 在经书中这类中医学上的判断,比比皆是,蔚为可观,至于这些判断是否科学、是否普遍适用等还有待详加考察。任何专业领域判断从产生到走向科学都有一个漫长的过程,审计判断也不例外。审计判断的形成是由众多因素决定的,其表现出来的普遍现象是:社会实践发展产生审计事物以及人在审计实践活动中不断运用判断,其最为直接和根本的因素是审计事物运行的过程内在性地要求判断行为渗透其中,最终形成审计领域的专业判断。审计判断活动绝大部分是面向历史的回溯证明过程,需要收集大量信息和判断信息的真实可信,尽可能还原所判断客体的真实原貌,并依据目标或标准要求形成相关审计证据,从中得出合理可靠的判断意见,进而解决复杂而多元的经济事项带来的诸多问题。由于经济活动和事项被转化为信息后受时间或期间假设限制,其回溯性和延续性有明显的分割标志。审计师所判断的客体应该是现实存在的,尽管有时也会对延续性的未来事项进行预测或判断,但毕竟缺乏足够的证据予以证实。从严格意义上来讲,这种对未来事项的判断只是审计师判断产品的附加值,只能作为某种特殊的服务提供给决策者,并非审计判断活动的主要产品。在此过程中,审计判断活动受到审计事物本身规定性(包括审计功能、任务目标与标准要求、意见与结论等内容)、审计判断主体和审计判断客体以及外部环境条件等因素影响,在不断实践的过程当中最终形成审计判断,判断活动体现出设定与分析、测试与验证、认定和报告等科学判断特征。

二、借鉴与比较

要在审计领域内作出一系列论断,必须兼顾所有其他专业的研究成果。专业领域判断之间的相互借鉴与比较,是人们在发展不同专业领域判断时所要面临的任务,其中最为主要的是方法与手段的借鉴,以及价值与功能的比较。

我们引用医学判断实例还出于一种考虑,即医学判断实例和内容成果是目前人类专业判断领域最为丰富和值得关注的,它既是一门古老的专业,又是一门不断发展的前沿专业,其中包含了许多专业判断领域发展需要借鉴的东西。现实中,许多人往往用医生的职业来比喻审计职业。例如,一个是身体健康运转的"卫士",另一个是经济健康运转的"卫士"。既是指两者在判断的方法和手段上的类似,又是指对两者在价值与功能意义上的暗合。尽管医学判断和审计判断在价值与功能实践上相差甚远,存在明显的差异,但不可否认,两者在实践活动上的确有相似的部分,那就是都需要运用一定的判断方法与手段。例如,中医诊断的"望、闻、问、切"等方法②,西医的观察、检查、测试、各项指标分析等手段,

---

① "是故多食咸,则脉凝泣而变色;多食苦,则皮槁而毛拔;多食辛,则筋急而爪枯;多食酸,则肉胝而唇揭;多食甘,则骨痛而发落。此五味之所伤也。故心欲苦,肺欲辛,肝欲酸,脾欲甘,肾欲咸。此五味之所合也。"——《黄帝内经》五脏生成篇第十

② "善诊者,察色按脉,先别阴阳,审清浊,而知部分;视喘息,听音声,而知其苦;观权衡规矩,而知病所主;按尺寸,观浮沉滑涩,而知病所在。以治无过,以诊则不失矣。"——《黄帝内经》阴阳应象大论篇第五

这些方法与手段在审计判断过程中也会得到借鉴、演化运用，主要是指审计活动中的各种审计程序和技术方法。此外，专业判断过程一般会沿袭传统或变革而形成某一种步骤，这种步骤包含了各种方法与手段的运用，使得专业判断过程在实践的形式上出现类似现象。因此，许多专业判断的结论和成果的利用是不同的，这是判断在价值与功能实践上的差异决定的，但在判断过程中由于步骤、方法与手段等外在形式类似，会表现出一定的相似性，即便是关于战争中的有关判断亦不例外①。

不同专业判断领域的判断过程之所以表现出相似，其主要原因是专业判断过程不约而同地走向了科学化研究的判断之路。一般的科学化研究过程有几个关键环节：观察事物的现象并提出问题和需求、对事物的整体和各要素提出一系列假设、收集相关可验证的证据不断测试分析各项假设、评估证据并且得出相关结论。审计判断过程同样具备这些科学化判断研究的关键环节，一旦脱离这些环节，审计判断的研究和发展就会遭受挫折。

因此，审计判断的发展必然是建立在多学科交叉融合的基础上，从各领域专业判断互相渗透和融合的成果中汲取养分。尽管每一个专业判断领域的形成与发展，由于价值与功能上的差异，支撑其存在和变化的一些原理或具体实践并不相同，各有特色，但一般的专业判断的步骤方法最终都会沿着科学化之路前行。

审计判断与专业判断的关系，一定程度上是局部和整体的关系，审计判断正是专业判断领域中的一个细小分支，用系统论的观点来看，就是专业判断领域这个大系统里的小系统。审计判断有自身的体系和特色，研究它的形成一方面离不开上述专业领域判断大系统的形成，同时更要综合考量审计这一事物的产生以及审计本身的历史沿革。可以这么说，历史上开始出现审计活动的时候，审计判断便也随之出现，可谓"如影随形"，这是基于审计这一事物无法离开专业判断而言的（在没有特指的情况下，本书将把审计职业判断或审计专业判断，简称为审计判断或判断）。笔者认为，诸如此类的专业判断已经扩展到政治、经济、医学、法律、战争等领域，各专业领域又相互交织，相互影响，摆脱彼此孤立，形成彼此关联，最终衍生出新的判断领域。值得注意的是，我们现在来探讨审计判断的问题，是把它作为一门独立的学科加以尝试研究分析的，由于审计判断与其他专业判断在价值与功能实践上的差异性，所以将更加关注审计判断活动内在规律的约束和指引，更加关注审计判断主体独特的判断思维，更加关注审计判断活动实践运行的经验积累和拓展，这些显然离不开审计这一事物本身的形成和发展，离不开现实中各专业领域的成果影响，离不开科学化的研究方法的运用，甚至离不开哲学的指导。

---

① "指挥员的正确的部署来源于正确的决心，正确的决心来源于正确的判断，正确的判断来源于周到的和必要的侦察，和对于各种侦察材料的联贯起来的思索。指挥员使用一切可能的和必要的侦察手段，将侦察得来的敌方情况的各种材料加以去粗取精、去伪存真、由此及彼、由表及里的思索，然后将自己方面的情况加上去，研究双方的对比和相互的关系，因而构成判断，定下决心，作出计划，——这是军事家在作出每一个战略、战役或战斗的计划之前的一个整个的认识情况的过程。"——《中国革命战争的战略问题》 毛泽东（1936年）

第二节　审计本质与审计判断

审计判断离不开审计这一事物，必然也就离不开推动审计产生的动因或审计的根源，即审计的本质。因此我们有必要探究一下审计本质，以期加深对审计判断的认知。在这里，我们经过深入思考，想提出一种关于审计本质的新的理解，以期使得审计事物本身更具包容性和完整性，从而推进对审计判断的认知更加深入和准确。

一、审计本质探究

人们往往喜欢追寻事物的根本，探究事物的规律，不断证明又不断更新，在否定之否定的过程中展现人性探索意识之美，期望对事物了解得更加清晰透彻，以至于接近真理或把握真理，其实这就是人类文明进步的核心力量。当然，到目前为止，还有许多未被真正找寻和把握到的东西，这些都将激励一代又一代人上下求索。探究审计的本质也是如此，当审计这一职业在现代世界成为普遍，审计的价值及功能作用在整个经济社会运行中得到一定体现，相应地，人们对审计这一事物的认知度也在不断提高，更加迫切地想探究审计的本质。

我们认为，探究审计本质的意义在于：首先，通过对审计本质的探究，可以将过去、现在和未来的审计现象建立一种内在的联系，使得各个时期的审计特征得以诠释，而且还能合理预期未来时期的审计行为，从而真正掌握审计这一事物的客观规律。其次，从审计本质出发，可以构建一个科学完整的审计理论体系，只有找到根本，才有这样的可能性，一个事物的根本都不存在或存在着不被认知，研究这个事物很难在理论上有所建树。最后，探究审计本质愈加深刻，不仅可以解决许多重大的审计理论问题，提供审计发展的方向，还可以切实地指导审计实践，尤其会加深对审计判断的理解，避免前进的误区，推动整个审计事业的蓬勃发展。

审计本质在一定程度上可以理解为审计这一事物产生和发展的动因，它不是任何人主观臆断的产物，体现的是审计自身所固有的一种根本的属性，能够决定审计事物的性质、功能和发展。到目前为止，人们对审计本质的探究从未停止过，也取得了不少进步。现实中我们会经常见到对审计的不同定义，或者用定义审计本质来简单替代定义审计，实际上对审计的定义只能一定程度上来认识其本质，而不是展现审计本质自身，也可以这样认为，正是对审计本质的认知不同，导致了对审计定义的不同。如早期的"查账论"，认为审计就是会计检查，即检查会计或财务报表的有关材料。这就是所谓的传统审计论，曾经普遍为大众所接受。随着审计的发展，又出现了近代的"系统过程论"，美国会计学会在《基本审计概念说明》中对审计做了这样新的定义："审计是一种客观收集和评价与经济活动及事项有关的认定的证据，以确定其认定与既定标准之相符程度，并将其结果传递给利害关系人的系统过程。"这种定义通过揭示审计这一事物的运行现象，用系统论的观点加以概括,但没有对审计本质进行深层次揭示。后期我国审计理论界提出了"审计是一种经济监督,且是一种特殊的经济监督"的论断,也许这类论断一定程度上与权力本位思想及实用论影响有关,从监督、控制、管理或治理等功能定位方向出发,揭示的是审计所承载的各项现实功能。国内目前流行的一种由于受托经济责任论的影响而产生的"经济控制论",认为审计本质是一种确保受托经济责任全面有效履行的特殊的经济控制,从受托责任在现实运行的规律出发,把推进审计加速发展的新生模式视同审计本原。这些论断都有值得商榷的地方。

在这里,我们所思考的审计本质观点,认为对审计这一事物的定义不能替代对审计本质的定义,两者不是同一个概念,审计本质是审计这一事物产生的动因或形成的原始意图,具备该事物发展的核心能量。审计的定义是在现实中根据这一事物的功能、目标以及行为过程的高度概括,具备多面性和宽泛性。可以看出,审计这一事物在出现后的不同历史时期,时常会有不同的定义,在同一时期政治、经济社会发展程度不同的国家也有着不同的定义。但纵观整个经济社会发展的历史过程,很多国家却不约而同地出现了审计这一事物,这都是由审计本质决定的。为此,笔者认为,审计本质是审计自身所特有的,有别于其他事物的根本特征,体现了经济社会活动中的客观规律。我们不需要花费太多时间和心血去定义审计本质,以免失去探究审计本质的真正目的。对审计本质的探究,即便定义看起来挺完美的,也能解释一些以往和现实的审计现象,但是如果从里面找不到真正推动审计科学发展的内核,那是很遗憾的,因为正是这种内核在源源不断地提供能量,促使审计这一职业不断前行,只是我们很难发现它罢了。

二、利益互信需求

审计的本质是有其深刻的内涵的,探究其最初的动因或根本应当建立在普遍人性、经济活动规律运行等的基础上,我们尝试提出一个关于审计本质的新的观点,希望引发对审计本质的再认知。这里尤其是要对普遍人性中的信任问题进行关注。社会发展中有一种不可缺失的推动力量,那就是来自彼此信任的力量。所谓信任,是一方对另一方的信赖或期望,是凝结经济社会中各种关系发展的基础,也是人类内心意识指导行为的积极因素。经济行为大部分皆由人的需求所产生,接近真实的需求必然依托人性为出发点。因此普遍人性与经济活动规律运行是结合的。在面对人组成的社会所创造的经济活动和事项时,如何适应与发展,人与人之间的相互信任很重要,否则人们开展的经济活动和事项很难正常与持久,这就是普遍人性中的利益互信需求(我们可以把参与或关注经济活动和事项的人们,称为利益互信群体)。利益互信需求无法也不可能自动实现,由于涉及利益动机、现实利益等多种因素影响,现实当中不可能存在绝对的互信[①],尤其是在纷繁复杂的经济活动和事项中,除了寻求基本的道德框架中的诚信体系予以自律和制定恰当的法律

---

① 利益是谎言的温床,尤其当利益关切自身。

加以保护，仍然缺少全面的、整体的维护。由于互信自律是道德前提，代表产生预期的基础；法律制裁主要针对事实结果，代表对违信的惩罚，在这中间，还需要有一种外在的、现实的和独立的利益互信平台（平台在这里是指初始的、没有具体承载物的状态），来满足利益互信群体之间相互信任的需求，即在事物运行的动态过程中维护利益互信，这样才能有一个实现互信需求的完整的循环。如何能够在经济活动中的风险（不确定性）状况下保持一种信赖？而这种一方对另一方可信赖或期望的主观意识是否需要现实来加以维护或检验？答案是明确的，如果能够将众多的经济活动和事项适时地经过分析判断，筛选出具有价值力和影响力的东西，形成一种近于客观公正的意见或定论，充分展现在这利益互信平台上，提供一种让人们对事实情况确信的合理保证，以便人们作出相应的选择或决策，那么这样的一种平台，基本可以满足人们相互信任的需求。利益互信需求是第一步的，是首要层次，具备源和开端的属性，只有满足了互信需求，才会上升到决策需求等目的层次。探索满足利益互信需求是紧随其后的，在各种条件充分具备的情况下，使用法律、制度或契约等形式可以构建这样的利益互信平台。因此，利益互信需求促发了审计事物的产生。笔者认为，审计的本质就是利益互信群体在经济社会活动交往当中，渴求建立一个利益互信平台，确保人们对经济活动和事项的事实状况究竟如何作基本了解和掌握，以期达到互信的预期目的。这就是我们思考的利益互信需求理论。

三、利益互信平台及特征

利益互信平台在没有构建之前属于人性利益互信需求的抽象概念，只是一种愿望或需要，呈理想化状态，一旦外界诸多条件具备时，必定会从抽象走向具体。这种具体的产物就是审计事物。当然，这种利益互信平台的构建要想真正达到完美的状态，需要走过漫长的时期，不可能一蹴而就。具体的利益互信平台会体现出外在的、现实的和独立的三个特征。

（一）关于外在的特征

外在的，是指这个平台的建立和运行不是虚幻的或停在主观愿望当中，而是确实可行的，只要外部条件及相应环境许可，如政治、经济等发展到适当程度，通过相应的法律制度来规范或引导人们共同参与，就能形成这样一个实实在在的利益互信平台。外在性取决于客观条件和环境的发展，如会计的发展、政府的集权和经济市场的发育成熟度等。纵观各国经济社会发展史可知，会计的发展较好地完成了对经济信息的收集、整理和记录，形成会计信息，一定程度上能够反映经济活动和事项，在此基础上才有可能透过会计信息反观原本的经济活动和事项，从而得出人们需要的论定，进而为搭建人与人在经济活动中的利益互信平台，提供了必要条件，因此会计起源和发展必定早于审计。同样，在各个国家统治者的强权下，才有足够的能力构建这样一个利益互信平台，因此会率先启动和运作，这就是政府审计必然比民间审计先行一步的原因。同时，市场经济的繁荣和相应的企业集团自身庞大，自然催生了民间审计和内部审计的出现。在理想的计划经济时代，民间审计的发展是受严重制约的。

（二）关于现实的特征

现实的，是指这个平台具备满足人们利益互信需求的价值以及衍生的一些特定功能和作用，同时还要考虑在正常情况下利用标准和技术手段是能够实现建立平台的目的以及平台运行的结果被普遍接受的现实。也就是说，对事物发展变化的事实状况认定结果在平台上的展现具有现实性和价值性，其展现的结果这种推断或认定是合理存在的，能够得到普遍认同，人们都可以加以利用，这样才能够满足人们利益互信的需求。普遍接受的现实基础是：只要某个将被展现的事物其事实状况有相应的客观参照标准，采取适当的技术方法一定程度上能还原其本来面貌，就能根据客观参照标准规定对事物的事实状况提出评价或认定。现实基础在逐步建立的过程中，被验证是可行和合理的，那么许多事物就能够在平台上充分展现，并得到普遍接受。现实性紧紧围绕普遍人性中利益互信群体的要求，提出了对审计判断合理运用的命题，以及技术方法等手段的利用，审计判断作出的结果能够被普遍认同这一现实基础的合理存在，使得利益互信需求的价值以及衍生的一些特定功能和作用能够发挥，并且符合审计判断结果是可以公开的、毫无隐蔽的愿望。那么，由谁来完成这个合理解决利益互信需求的使命？满足外在性的存在和现实性运行的可能同时，还需要执行主体。

（三）关于独立的特征

独立的，是指平台自身不受任何他人的制约和影响，以及具体实施者与平台所展现的事物无根本利害关系，这个平台的独立性显而易见，实质上和形式上存在一种接近理想化的独立状态。由于独立的，因此在这个平台上将摆放一种独立的事实或意见，即使摆放的事实或意见是大家都已经认可了的，仍然需要独立的第三方来完成，由其对事物发展状况进行判断并发表陈述和评价，目的就是通过独立的平台达成公平、对等，实现利益互信目标。独立性永远是相对的，绝对独立这一使命只能交给上帝去完成。在审计历史的发展中，不难看出追求独立的步伐从来没有停止过，实质上就是为了利益互信群体的真实愿望得以实现。

很明显，基于这种普遍人性的利益互信需求必然导致利益互信平台的不断发展，最终会随着经济社会发展而形成审计这一事物的雏形和后期发展变化的不同模式。利益互信平台的抽象性终于能够具体化，审计这一事物也就成了外在的、现实的和独立的利益互信平台，两者是抽象和具体的关系，是审计事物务实性的一种体现。审计这一事物一旦出现，作为务实的载体，就天然地成为承担这利益互信平台运行的主要角色。随着外部客观条件和环境的推动与影响以及审计事物的自身发展，利益互信平台的功能和内容都会发生变化，这预示着审计从其本质出发后，会拥有众多的功能和作用，能够促进审计领域不断的扩展。

当前利益互信平台的建设，透过审计历史可以清晰地分辨，主要围绕监督、治理、控制和服务等核心功能发展变化，平台内容也随之在不断发生变化，审计社会化趋势明显，表明这一平台一直在努力满足利益互信群体需求。只有从利益互信需求出发,才能真切理解审计社会化的出现,进而理解一定程度上审计可以是对普遍事物的事实发表意见和建议,并非一定要限于会计信息。例如,《蒙哥马利审计学》中谈到"美国审计总署的审计师可能被要求对某架飞机的效率进行审计"。又如,在当今政治领域当中,诸如"伊朗选票事件"出现时人们需要通过审计来对选举情况加以确认。目前的绩效审计、环境审计、自然资源资产审计等新型审计的出现,同样预示着利益互信平台上内容的变化,即满足利益互信需求下的审计功能拓展带来的审计内容的变化。可见,审计本质的利益互信需求内核具备了自身日后发展的源头和规律,这种规律受制于利益互信需求这一特殊的本质属性,虽不能够漫无边际地发展,但至少是充满活力的,不会轻易死亡的。

当然,在探究审计本质的过程中,还有一些别的观点,对审计存在和发展的动因从多个角度去理解,如信息假说(之所以需要审计人员,是因为审计的结果使信息更加可靠,信息越可靠,则对依赖信息的决策者越有用)、代理理论(与企业相关的利益主体不能充分信任代表他们利益的经理人员,他们会怀疑经理人员从企业为自己谋求不正当的利益)、保险假说(为那些依赖须经过审计信息的使用者提供了一定程度的保险)、受托经济责任(所有的经济责任皆由受托关系组成,经济责任的全面有效履行需要特殊的控制人,认为审计是在两权分离所形成的受托责任关系下,基于经济监督的客观需要而产生的)、冲突理论(认为财务报表的提供者和使用者之间的利益冲突需要外部独立专家发表意见)、行为论(认为审计可以促使各层次的职员自觉遵守企业的各项内部控制制度且认真有效工作)、多因决定论(认为多方面因素共同导致了审计的出现)等等[①]。值得注意的是,有些观点也提到信任的原因,但观点的核心并非是互信的概念。其中代理理论或受托责任履行的观点,都不可避免地忽视了利益互信的需求,而现实当中,不可否认的一个事实是:被代理人或受托人同样需要给自身一个客观认定,被信任的渴求在人性中从来没有消失过。因此,在经济活动中具体的代理关系或受托责任关系还没有正式成立时,人们也渴求外部世界的信任,期望能平等地参与其中的经济活动或事项。例如,在民间审计验资业务中,出资方需要审计人员出具验资证明,表明自己确实投入了真实资本,以期在未来开展的经济活动中有被诸多各方信任的可能,就是出于这种真实的利益互信需求。

尽管审计这一事物拥有具体性更倾向于务实行为(这是由利益互信需求的外在性和现实性决定的),并不表明对其本质的思考是徒劳无用的一件差事。这和人为什么活着这样的本质命题存在许多思考一样,其探寻的过程始终是有意义和有价值的,尽管现实中人

---

① 关于围绕审计本质探究提出的这些观点,刘华教授评价较为中肯、精辟,他认为以上八种观点各有侧重,均有一定道理。但宛如"盲人摸象",还需要将各种观点有机地结合起来,以得到对审计的全面认识:①查账论是社会对审计的一般认识,查账永远是审计最后的落脚点;②方法过程论是对如何实施审计的最为经典的描述;③经济监督论可用于解释国家审计;④经济控制论最能体现权变思想;⑤代理论可用于解释成熟资本市场的审计制度安排;⑥信息论可用于解释信息不对称条件下的审计机理;⑦保险论可用于解释审计法律责任;⑧行为论可用于解释内部审计则最为恰当。——刘华著:《审计案例研究》第5页,上海财经大学出版社,2009年版。

们依旧在照常生存和发展。对审计本质的探究,对于审计事物的发展有重大影响,必然也会影响到审计判断,即审计本质是审计这一事物产生的源头,审计判断是审计实现其价值及各项功能的支撑,无法进行判断的活动,必然使审计失去作用。当今世界审计活动日益发展,审计判断所要面临的诸多事物将越来越复杂,审计判断如果没有自身的构建就不能应对这一使命,因此,它不仅要有自身发展的空间,还需要有自身的理论架构和实践总结。我们对审计本质探究的新观点,并不代表最后的定论,唯愿在审计这一事物行进的过程中时刻反思其根源,所谓一元复始,万流归宗。这一切只为了重申这样一个道理:只要从审计本质出发,我们就能对审计的自身存在和后续发展有更加深刻的认知,就有希望构建完整的审计理论体系;只要从审计本质出发,我们就能更加自如地掌握审计这一事物运行中的经验规律,包括对审计判断的认知和运用,从而进一步推动审计实践科学发展。

第三节 审计理论或结构中的审计判断

一段时期以来,审计判断的重要性还没有得到足够的重视,尤其是在审计理论界。有一个奇怪的现象,大多数审计理论研究者不愿从审计实践中去发现未被开垦的土地,像审计判断这样重要的事项,会经常被熟视无睹,毫无理由地被放过。实际上在有些审计理论著作中,也很少会把它纳入审计理论架构中加以研究分析,即使注意到,或根据需要提及,仍缺少对审计判断的深入思考,就像让一个孩子独自待在屋子的角落里,使他倍受冷落。造成这种情况的因素也许很多,但至少有这两种原因:一方面,有些审计理论研究者,没有机会在审计实践中得到长期锻炼,对审计判断这种在审计实务行为中出现的东西,不能时时身心感受,无法见微知著,体察精义,因此缺乏深刻理解、全面体会审计判断,即便有所涉及,也是想把它纳入这个或那个领域作些简要理论分析,对审计判断本身的把握没有一种真实感,并非有意采取回避的态度;另一方面,作为审计实务工作者,他们不是以研究为目的的,对审计理论及判断行为研究缺乏持续关注,或者缺少兴趣和思考,即使在整个职业生涯中都在运用审计判断,只不过多数会把它作为一种工具来使用,而工具本身不具备思想,这样使得每个个体的经验判断分散开来,无法聚集在一起加以提炼分析,形成审计判断的理论,用以指导审计实践。我们是否可以冷静下来思考这样一个问题:假设审计确有其理论体系存在,那么审计判断作为在审计实践中长期存在,并始终如一被真实运用和发展的东西,为什么它就不能上升到应有的理论层面呢?我们真诚希望那些热爱审计这一职业以及关注审计发展的人们,共同来探究和丰富这一课题。

在讨论审计判断定位之前,我们觉得有必要再来了解一些相关的审计理论知识,重点对审计理论、审计理论结构、审计概念等作初步认知和回顾,并结合审计本质新论及审计判断相互阐释和印证,这样有助于加深理解审计判断的重要性,以及审计判断与现有的各项审计理论成果的关系,从而进一步显现审计判断在审计理论和审计实务中的应有地位。

一、关于审计理论研究

审计是否有理论？审计是否是会计的分支？审计理论究竟有何作用？这些问题在现在来看显然已找到了明确的答案，但相对于审计的历史来说，审计理论的形成和发展是相当滞后的，审计理论有待开拓的空间和探索的路径太多了。1961年，美国的罗伯特·莫茨教授和埃及的侯赛因·夏拉夫教授合著的《审计理论结构》一书问世，首次将审计理论作为一门独立的学科加以论述，开拓了系统性和整体性审计理论的先河，对多年来审计一直被冠以务实的名分而并非理论性的观念，作出了有力的回应，是审计理论发展的奠基之作。两位教授在书中很清楚地回答了上述这些问题，关于审计是否有理论存在，他们认为："许多人认为审计完全是务实性的，而不是理论性的，对于持这种观点的人来说，审计只是一系列的实务、程序、方法和技术，是一种无须多加论述、调整和论证以形成'理论'的行为。我们认为，审计也有理论可言，在这种理论中，存在着对开展和实施审计有直接帮助的知识。而且，我们相信，通过理解审计理论，可以引导审计人员合理地解决错综复杂的问题。"关于审计是否是会计的分支，他们认为："会计与审计之间的关系是密切的，但它们的性质是根本不同的。两者只是事务上的同事关系，但不存在血缘关系。会计具有收集、分类、汇总和传递财务数据的职能，并具有经济业务和财务状况的计量和传播职能……审计的任务是检查会计计量和传达的妥当性。审计是分析性的，而不是制作性的，它对会计计量和申明的基础进行分析和调查。审计重视证明，即财务报表和数据的证明。因此，审计有其自己的根源，它不是源于它所审查的会计，而是源于赖以支持其观念和方法的客观需求。"接着，他们试图进一步解释清楚会计和审计的关系，勉为其难地用了一个比喻来加以说明，即把会计喻为作者，把审计喻为编辑，揭示他们的差异和互补关系。因此得出一个令人深思的结论："我们不能指望通过研究会计理论和实务来发现审计的基本概念。我们必须更深入一层，必须追究审计职能的本质。"关于审计理论的作用，一是就审计理论本身研究的目的而言，"某种职业没有一个全面的、完整的理论结构来支持，是难以确立的"；二是就审计实践中存在的一系列问题而言，审计理论对实践肯定有指导作用，他们在书中列举了当时审计环境中存在的若干问题，指出需要用理论来加以解决。"要想不依靠任何侥幸，满意地、彻底地解决上述问题，只能求助于形成特定科学原理的基本概念。我们坚信，现在散见于审计文献中的尚欠系统的理论能够融汇在一起，成为完整理论体系中的一部分。这种体系的轮廓一旦被显现出来，就能按合理和一致的原则，为解决前述问题或类似问题提供一个总括的方法。这种理论即使是最基本的方法，对审计人员和审计职业来说，也是有用的。这并不是说我们要在这本薄薄的著作里解决以上列举的所有问题。在本书中，笔者仅仅尝试做一种介绍性的研究工作，只想对建立审计理论的可能性和审计的性质进行探讨。进步常常是迟缓的，我们若能指出其发展方向，就心满意足了。"两位教授提出的这种研究和探索审计理论的精神至今仍然值得推崇。因为，审计理论的发展并不尽如人意，其研究一直受到冷落。直至1982年，戴维·N·里基特在其著作《审计概念与标准》中说:"在会计领域,有许多不同的人员和组织付出了巨大的努力进行会计学的规范性理论和解释性理论的研究,然而,只有极少的人员和组织认为需要审计理论。"美国的审计学家尚德尔教授在其著作《审计理论》中谈到:"在最近的150年中,没有一个学术领域像审计领域这样沉寂。"

审计理论的探索必定要借助于审计实践,从片断的审计理论开始,逐渐走向成熟。迄今为止,人们认为在审计理论界至少有三本著作引人注目,可以代表审计理论研究发展过程中的奠基、确立和发展三个阶段性成果。它们分别是美国的罗伯特·莫茨教授和埃及的侯赛因·夏拉夫教授合著的《审计理论结构》,以美国会计学会名义出版的《基本审计概念说明》,美国的查尔斯·W·尚德尔教授著的《审计理论——评价、调查和判断》。有志于从事审计职业的实务工作者,应该加以研读,对提升审计理论修养和促进审计实践提高都有益处。当前,致力于研究审计理论的人员已有众多,探索审计理论的视野也越发广阔,但有一个严峻的事实摆在眼前,那就是审计理论对审计实践指导远远没有发挥其应有的作用,这不免令人遗憾,尽管大多数人都明白,审计理论的探索和建立,对推动审计实务的发展十分必要。也许,在审计理论和审计实践中间还没有找到一条真实的纽带,把两者紧紧地连接在一起。如果审计判断学在一定程度上既能承接审计理论又能灵活地运用于实践,那么对审计事物而言,将成就它的完整性。

二、关于审计理论结构

一个理论体系的建立应该有一些重要的要素存在,把这些要素有机地组合在一起,才能形成一定的结构或框架,这些结构就是理论的具体表现形式。审计理论也有其体系或结构,初步了解审计理论中的一些设定要素和要素间的内在关系,对认知审计理论结构有所帮助,不仅会给审计理论工作者带来指导和影响,也会让审计实务工作者激发职业想象和加深职业思考。笔者认为,研究审计理论结构的实质,在于促进审计这门学科更加系统化和理论化,在于有效发挥审计理论力量,指导审计实践,进一步推进审计科学发展。

西方审计理论结构研究的先行者,当属前已提及的莫茨和夏拉夫。在《审计理论结构》一书的最后一章里,他们提出了对审计理论结构的设想,主要从研究哲学的性质与含义入手,展开丰富的想象和严谨的认证,设想审计理论结构具体由五个要素组成:基本哲学、审计假设、审计概念、应用标准和实务运用。上述各种审计理论要素有序排列在一起,较为清晰地反映了审计理论各部分之间的内在关系。1978年,美国的查尔斯·W·尚德尔教授著的《审计理论——评价、调查和判断》一书中,进一步提出了对审计理论结构及其基本要素的设想。他认为审计过程是由一系列互相依存的判断和决策链构成的,其中所包含的基本要素有:目的、标准、判断、证据和衡量(标准),书中提到的判断(意见)假设十分引人注目,他认为:"确定审计活动的目的要求有一个中间的或最终的决定,它使判断或意见成为必要。"因此,如果没有一个意见或判断,就没有完成一项审计,最多是试图进行审计。他在这里提出的判断概念,将有助于我们找到一个方向继续探索下去。加拿大著名审计学家安德森教授在其著作《外部审计学》中，提出审计理论结构可概括为由六个要素组成：审计目标、公认审计准则、审计概念、审计假定、审计技术方法、审计过程。当然，还有其他审计学者确定的审计理论结构是由本质与目标、假设、概念和标准等构成。

可以看出，在这些著作中，都比较系统地构建了审计理论的体系，各有特色，各有差异，主要原因在于构建审计理论体系时选择的一些要素不同，各要素的出发点或内在联系不同，各要素之间的排列顺序和组合方式不尽相同，因此形成的审计体系内在结构不同[①]。当前，还没有对审计理论结构研究成果形成普遍接受的观点，许多问题依然值得探究，但重新来审视审计本质，期望回归到审计的原始动因，才能更加深刻而合理地认知审计这一专业的方方面面。笔者认为，无论是在审计理论研究中，还是在审计理论结构的研究过程中，对审计本质的重新思考应该有其深刻的意义。如果没有审计本质这一内核，整个审计理论及其结构就会显得有些虚空。因此，对审计判断的进一步探索，无论是赋予它应有的理论架构，还是揭示它实践运行的规律，都是对审计这一事物的再发展。

第四节 审计概念与审计判断

一、审计概念

审计概念的形成来源有所不同，一般来说有两类审计概念：一类是通过借鉴其他学科固有的概念加以发展而成，如从逻辑学中借鉴证据的概念，从会计学中借鉴公允性、重要性等概念；另一类是审计学科自身发展所形成的具有自我本色的概念，如审计的独立性等概念。尽管两者来源不同，最终结合在一起共同形成审计体系里的固有概念。实际上，审计概念的划分同其他学科一样，可以从不同角度和方向进行归类，如英国的汤姆·李在其著作《企业审计理论》中就将审计概念分为审计行为概念和审计技术概念，审计行为概念涉及胜任能力、审计独立性、审计责任和审计谨慎等，审计技术概念涉及公允表达、审计证据等。我们可以借助利益互信需求这一本质属性，从不同角度，按照各类事物如何通过审计活动展现人们达成的应有结果，对各类审计概念加以分析。让我们简要了解一下有关的审计概念体系：

1. 审计独立性概念。利益互信平台所要展现的结果要达到客观公正、不偏不倚，需要独立于事实本身状况之外的人作出独立性判断。形式上的独立可以依据现实状态作相应调整，而独立性的判断（类似于自由心证）这种实质要求——人是否能够独立地运用判断充分达成其意见？取决于人的判断行为的真理性。身心能够保持独立才能作出独立判断，这本身是一个假设，但这种假设符合一般公理，同时也能在实践活动中得以实现或证

---

① 蔡春教授在《审计理论结构研究》(第15页)一书中，对这些理论结构研究进行了一些评价，认为从审计理论结构研究的发展来看，经历了假设导向时期、目标导向时期和本质导向时期。

明。审计的独立性概念属于审计本质属性的概念,独立性是建立利益互信需求平台的基石,是审计这一事物发展的灵魂,理想之中的独立性是绝对的,现实之中的独立性是相对的,但独立性的体现,无论在实质上还是形式上如果存在严重缺陷,都会失去独立性要求,将导致任何审计判断结果令人难以信任。

2. 审计职业谨慎概念。由于经济社会活动的高度发展,其内容和方式日益复杂,利益互信需求平台所要展现的事物丰富多样、包罗万象,很难确保各类事物的基本状况被重新置于互信平台上不被歪曲,必定要寻找一种能够表明审计职业对于发现与揭示舞弊和差错的责任形式,以及审计师履行职业责任所能接受的界限,这种责任形式和履行责任的接受程度在不断平衡过程中,产生了合理的职业谨慎概念。因此,各类审计准则的制定很有必要,一方面可以向人们表明一种职业标准,明确应该如何操作才符合职业谨慎概念,同时也表明审计师要严格按照这种标准来操作,才能被广泛接受,否则就要承担相应的责任。

3. 审计法律责任概念。这是对利益互信需求平台上展现的事物与真实不符时所确定的责任和法律追究,主要是针对审计职业人员违背审计职业谨慎和审计职业道德行为,造成了走向利益互信反面的一些破坏性事实而进行的惩罚,是明确审计法律责任渊源、种类和具体表现形式的概念。

4. 审计职业道德行为概念。现实中,有许多职业都有自身的道德规范或标准。对审计职业人来说,从事为利益互信需求平台提供产品的人,职业道德责任是必须履行的。正如庞德所说,"富于为公众服务的精神,并把一门有学问的艺术当作共同的天职来追求,即使这种追求是一种谋生手段,但其本质仍然是一种公众服务"。审计人员职业道德的核心是在保持独立的基础上,通过各种努力表达客观公正意见。

5. 审计证据概念。为使审计判断更加合理或被接受,就必须利用证据,以充分可靠的证据为基础,对被审计的对象作出恰如其分的审计判断。如果不能收集和运用充分有力的证据,不仅无法作出合理的评价,也难以将审计判断结论取信于利益互信群体。审计判断不能是一种猜测,失去证据就失掉了基础,审计意见也就不能成立了。因此,审计证据概念是概括为实现审计目的、得出审计结论所提供一系列合理基础的概念。

6. 公允反映概念。在判断经济活动和事项时,人们总要考虑其自身或反映的信息与实际状况的相符程度,虽不能达到完全一致,至少应该有一个合理的接受界限或标准范围,这就是公允反映。公允反映最先出现于会计领域,即假设财务报表是按照公认的会计原则编制的,而且公允地反映了企业的财务状况和经营成果,则财务报表就是公允反映的。审计的公允反映就是利用公允反映的标准客观判断事物,进而阐述被审计信息与实际状况相符关系的事实。审计判断活动遵循于公允反映原则,一定程度上表明其不属于严格精密的科学实验活动。

7. 重要性概念。一般认为,重要性是从外部要求审计师的,凡是会影响被审计信息使用者决策的就是重要的。来自外部的重要性要求,涉及利益互信的程度判别,影响利益互信程度的大小视使用者和被判别者的现实需要而定。然而,是否存在来自整体内部的重要性,由于审计活动所面临的整体及事项纷繁复杂,轻重之分需要合理的判断分析,对于重要的事项必须格外重视,尽最大努力发现和揭示其中的重要错误。审计师在判断活动中会考虑重要性的运用范围,已形成了量化的重要性水平的技术运用,但更为关键的是审计师如何在把握重要性的基础上平衡多方现实需求。迄今为止,审计重要性仍然是一个未能妥善解决的难题,审计准则通常将该难题的解决寄予审计师的专业判断,这一问题将在本书的解构判断原理中专门讨论。

8. 审计风险概念。在判断活动中会受到风险的制约,这是任何判断面临偏差时的现实限定。很多的专业都会借助于风险或不确定性,形成自己的专业概念。审计判断的结果与实际状况不相符合,乃至超出人们接受的范围,必定会受到质疑,动摇利益互信需求的根基,判断结果偏离实际越严重,风险也就越大。因此,审计活动也必须考虑风险,进而对审计风险概念不断充实和完善。所以,审计判断活动中不仅要避免大的审计风险,还要预见可能存在的风险,更为重要的是能够利用风险本身的特性,构建审计风险判断的原理,使得审计判断结果尽可能地接近或符合实际状况。

9. 审计意见概念。审计意见是审计活动的最终产品。在审计专业中,对经济活动和事项进行判断的结果,往往以审计意见的方式进行披露,该意见的构成也就是审计人员通过一系列审计判断得出的结论。不论审计类型是否相同、价值或功能是否相同,审计师的所有判断都要汇集成审计意见,用来回答特定的问题或揭示相关事项。

二、审计概念中判断的影响

对上述列举的审计概念的简要说明,应该使我们明白一个更为重要的道理,那就是当构建某种审计理论体系时,审计概念在被普遍接受或固化的同时,无论怎样划分它们,它们之间存在着必然的联系,体现出相互依存、相互促进和相互统一,这样才能在体系中共存并指导审计实践活动。不难看出,审计判断与上述重要审计概念同样有着这样的关系。例如,其中第1项至第4项与审计判断存在内在的联系。因为,审计判断自始至终是由审计主体作出的,对审计主体内在的要求,必然内在影响审计判断活动。第5项至第9项与审计判断有着直接关系,严格来说,审计证据和审计意见都是审计判断的外在表现形式(就审计证据而言,必须是审计主体通过判断所得,并非是自然形成的,审计意见更是如此);公允性、重要性和风险性等审计概念都是审计判断的衡量器,是审计实践活动中不断调节利益互信需求容忍度的产物,或者说是一种博弈后的平衡标尺,这些审计概念不仅为满足各方利益互信需求所设,更是审计判断时时把握的核心,并在运用的时候不断地加以调整和修正。

不论对这些审计概念如何进行分类,值得注意的是,审计判断不仅与重要审计概念都有联系或影响,而且还能整合所有的审计概念使之发挥作用。审计判断能否上升为一种审计概念得到认同,成为审计理论体系当中重要的一部分?我们认为研究这样的问题极具价值。当我们把审计判断视为审计判断主体的一种思维及行为活动，必然会更关注审计判断的实在性，强调其需要得到不同审计概念的指导，而忽视对审计判断本身的抽象。其实，审计概念大多在审计实践当中发展而成，这样才能够不断丰富整个审计理论结构，同时又能够贴近审计实务，可以很好地用以指导审计实践，审计判断亦是如此，而且审计判断能够将审计概念中所表达的意思，充分合理地传递到审计实践中去。

莫茨教授和夏拉夫教授在他们合著的《审计理论结构》一书中，构建审计理论的时候，并没有对审计判断进行深入探究，但在书中的开篇，根据当时的特定环境，首先列举了一些突出的悬而未决的问题：

(1) 审计人员所依赖的习惯性测试和抽样测试，是否足以证明其审计意见的正确性？（在这样的情况下，必须认识到审计人员对此问题处在一个可能性状态当中。过去，我们曾认为有经验的审计人员的判断是恰当的，但是在审计中使用抽样法却使人们产生了一种新的兴趣，即应怀疑凭经验就足以判断测试和抽样的准确性这样一个假设。）

(2) 对于任何一项审计工作，是否存在最简捷的审计计划？如果存在，它至少应包括哪些内容？独立审计人员应在多大程度上通过税务咨询和管理咨询来提高经营和财务建议，才不致损害自身的独立性？

(3) 对审计人员提供服务的恰当范围是什么？

(4) 审计人员履行传统职能时应承担多大的责任？

(5) 审计人员是否要揭示管理者的无能并判断其失误？

(6) 审计人员在一般物价水平发生重大变化期间，对于指明财务报表的局限性，究竟应承担多大责任？

(7) 审计人员进行验证测试的一般目的是什么？

(8) 审计人员是否应去确定，在多大程度上相信内部控制系统提供数据的可靠性？或是否应确定财务报表所反映的金额的合理与可靠？

考察分析上述问题，由于作者是采用列举方式，不能有效进行归类，阐明重点主旨，但有些问题时至今日还有意义，仍然没有找到足够满意的答案。在这里，我们列举《审计理论结构》一书中提出的一些未能解决的问题，其实是想结合对审计判断的探索，来重新考虑这些问题。我们可以结合时至今日发展的审计研究成果加以认真思考，上述哪些问题会和今后我们继续探讨的审计判断有关呢？其中第(1)项、第(5)项、第(8)项问题直接涉及审计判断。其他几项问题中有可能间接涉及审计判断，如第(2)项中关于有无最简捷的审计计划和计划应包括的内容，这显然受审计师的经验判断影响，如果离开审计师的经验判断，那些计划和内容就无法确定和实施操作；又如，第(3)项中审计服务的范围，看似在讨论独立性的问题，如果以审计判断为出发点，可以这样认为：不能去加以判断的事项不可能也不应该成为服务的范围;再如,第(4)项和第(6)项中承担责任的问题,与审计判断是否出现重大偏误有相当大的关系。第(7)项问题的提出非常有意义,审计人员进行验证测试的目的是为了验证当初审计判断设定,通过测试验证可以对判断设定进行肯定和否定、完善和调整,即是否要继续履行设定或重新设定(本书后面章节中还会加以深入探讨判断设定和验证等运用原理)。

很显然,以上列举的所谓突出的悬而未决的问题与审计判断都存在一定的关系,在审计理论研究当中,也许再也找不出某一个能够同时与诸多问题产生关联的概念,而审计判断却能够清晰地表明这种关联性。因而,对审计判断的探究必定是促进审计理论不断丰富发展的崭新路径。

此外,对于审计判断的探索,尚德尔在构建自己的审计理论结构时,认为审计过程是由一系列互相依存的判断或决策链构成的。"首先是选择能达到审计目的的标准,然后审计人员必须把真实模式改组成标准结构所要求的形式以便进行提要或判断。这样,真实的、经核实的数据便根据标准的要求组织、分类和汇总。通过这种提要,审计人员就能得出其结论。最后在审计报告中表达审计人员的判断,提供给报表用户作为形成他们信息的原始数据。"[①]尚德尔将审计过程与审计判断活动有机地结合起来,进行了一般性描述,并没有对审计判断本身作出分析和开展理论构建,尽管他探究的是审计过程,但同样对审计判断的探索提供了一个方向。当前也有不少学者开始关注审计判断的研究,取得了一些可喜的进展,但对于审计判断本身以及对审计理论和实务的影响来说还远远不够,实属冰山一角。

笔者认为,无论是在审计理论及其结构研究中,还是充分发挥理论指导实践的作用,如果没有审计判断,整个审计理论及结构就会显得有些散乱和虚空,上述提及的审计犹如一座建筑物只有根根钢筋架构,但缺乏砖瓦泥石,仍然无法成为一个完美的实体。因此,我们有理由确信审计判断在审计事物中的价值意义并将坚定不移地探索下去,至于审计判断能否在审计结构中占有一席之地,相信那一天并不会遥远。基于目前的思考,笔者拟从审计事物的本质出发对审计理论架构予以完善。

第五节　审计实务中的审计判断

从上述揭示,可以得知审计判断的重要性是显而易见的,尤其是涉及审计实务和具体操作过程时,审计判断几乎是贯穿审计活动始终。要清楚地认识审计判断的重要性,还可以从审计行为中去把握,即主要从审计实务层面入手,这样最能体现审计判断的作用。

---

① 石爱中、胡继荣主编:《审计研究》第42页,经济科学出版社2002年版。

一、合理运用审计判断的要求

审计行为是现实性的体现，也就是说在现实中不能产生利益互信平台需要的有价值的东西，其行为就显得有些徒劳，这就要求审计不断地去探索一些方式方法，使审计行为接近或符合现实需求。审计主体不断地在寻找和创造这种方式方法，在过去漫长的审计过程中，基于积累、传承和借鉴等手段，审计判断最终会形成实用的具体行为模式。其中各项审计准则就是大量审计行为探索实践的产物，汇集成一种近似程序式的工作方法，使得审计判断可以通过整个职业行为模式来加以实现。事实证明，在当今中外各项审计准则的框架中，为完成审计活动，都无法离开审计判断，整个审计过程始终依赖审计判断。审计活动离开了审计判断将无法展开，并且在这一活动中自始至终都要运用审计判断。当然，审计判断并不等同于审计活动，而是贯穿审计活动始终，为审计职能完成和功能体现提供唯一的保证。

我们在各种审计准则中都能轻易地找寻到关于审计判断的内容。为了更清楚地把握审计实务中的审计判断，进一步了解对审计判断的相关要求和运用，笔者将以《中华人民共和国国家审计准则》中提到的审计判断以及与判断相关的内容加以讨论。

（一）保持职业谨慎和职业怀疑

认可审计判断的存在以及存在的重要，必然会涉及对审计判断的运用提出相关要求。可以预见，随着对审计判断的认知不断加深，相关的要求会更加清晰和准确。在《中华人民共和国国家审计准则》（以下简称《国家审计准则》）第二十四条中规定，"审计人员执行审计业务时，应当合理运用职业判断，保持职业谨慎，对被审计单位可能存在的重要问题保持警觉，并审慎评价所获取审计证据的适当性和充分性，得出恰当的审计结论。"该条款提到的"职业判断"严格上应为"审计判断"①。为了讨论方便，保持行文一贯性，我们对此不加区分。该条文对合理运用审计判断提出了基本的要求，即保持职业谨慎和职业怀疑两方面的态度。职业谨慎在不同专业领域的运用以及试图达成的目标是不一样的，尽管谨慎一词的意义在于面对不确定性所持有的态度，主要是对风险的适度考虑和预期。例如，在会计职业当中同样要求遵循谨慎原则，其谨慎运用于对不确定性事项的反应，为财务报表的可靠性提供保证，试图达成不虚计资产或收益、也不少计负债或费用的目标。而

---

① 目前审计准则中用"职业判断"代替"审计判断"可能是基于以下因素的考虑：一是审计判断还没有形成被广泛认可的概念和定义，人们对审计判断的内容和范围也没有达成共识和统一，在审计准则中明确提出审计判断的时机还不成熟；二是职业判断的含义具有宽泛性，既可以指一切职业领域当中的判断，也可以指某一职业领域的判断，在审计准则中提出职业判断，意图就是确指审计这一职业领域的判断，并没有绕开审计判断；三是出于一般准则通用条款规定的考虑，使用"职业判断"不会带来严重歧义，如该条文改用于其他专业领域时，可以描述为"医务人员进行医疗诊断时，应当合理运用职业判断""公安人员执行刑侦任务时，应当合理运用职业判断""会计人员处理会计业务时，应当合理运用职业判断"等，一般都不会给描述带来麻烦。相信随着审计这一职业判断行为得到深入研究并广泛认可，今后明确用审计判断替代通用性称呼的职业判断，也许是切实和可行的。

审计判断活动中的谨慎,主要是针对判断意见的形成及其结果尽量避免与客观事实存在严重偏离,试图达成对客观对象整体的把握上做到判断准确。职业怀疑的态度在审计判断领域较会计领域运用的程度较高,这是基于审计判断是在会计判断基础之上的运用,而不是重新履行会计职能。在《国家审计准则释义》一书当中,我国审计署对合理运用审计判断的要求作了较为详细的解释,提出了四点注意事项[①]:

1. 合理运用审计判断,保持职业谨慎和职业怀疑是由审计本质的特征所决定的……因为被审计事项存在复杂性和专业性,审计人员要作出恰当、合理的审计判断,就必须保持职业谨慎。同时,也正是因为被审计事项存在的复杂性,为节约审计成本,提高审计效率,势必要求审计人员应用职业怀疑以合理保证被审计事项不存在重大问题。审计人员在未确认前,表现出内心疑虑、暂不信任和悬搁判断的职业怀疑态度,能够促使审计人员拓展证据的收集活动,并最终通过获得的证据排除怀疑,从而有助于降低审计风险,获得高质量的审计结论。

2. 职业谨慎是贯穿于审计业务实施全过程的职业要求。在最高审计机关国际组织制定的审计准则中,明确要求"审计人员和最高审计机关必须在遵循最高审计机关国际组织审计准则时做到小心谨慎。这包括谨慎地编制计划,谨慎地确定、收集、评价证据以及就调查结果、结论和建议提出报告"[②]。

3. 职业谨慎、职业怀疑必须是理性思维下的合理谨慎与合理怀疑。应有的职业谨慎要求审计人员必须是慎重的、有理性的。审计人员在运用知识和经验时,能够具有通常的认识风险及其后果的能力,能了解自己的缺陷和不足,察觉到在不了解潜在危险的情况下采取行动的风险。应有的职业怀疑应当是能够说出理由、摆出道理、经得起理性论证的合理怀疑,而不是无故置疑、吹毛求疵。合理怀疑是依据理智和常识的怀疑,合理的怀疑既要可能性程度比较高,又要有证据支持。

4. 职业谨慎、职业怀疑必须与审计成本和审计效率相平衡。不能因过度谨慎而忽略时间和人力等审计资源利用的效率性,更不能因为节约审计成本、提高审计效率而放弃应有的职业谨慎,以致危及审计质量和效果。职业怀疑同样必须遵循成本和效益原则,极端的职业怀疑必然导致边际成本的攀升,审计活动要么无法完成,要么没有任何经济意义,进而失去其应有的价值。

保持职业谨慎和职业怀疑等都是一种原则要求,表现在拥有该理念执行业务的职业态度上,《国家审计准则释义》给出了具体的解释,可以理解为对合理运用审计判断的基本要求。

---

① 审计署审计干部职业教育培训教材编审委员会:《国家审计准则释义》第22页,中国时代经济出版社2012年版。

② 可见审计谨慎所涵盖的领域较为宽泛,谨慎性对于判断的要求,既有对判断的精神状态层面的约束,也有对判断的行为过程的约束,主要是为促使判断意见的形成及最终结果不要与客观情况出现较大的偏差。

（二）审慎评价及其他要求

准则的条款进一步强化要求"对被审计单位可能存在的重要问题保持警觉"以及"审慎评价所获取审计证据的适当性和充分性，得出恰当的审计结论"。正如《国家审计准则释义》所说"体现了审计职业怀疑的基本理念"和"以质疑的思维方式评价审计证据"。不难看出，这里"对重要问题保持警觉、审慎评价所获审计证据、得出恰当的审计结论"等内容既是对职业谨慎和职业怀疑的强化，也是对合理运用审计判断的重要要求。同时一定程度上也揭示出，审计判断活动必然会涉及对"可能存在的重要问题以及审计证据和审计结论"等判断。此外，对职业判断所选择的标准也有一定的要求，即标准应当具有客观性、适用性、相关性、公认性；对判断重要性也有要求，即根据可能存在问题的性质、数额及其发生的具体环境来判断重要性。

也许，审计准则当中对合理运用审计判断的要求并不系统，针对审计判断具体而明确的要求也没有在审计实践当中体现得那么丰富，这主要是职业界对审计判断的考量和理解还没有达到一个成熟的程度。一般的审计准则中对合理运用审计判断的要求，其实是从两个方面来规定的：一方面是对运用审计判断的内在性要求，主要内容包括对主体资格和相关素质的要求，对判断运用时主体精神状态的要求（如谨慎、警觉、怀疑或审慎等精神状态），对主体的道德和规范的要求（如责任、义务等，主要是避免判断的行为和结果陷入不独立、不公正、不客观的泥潭）；另一方面是对运用审计判断的外在性要求，主要内容包括对遵循审计程序的要求（审计判断需要科学的程序予以规范，如强调事先的了解和识别，强调评估和分析，强调审计方法的使用和应对措施等），对判断标准选择的要求（审计判断需要可以作为参照的标准，如采取列举的方式表明哪些可以作为判断的标准），对审计专业领域中重要概念或事项的要求（如对内控、风险、重要性、舞弊以及重大事项或问题等判断的关注），对审计证据的要求（审计判断需要得到合理证实，如强调证据的充分性、可靠性和相关性等）。

二、审计判断运用涉及的内容和范围

审计判断伴随审计活动发展至今，由于没有被系统地加以思考和论证，对其应该运用于哪些领域并对这些运用的领域产生怎样的效果还没有作深入探究，在《国家审计准则》中，除第二十四条外，准则中明确提到需要作出职业判断或判断的情况似乎并不多，有12条[①]对当前被普遍认可的判断运用领域进行了关注。

考虑到准则中各条款之间的内在联系和逻辑关系，以及对审计判断内涵的深入理解，其实准则中审计判断所涉及的内容和范围将会增多，有关判断的条款数量也会明显增加。

---

① 《国家审计准则》中：审计实施中有8条（第五十九条、第六十四条、第六十五条、第六十六条、第六十七条、第六十八条、第六十九条、第七十条，审计判断运用的主要内容和范围集中在第五十九条，其他均为扩展和深化），审计证据中有2条（第九十七条、第九十八条），重大违法行为检查中有2条（第一百一十六条、第一百一十七条），计12条。

例如,《国家审计准则》第五十九条规定:"审计组调查了解被审计单位及其相关情况,为作出下列职业判断提供基础:(一)确定职业判断适用的标准;(二)判断可能存在的问题;(三)判断问题的重要性;(四)确定审计应对措施。"

上述第四款其实已明确了"确定审计应对措施"属于职业判断内容,因此,《国家审计准则》中第七十二条"审计组应当评估被审计单位存在重要问题的可能性,以确定审计事项和审计应对措施",第七十三条"审计组针对审计事项确定的审计应对措施包括……"第七十七条"审计人员实施审计时,应当持续关注已作出的重要性判断和对存在重要问题可能性的评估是否恰当,及时作出修正,并调整审计应对措施",第七十八条"遇有下列情形之一的,审计组应当及时调整审计实施方案",第一百一十八条"发现重大违法行为的线索,审计组或者审计机关可以采取下列应对措施"等规定,都应属于审计判断涉及的内容。又如,准则中关于审计证据判断的有第九十七条和第九十八条,这两条主要是明确审计人员需要所聘请外部人员的专业咨询和专业鉴定作为审计证据的,以及需要使用有关监管机构、中介机构、内部审计机构等已经形成的工作结果作为审计证据的,应当就相关情况作出判断,那么对于审计人员自身获取的审计证据,同样需要根据证据的适当性和充分性等情况作出判断,但准则中对于审计人员自身获取的审计证据是否需要作出判断没有明确规定。再如,出于对审计判断内涵的理解不同,准则在许多条款当中尽管没有明确审计判断涉及的内容和范围,或直接使用"判断"一词,但在准则的许多条款当中使用了"评估、评价"等词,从更宽泛意义上理解审计判断,其实"评估、评价"等都应属于判断范畴。此外,在准则中提出的一系列审计行为诸如审计底稿审核、审计事项复核、审计内容审理等,实质上是无法离开审计判断的。

通过以上准则相应条款的列举,是从准则角度来理解审计判断在整个审计活动中的重要性。实际上,由审计判断驱动的判断过程占据了审计活动的核心,其运用涉及的内容和范围足够广泛,审计判断实质上贯穿整个审计过程,包括审计活动的计划阶段、实施阶段和完成阶段,以及各阶段的主要环节,以至于从判断学的视野来看,审计是作为一种判断过程而真实存在。

第二章 审计判断释义及特征

"判断通常被认为是一种主观意义的意识活动和形式,这种活动和形式仅单纯出现于自我意识的思维之内。……只有当我们的目的是在对一个尚没有适当规定的表象加以规定时,才可说是在下判断。"

——[德]黑格尔

"要判断他人的思想,就需要我与他人生活在共同的世界中,共有许多对其主要特征(包括其价值)的反应。"

——[美]唐纳德·戴维森

第一节 审计判断释义、目的与分类

一、审计判断释义

对于审计判断,时至今日审计界还没有形成公认的定义,一定程度上表明其还没有发展成为一门成熟的学科,这是符合审计判断探索规律的。对某一种事物或行为进行标准定义是最吃力不讨好的事情,因为一种事物或行为可以从不同的角度加以阐释,而且一旦被定义还会受到语言的限制,而往往失去了事物或行为本身的真实自在,容易造成对其真实自在的约束。这就像对"道""人""审计"等的定义一样。所以,尤其对于在探索中的审计判断进行定义亦是如此。但为了更好地研究审计判断,对其进行释义的事情还是值得去做的,这不仅是一种认知的表达,更是对审计判断理解的加深,便于人们研究、讨论。有些学者在这方面作出了努力,对审计判断有如下定义[①]:

(1)审计判断是审计人员为了实现审计目标,依据有关标准,在审计实践和感性认识的基础上,通过自身智力和一系列的思维过程,对客观审计对象和主观审计行为作出的某种认定、评价和决策。(肖文八、程庆)

(2)(审计)判断是导致决策和行动的过程,(审计)判断是决策和行动的基础。(Giibbins、Emby)

---

① 这些对审计判断的定义引自张继勋博士所著《审计判断研究》一书中的列举。

(3) 审计判断是个体思考决策问题相关方面的过程。(Kenchel)

(4) 审计判断是审计人员根据其专业知识和经验,通过识别和比较对审计事项和自身的行为所作的估计、断定和选择。(张继勋)

张继勋博士认为,不同审计判断定义所带来的有益启示:审计判断是一种思维形式,与决策之间联系密切,与一定标准比较和选择以及经验是进行审计判断的基础。其实,上述定义的角度基本上是围绕审计判断行为过程,多为对判断行为及结合对决策影响的描述,类似其他专业判断定义的一般描述。综合起来看,这些定义可以表明:审计判断是指审计人员为实现既定的审计目标,运用其所掌握的知识和经验,针对审计事项获取的相关信息进行推理、比较和分析,从而得出某种意见的心智过程。依此类定义可以进一步解释为:审计判断的主体是审计人员,审计判断的客体(即整体①)是审计事项中的有关信息,审计判断的基础是审计人员所掌握的专业知识和经验,审计判断的基本方法是推理、比较和分析等,审计判断的结果是某种专业意见,审计判断的目的是为实现既定的审计目标,审计判断的表现形式是一个内在的心智过程在现实活动中的体现。

关于审计判断行为过程,我们认为,审计判断主体的思维过程与其具体行为是结合在一起的、统一的,属于一个"知行合一"的过程,且该过程还会受到任务目标、整体状况以及客观环境和条件等因素的影响。因此,审计判断行为过程中诸多因素建立的相互关系应视为统一的整体,不能简单割裂。审计判断主体行为除了受其他专业判断带来的影响,也有着自身实践形成的判断特点,主要是各判断在价值和功能实践上的不同,由此涉及的判断内容和事项不尽相同,判断目标和标准也存在差异。审计判断尽管在形式上是围绕判断设定以及测试、验证和认定等来完成判断活动,其行为过程(包括模式建立、步骤或方法运用等)仍然接近或类似于通常的专业判断,着眼于判断行为过程的研究已经不能提供更多关于审计判断定义的积极意义,而推动审计判断行为过程发生的一系列内在规律急需得到揭示,以证明审计判断自身所属的特有判断范畴。因此,要想深入地研究审计判断,可以在对判断行为过程的认知基础上,结合审计活动内在要求,进一步探寻促发判断行为运行的内在规律,以确定审计判断自身的特质。例如,运用怎样的判断规律将抽象的审计目标或判断理念有效地转化成实际可操作和可控制的实务行为;运用怎样的判断规律对审计判断整体进行专业分析、评估以达成判断目的;运用怎样的判断规律把握标准和判断工具,以通过测试和验证对整体加以全面认定;运用怎样的判断规律审慎而合理表述判断

---

① 出于对审计判断整体观的考虑以及简便统一纷繁复杂的被审计事物考虑,本书将对涉及不同类型审计中的审计判断客体或被审计对象等称为"整体",该"整体"包括一切按审计活动内在要求可予判断或有助于判断的内容。例如,经济活动及事项、被审计单位或对象、财务信息或非财务信息、自然资源资产,以及由经济责任、制度或控制、管理与风险、动机与结果、环境与条件等组成的有机整体。提请读者在阅读时注意"整体"所表达的含义。该整体由结构、状态和性能三大要素组成,结构是指整体的中心、层次、等级、组织和纽带等内容要素,状态是指整体的运行或静止时的各类状况特征,性能是指整体的作用、功能和价值等内在性质。三个要素相互独立、相互联系和影响,统一于整体之中。

意见或结论。因此,仅从判断行为或过程的形式特征中定义审计判断,还需要重新认知。

我们认为,讨论审计判断定义的着力点,可以明确地落在受判断内在规律影响的判断主体上和审计事物内在要求规定上,即审计判断是审计师遵循审计活动内在要求和体现审计判断规律的判断力运用。判断力即判断总和,既是对审计活动内在要求和审计判断规律(审计判断基本原理和运用原理)的理解和把握,又是判断经验和知识的具体运用过程,因此属于理性和感性高度结合的实践产物,包括形成判断力的信念、知识、经验以及识别、分析、推理、评估等基本因素,同样的,还包括判断设定、测试、验证和认定等基本方法的选择和运用。

二、审计判断目的

每种专业判断都有自身特有的目的,不同专业的判断目的各异,有相近类似的、也有相差甚远的。审计判断的目的始终依附于审计事物,审计的内在要求决定了判断的目的,即判断行为与审计目标确立和实现相一致、与审计职能的履行相一致,所以审计判断最终要为完成审计工作任务服务。审计判断既然是为了确保审计活动顺利完成,切实达成审计的真实意图,所有的判断都是依附于审计活动而开展的。因此,审计判断的真正目的,就是为审计的价值及各项功能得以实现提供现实的保证和服务。审计判断在整个审计实践活动中,实质上是尽最大的可能满足审计功能实现的需求,恰当地完成信息传递。具体来说,审计判断的目的可以分为两个层次:

一是为实现审计价值和履行审计职能(监督、评价、鉴证等)提供保证。当前,审计的价值体现越来越得到社会关注,审计功能的拓展开始宽阔,审计社会化的趋势愈来愈明显,审计判断其实也面临诸多挑战,判断的领域和范围也跟随变化。尽管审计判断更加具有务实性,审计判断行为在实践中会产生一定的结果,但审计判断并不能直接代替审计职能履行,只能为审计职能履行提供强有力的保证,利用审计平台把经济事项活动的相关信息结合判断结果加以及时传递。从某种意义上说,审计判断是审计体现审计本质内涵的贯彻执行者,是构建经济社会中利益互信的重要途径。

二是为实现审计目标服务(包括实现各项千差万别的具体审计目标)。审计目标是审计活动的出发点,是审计活动要达到的境地。审计判断作为审计活动中的一项主要过程,必然要围绕审计目标而进行,其目的性是很明显的,即促使审计目标的实现。审计判断离开了审计目标也就失去其作用的方向,一定程度上审计目标还可以作为判断标准的存在。我们知道,不同类型的审计有着不同的审计目标,从总体目标来看,国家审计的审计目标是"真实性、合法性、效益性",社会审计的审计目标是"合法性、公允性、一贯性",内部审计的审计目标是为本组织服务,最终实现促进合法经营、促进提高管理水平、促进提高经济效益。同样,为促使这些审计目标的实现,就会形成不同类型审计判断的目的[①]。(这里值得注意的是,审计目标与各项具体审计目标有所区别,为实现上述审计目标,需要各项具体审计目标的实现来达到。)审计实践证明,审计判断与各项具体审计目标容易发生最直接的联系,这就使得审计判断的目的性更鲜明、更具体。例如,要达到资产中"存在或发生"这一具体审计目标,审计人员就应该对存货进行实地观察或监督盘点,以判断是否"存在";对应收账款进行函证以及对证明业务发生凭证进行审阅,以判断是否"发生"。当然,审计判断最终的目的,仍是为实现总体审计目标而服务的。在审计判断运用时,其优劣状况必然影响审计目标的实现程度。例如,劣质的判断会产生大量的判断偏误,对审计师而言容易导致审计失败,势必会加剧审计风险且涉及审计责任的问题;对判断行为和结果而言是审计目标不能很好地实现,造成审计工作的效能低下,实质上造成一种社会资源的浪费并带来严重损失。因此,加深对审计判断服务审计目标的认知,合理有效地运用审计判断,无论是对每个具体环节上的判断,还是对整体发表审计意见这一综合性判断,都要保持充分的职业谨慎,以求独立、客观、公正,这是在审计活动内在要求下确立的审计判断目的,对每个审计人员在运用判断力时迫切需要做到的。

三、审计判断分类

审计判断在为审计事物提供保障和服务时存在不同类别,其影响和作用也不一样。对审计判断进行分类,是为了更好地把握审计判断,便于人们在审计判断活动中灵活加以运用,并针对不同审计判断种类加以完善。

目前,基于从国家审计准则当中明确的审计判断内容而言,审计判断可以分为:目标范围判断(运用职业判断确定调查了解的范围和程度)、标准判断(运用职业判断选择合适的标准)、问题可能性判断(运用职业判断发现可能存在的问题)、重要性判断(运用职业判断,根据可能存在问题的性质、数额及其发生的具体环境,判断其重要性)、证据判断(运用职业判断对需要利用的相关证据作出判断)、应对措施判断(运用职业判断根据情况的变化确定相应的审计措施)等。当然,在审计准则中没有具体明确这些审计判断的分类,但并不妨碍我们以此进行类似的分类。审计判断分类可以从不同的角度进行,随着对审计判断的深入理解,还可以有以下不同分类:

(1) 基于参与审计判断活动的主体而言,可以分为个体判断(审计师的判断)、集体判断(审计组和审计机关的判断)、专家判断(外部专家的判断)等,也包括基于判断主体判断心理活动而言的直觉判断、仓促判断、悬疑判断等。

(2) 基于审计判断活动过程而言,可以分为识别判断、设定判断、测试判断、验证判断、认定判断等。

[①] 不同类型审计的提法包含三个层次:一是按实施主体分为国家审计、社会审计和内部审计等类型;二是按经济行为及事项分为预算执行审计、财政财务收支审计、财务报表审计、经济责任审计、基本建设审计、专项资金审计等类型;三是按目标要求分为真实性审计、合法性审计、绩效审计以及"五E"审计等。

(3) 基于审计判断活动策略而言,可以分为决策判断、评估判断、控制与风险判断等。

(4) 基于审计判断活动涉及的层次或内容而言,可以分为整体判断、局部判断、重要性判断、风险性判断、相关性判断、可能性判断等。

(5) 基于审计判断活动涉及的审计目标要求而言,可以分为常规审计判断(如真实性、合法性、公允性、一贯性等一般审计目标判断)、特殊审计判断(指特殊审计目标的判断,包括舞弊判断、管理控制判断、经济责任判断、绩效或"五 E"判断)等。

(6) 基于审计判断活动涉及的技术方法运用而言,可以分为综合判断、分析判断、统计判断(抽样判断)、计算机辅助判断等。

(7) 基于审计判断活动中形成的意见或结论而言,可以分为肯定式判断和否定式判断、标准判断(即按照既定的标准或依据作出的判断)、事实判断(对经济活动和事项等客观存在和发生的情况进行事实认定的判断)、意见判断(对问题产生的原因和后果进行判断,即对衡量结果在整个事项中的影响程度发表评价和意见)等。

显而易见,这样的判断分类随着审计判断实践的发展还会不断地丰富,但我们更为看重的是对审计判断内在运行规律的揭示和把握,只有清晰地勾勒出产生或促发这些审计判断分类的基础原理,才能在丰富多样的判断分类中,全面而完整地理解审计判断的运用及发展。

第二节　审计判断的特征

整个审计活动是由一系列的判断行为构成的,该判断行为将成为审计主体专业的核心。考察任何专业判断行为,它们在现实活动中都会体现出某些特征,我们研究审计判断特征,就是为了合理把握审计判断运行规律,便于进一步理解和抓住审计判断的内在特质。一般情况下,审计判断特征与其他职业判断特征存在许多共性部分,人们也正是从这种角度来研究审计判断特征的。审计判断作为专业判断系统的分支,具备了专业判断的某些共同特征,如目的性、主观性、实用性、可验证性等。但同时也有其自身的特点,这是共性与个性的关系。因此,我们还可以从审计判断与其他专业判断的差异性和独属性当中,尽量发现并丰富审计判断的诸多特征。

一、与其他专业判断的共性特征

(一) 判断的主观性

人作出判断离不开知识和经验的运用,具有一定的主观性,审计判断具有主观性特征,其他专业判断也有这特性。在审计判断实践中,我们往往会注意到这样一种现象:一个与审计事项的有关信息,反馈到审计人员头脑中去后形成的判断结果与最终的现实结果不尽相同。这是职业判断的主观性在起作用。首先,审计判断是一个主观的心智活动过程,充分体现出一种专业思维形式,当审计人员用主观来反映客观,必然带有明显的主观性,进而与客观保持一定的差异;其次,由于审计人员自身的能力、素质不同,所掌握的知识和经验等不同,使得主观与主观、主观与客观的差异越发明显。一般认为,审计判断离不开知识和经验的运用,其判断质量很大程度上取决于审计人员的自身综合素质[①]。例如,对审计师的主观性专业要求,《国家审计准则》中规定了承办审计业务的审计人员应当具备的诸多条件,其中主要的是应具备专业知识和工作经验。社会审计、内部审计有关准则中也有类似规定,都强调知识和经验是审计活动中必不可少的。

(二) 判断的风险性

判断与风险共存,在不确定的世界里,风险无时不在,判断行为本身就暗含了风险特征。我们在这里讨论的风险性特征,主要是指判断偏误的可能或避免。人们运用判断时为了规避风险,一般会选择利用科学的流程来加以合理规范,但即使有好的流程或程序予以保障,审计判断主体自身的风险与偏差仍然存在。例如,审计判断偏误与检查风险密切相关,主要受审计人员知识、经验、能力、责任心的影响,同样还会受审计事项的复杂度、内控制度健全程度等客观环境影响,以及受技术条件、外部干扰等情况影响。有经验的审计人员都知道,他们在实施审计过程中,不可避免地会出现判断偏误,有些是在实施阶段就能发觉并及时给予纠正,有些可能会在审计过后才发觉并从中引起警觉。这种状况表明:一方面,审计判断的经验就是通过否定之否定,历经实证锻炼后日积月累形成;另一方面,审计判断的行使不可能也很难做到完全正确,造成判断偏误的不利因素很多,不可能全盘克服,尤其是当审计师面临新的审计事项或任务的时候,始终存在原有知识和经验之外的"盲点"。这些情况客观上导致了审计判断自身存在的风险性。审计判断的风险性特征与审计风险是两个不同的概念,尽管两者存在一定关联。例如,在财务报表审计中,审计风险是指财务报表存在重大的错误和漏报,而审计人员审计后发表不恰当意见的可能性。审计判断的风险性特征是针对判断本身而言的,尽管绝大多数审计判断作出后都可以得到验证,但不同经验和知识水平的审计员作出的判断仍会存在差异,这种差异也是审计判断内在风险的一种表现形式。既然审计判断具有风险性,且对审计风险有着重要的影响,其他专业判断受到外部条件环境制约时,也会引发风险,同样具有风险特性。所以,现代审计呼唤专家或集体判断系统的建立。

(三) 判断的系统性

复杂的专业判断都会建立相关的系统以适应其复杂性与综合性,这就使得专业判断表现出系统性特征。审计判断也具有系统性,一般是使判断行为在审计流程(程序)等规范的框架中运行,形成了判断贯穿整个审计工作过程的系统性特点。这种系统性是由审计判断在规范框架中运用时的环环相扣得以体现的,表现出不同的结构和状态。例如,审计判断会在以下审计过程或结构中产生作用:明确审计目标、确定重要性水平、评估审计

---

① 莫茨和夏拉夫所著《审计理论结构》中曾提到"丰富的经验、准确的记忆力、有节制的想象力,以及对职业的作用和责任的正确理解,对有效地行使判断力均有着不可估量的帮助"。

风险、选择审计程序(或技术方法)、评价分析性程序的结果、评价审计证据(审计判断既是审计取证工作的思维导向,又是审计证据生成、说明等一系列行为的指引)、判断意见表述等。简而言之,审计判断行为在审计的计划阶段、实施阶段、终结阶段都要合理体现。这些在系统性的规范框架中运行的判断事实,决定了审计判断系统性的特征。

(四) 判断的指导性

任何专业判断的运用都会给自身专业职能的履行和实现带来帮助和指导。审计判断的指导性,也是针对审计职能全面履行而言的。例如,对履行审计职能的指导性表现在:利用审计判断有助于审计判断主体正确理解法律法规以及国家经济社会发展中的各项任务要求,能够有效结合自身实际,对审计项目计划作出合理部署;利用审计判断有助于审计判断主体明确审计事项的总体目标和具体目标,并从中找寻到审计内容的重点、难点;利用审计判断有助于审计判断主体选择恰当的审计程序或方式方法,有效节约审计的时间成本和人力资源,进而提高审计工作效率。种种情况表明,审计判断作为审计活动的一部分,自身不仅有务实的操作性,同时也拥有对审计活动有序开展的指导性特征。

(五) 判断的综合性

判断是综合性的,表现了不同观念的联系。由此,许多专业判断一旦面临被判断事物复杂程度的提升,以及目标或要求的变化,都要合理地完善不同的判断观念,使之充分地联系和运动,从而体现出综合性特征。审计判断的综合性,主要是由被判断事项和应对要求决定的,伴随经济事项的日益复杂,要求审计的内容和目标越来越多样化,审计判断主体在判断活动中认识问题、分析问题以及处理问题的能力要求需要提升,不仅要具备坚实的专业基础、高度的职业敏感以及深刻的洞察力,还需要不断加强、更新自我挑战新生事物的能力。这些能力的提升在整个判断行为中自然也会体现出综合性特征。

(六) 判断的规律性

审计判断即便是多样复杂,但同时有规律可循。毋庸置疑,不同的判断主体,不同的审计环境,不同的被审对象,不同的委托要求,不同的判断标准,这些众多主客观因素的存在,必然使得审计判断显现多样性、复杂性。例如,对已发生的事实行使审计判断以及对正在发生的或预计要发生的状况行使审计判断,两者对审计判断的要求是不同的。正是因为审计判断的多样性、复杂性,促使审计人员在判断活动中去找寻它的规律。实践证明,审计判断有规律可循,尽管这种规律有时并不明显,但是仍然存在。

首先表现为判断经验的规律性,一定意义上而言,经验具有规律性,审计判断的基础大部分来源于经验的运用,其积累的过程与具体审计事项的性质都具备了规律特征。例如,哪些活动或事项具有风险性和重要性、哪些控制程序或交易运作存在缺陷、哪些会计科目及核算内容容易出现问题、哪些动机或诉求会产生不良后果等等,大多数审计案例分析中的经验总结都是极具规律性的。

其次表现为判断行为或过程的规律性,主要指表现在审计操作标准和规范上,对整体的判断可以分层次分类别来进行,不同审计准则对此都有类似的规定要求,以供审计师遵循或参考。例如,审计人员在财务报表审计过程中,要考虑报表不同层次的性质和相对应的判断,审计准则中往往规定了一定的判断顺序。同时,审计判断贯穿整个审计活动,这种判断轨迹是较为明显的,与之相随的是判断的循环性,即审计判断从设定出发,通过测试和验证,到最后认定,每一个判断都会经历循环过程。审计判断的贯穿性和循环性是结合在一起运作的,共同构成审计判断过程的规律性。

最后,审计判断活动的有效判断总是符合某些共同的规律,即都有一个持续渐进和修正完善的判断过程,这是获取有效判断结果的一个必经的路径。例如,有经验的审计人员,完成对某些信息识别后,并不是直接作出判断,因为他知道这个判断将充满变数,需要在通过比较和分析,收集到充分、完整的审计证据后,即获取更多的信息来不断修正初始判断,才能得出正确的判断结论。这些都可反映出审计判断的规律性。

(七) 判断的个体差异与趋向一致性

每个独立的判断个体,所具备的判断能力是有差异的,作用于整体以后产生的结果不尽相同。判断的个体差异性与趋向一致性,这是由主观性特征延伸出来的特点。审计判断也不例外,即便在规范的框架下实施判断活动,也会有个体的差异性出现。关于不同的审计判断个体对于审计事项所作的判断是否一致的问题,如果承认个体差异性的存在,那么判断意见不可能一致;如果要满足利益互信群体的现实要求,判断意见的一致性显得非常重要。值得注意的是,审计判断是通过评价重要性影响程度来把握整体的,而不是对整体的构成事无巨细地进行核查,任何个体对整体的判断中必然存在一定差异。个体差异性在审计实践中,其判断意见是趋向一致的,所谓趋向一致,是指整个判断形成的意见朝着一致性、共识度高的方向前进,努力地达成统一的执业状态。决定审计判断趋向一致性特征的主要因素:一是客观上承认判断个体的差异性,但这种差异性是能得到有效控制的(例如,审计管理当中的质量控制系统的建立和完善,可以提高对重要性判断的精确性或建立合适的重要性标准,并对各种审计判断意见进行复核和检查,使得相同事项和问题的定性和处理趋向一致);二是审计判断个体最终是要对整体审计事项发表意见,在不影响整体判断的重要性上可以存在一定的细节差异,这在整体重要性特征当中已经说明(当然,审计判断活动同样可能会出现整体事项中一些重要细节遭到忽略,导致出现判断失误);三是现实中重复审计很少,只能对判断活动形成的意见作有限的复核(包括征求被审计单位意见,但这种意见征求只针对已揭示或披露的事项),检验所有判断事项是否一致性的现实基础并不存在(审计判断主体最后形成的全部判断意见应视为没有刻意遗漏或隐瞒,意见所附证据已经过判断主体有目的的筛选,不能对整体中的潜在证据进行复核检查,只能称之为有限复核),这种状况往往促使判断意见在责任规范下趋向一致性。当然,人不仅是一种有限的生物,而且每一个个体都会存在差异,因此在审计判断活动中也存在这样的命题,即审计师的判断总和是有限的,只是整体上趋向正确和完整,并非每次都能达到一致和精确的境界。

除此之外,可以肯定审计判断的特征之中还有许多和其他专业判断特征共性的部分,如判断方式方法的多样性，判断工具利用的广泛性、判断对象或结果的可验证性等。这些都是由审计判断是专业判断体系当中的一个分支属性决定的，其借鉴与比较的以及遵循判断既定内在规律的发展过程，使得审计判断必然存有判断共性特征。

二、审计判断自身特征

审计判断特征除与其他专业判断存在共性之外，还有哪些属于自身的特征呢，我们在分析时，可能也会同样面临困扰，即总会在其他专业判断特征中找到审计判断自身特征的影子，但这并不妨碍我们做进一步的探讨。对审计判断自身特征的分析可以从几个方面进行：一是从审计判断遵循审计活动内在要求的规定性上进行分析；二是按照审计判断活动中的判断主体、判断行为以及判断结果等重要体现，确认某些重要特点；三是在与其他专业判断活动的差异性中，尽量发觉一些明显异于其他专业判断的属于自身的一些特点。总之，对审计判断自身特征的探求，其实质是为了更深入地理解和运用审计判断。

（一）判断的独立性

作为审计本质属性特征之一的独立性，无论形式上或实质上的独立性要求，是审计活动内在要求最具显著的特征。形式上的独立能够避免出现重大的事实和情况，这种事实和情况是指使得拥有充分相关信息的利益互信群体合理推定审计判断主体的公正性、客观性或职业怀疑态度受到损害；而实质上的独立将促使或约束审计判断主体保持客观公正执业和职业怀疑，使得审计判断主体的意见不受有损于审计判断的任何因素的影响。独立性要求深刻影响审计活动，其作为审计的灵魂对于审计判断同等重要，因而审计判断携带独立性烙印并显现独立性特征是不言而喻的。尽管现实中无可避免地存在威胁独立性的许多情形。例如，经济利益、自我评价、关联关系和外界压力等情形，但审计专业中对此所采取的防范措施也同样是严格的。例如，职业、法律或规章明确的防范措施和要求整体内部的防范措施以及审计判断主体自身防范措施等。在独立性要求下，审计判断的独立性不仅是独立地位维护，更加倾向于在判断活动中保持超然独立的判断信念，并使得这种独立的信念贯穿整个判断活动。同样地，判断实践活动只有在保持独立的基础上，其判断行为才有可能通向客观公正、不偏不倚之路，所谋求的判断结果才更为符合目标任务。因此，审计判断的独立性特征将在判断行为和结果上得到充分体现。

（二）判断的批判性

作为审计本质的另一属性特征的现实性，审计活动内在要求使审计功能的实现体现出一定的批判性。例如，发现和揭示问题是审计活动的首要功能。这种批判性必然影响到审计判断实践和判断主体的思维重建，因而成为审计判断主体最为突出的思维特征，这种仍需扩大训练和深化的判断思维就是批判性思维。关于思维的研究，人们提出了许多不同的结果，如简单思维和复杂思维、系统思维和发散思维、刚性思维和柔性思维、辩证思维等等，这些研究成果表明，审计判断主体拥有的思维应该都会涉及，但最能体现或契合审计师的判断思维应该是什么样的？除了下一节需要着重讨论的审计判断主体的整体观外,判断主体最为明显的判断思维方式还是属于批判性思维。批判性思维强调的是独立思考、谨慎、质疑、推理、求证等基本要素,符合审计判断主体一贯主张和实践运用的思维模式。审计判断主体的批判性思维的形成和表现,当然与审计活动本身的现实要求有关,其中识别与理解被审计对象、把握判断标准和明确目的等实践活动要求,与批判性思维的基本要素和构建过程如出一辙。同时,批判性思维所坚持的中立原则和包容原则,以及批判过程所突出的反思与质疑、审验与评估等特点,都极大地强调自主理性的充分发挥,这些都契合审计师的独立审计行为。因此,在很大程度上可以确定,有效的或具备质量的审计判断结论必然是批判性思维作用的结果。随着审计社会化的快速发展,来自外部的社会期望及环境影响和审计自身应对的要求,审计判断主体的批判性思维特征将会得到足够关注和重视。

(三) 判断的集合性

这是审计判断的综合性或系统性的深化。审计判断的集合性特征是由审计组织管理运行和相关法定要求决定的,使得其集合性特征较为明显。在审计组织管理运行时,整个审计项目的计划、决策评估、复核审议等都需要不同的人员来参与判断活动,各种人员判断的思维模式和判断的目的也是有区别的[①],即便在具体项目的判断实践活动中,法定的要求必须由至少两个以上审计人员参与,尤其是面对重大或复杂的审计任务,现实需要不同人员整合联动,进一步发挥判断的整体功效。因此,对每个审计项目而言,从一开始就有多个审计判断主体参与审计判断活动,并且判断的内容和要求都有合理分工,这种常规的组织判断模式必然具有集合性判断特征。

(四) 判断的设定性

审计判断主体在针对具体审计事项时,往往会运用判断设定原理(关于判断设定将在假设判断和判断设定实证分析章节中进一步讨论),对整体进行框架式的或全面的判断设定。由于审计判断行为由一系列的判断决策组成,每一个判断决策与假设性有关,判断设定必不可少。审计判断的设定与一般专业的设定有较大区别,既要受抽象的公理性假设的指导,又要受具体的方法性假设的影响,而且还要体现对应整体的设定的全面性和完整性,属于一种非常复杂的判断设定,这在一般的审计实施方案当中就可以发现这种突出的特征。例如,审计实施方案中对于审计判断标准的设定[②],审计师按照审计目标或获取相应的判断标准开展设定,这一过程不仅要对判断标准的适当性、有效性予以考虑,还要结合需要检查不同的经济活动和事项,这样才能合理设定种种违背标准的可能,并针对这种可能的审计事项进行审查分析。这种判断标准的设定就必须体现出全面和完整,便于在

[①] 例如,在审计判断活动中可以把发现问题、分析问题和把握问题等判断任务,相应地落实到审计组、项目经理(业务处室)、合伙人或机构组织等,因而合理利用不同层次的审计人员其判断思维和判断目的不同特点。

[②] 审计判断标准可简单分为:目标性标准(如"五 E"目标)、规定性标准(如适应特定对象的政策、法律、法规等)和其他标准(如参照性的行业和环境标准等)。

各种事实与各种标准之间衡量,汇总每一次的判断或每一个事项的判断,便于得出最终判断结论。

(五) 判断的重要性

判断的重要性是指整体上的重要性,以及判断如何运用这种重要性。如何在整体上还原真实或接近真实,在现实经济活动中,尤其面对众多的经济事项,审计不可能对整体进行全面还原真实,这是判断活动中客观现实所制约的(如时间成本的约束、人力资源的限制等),因而也就不可能对整体全部的真实面貌作出完整评价,由此判断的核心必然是把握整体重要性,围绕影响整体的所有重要因素展开判断,确定其真实与否,从而推导出整体认定。从重要性出发反映整体而不是局部,或者对影响整体的重要性因素予以充分揭示,不仅符合对事物本身判断的意义和效果,而且对于利益互信群体而言至少是普遍认可的,因而整体重要性一定程度上体现了客观公正与平等互利(关于整体和重要性会在审计解构判断原理章节中进一步讨论)。

(六) 判断的时间限定性

由于现实中需要从审计成本、审计时效以及审计成果利用等方面来约束审计活动,以满足利益互信需求,审计时间的限定性,决定了判断活动的时间限定。上述已提及,在真实的审计判断活动中,重复审计的现象是非常少见的,除非有重大事件发生。对于判断本身而言,重复判断活动也违背现实可操作性,从事过审计活动的人都有体会,每一个审计项目的完成都是一件不可复制的工艺品,但往往也伴随不能完美体现审计判断的遗憾。时间限定性一定程度上决定了审计产品的精致程度,这不像病人看病,可以选择不同的医生问诊,能够在各种诊断之中作出选择,较少受时间限定影响。

此外,判断的时空回溯性也是审计判断的特征之一,即判断所面临的对象或状况是业已形成的整体(包括某些或有事项),而判断的目标与结论并非是针对将来的,预测性对于审计判断来说,只是针对以往发生的那些隐藏的问题或真相,判断行为是一个时空回溯性的证明过程。判断对象的选择性也是审计判断的特征之一,即对审计对象有合理的判断选择权,如接受委托业务时,在进行初步判断后可以作出合理的取舍;在关注审计内容时,可以对无法判断的事项作出是否规避的选择;对初步确定的审计措施,根据情况变化作出相应的选择调整判断等。

第三节　审计判断主体及整体观讨论

一、审计判断主体

现实中,往往有些国家会把审计判断主体称为注册会计师、特许会计师等,而忽略审计本身的职业称谓,这一方面有审计历史沿革事实存在的原因或简单借用的含义,另一方面也有混淆了审计自身职业特点的误区,会让人认为掌握会计等其他的一些专业领域的人都能够从事审计专业实践,容易模糊了审计判断主体的特色,甚至阻碍审计判断主体后续的发展。

作为审计判断主体需要得到授权或委托,目前主要是通过相关法律法规加以规范,即允许从事审计活动的主体资格认定,表明一种专业的独特领域,是有专属性的。在理解审计判断主体的时候,可以借助对审计主体的认知,审计判断主体某种意义上等同于审计主体,但有一定的区别。审计主体一般是指实施审计的行为人或特定的机构(组织),如国家审计、社会审计和内部审计。审计判断主体偏向于行为人,可以由三个层次构成:审计判断个体、审计判断群体和审计判断组织。审计判断个体是经过相关法律法规许可从事审计活动的人,即具体审计任务的执行者,这是第一个层次(并不包括审计机构或组织中从事管理和服务的人员,如文秘、财务等);由两个以上的审计判断个体组成的群体(或称审计组),是一个审计判断群体,这是第二个层次;审计机构或组织当中业务管理层以及参与具体审计任务的特定人员,属于第三个层次(主要是指对审计项目计划、审计目标等进行评估和决策以及对审计判断意见的复核者或审议人)。三个层次合在一起基本上确定了审计判断主体的构成。这三个层次不应形成对立,要在强调统一性基础上理解审计判断主体。我们在讨论审计判断主体时,更多的是指向第一和第二层次,当有关讨论涉及审计判断意见评估与决策等概念时,会自然而然地指向第三层次,因此,我们提倡在宽泛意义上理解这三个层次的审计判断主体,不会形成对立,而是强调统一性。此外,随着审计活动内容的丰富和拓展,某种程度上需要外部专家或顾问参与审计实践活动。那么,专家或顾问是否属于审计判断主体范畴?专家或顾问提供的意见是否属于审计判断意见?笔者认为,答案应该是否定的,理由是审计判断主体对外部专家的利用以及提供意见的采纳与否,都要经过审计判断主体重新判断认定,并且对提供意见的采纳与否独立地承担判断责任。在以后的章节中,谈到审计判断主体时,我们通常用审计师或审计人员来代替,这样在表述中会显得简明一些。

二、审计判断主体的整体观

在分析了审计判断特征之后,针对审计判断主体内在的特色,特别强调一个重要观点,那就是审计判断主体不论是采取复合型人才结构配置(例如,一段时期以来我国审计署提倡审计职员一专多能、熟悉多个领域的要求),还是多元化人才结构政策(例如,美国审计总局专门职员中有经营专家、数学家、工程师、电脑专家、法律专家、经济学家、心理学家等),审计判断主体仍应该具备自身的内在特色,也就是拥有审计专业领域特有的判断思维和技能,这种判断思维和技能是具体的,有明显的特点,独属于审计判断主体,或者说这种特点在审计判断主体身上能够表现得更为明显。就像执业医生作出诊断、公安刑侦人员作出刑侦判断一样,都应该合理地体现自身的特色。关于审计判断主体内在特色的讨论,那些在技能上所作的要求,仍属于表象层面认知,远远没有触及审计判断主体内在的要求。同样地,审计判断主体在进行审计活动实践时,其思维和行为过程表现的具体特点不仅仅是客观性、公正性等精神层面的东西,也不是简单掌握一些会计学、经济学或其他一些领域的知识,或者掌握一些审计学当中的基本知识,这些都是审计判断主体的基础性要求,与其他专业判断特色有着同一性,也不在重点讨论范围。笔者认为,真正属于审计判断主体的,应该是审计判断主体在整个审计判断活动中,具备良好的整体观,能够很好地掌握审计活动内在要求和审计判断规律,对审计判断学中基本原理的深刻领悟,尤其对审计判断运用原理中的审计判断设定、判断测试与验证、判断认定,以及判断评估与决策、判断风险与效能控制等,能够熟练运用于实践,在审计判断活动中去体现只有审计判断主体才有的独特专业判断,这样才能称之为一个具备审计专业特色的合格的审计判断主体。这里,我们着重讨论审计判断主体的整体观。

笔者认为,审计判断主体最大的内在特色,在于拥有整体观,即能够全面把握事物整体,包括批判性思维基础上建立的整体观。整体观是一个完整的概念系统,其范畴涵盖多层意思:全面而系统的观点、运动发展的观点、主客体同一而对应的观点、主体能动观点、主客体相互作用和生成的观点等。整体观的拥有和运用是审计师在判断活动中区别于其他专业判断人员最为显著的特色,也是衡量一个审计师是否合格的重要标准之一。给出这样一种标准或结论,并非是为了传递某种意味着审计专业较为特殊的信号,恰恰相反,是为了更加突出审计专业的特殊要求以及重新认识审计判断主体的内在特色,消除当下一些偏见和肤浅的认知。审计师的整体观的建立和运用是基于以下情况产生的:

1. 现实性的整体观。整体观是人类意识当中值得推崇的一种思维框架,对于从事各行各业不同领域的人们来说,其形成和建立的现实可能性是不同的,主要原因在于受到客观现实性的限制和约束。现实性整体的应对必将对整体观的形成产生积极意义。如何理解这样一种客观现实性,在于人们的思维发展要普遍受到职业要求和环境条件等客观现实的深刻影响。我们可以列举出许多的专业领域,以及在其领域中活动的人们并不要求必须具备整体观。例如,一个专业运动员、一个生产线上的工人、一个管理流程中某个环节的管理者等,并没有赋予他们形成整体观的一种客观现实性,尽管不同的人可以通过哲学引导或学习来形成自身的整体观,但不是每个专业都能时刻给予一种客观现实性的整体观,让人们有机会去亲证和体悟。由于审计职业所设定的要求需要审计师解决相关整体的问题,审计师所面临的被审计对象以及需要处理的工作,绝大多数是以整体呈现的,一个部门或单位、一家企业或公司,即便是财务报表信息,它们都是以整体的实质和形式一起体现的,而审计师每天要打交道的正是这些现实或明确实在的整体,很少是局部或片段,正是受客观现实的整体的限制和约束,长期的浸染较容易产生现实性的整体观。在有些专业判断领域中,似乎也强调整体观的要求,但往往并不具备这种客观现实性。例如,在医学判断领域,按照人体不同部位如皮肤科、口腔科等诊断治疗发展而来的判断思维模式,局部判断思维明显,不需要时时考虑"人"这个整体,并对"人"这个整体发表意见;在会计专业领域中,会计人员只是作为整体内部运作的一环,不能也无法现实地关照到自己所处的整体(审计实践表明,许多重要的事项是会计人员所掌握不到的),尤其是那些单独记录某类账册或科目的会计人员,判断思维同样是只能受整体的某个局部影响。

2. 对应性的整体观。对整体的认知和把握需要整体观来对应①。整体观对应整体,应该是人类思维发展的一次提升,并且作为一种思维判断的规律而愈加稳固。试图通过某一点或某个局部因素全面把握整体,至少是不完整的。整体观作用于整体,其对应性并不排斥对细微之处的考察分析,而是要求这种细微最终还是回到整体,从属于整体观。审计师在解构判断整体、把握整体重要性的同时,也是通过对局部的测试和验证加以证明的,审计师最终发表意见还只能是针对整体或服从于整体要求。对应性的整体观不仅加深了对整体的理解,同样也有效地定位了审计师自身。

3. 适应性的整体观。整体的不确定性带来的挑战无时不在。整体的运转变化,必然要求整体观不断与之适应。审计师往往通过识别不同的整体,不断接受整体间变化的挑战,建立起更为灵活和适应的整体观,以此作为类比和推断不同的整体的基础,并形成独特的适应性的整体观。适应性的整体观不仅反映在不同的整体对象,还会涉及同一整体内容的变化,审计师往往会对整体的内容进行追溯判断和作出未来预判(如对一些未决事项的预判),使整体内容在时间链上呈现完整而统一。现今,我们始终面对一个如此复杂多变、高度不确定的世界,审计师所面临的整体的不确定性愈加明显,如何训练创造力、想象力或洞察力,对新的经验体悟保持好奇心和敏锐,如何不断接受新的知识以促进自身的发展,所有的这一切至少都有赖于适应性整体观的建立和运用。

4. 独立性的整体观。按照审计活动内在要求规定,审计师需要独立于整体之外,他被限定在整体的形成及其发展的外围,对于整体的性能和运转状态,只能通过独立的整体观去判断,这并不像其他专业人员即使他们能够拥有整体观,也是在整体之内活动并与整体紧密地结合在一起。使用独立性的整体观,也许没有在整体内部的人员更深层次或更详细地获知整体的一切,但只要是独立性整体观所能反映的,必定是排除了身在其中的干扰以及各种利益的诱惑,从而更能接近关于整体的客观事实的真相。

因此,现实性的、对应性的、适应性的和独立性的整体观是审计判断主体最具内在的特色之一。笔者认为,审计判断主体需要经过专门的培训和实践探索,在批判性思维的基础上形成和建立这样的整体判断观②,合理地把握审计判断活动的各种规律,在实践中去体现这一审计判断主体的特点。这将对审计判断主体提出一系列的要求,包括具备相应的知识、能力、素质等要求,以及如何有效地实践和提高。

---

① "如果认识的主体本身是一个整体,客体的整体性就可以被理解;如果主体试图把握自身,它又必须把客体当做总体来认识。"——[匈]卢卡奇(Lukacs. Cyorgy, 1885—1971)

② "整体判断必须坚持从主客体的统一判断问题,其要求一个超乎经验直观水准的能动的主体,这个主体不是把整体当作独立自在的外部对象来摹写,而是内在地参与了整体的创造,正因为整体实际上是主体本身的对象化产物,它可以被主体能动地认识、理解和把握。"——[匈]卢卡奇(Lukacs. Cyorgy, 1885—1971)

第三章　审计判断力与判断主体要求

"天行健，君子以自强不息。"

——《易经·乾坤》

"人是一种有限的生物，他的理解力的可能性和征服事物的可能性都是有限的。如果人确信这种说法，他便会给他的思想和行动划定相当正确的范围，从而和谐地实现他的命运。"

——[法]莱蒙·那芙

审计判断只能依附于审计判断主体，失去审计判断主体，在现实中也就无法开展任何审计判断活动。审计这一产物发展到今天，走过了漫长的道路，对审计判断主体的各种要求和期望需要我们格外重视。有一点始终值得我们反思，那就是——不是每一个人都能够胜任审计判断主体角色。要想拥有符合审计专业标准要求的各种能力，出色地履行审计职责，并以此完成不同的审计任务，并非易事。因此，对于选择从事审计这一专业的人来说，当这条路展现出来的时候就预示着前行的无比艰辛，那些对审计判断主体的各种要求和挑战从没有停止过。

第一节　审计判断力

一、审计判断力的构成要素

判断力是确定自我意识及存在的核心力量，也是一把开启自我与不确定性之间大门的钥匙。日常生活中，也许我们从不会为自己的判断力担忧，也没有谁愿意承认自己不曾拥有这种能力。的确如此，判断力作为知性和理性完美融合的一个产物，必然和普遍存在于人们的认知秩序当中，一个正常的人如果缺失基本的判断力毕竟是非常糟糕的一件事。对于审计专业判断而言，审计判断力显得更为重要，它不仅是专业水平高低的一种衡量，而且是合理解决问题和完成既定目标任务的一种必备的思维能力。康德认为：一般判断力是把特殊的东西当作包含在普遍的东西之下，来对它进行思维的能力。审计判断力在表现形式上并不单纯，而是一个复杂的综合体，由众多能力要素构成，它一般包括了人的感知能力、记忆能力、预知能力、演绎能力、推理能力等。实际上，审计判断力的要素构成较为广泛且更加深刻,具体分为三个层次。

(一) 核心层次要素

该层次要素对审计判断力起着方向和引导作用,处于审计判断力构成的核心位置。如思想与智慧、信念或信仰、观念和观点等,是判断力作用的方向,表现出一定的预知能力。这些核心层次要素本身就具有综合性和抽象性,始终引导审计判断力前行的方向,不会轻易地动摇。核心层次要素应该是组成审计判断力内在的关键,如独立或公正等信念,相比任何技术训练所给予审计判断力的帮助都要大得多。核心层次要素与一般的判断经验或常识不同,对于核心层次要素而言,起决定作用的并非是岁月积淀或亲身经历。例如,一个拥有漫长执业时间的审计师尽管会比一个年轻审计人员更清楚经济活动及事项的种种陷阱。但是,我们所希望的公正且毫无偏见的判断,并不会只来自有岁月积淀的长者,而保持独立或公正的思想信念对于审计判断力更为重要。同样地,亲身经历是重要的,尤其是对一些务实性的判断活动来说,但在判断力的表现上来看,没有必要非经历过某些事件才会表现出最佳的判断力。例如,大多数的医生本身并没有患上他们所治疗的疾病;审计判断主体并非一定要做过会计才能对会计活动进行判断。审计判断力的核心层次要素是判断意识的较高层次,唯有通过系统地学习知识、训练和思考,促进自我判断意识在实践中不断深入和提升,在转化原理影响下实现融会贯通,才能形成关于指引自身判断力的思想与智慧、信念或信仰、观念和观点等要素。离开了这些核心要素,即便有好的方法或技术给予审计判断力更强的力量,那也只能使得审计判断力失去方向和指引像乱流一样四处散漫。

(二) 运用层次要素

该层次要素对审计判断力的作用大小和准确性起到合理的保证作用,如洞察能力、记忆能力、演绎能力、推理能力等,这些能力要素都是审计判断力运用过程的思维活动体现。在运用层次要素中,由于要着重体现审计判断力的运用,运用层次各要素之间往往需要找到彼此适合的序列,遵循一定的判断步骤。例如,不同能力的运用有先后之分,判断力一般是先通过感知力启动的(感知力是感觉和知觉的共同作用),通过感知来进行洞察,或者是通过洞察来强化感知,这是判断力启动的开端;接下来是记忆能力发挥作用,由于记忆中储存了大量的信息,外在事物需要得到这些信息的进一步刺激和反馈,才能赋予判断的新动力,倘若缺失记忆,外在事物的感知就会弱化且得不到重新展现,判断力也就无从谈起。通过记忆,我们能将外在事物与记忆中的信息有效地进行联系和比较,从而引发一系列的想法或念头,以此作为判断的基本内容。所以当感知力、记忆力和想法联合一起就构成对事物的判断基础。然而,某一个想法或念头很少是孤立地存在的,它们都是智力生命体的表现,审计判断还需要借助某些特定的活动将这些想法或念头加以证明,这样才能形成一个完整的判断过程。所以,为了使这个判断过程加速新结论的产生,演绎和推理就成了判断思维活动的主要角色。判断力运用层次各要素是综合的整体,彼此互为影响而又紧密联系,不能单纯强调某一个能力要素来论及判断力。

(三) 影响层次要素

该层次要素对审计判断力的发挥起到影响作用,包括不同的精神或心理状态,如谨慎态度,其产生的根本原因在于人们对不确定事项的态度和行为更趋于自我保存,尽量规避判断带来的偏差。简单而言,这些不同的精神状态对审计判断力有着消极影响和积极影响两个方面。审慎、警觉等精神状态,一般会对审计判断力产生积极影响。例如,表现出自制力,在判断时使用自制力以避免情绪失常受到影响;表现出注意力,在判断时使用注意力以促使思想精力集中(审计准则和审计方案中一般表达为"关注");表现出想象力,在判断时合理使用想象力以使外部事实通过联想或嫁接变得清晰和完整;表现出质疑力,在判断时使用悬疑、反思及求证等以使外部事实得到充分明确。而松懈、消沉等精神状态,会对审计判断力产生消极影响,使得判断行为总是被粗心大意、马虎冒失羁绊。例如,在面临重要审计事项判断时,妥协或退却的精神状态,会严重削弱判断信念的坚定性,判断力表现弱化,容易被相关证明或言辞说服,而失去进一步探求与确信的机会。此外,利益诱惑和压力等一些客观环境因素和条件对审计判断力的发挥同样具有较大的影响,不同精神状态等因素只有结合(利用或克服)客观环境因素和条件才能促使判断力有效作用。

审计判断力有着对于判断主体的知识、能力和素质的各种要求,这些要求受到多方面的影响。例如,审计活动内在规定要求的影响、审计实践积累和发展的影响,以及外部社会的期望和认同的影响等,各种要求内容涉及广泛,一般审计准则无法进行具体规定。关于这些要求内容一定程度反映审计判断力的要素构成,简要列表如表3-1所示。

表 3-1　　审计判断力构成要素

层次或类型	要素构成或主要内容	相关举例
核心层次	思想与智慧、信念或信仰、观念和观点等	例如,强烈的事业心会使审计师忠于职守,强化责任意识,维护独立性,考虑审计风险等;高尚的道德和情操能够使审计师保持客观公正、实事求是地处理问题;依法审计信念会使审计师注重以事实为依据、以法律为准绳,考虑审计程序的规范以及标准、依据和原则的实质等
运用层次	知识和经验的运用所体现的认知能力、思维能力、意志能力等,包括洞察能力、记忆能力、演绎能力、推理能力等一般能力	例如,认知能力中的观察、想象、表达和记忆有利于判断识别;思维能力中的逻辑性、批判性、开放性、深刻性、独立性、敏捷性、灵活性有利于判断活动实践各层次要求;意志能力中的目的性、坚毅性、果断性有利于预见和求真等测试或求证活动;一般能力中的推理分析、调研、证明有利于问题发现和判断处理
影响层次	审慎、警觉、自制以及松懈、消沉等主观积极或消极精神状态;利益诱惑和压力等一些客观环境因素	例如,严谨求实有利于审计师在整个判断活动中认真仔细、不偏不倚、客观沉静等;高度自制有利于审计师对于自身行为表现出廉洁自律以及自我情绪和行为的调节与控制

二、审计判断力的特质

有人认为,判断力是一门解决问题的艺术,没有判断力,就不能对一个主题的问题或者重要性作出评判,只有通过判断力的帮助,才能够辨别问题的实质,寻求合适的分析,获得一个对问题或者重要性精确完美的解析。不难想象,审计实践活动丧失判断力会引发许多问题。例如,丧失判断力会使审计师凭借记忆储存或搜集的资料成为徒劳,进而失去对事实进行比较检验的可能;丧失判断力会弱化审计师对事物归类或辨别的能力,还将引发主体判断思考的精确性,不能去伪存真。简而言之,审计实践活动无法脱离判断力的作用。审计判断力在具体运用时会体现出多种特质,如目的性、可靠性、方向性、明辨性等,正是这些特质赋予判断力特有的重要作用。

判断力的首要特质表现为一定的目的性。判断力作为一种中心意识,必定存在一个根本目的。判断力的目的可以把所有的印象聚集与联合成一种情绪——对真理的渴望。在审计判断活动中,审计判断力的目的也可以理解为对一切被判断事物真相的探求,这种目的性使得判断力在审计师的所有能力中表现最为独特。真相是诸多事实和信息交织变化的最终归结,判断力的强弱和准确必须体现在最终归结上,审计师只有完成了对事物真相探求的使命,才能找到事物的本质,从而提供出满足利益互信需求的众多产品。理解了审计判断力探求真相的根本目的,也就能理解审计师为何总是围绕问题或错误来开展工作,一个是关于判断力自身的命题,另一个是审计事物内在规定要求的体现,两者时常能够有效契合。

判断力是可靠的,审计师如要解决审计活动中的各种问题或事项,依赖的是判断力,既不是虚无缥缈的幻想,也不是按部就班的程序,唯有判断力能够驾驭幻想和程序,使它们转化成符合理智的力量,从而不断强化判断力使其充满理性。理智由判断力而生,同时判断力又随理智而行,两者常常结合一体,使得判断力具有一定的可靠性特质。在审计判断实践中,审计判断力总是促使理智遵循一些如独立、客观和公正等原则,而这些原则的意义是审计判断力所认可的,因而判断力能够使理智远离那些被认定为荒谬的事物,从而更容易得出关于被判断事物的可靠结论。

判断力总是要确定一个方向,可以控制审计师不偏离内心的信念或想法,使得各种能力要素朝此行进,进而共同推动问题的解决。审计判断力的方向性是在发现问题、明确问题、提出假设和检验假设的过程中体现的,每一个阶段都不能偏离方向的指引,一旦失去判断力的方向,解决问题的整个过程就会停滞,判断力本身就会陷入迷雾而无法充分体现其功用。判断力的方向性是反思的[①],即为什么要发现和明确问题,为什么要假设和验证问题等一切与判断活动相关的问题,都需要有合理的解释,一旦反思的内容重塑或顺应了内心的信念,判断力的方向性就会在智慧、信念中逐渐形成并产生效用。

---

① 反思是智慧的开端和集成过程;判断力的核心层次要素包括了智慧、思想和信仰等。

判断力具有明辨性,从而能实现对事物评判的功能。审计判断力的明辨性往往在对事物的是非曲直或其他状况有精确辨别时得以体现。一定程度上,肯定或否定的判断结论赋予明辨性显著的外在形式,而判断力内在的明辨性特质及实际运用与明辨的外在形式是统一的。尽管这种明辨性会受到事物变化的影响,使人们有时会怀疑这种明辨性的存在,但我们也可以理解为,审计判断力正是从对事物评判过程克服种种变化而获取到明辨性特质。

审计判断力的特质既是判断力的自身属性,又是判断力作用整体的体现,与审计判断的诸多特征融合在一起。长期的审计实践表明,这些特质极好地证明了审计活动为何需要依赖判断力,以及也只有判断力才能解决审计事物内在规定要求的诸多问题。因此,审计师能够提供那些满足利益互信群体的需求,以此来证明审计判断力存在的重要性。

三、审计判断力的来源与习得

关于判断力的来源,一般可以归结为知识和经验。康德认为:"判断力是将事物归之于规则的能力,即它能够确定事物相对于某个规则的从属关系。判断力作为一种特殊能力,它不像知性能被教导,它只能练习,而不能通过学习来获得。因为,学习所赋予有限知性的那些规则,必须通过学习者自己所具有的能力才能加以正确运用,否则就有可能被误用。一个人可以通过学习掌握诸多规则,但并不能保证其在运用中不会犯规。如果缺乏先天的判断力,或者尚未从大量的实例中对这种判断进行充分的训练,他就难以辨别一个具体情况是否属于某种共相。因此,实例是判断力的入门之基。"①我们还应该考虑到,实例作为判断力的入门之基包含了经验和知识的运用,而学习应该成为提升判断力的可靠来源之一。所以培根认为:"缺乏分析判断力的人,他可以研习经院哲学,因为这门学问最讲究繁琐辩证。不善于推理的人,可以研习法律学,如此等等。这种种头脑上的缺陷,都可以通过求知来治疗。"一般认为,专业判断力来源于经验与知识。经验是判断力的基石,对于专业领域判断力而言,审计师更需要在大量的实践中培养和训练不同的能力,对影响和形成判断力的不同要素予以完善,才能造就足够的判断力。审计作为一项专业,专业系统知识的获取必不可少,而这些知识就是从反复出现的事件中、相互的关系中、等效的事例中、相类似的情况中获得的。知识对于判断力的形成而言,比从经验中获取更快速,但是并不牢固且容易变化;在经验中获得判断力的过程比较缓慢,尤其是判断思想和智慧、信念等核心要素的获取更需要持久的过程,但是它们相对稳定且不易变化。经验与知识对于审计判断力同等重要,应该有效结合起来②,使判断力在实践和求知的过程中不断提升。

---

① [德]伊曼诺尔·康德著:《三批判书》第43~44页,人民日报出版社2012年版。
② "当你处世行事时,正确运用知识意味着力量。懂得事物因果的人是幸福的。有实际经验的人虽然能够办理个别性的事务,但若要综观整体,运筹全局,却唯有掌握知识方能办到。"——[英国]弗朗西斯·培根

审计判断力不会自发产生,因此需要开发和习得。除去天生性格或禀赋的影响,我们较容易发觉,每个人的判断力仍会存在差异,这是判断力因外在的作用表现不同带来的,这种差异的不同往往产生于个人受教育的程度、经验掌握和外部环境影响等,为了缩小这样的差距,使不同审计师的判断力能够胜任工作,因而后天的判断力开发和习得至为重要。审计判断力的开发和习得应该围绕判断力的构成要素在审计实践和学习求知的过程中完成,方式方法可以有多种,但过程要素却较为一致。例如,开发审计判断力的一般要素包括:掌握和识别被判断对象的基础知识、审计判断过程中保持专注的能力、对审计事项培养敏锐的感知能力、在运用审计程序时进行估测、推理能力训练、对复杂事项分析保持冷静和自制等,审计师一旦培养出这些特质,自身的判断力就会不断得到开发,构成审计判断力的不同要素就会得到合理利用,长期坚持下来就能获得高度敏锐的悟性和实用可靠的判断力,往往能够洞悉事物的本质,并以恰当的方式处理不同的审计任务。

针对判断力运用层次能力要素的开发和习得,审计师既要考虑单个能力要素作用的开发,又要考虑能力要素之间的彼此影响,两者结合起来养成。判断力既然是多种能力要素的合成,就要考虑不同的能力要素具有不同特质。例如,感知力能够将外部事实或信息投射到意识中,通过转化产生诸多变化,包括使感觉得到适当表现,但感知力并非单纯感官意识,所获取的外部事实或信息往往通过感知力得到修改和变化。感知力具有程度或阶段性。例如:看的一般阶段分为看见、看仔细、观察研究等,其程度效果是不同的;如听的一般阶段分为听到、理解或领会、引发思考等,其程度效果也是不同的。又如,注意力起着激励作用,能够加速直接向着明确的目标努力。尽管感知力或注意力来源于习惯本能的反应,但这种习惯本能是可以拓展并得到提升的。审计师还应考虑构成判断力的不同能力因素之间的彼此影响,在诸多因素中,有些因素看似不是最重要的,但对于开发和习得判断力却是不可缺少的。例如,自制力可以促使审计人员在面临不良影响下保持稳定平和的情绪或心态,从而保证审计职业的严谨、审慎等状态得以显现;合理想象和远见的能力,这种能力通过建立一种实际事件与想象或未来事件的类比,有助于判断力观察和技巧方面得到提高,从而对审计策略或计划会产生影响。

审计师在判断力开发和习得当中,还要考虑判断力运用的方法或环节及其一般循环状态,这需要依赖一般审计准则或相关规范提供的审计程序来实现。判断力运用通常要历经事物对照、事物分析、目标确定、解决问题等环节,审计师必须要妥善处理和把握好这些环节,以促进判断力的习得和提升。例如,对照提供了以所有条件的全部知识来进行判断的方法。事物的对照既是一个判断识别的过程,可以将想要去理解的整体带到某些相似整体或特定审计目标或标准上;也是一个整体再构的过程,可以在分解的基础上综合对照旧有整体,梳理出不同差异或问题。分析是对照的进一步深入,作为一种方法适用于审计判断活动不同阶段,为的是更容易辨明审计事项细节,是对细节的协调和分类。事物分析既是定量定性的运用,又是分解判断的运用,它可以把每个细节从整体中分离,还包括逐一检查这些细节,并且不能忽视细节和整体核心或重要性因素的关系。目标或方向是判断力的指向和运用的证明,既是审计判断策略或措施的核心,又可以为审计判断力提供依据标准、明确环境或者必要性、排除障碍等,目标越是明确和具体,判断力就越是容易实施。问题与判断力是一体两面的,不存在问题,判断力就没有必要;不存在判断力,问题也将隐没消遁。问题包括提出或发现问题、证明和解决问题等过程,问题可以通过对照、分析等综合途径,被提出或发现,也可以通过确定目标或方向被证明和解决。判断力最终是为了解决问题,问题本身也可以成为判断力运用的方法,或者说在问题的背后隐含了比较、联系和推理等诸多方法。例如,提出问题,就会和以往记忆或经验中最为熟悉的事物作比较;如果事物涉及一个有待解决的问题,就会有相似的问题与之联系;如果要尝试解决问题,就需要一个确定的判断或否定的推理。

此外,由于判断力无法脱离实践,需要不断地加以训练,在判断力开发和习得当中,我们也应考虑容错机制,为了使判断力自然地运用在审计师对整体的判断中,不同审计师应该有积累和沉淀的过程,容错机制能在此过程中促进判断力提高。尽管审计师一旦开展判断活动就要现实地符合审计内在规定要求和社会期望,容错机制看似会涉及审计风险或失败,所以,人们提出在审计判断实践中保持合理容错,建立良好的多级复核或审理机制,合理容错将培养审计师不会拒绝承认错误,可以从错误中汲取经验,又要控制某些错误并非建立在损害利益互信群体需求上。

总之,审计判断力的获取和运用,必将对审计判断主体在知识、能力和素质等方面提出不同需求,以适应审计判断活动的开展。以下两节将简要作出讨论,而关于审计判断主体需要掌握的审计判断基本原理和实证分析等将分各章节专门论述。

第二节 审计判断主体的知识要求

一、知识与审计判断

关于人类知识的研究,其过程是漫长的,这是哲学和知识论的中心问题。随着知识管理的兴起,知识的分类问题又成为热点[①],马歇尔·波兰尼(M. Polanyi)于20世纪60年代所作的研究具有经典意义,他将人类知识划分为两类:一类是通过生活经验得到的隐性(内隐)知识,另一类是通过后天学习得到的显性(外显)知识。隐性知识是高度个体化的、难以形式化或沟通的、难以与他人共享的知识,通常以个人经验、印象、感悟、团队的默契、技术诀窍、组织文化、风俗等形式存在,而难以用文字、语言、图像等形式表达清楚;显性知识是能够以一种系统的方法表达的、正式而规范的知识,通常以语言、文字等结构化的形

---

① 20世纪60年代美国学者马克卢普(Fritz Machlup)在其《美国的知识生产与传播》一书中,把知识分成五类:①实用知识:包括对人的工作、决策和行动中有用的知识;②智力知识:包括满足一个人智力好奇心的知识;③休闲知识:包括为轻松消遣、寻求感情刺激及满足思维好奇心的知识;④精神知识:即宗教和与宗教有关的知识;⑤多余的知识:包括一个人的兴趣之外的,往往是偶然获得的,毫无目的地保留着的知识。

式存储,并且表现为产品外观、文件、数据库、说明书、公式和计算机程序等形式,可用言词、图表、公式、符号表达的,具有逻辑性以及清晰文化背景的事实。这种分类把人类隐性知识纳入知识的范畴,对原有的知识理论具有"决定性变革"的影响。

按照马歇尔·波兰尼(M. Polanyi)对知识的划分,审计判断活动同时需要有这两类知识的支撑,才能有效地发挥实用性和创造性。其中,对隐性知识的关注将带来更加积极的作用:如依据隐性知识的功能结构、现象结构和认识意义等,能够使审计师在不完全认识部分或细节的情况下识别整体;依据隐性知识的内心留住的认识特征,让认识对象或客体进入审计师的内心,有利于审计师从已有的研究成果和观察实验中获得新的暗示,从而不断提出新的问题,激发更多的创造性;依据隐性知识的获得途径,促使审计师高度重视职业实践和亲身感悟,以获取相关的隐性知识。最后,由于审计判断活动中的隐性知识的运用,受审计组以及多种人员的团队合作模式影响,如何发挥团队的价值,重视核心成员的作用,需要在密切合作与有效沟通中达成,促使隐性知识和显性知识有效配合和转化[①]。

如果按照美国社会学家贝尔(Daniel Bell)对于知识的定义[②],我们似乎给判断找到了新的归宿地和出发点。因为,他认为知识还"包括新的判断(研究与学术)或对旧的判断(教材与教学)的新表述",这句话的意义非常重要,既是把判断融入知识内涵,又是对知识价值的重新定位。透过贝尔的知识观不难看出,知识本身一定要有它的"新的判断"或"新的表述",否则就不能称其为"知识"。显然,审计判断活动所能拥有的创造性和价值性,始终离不开知识,而使判断活动得以达成的现实途径首要的是经验。

以上关于知识与判断的简述,主要目的是为了促使审计判断主体更好地利用知识的力量,以不断强化自身的判断力。我们在讨论审计判断主体知识的储备和掌握的同时,并不要求越多越好,对于知识的把握,重点是强调基础性和相关性,并依据转化原理使知识得到贯通和合理运用。迄今为止,在认识论的研究中,一方面对什么是知识作出了分析与说明,另一方面需要关注人们是如何认识知识,即人们是如何使自己的信念成为知识的。如何判断自己的信念是知识,如何使知识得到运用和确证,这在判断领域当中显得尤为重要。

二、审计判断所需要的基础性知识

对于基础性知识的掌握,首要功能之一是为了满足判断识别的需要(关于判断识别将在转化原理中重点论述),对于不具备相关判断识别能力的人来说,其开展审计判断活动是困难重重的。依照目前状况,审计判断对象主要是经济活动和事项,被判断的事物复杂而多样,对于一个审计判断主体而言,所需要的知识储备或种类应该是丰富充实的,这样

[①] 沙勇忠、牛春华等编著:《信息分析》,科学出版社 2009 年版,第 20~22 页。
[②] 知识是一组事实和思想的有条理的陈述,所表述的是经过推理所得出的判断或者实验结果,可以通过传播媒体以系统的形式传给他人。

才能保证一种专业判断的对应性和适应性。在判断过程中知识结构是影响和制约审计判断主体的关键因素。一般来说，审计判断主体必须熟悉和掌握各类领域中基础性的知识，并非是指精通每一个经济领域当中的知识，这个要求既不合理也不现实。通常的解决方案，是在已有的知识结构基础上不断地扩充其他领域的相关知识来适应判断要求。一个执业多年且经验丰富的审计师，往往会清楚地认识到，接受每一个不同的审计任务都是一次新的挑战，而这种挑战最重要的就是来自新知识的吸收和消化。

王会金教授提出审计师应"具备法学、教育学、心理学、伦理学、社会学、审计学、行为学、管理学等有关科学知识，同时还应该具有财经违纪学、侦查学、证据学、信息技术学等有关应用科学知识和有关的自然科学知识"[1]，这些知识的构造要求有着综合性特征，符合审计事物内在规定要求。我们将结合审计判断活动的一些要求，简要说明审计师在判断活动中需要掌握的基础性知识，即审计师对被判断事物（整体）进行识别、衡量、描述以及调整自身判断行为的相关知识。

（一）关于如何判断识别整体的知识

对整体的判断识别是判断活动的基础或开端。因此，整体所涉及的基础性知识需要审计师加以掌握。例如，审计师如果要对财务报表发表判断意见，那么就要掌握或了解财务报表所属的知识体系内容。按照对应性和适应性要求，随着整体的不同，审计师所要掌握或了解的知识内容是不同的，因而此类知识最为广泛。例如，如果想要开展金融审计、基本建设审计、环境审计等不同领域审计，审计师需要掌握或了解这些领域的相关知识以满足判断识别的要求。因此，关于如何判断识别整体的知识，仅能结合一般的审计业务所处理的整体作简要列举，如需要掌握会计学、经济学、财政学等领域专业知识。由于审计事物在现实的法律框架中运行，对整体的判断也脱离不了法律的基础性范畴，因而也可以认为须拥有与整体对应的一般法学知识，如需要掌握会计法、公司法、预算法、税法、合同法、行政诉讼法，以及与整体相关的特定法学知识。值得注意的是，审计判断识别所需要的基础性知识，不仅包括对相关整体涉及的法学知识要义，还包括相关整体是如何形成和运作的实务性知识，如会计核算、预算编制等实务规定，这样才能更好地对各类整体如何活动和管理等情况进行判断识别。

（二）关于如何衡量整体的知识

衡量整体包括对整体结构、状态和性能的测试验证以及标准的运用，既涉及技术方法的掌握，又涉及与整体相关的人、行为和物的交流。因此，涉及整体结构、状态和性能的定量定性分析、评估与测试验证等，需要掌握和了解审计流程学、逻辑学知识、侦查学知识、证据学知识、信息技术知识等；涉及衡量整体所需要的标准和要求，这在法学知识中已部分体现，还需要掌握和了解包括如国家政策、行业标准、财经法规知识等，以及某些关于真实性、绩效性或伦理性的判断标准；涉及整体评价、问题揭示和事项披露等行为达成，需要

---

[1] 王会金著：《审计心理学》第72页，中国财政经济出版社2010年版。

掌握和了解心理学知识、教育学知识、行为学知识、人际关系知识、管理学知识等。

(三) 关于如何描述整体的知识

合理描述被判断事物(整体)并非一件简单的事情。描述整体的同时包括判断意见的最佳表达。表达看似是一种语言运用要求，其实更应成为对所有判断行为活动的描述。在审计专业领域中，审计判断意见表达有时为了能规范统一，会给出专门格式要素，如社会审计中报表鉴证业务的审计意见类型表达。但是，不同类型审计的规定要求不尽相同，也无法规范统一，审计师终究需要处理一系列的关于整体的描述问题，有关合理描述的总结、归纳和提炼无时不在。例如，审计实施方案、审计报告、审计工作底稿、重要事项披露、相关问题揭示等，这要求审计师必须使用语言对整个审计活动中的判断行为轨迹以及事实证明等内容给予合理描述。因此，审计师需要掌握语言学、文字运用和表达、公文写作、逻辑运用等基本知识，力求准确无误、简明扼要进行描述，达到专业的最佳表达。

(四) 关于如何调整自身判断行为的相关知识

审计判断主体在判断活动中除思维活动外更多的是以实际行为去取得工作成果的，在此过程中，判断行为仍需要处理一系列问题。例如，如何认知自身能力的优劣、执业环境状况及外界影响；如何将自身判断信念、经验与知识进行合理转化并得到有效运用；如何采取应对措施、提高审计效率；如何保持独立客观、恪守公正；等等。因此，为保证自身判断行为始终处于平稳或规范状态，达到自觉调整和完善，审计师还需要深入掌握相关职业标准、道德规范、审计判断原理，以及认知论相关哲学等基本知识。

审计师对于基础性知识的掌握和了解，是一个渐进性的过程，表现出吸收消化与积累性，最为重要的是相关基础性知识应该在实践中得到合理运用。

第三节　审计判断主体的能力要求

审计判断主体的能力与素质要求，主要来自几个方面的影响：一是审计活动内在规定要求的影响，二是审计判断主体积累和开发的影响，三是外部社会期望和认同的影响。王会金教授认为除知识结构外，还需要智力结构[①]，包括思维品质(思维的广阔性、深刻性、独立性、敏捷性、逻辑性、批判性和灵活性)和能力品质(分析能力、判断能力、调查研究能力、写作能力、自我发展能力、教育和感染能力、克服困难和应付挫折能力)。

一、提升审计判断主体的能力

围绕审计判断力和审计师判断能力的提升，补充完善以下几种能力要求。

1. 敏锐的观察力。审计判断主体所面对的各种事物纷繁复杂，如何从中发现各种审

---

① "智力结构是在知识结构的基础上综合地运用各种知识灵活地、迅速地、成功地认识、分析和处理各种复杂问题能力的总和。"——王会金著：《审计心理学》第73页，中国财政经济出版社2010年版。

计线索和问题,需要具备敏锐的观察力。观察力源于感知,是一般人都具有的能力,但有强弱之分,除去天然的禀赋影响,从事有关专业判断的人员其观察力都要经过专门的训练以得到强化。审计活动并非简单地查阅账簿和一些枯燥的数字,实质上是通过大量的财务信息和非财务信息,来具体地接受人和物的活动。如果观察力太弱,那就不太适合进行判断,需要得到提高。因此,对审计活动所指向的相关场所和活动都要学会观察,如管理和生产活动场所、会计业务处理活动、产品服务过程以及各层次人员活动等。观察力的敏锐程度取决于对部分细节的把握以及准确而快速地与整体判断目标或意图紧密结合。

2. 深刻的思考力。强调审计判断主体的思考力,不仅是要突出综合分析能力在判断活动中的运用(综合分析能力是思考力的一种体现),更主要的是思考力至少还包括理解力、质疑力、思辨力等要素,这些对提升审计师的判断力和开展判断活动尤为关键。关于理解力,审计师需要在判断识别整体、目标设定等判断活动中运用,对未经理解的命题很难形成正确的判断。关于质疑力,审计师需要在评估决策、测试验证等整个判断活动中运用,质疑力不同于一般怀疑态度,尤其强调对相关活动事项的证据充分性和适当性,对不符合证据特性要求的活动事项保持判断上的疑虑,不能成为审计师表达意见的依据。关于思辨力,审计师需要在风险性、重要性等程度变化、标准衡量变化等判断活动中运用,思辨力是妥善处理固定与变化、原则与灵活、利与弊等问题的能力,失去思辨力容易导致判断犹豫不决或固执己见,无法做到不偏不倚。深刻的思考必将带给审计师判断事物的新视野、新境界,从而使判断力更加具有求真务实、包容开放和深谋远虑等特性。例如,审计师在开展判断活动时,需要借助许多衡量或评价整体的标准,而这些标准并非一成不变,尤其是在社会经济快速发展过程中,标准也存在滞后性、适用性等问题,因此,审计师对标准或依据的掌握,不能停留在相对熟悉或了解的基础上,通过思考力的作用,针对具体情况深刻领会相关标准的要义或精神以及变化,把众多具体以及包含特定细节的标准或依据,转化为合情合理、贴近现实和符合规律变化的一种判断标准或依据,作为判断活动中适用标准或依据,使审计师得以快速地筛选或梳理出整体中的问题或异常。

3. 丰富的想象力。能够把一串散落的珍珠串联起来而不需要付诸行动的,那必定是想象力。想象力将促使感知、记忆和经验等要素围绕信息活跃起来,极大地激发判断力,是认识实现转化的必要。审计师依赖合理的想象力是解决判断活动所遇困难的一条有效途径。审计判断的想象力运用,是在对转化物(信息)形成轨迹及变化可能的一种追寻,它是在限定的范畴之中,与漫无边际的遐想不同,必须遵循一般联想的规律,受理性判断的约束,它所带来的创造力虽然有限,尽管是在信息缺乏充分和完整状态下的链接或复原,但在判断活动中运用想象,其实际效果是高效的。例如,可以对整体诸多状态的可能性进行模糊判断,为最便捷的判断思路提供一项选择。运用想象力,不仅可以完成对密切关注的事项及判断线索的追溯,还可以在散乱的、彼此独立的各类材料和信息中,构建一个较为完整的事物状况。例如,当你参与一个具体的审计事项,你可以把自己想象成这个事项的决策者或执行者,沿着如何正确处理事项的活动轨迹,来构想一系列符合判断设定的内容要素,并加以不断测试与验证。审计师的想象力中要赋予批判的要素,是训练有素的想象。

4. 准确的记忆力。记忆是主体意识框架内的所有信息储存,包括积累的各种知识和经验,利于对外界信息引发反馈或互动。审计判断经验的形成,有赖于良好的记忆力,这种记忆力在不断储备不同知识和感性经验中能够发挥重要的作用,从而成为判断力的基础。准确的记忆力并非是为了简单的重复某些类似审计项目服务的,更重要的是需要在记忆的碎片中逐渐构建出一个判断体系,并随着审计实践活动不断巩固和升华,为判断力提供确信和可靠的保障,促使审计师的行为方式体现稳定特征,有利于处理不同审计问题。对一个刚刚开始审计职业生涯的审计人员来说,培养准确的记忆力显得尤为重要,他们可以通过广泛收集各种相关信息、仔细阅读各种审计档案材料、勤于记录观察或发现的问题、独立处理一些审计案例、乐于反思审计过程或重要事项、积极参与业务讨论等途径,不断深化记忆,扩充记忆库容量。

5. 严密的推理能力。推理能力来自判断力,也是作出判断最可靠的基础之一。推理往往作为判断的一种手段,服从严格的逻辑规则,能够妥善地解决审计判断活动中的各种相关问题。例如,对整体各要素的审查,通过推理的手段,可以区别对待不同要素,以及确定各要素属于哪个类别;对整体中问题或错报的认定,通过推理的手段,可以根据已掌握的审计证据推测事实真相,可以揭示反映问题或错报的各审计证据之间的逻辑必然关系,可以辨明证据的直接与间接以及是否存在矛盾。推理不仅能够安排整体各要素的相对关系,也可以用来推测事件原始的真相。为了得到正确的审计判断意见,有必要提倡严密、精确的推理,针对任何重大审计事项进行推理,必须考虑时间、地点、环境和所有可能逐渐削弱推理重要性的意外事件,使得判断推理远离"好像、大概"等不确定性结论,努力做到无懈可击。

6. 较强的沟通能力。如果不能有效运用沟通,那么在审计职业之路上将布满重重乌云,使你裹足不前。有经验的审计师可以通过沟通解决审计判断活动中的众多问题,也可以说沟通所能处理的事项或问题是审计判断活动中最多的。沟通是判断力的最好展现,同时也是判断力获得实效的重要手段之一。由于审计判断活动的沟通,无论是以何种方式开展的,其实质是信息沟通,主要表现为一种信息收集或反馈的人际交流状态。审计判断活动所对应的整体的信息内容丰富、范围宽泛。例如,在企业审计中,企业的各个层级在经营和管理活动中都存有大量信息,一些经济事项、管理活动、风险控制等所聚集的信息都需要分析判断,而财务信息并非是唯一的内容,沟通时会涉及计划、生产、销售、决策等重要部门和人员,而不是仅局限于财务部门和财务人员。当然,信息沟通中还包括交换意见、获取证据和提供帮助等众多利于判断活动开展的沟通事项,需要审计师具有较强的沟通能力驾驭这一切。

现实中,审计人员通常会面临不同的审计外部环境,即使外部环境良好,但也不能保证外部所有的人员会主动地提供审计所需信息并确保其质量。现实往往不会乐观,审计职业的特点更是如此,信息的收集和证据的获得过程总是艰难的。我们通过审计带教模式中审计人员处理沟通的行为和心理研究发现,一些审计人员的确不能合理地运用沟通能力,需要进行专门训练。审计人员不愿沟通的行为和心理,一是由于对这种手段持有保留和怀疑态度,沟通欲望不强,更愿意独自面对会计资料,习惯与会计账簿等静止事物打交道,有时会费时费力,且严重影响对整体信息的判断;二是由于主动获取信息的信心不足,害怕难为情、添麻烦等思想意识存在,尤其在面临沟通受阻或困难的情况下,更是消极应对,形成"鸵鸟定式";三是由于事先准备不足,对审计判断策略及相关事项未能真正把握,审计判断思路模糊不清,不知道要找谁来沟通或沟通什么,即便有沟通也容易被他人轻易地回复或说服,造成沟通不完整或沟通失败。除此之外,还有沟通障碍、责任意识缺失等因素影响,这些因素综合在一起,在遇到审计判断验证或认定等关键环节时,如果外部人员有不配合、不支持等情况存在,许多审计人员往往选择放弃沟通手段,如助理人员通常会把困难交给主审,完成沟通责任转嫁,而不是作出应有的努力;有些缺乏沟通经验的主审往往会考虑时间成本因素,对某些未能充分沟通的事项选择放弃或妥协。

审计师沟通的视野应该拓宽,对准则中规定的沟通方式、内容和目的等要求需要全面掌握[①]。有经验的审计师总是善于在沟通中快速获取需要的信息,并及时对收集的信息质量加以判断分析。原因是他清楚经营信息、管理信息、规章制度信息、综合信息等与财务信息始终交织在一起,是一个紧密联系的信息系统,而在该系统里哪些信息重要、哪些信息有关联,已经做过认真的梳理和思考,为此他需要与被审计对象建立一种良好的审计沟通模式,努力找到他需要的信息(包括一些他不熟悉的领域中的标准或规则,如某类专项资金具体的管理使用办法等,这些标准将成为合理评价的基础,尤其是当某些信息影响判断思路并有可能成为审计证据时,有必要作出努力,深入沟通)。因此,审计判断活动无法也不能离开这种有效的手段。沟通手段的运用贯穿整个判断活动,不同的阶段有不同的运用技巧,这使审计沟通成为一门艺术的可能性得到确立。

审计师进行判断沟通面临内外两个部分,对内而言在审计判断主体不同层次之间进行,对外而言就是与审计判断主体之外的人进行沟通。就对外沟通,审计判断主体在活动过程中不仅仅只是与报表相关的静止事物打交道,其实还要面临更多的人际关系,以深入了解经济事项转化过程的所有关联活动,因此要有较强的沟通能力。与被审计人员建立一个肯定的、建设性的人际关系对判断的运用很重要。我们可以把沟通视作一门艺术去理解。

二、审计判断沟通的原则

审计人员除了要注意言谈举止、谦虚礼让、处理事务有理有节,这些基本的沟通技能

---

① 国际审计准则中,专门制定了ISA260与治理层的沟通准则和ISA265内部控制缺陷的沟通准则,对于帮助审计师在了解风险因素、判断重大错报风险以及识别重大管理缺陷等方面具有重要意义。

外,针对审计判断的沟通特色,还要把握审计判断沟通的几个原则。

1. 把握沟通的基础。任何有效的判断沟通其基础是建立在对判断对象的总体把握上,随着对判断对象的不断深入了解,总体把握程度高,判断沟通的内容就越丰富,信息交换频率就越高,具体表现在"言之有物",以此从对方获取的相关信息就更多,审计效率更高。审计师在判断问题时,要注意分析问题存在的原因在哪里,要思考问题在整体中的影响如何,要尝试寻求怎样解决问题的方法与对策。审计师在沟通时一定要尽力把握这些,对问题思考越深把握越多,沟通的基础就越扎实,当一些准备沟通的问题没想清楚时,沟通就不会很完美。

2. 把握沟通的态度。审计判断沟通主要是在人与人之间展开,因此良好的态度使获得真实情况的可能性大大增加,具体表现在真诚、严谨和独立三个方面,经验丰富的审计师往往在沟通中体现足够的真诚,所谓"摆事实、讲道理"以及"晓之以理、动之以情",把自己对事项的看法和基本的判断坦诚地说出来(当然在舞弊审计当中面对某些特殊事项可以有所保留,并且要预计这种保留是安全的或必需的),使得对方放下心理包袱,可以就关注的事项达成共识。严谨的态度是专业人士职业谨慎的表现,客观地分析问题,不轻易妄下定论,充分考虑信息及要素之间的各种内在关系。独立的态度,一定程度上表现为通达和超脱,对事项的理解和判断始终站在独立第三方的角度,既考虑到利害关系人的利益,又要考虑被审计对象的压力、动机等。

3. 把握沟通的方式。沟通有谈话和书面等方式,重要事项的判断沟通主要采用现场谈话方式,审计师在采取这一方式时,要考虑正式的还是非正式的,是否需要谈话记录,同时还要考虑参加沟通人员的组成、场所的选择、时间的安排等,对被邀沟通的人员,还要适当考虑对方的职位、管理层级、工作职能以及对沟通的事项的了解程度。

4. 把握沟通的阶段。沟通应该是渐进的,有层次感的,具体分阶段进行。在判断沟通中一般分三个阶段和不同层次开展,如对整体的判断阶段、重要事项的判断阶段、具体细节的判断阶段,不同阶段需要分层设计。

5. 把握沟通的目的。判断沟通的目的有很多,审计师在每一次沟通中都要清晰把握其中的主要目的,并以此影响对方,促成目的的达成。例如:信息充分获得的目的沟通,期望得到协助,提供便利条件;审计判断目标和各类判断设定达成共识;审计事项验证和判断认定基本确定的沟通;重要事项判断引起关注;管理建议的接受程度等。

6. 把握完善沟通的途径。沟通在实践中需要不断得到完善,灵活运用沟通原则,处理不同事项和与不同人群的沟通。在沟通实践中善于聆听,捕捉对方意图和反应,善于启发和引导。

第四节 审计判断主体的素质要求与道德训练

审计判断有自身的特色,主要是整体观下的批判性思维的运用。相应地,审计判断主体的素质要求如思想素质、业务素质、心理素质和个性风格等应结合审计判断特色形成,并加以不断训练直到完备。判断主体的素质要求除了相关知识和经验的具备以外,更应关切判断思维模式构建和内在精神的培养以及道德规范要求的训练。

一、审计判断思维模式的构建

一般来说,判断思维包括知识、经验和信念等内容要素,判断思维模式是指知识、经验和信念等内容要素之间相互转化所构建的结构,该结构一旦稳定且具有通用标准范式的特征就会形成某种模式,主要适用于专业判断活动。例如,在审计判断活动中,对某一类项目初次进行审计时,审计师其实是利用自身原有的知识、经验和信念等要素尝试构建一个基本的判断思维模式,期望能用这个模式完成任务并再次开展审计实践。审计师的判断思维模式从初期构建到风格形成或结构固定,有着现实的过程,会受到诸多因素影响,只有经过长期的判断实践,并且伴随转化的过程,不断丰富和完善初期判断思维模式,才能形成个体独特的判断思维模式。在转化影响下的判断思维模式构建过程,一定程度上可以理解为两个统一的过程:一个是内外之间的转化过程,即审计判断主体不断运用认知工具实现与客体环境或信息的交流及转换;另一个是内部思维要素之间的转化过程,即审计判断主体自身拥有的一切关乎认知的思维要素在转化作用下逐渐成形。一般判断模式的构建由于出发点或观察角度不同,会产生不同的类型,不同的判断模式类型具有不同的特征与功效。例如,从判断行为的过程考察,容易得出一般程序性的判断模式,该模式结构简单易于理解,具有步骤和阶段的形式特征,适用于标准遵循;从判断活动的整体考察,即把判断主体、判断客体、任务要求及外部环境等众多因素结合在一起考察,会得出含有变量的一般系统性的判断模式,该模式具有结构合理、逻辑明显的理论特征,适用于研究活动;从判断主体的中心考察,会得到有关认知与实践的复杂性的判断模式,其中又会产生许多分支,该模式强调判断活动的主体中心地位,具有实质性、开放性和引导性等特征,适用于判断实践。

因此,审计判断思维模式是一个非常复杂的结构,不能简单地从判断或决策过程加以论述,也不能简单地将其等同于批判性思维模式,而要从更为宽阔的视野和深层的意义上构建。为了使审计判断主体在构建判断思维模式中得到有益的帮助,我们将尝试从判断主体中心出发,在本书中阐明审计判断所涉及的判断基本原理,并分别讨论受它们影响的各判断思维要素及审计判断思维模式的构建过程,论述的纲要如下:

(1) 转化判断基本原理影响下的:抽象与具体等讨论。
(2) 因果判断基本原理影响下的:现象与本质等讨论。

(3) 假设判断基本原理影响下的:猜想与反驳等讨论。
(4) 解构判断基本原理影响下的:整体与重要性等讨论。
(5) 逻辑判断基本原理影响下的:形式与内容等讨论。
(6) 风险判断基本原理影响下的:规定与反思等讨论。
(7) 价值判断基本原理影响下的:方法与目的等讨论。

通过对以上审计判断原理的把握以及对各判断思维要素的认知,从更深层次构建一种符合现代审计判断思维的模式,这将促使判断主体增强驾驭事物和解决复杂问题的判断能力,进一步强化审计职业的使命感和荣誉感,从而在判断能力和判断素质上得以整体提升。

二、独立、客观和公正精神的培养

审计判断主体素质要求的含义是宽泛的,包括思维、能力、品质、风格等方面,集中体现在各种内在精神的拥有。审计事物透过其内在要求活动本身就具有了一定的精神,审计判断主体精神从属于审计精神。审计判断主体要根据审计活动内在规定要求,注意培养几种适应自身职业发展和判断实践的精神。

首先,审计判断主体要培养独立精神,这是由审计活动内在规定要求决定的。独立性作为审计事物的灵魂,也应该成为审计判断主体的核心精神,独立性在实质上的规定要求就是针对审计判断主体的。对于审计判断主体而言,其独立精神应建立在理智的基础上,并通过自制来实现。自制是一种头脑高度冷静的状态,会产生坚定的决心和强大的力量使人保持头脑清醒,有助于判断力运用时排除周围环境干扰,更好地探寻事实真相或揭露问题。审计判断主体的独立精神不能仅依托于形式上的独立,而要归属于实质上的独立,唯有如此独立精神才能扎根牢固。所以,独立精神还要建立在高度的责任、强烈的使命以及道德规范要求的基础上,确保判断力的运用不受外界相关因素的影响,真正达到超然独立境界。

其次,审计判断主体要培养客观精神,审计活动的功能体现和实际作用取决于客观性程度,尽管审计活动不属于自然科学,但能够借助自然科学中一切有用的假设、推理、验证等方法论,遵循客观规律要求,通过主观体现客观。因此,审计判断过程以及产生的结论都需要服从客观规律要求,经得起考证和检验。审计判断主体的客观精神,可以在严格执行标准程序、规范判断行为、运用科学方法等实践当中培养,同时还需要吸收自然科学当中的求真性和务实性,保持应有的诸如质疑、审慎和实事求是等精神。质疑精神体现在思维方式和态度上,既是思考方法或习性的养成,也是审计判断实践中判断力运用的一种体现。例如,审计师对可能表明由于错误或舞弊导致影响整体的迹象保持高度警觉,以及对审计证据进行批判性评估,而不依赖以往审计中对管理层、治理层诚信形成的判断。审慎精神不仅能赋予判断行为抵御一定的风险的能力,还能促使判断力不至于明显脱离主旨,严谨细致、认真专注、警惕敏感等判断状态随之而生,所谓"战战兢兢、如履薄冰、如临深渊",其实就是内在审慎精神的一个表现,体现出职业谨慎的要求。因此,审计师能够恰当运用专业审慎,对容易出错或疏忽、低效率和无效益等行为保持应有的警惕和关注。例如,在舞弊审计要求当中,审计师应在以下几个方面保持应有的职业审慎:①具有预防、识别、检查舞弊的基本知识和技能,在执行审计项目时警惕相关方面可能存在的舞弊风险;②根据被审计项目的重要性、复杂性以及审计成本效益性,合理关注和检查可能存在的舞弊行为;③运用适当的审计职业判断,确定审计范围和审计程序,以发现、检查和报告舞弊行为;④发现舞弊迹象时,应及时向适当管理层报告,以发现、检查和报告舞弊行为。

实事求是的精神是人们探索规律和解决问题的理性精髓,审计判断实践唯有坚持实事求是,才能处理好包括认定、准确反映和处理问题等所有关键判断环节,避免主观臆断、虚假陈述等导致审计风险或失败的判断行为。实事求是精神的养成,是引发审计判断主体追求事实真相的主要动力,这是和判断力的根本目的一致的。总之,审计判断主体的客观精神是在判断实践中得到并不断被锤炼的,它决定了判断行为和结论是否客观正确。

最后,审计判断主体还需要培养公正精神,审计活动所处理的问题涉及多方利益,无论从何种审计本质观点出发,判断行为和判断结论都要求得到公正体现。公正精神的培养将引导判断主体没有偏私心,养成正直的品质,在判断活动中关切公平合理,更多指向为公众利益着想。实际上,独立精神、客观精神和公正精神是一个内在统一的整体,彼此相互影响、紧密联系。对于判断实践而言,独立的超然性,为客观判断提供支持,同时又深刻影响公正判断的不偏不倚;客观的科学性,为独立判断的实质性实现提供保证,并使公正判断得以真实体现;公正的合理性,不仅为独立判断提供方向,还能为客观判断提供标准或依据。

三、职业道德与规范要求的训练

与社会上任何一种专业的职业一样[①],审计判断主体需要职业道德与规范,只不过这种职业道德和规范有自身的特征和要求。通常来说,可以理解为全部的审计职业道德和规范以及相关法律要求。关于此内容基本上都有成文的规定。例如,国际审计准则、国家审计准则、社会审计准则和内部审计准则等都有明确规定要求。这些道德和规范要求的产生,是基于审计职业的特殊需要,符合这一职业不断发展的自律要求和外在要求的结合。道德和规范要求对审计判断主体而言,不仅影响审计事物的正常发展,同样会影响审计判断的质量,为此需要得到切实的训练。

审计师从一开始准备开展业务活动时,就介入了利益冲突的领域,就审计师的判断与决策而言,如何保持独立、客观和公正的判断,最坚实的力量源自道德与法律规范,审计判

---

① 按照美国学者科尔文等人提出的标准,作为专业的职业应具备以下条件:①为公众服务,成为可终生投入的事业;②具有非一般人能够轻易掌握的专门知识和技能;③能够投入大量精力进行研究,并将理论应用于实践;④需要足够长的专业受训时间;⑤对服务对象负责,注重服务质量。

断应该在道德与规范要求中汲取足够的养分。有学者提出道德训练的必要,采取这种方式主要是针对利益冲突带来的消极影响,如果能够形成坚定的职业信仰,将会更加主动、积极地面对或处理利益冲突,而不是采取一种逃避方式,如轻易认为能够避免利益冲突带来的影响。因此,案例教育、法律培训等道德与规范训练十分重要。坦布伦索和梅西克发现,伦理成分经常在决策中受到忽视,这是有限道德的表现,源于人们存在自我欺骗的先天倾向,即通过"道德过滤"作用,会无意识地把涉及道德问题的决策转化为与道德无关的决策,容易导致判断与决策的偏差。对于审计师的判断而言,道德训练有着重要意义,只有当个体学会克服导致忽视偏差的"道德过滤",识别自身判断行为中的道德含义,充分考虑决策中的道德成分,才可能选择符合道德的行为。对于审计判断主体而言,大多数道德训练过于狭隘,只关注外显的不道德行为,而有限道德和道德过滤等概念揭示了那些人们没有意识到的不道德行为。审计师进行道德训练并不仅在于提升外显道德,还要清醒地意识到"道德过滤"的消极影响,在判断实践过程中,认真思考和体悟满足利益互信需求的真实和珍贵,克服判断与决策偏差,不断强化道德与规范要求赋予判断力的重要作用。就审计本质和审计事物发展而论,利益互信需求点燃了人们期待已久的愿望,使独立第三方成为现实,并能为之提供一种真实可信的信息,鉴证、监督、控制、服务等功能得以展现,正是有审计这样的职业,才使得审计师存在超过利益的那部分责任与使命。因而审计师任何时候都不能丧失独立、客观、公正判断的立场,任何时候都不能动摇或松脱联结互信的手,要用真诚的心和判断智慧竭力服务于社会大众。唯有如此,审计这一事物才能走向光明之路,而这也赋予了审计判断最大的力量,驱使审计判断主体不断提升。

第二部分　审计判断学基本原理的构建

审计判断之所以在审计活动中存在,并伴随审计活动的不断丰富而发展,是因为审计判断主体意识作用于外物。具体而言,是审计判断主体在审计活动中,依靠自身掌握的知识和经验,并合理地加以运用,从而达到审计的目的,实现审计的功用。这种体现既是认知过程,也是一种专业上特有的判断力的活动,它涉及以下内容。

(1) 涉及审计判断主体意识,如知识、理性、观念、经验、想象等,以及由此形成的判断策略、判断思路等。

(2) 涉及外物所呈现的内容和形式,如审计范围、对象以及经济活动和事项等,既包括内容又包括形式载体,如经营活动、管理行为以及其他特定行为和事项等内容,会计信息、法律文书等形式载体。

(3) 涉及作用于实践的手段,包括各种为实现判断目的而产生的有效方式方法或技术,如计算、查询、观察、记录、分析、取证、抽样等,在审计判断活动中逐渐形成审计程序。

(4) 涉及指导并影响判断运行的各种规律和方法论,如逻辑规律或方法论、因果规律或方法论、假设规律或方法论等。

(5) 涉及判断作用于实践的具体成果,如审计判断意见、说明与表达、结果与建议等。

考察整个审计判断活动,对其进行理论构建并运用于审计实践的学问,我们称为审计判断学。这里,最为重要的是探讨审计判断原理,即上述审计判断活动涉及的第(4)项内容。对于审计判断活动,如果判断主体意识不能有效"作用"外物,即意识能动性无法实现或不能按预期实现,那么也就不存在所谓的审计判断活动。"作用"显得非常重要,而指导并影响"作用"运行的内在规律或方法论尤为重要。因此,审计判断主体是要受到一系列的内在规律和方法论的规范和指导,只有遵循这些内在规律,才能有效地实现审计判断活动目的,这些规律亦是构建整个审计判断学的基石,我们可以称之为审计判断学原理。

我们认为,审计判断学的原理可以分为两个层次:一个层次是内在的、抽象的,显现出宏观指导性,这个层次的判断原理包括转化原理、因果原理、假设原理、逻辑原理、解构原理、风险原理和价值原理等,亦可称之为审计判断基本原理;另一个层次是外在的、实际的,显现出微观适用性,这个层次的判断原理包括判断评估与决策原理、判断策略与设定原理、判断测试与验证原理、判断证据与认定原理、判断风险与防范原理等,亦可称之为审计判断运用原理。东西方智慧在认知和处理外部事物时,究其根源无非是"道""术"或"技"的综合。

为了更好地理解这两层原理的区别和联系,我们借用一个比方:审计判断基本原理这个层次好比是审计判断"道"的运用,其所涵盖的意义较为宽泛,包容性很强,它们与审计判断活动并非是一一对应关系,而是贯穿整个审计判断活动的,可以说是无处不在。另一个层次好比是审计判断活动"术"的运用(包含一定的"技"的运用),其所涵盖的意义较为狭窄,针对性较强,它们与审计判断活动常常组成对应关系,每一个原理的运用都体现审计判断活动的重要环节,不仅具有操作性,还体现出审计判断活动的自身特色。审计判断运用原理将成为审计判断主体制定审计计划、编制审计方案、资料检查和证据收集等一系列工作的现实基础。

因此,审计判断基本原理与运用原理二者的关系,犹如"道"和"术"的关系,"道"借用"术"并在"术"中体现,二者之间有紧密的联系,不会是割裂开来的,应该是内在和外在的统一。内在决定外在,内在指导外在的现实运用,并对外在进行丰富和完善,而外在于现实中的运用和发展,同样对内在产生影响,促进内在不断升华。因此,只有深刻地了解审计判断原理,才能对审计判断活动有更进一步的认识和把握。

第四章 审计转化判断原理

"日子转化成星星和音乐。
或许,世界将永远停止?"

——[俄]格奥尔基·伊万洛夫

第一节 转化与判断

转化有运转、变化之意,从哲学意义上来讲,有着极其重要的内涵。所谓"一生二,二生三,三生万物""因有故成无,因无故成有"都是宇宙万物运转变化之律。审计判断活动有赖于转化原理,感悟、理解"转化"之概念,这些概念对于加深认识审计判断并合理运用有着重要作用。

一、转化的概念

转化是物质运动的一种形式体现。例如,从生命转化来说,种子发芽生长转化为参天大树、小虫破茧转化为蝴蝶等,它们的生命的形式都发生了巨大的改变,这种转化的力量无论是从形态上或过程中都得以体现。转化现象是普遍的,构筑了现象世界的多姿多彩,但转化不仅是运动的表现形式,同样是事物运行的规律。转化不能改变事物本体的内在,如上述例子中种子和小虫的转化,其生命的内核即植物的种性、昆虫的属性,以及生命的意志没有根本改变。人类的意识同样具备转化功能①,或者说人类的意识遵循转化规律,人类运用转化的规律,是意识能动作用的具体体现。人类所有的判断活动都基于人类意识的能动性,这种能动性相对于职业判断而言,仅仅停留在思维转化过程显然并不完整,一定要作用于外部世界实现转化,生成新的转化形式,这样才符合转化规律。对于人类的经济活动来说,转化也无所不在,审计判断主体所关注的经济活动和事项,就有万千形式变化,其中转化物之一的信息占有重要地位②。如会计能够把具体的经济行为和事项,通

---

① 尼采曾在《查拉斯图拉如是》一书中谈到三种变形:"精神的三种变形,我曾经告诉你们了!怎样精神变为一匹骆驼,骆驼变为一头狮子,最后狮子变为一个赤子。"
② 已成为生产力不可少的以信息商品形式出现的知识,已经并将继续成为世界范围内大国竞争的一种主要的——也许是主要的——支柱。——[法]让·弗朗索瓦·利奥塔

过约定的符号加以记录整理,转化为另一种形式,即人们通常认为的会计信息。会计价值也由此转化得以体现(会计价值重在经济事实的还原、会计信息与其相关信息的整合以及会计信息的运用)。当今世界,意识作用下的转化事物层出不穷,经济社会活动在意识的作用下能够转化为无数的信息,数据、文字、图像等都能作为经济社会活动转化的载体,映射事物的原来面貌。现今的信息已进入一个气势恢宏的时代,尤其是网络技术的发展,使得信息海量增长,信息速度的传递之快捷、信息内容的涵盖之丰富,前所未有。这些信息将伴随人类的延续与之共存。通过转化规律,人类意识产物与外部世界奇妙地结合在一起,其融合程度随着人类发展进程的深入而越来越高,有时很难厘清彼此[①]。所有产生的信息被称为信息集合或信息群,审计判断将在信息群当中提取特有的一部分开展活动,常见的如财务报表信息及相关资料。值得注意的是,这些信息集合或信息群并非经济活动的原本面貌,只是遵循转化规律下的一种新的形式或替代物而已,有时会和真实的经济活动交织在一起得以显现。由于经济活动本身一直在运动,这就像"人不可能两次踏进同一条河流"一样,每一个时点难以倒回,人们只能通过这些信息反观经济活动及事项,因为信息集合或信息群不会受到时间的严格限定,假如人们不通过这些信息集合或信息群,想要完全把握经济活动及事项的原本面貌是不可能实现的。

二、转化的现实与形式

转化的内在动力是什么?物质世界发生的转化现象目前还不十分清晰,有分子或更小粒子运动的学说(如中微子的发现),但这还是解释了现象产生的原因,不是转化的根本。人类意识的转化动力同样值得深思,似乎人类意识有一种本能的驱动,天然地具备创造性和转化力量。唯物主义者认为是人类长期实践的产物,定义为意识的能动作用。关于转化内在动力更深层的讨论属于哲学范畴,重要的是,转化的现实摆在我们面前。

(1) 转化无处不在,转化无时不在。

(2) 转化不改变原物的内核[②],但透过原物的转化形式始终能把握到其内核。

(3) 转化是不可逆的,这是时间的不可逆性规定的(时间是物质运动的延续性、间断性和顺序性,其特点是一维性,即不可逆性),只能在认识上完成原物的可逆。

(4) 人类意识有转化的功能,使得人类在实践活动中积淀了判断的能力,为不断地创造提供基础。

(5) 人类意识转化后的形式如同物质转化,同样多种多样、复杂难辨,客观上需要运用思维判断不断识别并加以利用。

---

① 从哲学的高度来看,信息既是事物运动状态的反映,也是人类精神活动的产物,对应波普尔(K. Popper)的"三个世界"理论,既有客观物理世界的信息,即本体论意义上的信息,也有主观精神世界的信息,即主体论或认识论意义上的隐性信息,还有客观知识世界的信息,即主体论或认识论意义上的显性信息。——沙勇忠、牛春华等编著:《信息分析》第3页,科学出版社2009年版

② 转化不同于进化,进化是质的飞跃,而转化是运动的一种规律和形式体现。

转化的现实以及转化的作用，在审计判断当中至关重要，一方面，要肯定经济活动或事项能够被转化为诸多信息；另一方面，审计判断主体可以就一定目的对转化后的信息进行判别或分析，这个判别或分析的过程有着审计判断转化的特征，即将信息转化为更具价值的新生信息，同时在这样的过程中完成审计判断主体知识、经验等的转化[①]。不可否认，一些音乐家、画家、诗人和发明家必须要承认，那种被称为"灵感"的想法和将其付诸实施之间，需要建立一个被称为"转化"的梯子，只有通过意识转化和渐进的步骤，才有可能看见或判别出心中那个接近完美的事物。转化同样使得审计判断主体对完成不同的审计目标和任务成为可能。例如，审计判断主体在对熟悉的事物进行判断会显得较为自信，对陌生的事物进行判断往往会紧张和犹豫。现实中，审计判断主体作用的对象不可能一成不变，也就是说接受的每一个审计任务总是相同的可能性不大，总是会不断面临新的事物的出现。然而，正是由于转化作用，使得经验积累、知识运用等成为可能，即使面对新事物的出现，也不会导致在判断活动中束手无策。

如果我们能够很好地理解转化原理，那么经验总结和提升、判断信念构建等就会得到合理解决，判断力就不会失去方向和指引。例如，某些审计师在讨论经济活动时，总是能够看清经济活动本身的实质，认为是满足人性欲望而又激发欲望的一种循环或常存的转化形式，是应人类生存发展而生，从这个层面参悟经济活动，许多变化都会变得清晰透明，这种对转化作用的理解有利于审计判断活动的开展。同样地，审计判断活动在面临日益变革和创新的环境中，自然会接受各种机遇和挑战，如电子商务、智能机运用等经济活动，这些都是转化作用的结果，是意识作用于外部事物的产物，只不过其形式或效能发生了变化。因此，审计师具备转化理念尤为重要，唯有如此才能合理使用转化判断解决各种新命题。转化与判断结合在一起的过程，是一个判断意识在作用时遵循转化规律的过程，必然会形成转化判断。对转化判断的运用，不仅能够加深对事物的理解和把握，还能促进判断主体在认识（判断意识）上不断提升。在面临经济活动及事项纷繁复杂的情况，审计判断主体首要任务之一，就是妥善处理经济活动中受制于转化规律的概念与具体、现象与本质、形式与内容等一系列关系。例如，在转化判断的指导下，可以通过识别经济活动中人们的动机、行为及结果的关系，进而把握现实与财务信息和经济活动及事项的关系（财务报表与经济活动及事项是一个整体，表现出统一性，不可割裂）。

将转化限定在判断活动，集中观察转化与判断的融合，研究转化判断带来的价值和意义，这对于审计判断活动是最为迫切的。

首先，要接受或认知事物的转化形式。简单举例说明，我们以经济活动及事项作为判

[①] 为了便于理解，如果可能的话，我们试着对转化简单分类：按主客体作用的不同过程划分为自然转化和意识转化。自然转化是客观事物不依赖人的意识作用的自然变化，如客观物理世界既存事物的转化；意识转化是人类意识作用外物的诸多变化，如意识的能动作用。如果对转化的对象和内容加以缩小或限定，我们可以更为清晰地把握转化原理，使之服务于审计判断活动。

断的基础或原物①,相对应的转化信息亦作为判断的重心,按此转化过程的形式或形态可简单划分为:原生转化和再生转化。完成对原物的转化,称为原生转化,如会计信息就是一种原生转化形式;在原生转化基础上进行转化,称为再生转化,如审计判断结论或意见就是一种再生转化形式。原生转化形式的特点是其本身过程在时间序列上不可逆,只能通过转化后的新形式(再生转化)加以对照和验证。再生转化需要借助意识构建原貌,如借助想象、记忆和知识等,对原生转化形式(如会计信息)进行判断分析,与此同时完成对原物的再生转化。这只是对以经济活动及事项为例的转化形式简单分类,现实情况会显得更为复杂。

其次,转化过程充分体现主观能动。事物在转化的过程中受不同主观力量的引导,其结果或状态并非只朝着一个方向行进,而是呈发散状态蔓延,就像石子投入水面引起的涟漪不断扩散。例如,信息群中存在的大部分信息是原生转化而成的,且还会完成自身再生转化。信息的发散性、非对称性和不完全性表明事物在通过转化之后形成信息时,转化的力量并没有消解,它是一直延续的。审计判断所面临的判断客体,大多数呈现原生转化形式,该形式只能间接反映事物本来面貌,且转化后的信息群真伪杂陈。由于对过程记录和结果反映的信息资料经过人们加工,形成了一种原生转化形式,这种转化是主观见诸于客观的过程,且相对独立于经济活动之外,因此容易受到各种因素的影响和约束,有意或无意地、直接或间接地掺入非客观的成分,不排除会造成经济信息失真的可能性,失真信息往往让使用者利益受到侵害,甚至蒙受损失。也就是说,在转化过程中,经济信息与经济活动本体的可分离性,容易使真实性受到威胁或损坏②。

最后,对转化结果的把握成为一种判断诉求。转化的结果表明,有的结果与事物的本来面貌存在偏差或与事物的关系偏离,这就需要依赖经验和智慧对结果进行判别,从而更好地把握事物的原貌。例如,财产物资是经济活动运行的结果,而经济活动的发生转瞬即逝,没有亲身经历该结果形成过程的人,想要判别经济活动和事项的原貌,即事实的原来的状态,主要是通过对过程记录和结果反映的相关信息资料加以认识和判别。这是利益互信群体试图把握的,但这种把握在现实之中很难做到,造成利益互信的现实需求得不到满足。因此,审计判断主体在提供这种服务或保证时,面对经济活动和事项转化后的信息群,需要运用转化判断原理,对信息群的真实或其他特性尝试可逆转化加以认知判断。可逆转化严格来讲是不能实现的,只能是对信息群进行解读、分析和判断,并运用一系列技术手段加以验证,完成接近经济活动和事项的原貌的可能性,从而得出判断结果,形成一种新的转化形式作为最终服务产品,即审计判断意见。审计判断意见是再生转化的一种形式(通俗地讲,审计判断意见是信息的信息,即提供增值的信息或互信的信息)。在专业判断意见的比较上,这表明审计判断在结果的转化形式上区别于一般医学诊断、刑侦判断

---

① 严格来说,经济活动或事项也是转化物,现实中初始转化物一般不可得。
② 尹平编著:《舞弊审计》第190页,中国财政经济出版社2012年版。

等，它是专业判断领域中特有的一种转化形式，就是与会计判断比较也是如此，因为以上那些专业判断结果的转化形式基本属于原生转化形式。此外，值得注意的是，大多数情况下，医学诊断、刑侦判断等所面临的一般都是原物的直接状态或性能以及变异，有着明显的症状与特征、现场与迹象等现实情况，而审计判断则是更多地通过信息群等原生转化形式关注原物及原物中隐匿的变异。

三、转化影响下的抽象与具体

对转化影响下审计判断思维模式的构建，我们主要对抽象与具体作简要讨论，经验和信念等内容随后单独加以讨论。

构建审计判断思维模式必然涉及许多抽象的事物，主要指各类审计概念的形成和运用。这些概念的形成，一方面通过学习系统的专业知识获取，另一方面则通过具体的实践运用而形成。在抽象与具体之间实现转化，理解是基础，理解了才能实现两者的转化，即理解概念的含义，并将含义在具体中真实体现；或在具体的实践当中通过对经验或认知的提升，领悟到或反思概念的准确含义。实际上，完成这样的转化对于审计判断思维模式的构建是非常重要的，对审计师来说也是较为困难或时刻面临挑战的一件事。在审计判断活动中，审计师要处理的事物看似具体的偏多，但在判断思维中，缺乏抽象或概念与之对应是无法胜任工作的。例如，对独立性概念的理解，审计师通过学习在语意上都能清楚其含义，但在具体实践中却难以做到真实体现。许多审计案例表明，不论何种审计类型的审计师，总是过分强调独立性在现实中的困境，而没有重视在实践中如何始终保持独立性概念的真实体现。那种类似于"自由心证"的独立判断思维状态并没有体现在日常判断活动中，只是小心翼翼地维护独立性的外在形态。实际上，审计师的判断活动就是把诸多抽象或概念（如审计目标、判断标准等）转化为具体的审计事项加以实施，一般的审计工作方案、审计实施方案都表明了这种转化过程，就审计的实务性而言，人们更乐于关注转化的现实功能是否合理体现。

审计师的判断思维模式构建必须在抽象与具体的相互转化过程中，重新获得抽象的再认知。相对于抽象而言，一些审计概念本身就是一个不断发展的过程，即使是概念的内在或核心没有遭到损害，而那些与之相关的延伸出来的含义总是多元的，其中的有些含义就包含了歧义或谬误，使得审计概念在运用时得不到真实体现。当然，对有些审计师而言，概念的歧义或谬误也许正是来自自我的具体判断实践的转化。转化规律并不意味着只对正确的事物负责，同样也会面临谬误，对主观思维具有误导性。在审计师构建判断思维模式的过程中，最为重要的是判断思维模式中接纳了多少正确或深刻的概念，并且能够使得这些概念在具体中真实体现。关于这一点，好的审计师都应该有一个清醒的认知，即对合理运用哪些概念落实在审计计划安排、审计程序选择、审计内容确定等具体审计事项上是清晰的，这样才能结合具体的实践不断对原本的概念认知进行修复和完善。

笔者认为，在审计判断活动中，那些没有抽象事物（审计概念等）作为根基的判断思维模式是肤浅的,而判断思维模式中缺乏将抽象与具体之间实现转化的功能同样是肤浅的。关于抽象与具体的转化,有些人是从宏观与微观角度提出要求的,偏重于审计实务的开展,主要是针对审计师为完成审计任务所需要的一种特殊能力,这种能力代表能够充分运用转化原理,在审计实践中实现宏观到微观、微观到宏观的合理转化。例如,如何在审计总体目标与具体目标之间实现转化,使之建立起紧密的联系;如何把宏观要求转化为具体实在的审计事项,使得审计实务既便于开展,又能合理体现宏观要求。其实,在审计师判断思维模式的构建中,宏观与微观的转化、审计目标或审计标准等作用于被审计对象,都属于抽象与具体的转化。此外,抽象与具体的转化应该提供判断意见的验证基础(凡能被转化,就能一定程度被认知),以保证各种判断意见轨迹得以显现并得到复核。

第二节 转化判断中的信息与识别

一、信息与转化

信息的形成有赖于人们的思维活动作用外部世界得以展现。人们最初通过语言进行交流,语言是看不见但听得见的信息;发明文字作为交流工具,这时文字也就成为信息的一种。狭义的理解,信息可视为一种体现知识价值的形式,能够把知识的内在价值转化为某种外显的力量,并通过这种力量来影响和改变人类社会诸多领域。人类对信息利用和思考的历史相当久远。信息论的提出以及信息在科学、经济等领域的运用自 20 世纪起得到突飞猛进的发展,以至于人们普遍认同现今已步入信息社会。从经济学角度来看,资本的循环有赖于信息转化得到强化,这也是信息反馈机制作用的。一种资本投入越大,产生的正反馈信息量就越大,结果是使社会财富总量增加以及流通渠道增多。因此,信息作为一种减少不确定性的必要投入,可以增加人们对知识转化为个人和社会财富的可信度。审计属于经济活动范畴,信息所带来的外显力量同样深刻影响审计判断活动,判断主体首先要充分运用转化判断原理,实现对信息的认知。

我们来简要讨论信息,可以从信息形态和信息加工过程两个方面考虑。其实信息的形态和信息加工过程两者本质上是一体的,即信息形态是信息加工过程的直观体现。在不同的专业领域中,由于存在不同的社会分工,就信息而言,有的专业领域既生成信息又不断加工信息,以确保给社会提供有用的信息产品,如会计活动等,成为信息生成和发布者;而有的专业领域则侧重于对既有的信息产品进行再加工,体现出一种深层次或高层次的信息加工过程,如审计活动、情报研究、社会调查等,成为信息咨询与服务业的重要组成部分。不同专业领域虽然围绕信息形态和信息加工过程所表现出的循环层次不一样,但最终目的都是一致的,即通过思维抽象和思想升华促使知识转化形成信息,实现知识内在价值的增值。

（一）信息形态转化

从信息的形态出发理解人们的认知行为及结果,同样受转化原理影响,各形态的信息表现为转化后的新形态,不同信息形态之间的关系可以体现出并列或层次关系,视转化的不同程度影响而定。人们认知信息的过程是复杂的,通过信息的不同形态可以隐约把握转化的力量。

信息形态转化环节有:事实→符号→数据→信息→知识→智慧[①]。我们可以将六个环节中最后环节的智慧理解为判断的智慧,即人所具备的判断力。这种判断力分为两个层次:一个是人理解或处理普通信息的能力(如理解日常生活中发生的信息,面对下雨会选择携带雨具等),属于一般判断力;另一个层次涉及不同专业领域,需要理解或处理特殊信息的能力,并非一般判断力所能胜任,属于特殊判断力。受转化原理的影响,在信息形态转化中,不同专业领域所体现的规律是类似的,这种规律既是认知过程的体现,又是认知行为的结果。例如,会计信息形态转化过程为:事实(经济活动交易发生)→符号(会计符号借贷归集)→数据(数字或币值计量)→信息(会计报表及附注说明)→知识(会计专业知识形成)→智慧(会计准则及判断力运用)。

在对诸如会计信息等特殊信息进行认知和处理时,需要特殊判断力,而特殊判断力的形成要在一般判断力的基础上进行专门训练和提升。

（二）信息过程转化

从信息加工过程出发理解人们的认知行为及结果,其每一个过程之间的关系表现为过程转化的关系。审计判断力虽然也属于特殊判断力范畴一种判断智慧,但这种判断智慧的运用过程由于专业的内在要求不同,是对既有的信息(会计报表及附注说明)进行判断分析和深度加工,然后生成审计信息(判断结果或审计报告),使新的信息产生价值增值,以满足利益群体互信需求。因此,从信息加工过程出发更加容易理解审计师的认知行为及结果。

一般的信息加工过程为:信息源→信息收集→信息整理→信息分析或判断→信息产品→信息利用。

信息源是信息的一种初始形态,可以成为分析、判断和研究的素材来源,信息收集和整理是加工过程的步骤与方法,信息分析或判断是知识和判断智慧的运用,信息产品是加工后的成果体现,信息利用是加工的最终目的和价值体现。会计专业具备这样的加工过程,只不过它相对于审计判断是初始信息加工者和初始信息产品的提供者。审计专业的信息加工过程也是如此,其核心环节是知识和判断智慧的运用,其他环节都是围绕这个环节展开的。值得注意的是,审计判断智慧的运用在面对信息源时,一般是把信息源当作初始信息产品来处理的,但同样会关注信息形态的转化,在思维判断上对事实、符号和数据

[①] 美国学者 A. Debons(1988)等认为,要从人的整个认知过程的动态连续体中理解信息,最后环节的智慧 wisdom 指人进行判断时知识的运用,通常与文化或社会普遍认同的准则或价值观有关。

进行重新评估和认定,呈现一种回溯状态,并且还要关注初始信息产品的加工步骤,即对提供初始信息产品的收集、整理和分析等过程进行考察判断。因此,相对信息产品价值而言,审计信息的增值性要求更高。

二、判断识别

信息的社会化与社会的信息化是当前的状态,这种状态深刻影响人们的判断决策。人们普遍认同:有根据的判断决策必定要建立在掌握客观、可靠的信息基础上。由于不确定性的客观存在,人们理解和处理信息时,信息同样存在不确定性,因此需要完成对信息的判断识别。

(一) 识别的基础性

审计判断的运用,首先是通过识别起步,这是一个起点,预示判断的开始。识别是指能够读懂或获取被判断对象所表达和存在的意义。无论判断对象是作为各类现象活动展现还是通过不同信息集合群显示,如资产形态、生产工艺、组织管理、人力资源以及各类信息(法律文书、银行单据、会计凭证、会计账簿、财务报表)等,它们在判断主体的意识里首先是可以被识别的。

审计实务当中,审计师往往用"关注"或"了解"某类信息或行为,表示在判断过程中需要对一些事项展开识别。这种"关注"或"了解"类似于"注意"的概念①,都有自身的侧重点,它们从属于判断认知行为;"关注"或"了解"以及"注意"等概念,虽然都不是真正意义上的识别(如观众进电影院,要承担影片好看不好看的不确定性或"风险",在作出判断选择时,一般会对影片的一些信息如导演和明星阵容等进行事先了解、关注或注意,从而识别出其中的不确定性,但这种识别相比专业识别而言,无论在目的上还是方式方法上都存在差距),但确实是组成识别行为的要素之一。识别是判断思维和行为过程中的一环,其目的性更加明确,获取判断对象内在意义的企图也更加强烈。识别作为判断活动的一环,其基础性的作用是不言而喻的。它不同于判断分析,分析是识别之上的深度剖析和概括;它也不同于判断认定,认定是有证据作为支撑的结论。因此,尽管识别的过程中有预设的、先期的判断存在,但依旧不是完整的、具体的判断,也不能代替判断,而应是判断的起点和基础,这个起点主要是从识别与判断对象相关联的一切转化产物开始的,任何一个判断主体都不能逾越。由于判断思维的运行包含了一系列的因素,这些因素不仅交织在一起作用而且是一个连续变动的状态,基于此,我们把这种识别称为判断识别。判断识别的

---

① 马斯洛认为:注意的概念更侧重于那种选择性的、准备性的、具有组织功能和动员性的行动。注意要由个体机体、人的兴趣、动机、偏见以及过去的经验等来决定。注意完全有可能仅仅是为了在世界上辨认出或发现那些我们自己放在那里的东西,也就是说,在经验发生之前预先对它进行判断。换句话说,注意有可能只是对过去合理化,或只是为了努力保持现状,而不是对变化的、新奇和流动的东西的真正的识别。我们只要注意那些已知的东西,或者将那些新奇的东西改换成已熟悉的东西的形式。——[美]亚伯拉罕·马斯洛著:《动机与人格》第211页,中国人民大学出版社2014年版。

意义在于理解,判断识别的程度取决于理解力作用的大小。判断识别是整个判断活动实施和管理控制的基础,不经过判断识别并用语言加以描述,判断活动的对象及其性质、状态和风险等无法展现。

(二) 识别的目的性

识别具有一定的目的性,对于审计判断活动而言,识别是围绕众多的审计目标以及促使审计目标得以实现而展开的基础性行为,其最主要的目的在于帮助我们构筑判断活动的基石。识别的目的之一,是对被识别对象大致情况的了解,其了解程度的可能性和深刻性,受识别者自身知识和经验与被识别对象复杂性等因素影响。考虑到对被识别对象了解程度的可能性,在识别之前应该有所估算或准备,这样对被识别对象大致情况的了解才会帮助我们判断其性能或持续状态。由于判断识别的目的性以及为实现目的带来的影响,判断识别往往不是单一的,而是多元的、联系的,在判断活动中体现出积极的、有意义的一面,能够促使判断主体将既有的知识和经验渗透到识别过程当中。这就像始终带着某些目的认真阅读某一本书,而不是消极地盲目识别。此外,识别区别于与之相对应的具体的实践活动,如能够完整地理解某份财务报表但不能像会计师一样熟练生成它。因此,对识别的要求应该是一般意义上的,是在被识别对象与识别者既有的知识或经验之间建立某种联系,不能要求识别者参与或创造被识别对象的过程,因而是有所限定的。

判断识别通常受不同层次判断力和判断目的的影响,在具体运用时可以分为常规识别和重点识别,就像阅读的泛读和精读。常规识别是指审计判断力作用整体信息时,一般带着常规目的。这种常规识别只具有一般目的性,因此属于程序化的(审计准则中一般也有相应规定)。常规识别的好处是节约时间、接触宽泛、遵循准则;缺点是不够深入、目标性不强、重点不够突出。重点识别体现出主动性和积极性,是常规识别的深入,既带有足够的目的性,又带有一定的选择性,表现出判断主体在识别过程中始终有目标和重点,并非所有的信息都要经过识别。可以认为,经过慎重选择的识别就是重点识别。在审计实践中,判断识别的内容是围绕当初设定的各项审计目标建立的,其选择性看似取决于审计内容,实质上取决于审计目标。例如,某个母公司其下属的某些子公司已经过相关审计,审计师是对所有子公司重新审计,还是有选择性地审计,或是针对没有审计过的事项进行专门审计,所有这些在判断识别之前根据审计目标就要作出选择,而在作出选择之时,又要花费时间进行判断识别。

所以,判断识别需要经历专门学习和适当培训,这一点不值得奇怪,如人们对大自然中一些植物属性的识别,如果没有进行专门学习,即使是有些植物经常出现在日常生活,也会熟视无睹,无法识别各自属性。既然审计判断作为一种专门的学问,识别需要从专业知识中提供养分。知识是识别的基础,人们往往通过学习和传授获得知识,建立相应的识别基础。

(三) 识别的内容与转化误导

需要识别的对象也可称为识别的内容。审计判断活动所涉及的对象以及与对象相的因素,都会成为被识别的内容。例如,判断识别对象的确定:判断识别的对象是围绕审计对象而展开的。就不同审计类型而言,其审计对象各国的法律、法规或准则都有相关规定,具有明示性。如果内部审计师参与能为管理者提供服务的所有公司活动,其需要识别的内容就包括所有公司活动。

　　从不同类型审计的需要识别的内容可以看出,经济活动或事项是主要范畴,以及以此范畴转化的信息产物,两者的关系在判断识别时不能产生误导。判断识别内容既是经济活动或事项本身,又是经济活动或事项转化的产物,其实两者是一体的、统一的,两者的差别是统一当中的转化差别。转化后的产物不能获得绝对的"真",只能得到某种程度上的"逼真"。例如,财务报表等资料是转化的信息产物,属于"接近真实"的转化物。对于信息本身而言,判断识别和信息利用往往是一体的,没有判断识别,信息利用缺乏安全;只有判断识别,没有信息利用,信息失去存在的价值。审计判断所关注的信息,主要涉及大量财政财务信息等,与经济活动和事项有关,与管理控制和风险有关,而且与人也有关。因此,判断识别主要围绕这些内容进行。

　　长期在转化物中使用审计判断,很容易让人忘了判断力的根本目的,即对真理(真相)的探求。其实,这正是转化物带来的对判断的误导,这种误导称为转化误导。判断识别过程要注意避免转化物带来的误导,防止误导带来的判断力分配失衡。当前,转化误导值得注意。例如,社会审计的判断对象一般为企业财务报表,越来越有趋势表明,其审计判断的核心和视野只停留在企业经济活动转化后的产物——财务报表上,即合理保证财务报表中无重大错报。按照社会审计的任务和目标,这种情况应属正常,但令人担忧的是,如果把所有的注意力都集中在转化后的产物,不断沉浸在信息群的游戏规则和变化里,容易(部分)丧失对事物原貌的判断力,以至于为社会审计的发展之路埋下重重隐患。就我们对审计判断的实践研判来看,在某些国家审计实践活动中,曾经多次和社会审计人员进行合作(即在政府审计或内部审计人力资源不足的情况下,采取市场购买服务,通过借用社会审计力量完成相关审计事项),这些年合作的事实至少证明一点,社会审计人员整体的判断力局限在转化后的信息产物里,并没有在事物原貌和转化产物之间找到恰当的联系,从而没有保留足够的判断力作用于真实原貌,所提供的服务往往质量不高,而这一判断现象往往被认为是判断标准掌握不够、审计技术方法有限、被判断对象活动领域陌生等原因导致。对此,我们也曾和社会审计人员进行深入沟通,采取了审前培训、现场示范等措施,强调要在转化物和事物原貌统一的基础上合理分配判断力,实际执行效果有所好转。其实,摆在我们面前的共同问题,是如何在事物原貌和转化产物(信息)之间合理分配判断力,这是转化误导带来的一个非常重要的命题,值得深入研究。因此,识别要审慎考虑转化物与真实活动的关系,我们对不同财务报表所披露的重要信息,鼓励审计人员不仅要判断重要信息的恰当获取、记录和报告等是否符合适当的标准(如公认会计原则),还要对重要信息背后的事物原貌给予适当关注,对事物原貌是否客观真实给予足够的判断。

（四）判断识别的基本途径

判断力也会受到转化影响，如果不能实现转化，就无法完成现实的判断活动，而在这一转化过程中，需要遵循一定的途径。识别是一个开端，同时它又是一个相对的、暂时的终点，代表一系列判断识别的最后归集，受审计判断主体的影响和控制，是审计判断转化的初期产物，有别于最初识别的原始对象，已然形成了新的转化产物。如一系列关于被识别的对象的评价或决策。在判断起点和终点之间，转化原理将一直得到运用，只不过这种判断的循环，识别的起点是开端和基础，失去识别将无法进行判断。

审计判断识别基本途径一般为：信息→行为→动机→内容→环境。这种途径一方面体现判断识别的结构和层次的变化，另一方面还体现各环节的交互和循环。

1. 信息识别：主要针对财务和非财务信息资料，进行收集、梳理、归类、阅读、理解。

2. 行为识别：主要针对组织机构、企业管理、研发、生产、营销、服务、运输等活动，以及伴随活动形成的制度、文化、宗旨、战略等精神行为，通过信息理解和联想与具体行为建立联系，从而进行行为识别。如对信息所反映内容按照内控管理、业务流程、工艺程序等相关活动环节，在一定的时空范围内与诸多行为建立可供识别的联系。

3. 动机识别：与合理动机、舞弊动机、错误类型等进行经验对照，主要针对人的行为动机以及影响人的行为动机的各种因素进行识别。如实施舞弊的人存在的部分舞弊动机：许多人可能更看重报表中各项目的最终余额，认为并不会对基本交易的细节进行仔细审查，因而常常将舞弊隐藏在交易细节中。由于实施重大错报或舞弊的主体往往层次较高、智力突出，总是会采取更为复杂的方法和隐蔽手段实现其动机，审计师会考虑对照财务报告舞弊常见类型进行识别，实际上就是对常见行为动机展开识别：资产虚令、负债低估、收入虚增、费用低估、制造时间性差异[1]、错误地划分资产负债表的项目类型[2]、实施披露舞弊[3]。许多审计案例中，上述类型并非单一出现，而是交织在一起，财务报表不同要素的高估或低估可以通过多种方式实现，如收入的高估与资产高估同时发生，但负债的低估也会引起收入的高估。通过常见错报或舞弊类型的经验对照，审计师还需要结合实际情况对具体的行为动机及影响因素进行再次判断识别。

4. 内容识别：即对组成整体的内容要素或总体事实进行识别，包括重大事项识别、控制识别和风险识别等。重大事项识别是遵循重要性判断原理，针对影响整体结构、状态和性能的重大事实进行识别；控制识别是针对整体内部控制要素运转是否有效或存在缺陷的识别；风险识别是针对整体在风险管理中的状态识别，即识别实施过程中可能遇到的（面临的、潜在的）所有风险源和风险因素，对它们的特性进行判断、归类，并鉴定风险

---

[1] 即时间调节，是一种预支未来以使今天看起来更好的舞弊形式，如在多个报告期间内报告总收益是正确的，但是通过提前确认收入，使某一期间的数字被高估而另一期间的数字被低估。

[2] 即错误分类，如为改善流动比率及其他指标，将非流动资产错误地分类为流动资产，或者将流动负债错误地分类为长期负债。

[3] 即披露不实，如在财务报表附注中遗漏关键的披露内容，或者在披露中错误地阐述事实。

性质。

5. 环境识别：主要针对整体所处的外部环境进行识别，如自然环境、科技水平、国际关系、产业竞争状况、历史机遇和其他不确定性因素等都可以成为了解整体真实状况的外部因素。

第三节 判断经验与转化

一、经验的阶梯

转化原理对审计判断活动内在影响而言，最大的功用在于能够指导审计判断主体运用既有的经验和知识、能力和智慧等意识范畴的产物转化为现实的产物。但这种转化的影响并不仅仅限于现实的结果，其实对判断经验自身也有深刻影响。

经验是可以积累的，由于记忆、感觉等因素影响，熟能生巧，显得愈加丰富，经验通过内部自身转化不断进行总结，也通过不断转化与外部发生作用，使得经验沿着固有的阶梯上升。约翰·杜威认为："经验乃是达到自然、揭露自然秘密的一种方法和唯一的方法，并且在这种关联中，经验所揭露的自然（在自然科学中利用经验的方法）又得以深化、丰富化，并指导着经验进一步地发展，那么这个变化过程也许会加速起来。"经验与自然的关联是如此，它与审计等专业活动亦是如此。经历是形成经验的基础，如果把每次审计判断经验的过程都记忆下来，经验就能一层层地积累，逐渐构成审计判断经验的体系。经验的各个部分靠着关系而连成一体，而这些关系本身也就是经验的组成部分。经验体系的形成是双向发展的，不仅运用于外部经济活动，更是时常影响着经验体系自身。经验本身就有一连续不断的结构，这种结构具有一种弹性、张力和稳定性。每一个经验都是由一系列规则程序以及实施这些程序所需的具体细节组成的复杂体，当每一个经验在经历抽象过程后，就会抽象出一般经验，分离出具体的经验，同时就会在不断的转化过程中实现稳定。在专业判断活动中，这种转化过程已经远离了先天目的性的基础，人们更多的是站在了后天经验的新的目的性基础之上，用过去业已形成的经验去比较后来产生的经验，即将前后两种经验艰难地进行比较。在经验的比较中，时常会发现经验之间存在着差异，尤其在经验积累的初期，审计判断经验通常处于不稳定状态，这是由于旧的经验缺乏或有限，新的经验正在快速补充和完善，此时经验与经验的比较其差异性是上升的；只有当经验充分积累之后，经验库中形成了一系列的经验体系，经验与经验的比较的差异性才会回落，并产生一定的稳定性。

人们一般把经验分为直接经验和间接经验，这是指经验的来源和获得途径。如果说一个人的经验丰富，那一般表明这个人经验储备的容量较大、经验结构优化，或者也可以理解为在使用经验时能取得较佳的效果。于是，经验丰富一定程度上表明拥有经验数量和质量的优势。专业上的经验积累归根到底来自实践，我们不否认有先天经验的存在，同时肯定后天知识的积累带来的影响变化,但这些因素需要在专业实践中加以运用,才能形成个体的在专业上的经验。审计判断经验即是如此。关于审计判断的经验,其实是由诸多因素组成并转化形成的。经验一定程度上代表后天自我,都是积累形成的,经验的多元性对应着后天自我的多元性,而这种多元性仍然可以有层次划分。经验作用于判断活动,对判断的影响是有层次的。这是因为经验的层次所释放的力量不同而不同。在审计判断经验当中,也体现出不同层次。我们将它们简单分为三个层次:一般判断经验、专长型判断经验、专家型判断经验。在审计判断活动中,我们不难看到这样的情况:有的审计师能够利用判断经验解决复杂的问题,而有的就不尽如人意;有的审计师能够清晰地阐述自己的判断策略(包括判断的思路、应对措施的选择等)和过程,并向他人传授这种经验,而有的则无法做到这一点;有的审计师能够将自己的判断经验与相关理论建立紧密的联系,并在实践中不断更新,赋予判断经验更大的活力,而有的审计师花费再多时光也无法达成。

对经验的批判在于经验的局限性,光靠积累还不够,经验需要得到转化。普通型判断经验属于一种层次,它停留在基本判断经验上,这种判断经验是散乱的,没有形成一定的结构,得不到固化,稳定性不够。这种实例在审计师利用计算机辅助审计时表现得最为明显,即在懂计算机的技术人员配合其进行审计时,他往往不能依靠经验提出明确的目标需求,全面、清晰地表述自己的判断思路,计算机辅助审计的作用难以有效发挥。

专长型判断经验属于另一个层次,这种判断经验虽然有所固化,有稳定的结构,也能够形成一定的系统,但这个判断经验的系统缺乏张力,系统内部的更新和应对变化较慢。

专家型经验是较高的一种经验层次,它不仅拥有符合事物发展变化的稳定思维系统,还能够与自身的一切影响判断的因素结合,和谐相处,彼此独立,使得经验、知识与能力等形成一个判断的体系,并且这种体系的张力、吸纳性极强,总是在不断完善更新。

三个不同层次的判断经验,其差异的原因,主要是转化的迟缓或快速造成的,也是不同判断个体在经验的积累和完善的过程中是否缺乏独立的思考和是否有正确的理论引导造成的。

二、经验与思考

经验并非是重复性的积累与反馈,有转化的可能,而这种转化需要借助思考。在判断活动中,我们对经验的基础性作用是肯定的,但不论是经验自身还是专业需求都不可避免需要发展,以适应外部环境变化。善于思考的人,能够在拥有经验的基础上不断朝前行进,乐于将各种经验充分融合到知识和理论当中,去印证、总结和完善,进行类似"反刍"活动,以期得到更多的属于自己的特有养分,直至形成一种思考习惯。通过思考对思维锻炼的过程带来的好处是,不再拘泥于某一种固有的经验和技能,判断思维将变得广阔、深入,能够不断适应新的变化,在不懈努力的情况下,经验还能转化为理念和信仰,也就是判断的智慧,这样的智慧仿佛人生的艺术,可以欣赏、运用和传递。

审计判断经验的转化和提升离不开思考(前述论及思考力至少包括质疑、理解力、思辨力等要素），这里所谓的思考强调独立、自发、正确的思考①，即对审计判断实践所形成的经验事实以及推理过程、结果验证等经验感悟，主动与审计相关知识和理论有机联系，不断进行思辨与考证，促使判断经验的提升和转化。思考的独立性预示按照自己理解的方向，勇敢地穿越世俗的迷雾和荆棘，寻求一种适合自身发展的经验；思考的自发性不仅仅来源于兴趣，更是职业追求带来的动力，以此逐步养成思考的习惯；思考的正确性在于经验结果的多方印证，看其是否符合实践检验。思考意味着反省与深入、否定之否定，是促使经验结晶的一种转化力，宝贵而独特，在判断思维运转中总是卓有成效。专业经验肯定需要思考不断地引领，尤其是在审计师加快形成自我判断经验体系、实现经验层次提升的过程，思考确实具有决定性的一面②，不能抛弃或消极地对待思考。思考有利于经验吸收与升华。《道德经》中的："不出户，知天下；不窥牖，见天道"，看起来有些神奇，带有一定唯心色彩。其实这句话的意思是指个体在经验积累之后，上升到一定的程度理性认识，通过思考或参悟等途径，充分实现了经验的转化，已拥有了普遍性和适用性，对万物的判断有了特定基础。例如，某一个爱思考的人，平时与大家一样接受了"行人靠右走"的经验规则。然而，有一天，当他和众人观山景，在盘山车道上向山下行走时，他却提议"行人靠左走"的新规则，理由是车辆按照上下山靠右的原则行驶，众人如选择靠左的车道行走，后面的车辆下山时行驶速度较快、弯道又多，可以不用顾忌太多，而迎面来的车辆可以远远地注意到，能够有效加以避让。思考所带来的创造性正是经验升华的结果，审计判断经验在思考的作用下，同样能够在特定的事项面前，找到符合实际情况的判断思路，及时作出各种创新的审计措施。

三、经验的总结

任何一门专业的稳定发展无法离开经验的总结，即便是个体在构建自我经验的阶梯时，也离不开总结。经验可以发展出一系列判断和评价的内在标准的方法，从而具有真实的指导性。经验的可总结性，给人们带来了足够的益处，使得许多经验能够妥善保存下来。例如，医学领域当中的《诊断学》，这类书籍将人的各种病患名称、状态以及治疗方法，分门别类加以总结。审计专业还远远没有达到这种程度，抛开专业之间的差异性和现实因素，审计专业经验的总结之路仍旧漫长、充满艰辛。当前，审计案例教学的兴起是一个

---

① 对于每一个个体而言，只有自己本身的根本思想才具有真理性和生命力。因为，只有这些才是一个人能真正、完全理解的……只有通过自己独立思考获得的知识，才能融入我们的思想体系，成为整个思维体系的一个鲜活部分，并与整体保持一种完整、坚实的联系……独自思考的人只是在形成自己的见解之后才知道与权威暗合，此时的权威也同时增强了他们两者的力量……单纯的经验和阅读一样，并不能取代思考。纯粹的经验与思考的关系，犹如进食之于消化吸收的关系。当经验吹嘘说只有通过它的发现，才推动了人类知识的进步时，就像是嘴巴扬言整体身体的生存只是它的功劳……具有最高思想能力的人的特征是，他对事物的判断都是直接、明确的。他说的任何东西都是自己思考的结果，其表达的方式中也完全显示出这一点。——[德]叔本华

② 哪怕是再大的图书馆，如果它藏书丰富但却杂乱无章，其实用处就反而不如那些规模虽小却条理井然的图书馆。同样，如果一个人拥有大量的知识，却未经过自己的头脑的独立思考而加以吸收，那么这些学识就远不如那些虽所知不多但却经过认真思考的知识有价值。一个人可以随意地阅读和学习，却不能随意地思考。——[德]叔本华

好的开端,已开始在审计专业中重新审视经验的重要影响和作用,但基于大多数审计案例教学仍旧侧重讲述某些审计学理论,实际目的还是就理论而谈理论,实质上并没有对具体的经验作出总结。同时,依靠案例教学也有其自身的局限性,因为具体经验总是具备个性或特殊性,某些案例无法也不能适应具体审计实践需求和发展。此外,审计专业经验的总结是否成功还取决于广泛的实践者,如果缺少这一实践群体持久而用心地参与,单纯靠学者和个别人是无法完成类似医疗诊断这样的经验总结的。

审计实践经验的总结有许多途径,除了运用审计判断对整体及各要素所发现的常见问题进行总结外,较佳的基本分类方法是通过对审计活动整个阶段分层分类设计加以讨论和总结。这样的理由是基于审计作为务实科学的一种专业,其实践经验应该来源于所有重要的审计行为阶段,按照整个审计活动的重要环节分类,将更加体现审计实践经验的系统性、完整性和重要性。审计活动可以分为计划阶段、实施阶段和报告阶段三个重要层次(实际上这种层次或阶段上的划分,是审计活动参照一般管理要求设置的工作流程,对于审计判断而言,这三个不同阶段的运用既有针对性,又有反复性,也就是说判断行为往往是动态的,尤其是将三个阶段合在一起的时候,判断活动要照顾到整体而灵活加以运用)。在每一个层次中,还可以就不同审计主体及行为的分类进行经验总结。例如,针对审计计划阶段,可以对经验加以分类研究:审计项目的选择、评估和论证等经验(围绕提高计划的科学性和可行性)、审计总体目标合理把握的经验(如何适应新形势下的各类事项和审计任务,既能把握地域特色又能适应外界要求等,形成优秀、高质量的整体工作方案)、审计项目计划组织管理模式的经验、计划项目和资源合理配置的经验。某一类经验还可以再进行细化,如审计时间、工作量等规划。审计师一般能够依照自己的执业经验,判断出某一个项目在多少人手情况下大概需要多少时间,但他只能总结出自身的经验,并不完全知道这种经验标准在多大范围是合适的。所以,这一类计划阶段的经验总结,需要更多的人参与,一般可以落实到专门的计划管理部门实施。其他审计阶段以此类推,其中含有大量值得总结的审计实践经验,同样需要整个审计专业的各类群体共同参与,如对判断会计信息失真的经验逐项、逐类进行归集。按照这样的基本分类方法和操作路径,广泛开展审计实践经验总结,必然会推进实践经验的有效转化和发展。

第四节 判断信念与转化

一、判断与信念

(一)判断信念的含义

判断与信念有着密不可分的联系,在判断活动中信念不仅起到指引作用,而且渗透到判断思维之中,并与判断形成一体。信念属于认识论的范畴,柏拉图在认识论中,将认识分为不同的等级:知识、谬误、信念、意见、怀疑和假设等,认为最重要的就是知识和信念。

休谟说:"所谓信念是比想象单独所构成的构想较生动、较活跃、较强烈、较坚固、较稳定的一种物象的构想。"①泰戈尔曾用诗意的语言描述了信念:"信念是鸟,它在黎明仍然黑暗之际,感觉到了光明,唱出了歌。"

信念在人们的理解中,大致有以下几类含义:一是将信念理解为一种知识,即未经最终证实而确信其有可靠性或正确性的知识;二是将信念理解为某种观念或观念体系,是人们确信无疑的、作为指导自身行为的、自认为具有普遍意义的观念体系;三是将信念理解为行动指南,认为唯有作为行动的指导原则时才能符合信念之意;四是将信念理解为某种复杂的精神状态,是人的知识、情感和意志的融合体,既有某种现实或某种思想的知识而呈现出一种确信的思想观念,又有对该现实或该思想的情感、意志而确立的相关追求目标的精神状态;五是将信念理解为对某一理论或学说的确认或接受,即对理论的真理性和实践行为的正确性的一种内在确信。凡此种种,对于信念的理解尽管各有千秋,但关于信念对人的认识和实践活动会起作用在理解上是一致的,尤其是当信念与判断结合在一起形成判断信念时,信念作用于判断行为的影响是深刻的。信念与判断的关系是密切不可分的,康德认为,"知识是指在主观和客观上都能充分地承认其为真的判断,而信念只指在主观上有充足的依据,而在客观上依据不足的判断",可见,判断不仅在语意上包含信念,实际上信念也是判断构成的重要内容。休谟尽管将信念解析为一种特殊的感觉或构想,但同时他也认为,"信念只是人心中所感到的一种东西,它可以区分判断中的观念和想象中的虚构。它给那些观念以较大的重量和影响,使它们在人心中较为得势;使它们成为我们行为的主要原则"。②

所谓审计判断信念是审计师在关注整体时所表现的带有倾向性的判断思维状态,这种倾向性表现出某种潜在的、固有的、坚定的特征,能够促使判断思维沿着某种既定的方向或目的行进。当我们以这种结合的方式理解判断信念的含义,信念之于判断的意义便愈加明显。信念对审计师的判断活动能够起到预测、定向、动力等积极作用,但有时错误的信念又会起到误导、僵化、偏执的消极作用。无论信念处于何种状态,信念始终服务于判断,是判断之前的重要储备,其自身也经历诸多转化过程③,才能给判断带去足够的指引力。丧失信念的判断对于审计师来说不仅是几无可能,且注定是糟糕透顶的,明智的做法是不断建立和完善审计师的判断信念。

---

① [英]休谟:《人类理解研究》第46页,商务印书馆2007年版。
② [英]休谟:《人类理解研究》第47页,商务印书馆2007年版。
③ 判断就是信仰,"此事就是如此。"这样,在判断中就隐含着承认遇到了一个"同等事件"。因为,判断是以比较为前提的,借助于记忆。判断不说似乎有个同等事件,它做不到。相反,判断认为是知道这一事件的。判断的前提认为,本来就存在着同等事件。……要是不首先在感觉内部进行平衡的演练,也许根本不可能作出什么判断。记忆,只有在同不断重温习惯物、经验物的情况下才能得以保持。……判断之前,必须完成同化过程,即这里也有一个智力的非意识活动,就像受伤引起的疼痛一样。——[德]弗里德里希·尼采著:《权力意志——重估一切价值的尝试》第177、第188页,商务印书馆1994年版。

(二) 判断信念的来源

考察审计师的判断心理动能和判断行为,我们会发现,在其整个审计判断活动中,不仅存在着知识、经验或理性,还存在着某种判断信念,而给予判断以信念作为指引的来源是多方面的。一般而言,判断信念包含一个或多个来源。

(1) 通过本人的直观(本能、感觉和想象力)获取判断信念。

(2) 通过他人的证言(权威性和可靠性)获取判断信念。

(3) 通过一般原则进行推理获取判断信念,即从普遍应用的假设(公理性)出发,从一般推理到特殊,表现出理性主义的某种综合性思维活动。

(4) 通过经验法则进行推理获取判断信念,即从特殊推理到一般,表现出经验主义的某种分析性思维活动。

(5) 通过具体实践或实际检验获取判断信念,即利用信念将要产生的结果再来检验信念,表现出实用主义的实践性思维活动。

判断信念的形成会受到诸多因素的影响,如认识(经验观察和理性思考)、情感(感觉、本能)、意志等,其自身的形成必须完成转化过程,因此是认识、情感和意志的融合与统一。一般的判断信念始终从属于认识过程,是在对认识的结果体验和评价的基础上逐步形成的,因而也可以认为是经验积累或转化的产物。此外,人类认识过程中已经证实或未经最终证实的理论或学说也为信念产生提供了根源,这些判断信念都表明了对某些理论或学说的确信。例如,审计师在判断活动中依据逻辑训练建立起的判断信念,亦可称为逻辑判断信念。同样地,人类利用自身的感觉与外界接触,也能产生信念,如感觉依据因果律可以建立起因果判断信念等[①]。尽管判断信念所获取的途径不一,但每一个获取途径对于审计师都是实际的、有效的。信念不仅具备真的状态,还具备整体性特征。戴维森认为:"信念本来就是一般来说是真的。……一切信念都在下述这种含义上被辨明:它们为众多的其他信念所支持(否则的话,它们便不是它们实际上所展示的信念了),并且,它们具有足以推定其真实性的根据。""一切充当一个信念的证据或对该信念作出辨明的东西,都必须来自这个信念所属的同一个信念整体。"[②]因此,信念的来源可以理解为信念的原因,当作为可以被辨明的真信念和显现整体特征功效时,信念之于判断就是转化一体的。

二、判断信念的转化

(一) 几类判断信念

审计师的判断信念在形成和作用过程中会表现出差异或多样,受不同来源因素作用,

---

① "一个感觉与一个信念之间的关系不可能是逻辑上的关系,因为感觉不是信念或其他命题态度。在这种情况下,这是什么样的关系呢? 我认为,答案是显而易见的:这种关系是因果关系。感觉造成某些信念,在这种含义上,它们是这些信念的基础或根据。但是,对一个信念的因果解释并没有表明这个信念被辨明的方式和原因。"——[美]唐纳德·戴维森著:《真理、意义与方法》第344页,商务印书馆2012年版。

② [美]唐纳德·戴维森著:《真理、意义与方法》第358~359页,商务印书馆2012年版。

以及不同的意识转化程度影响,判断信念会表现出一定的差异性。由此产生不同的判断信念,可以归结为思维规律作用下的不同结果。想要列举出判断信念所有的差异性内容是不切实际的,指明这种差异性的存在,一方面强调转化判断原理的影响,另一方面是为了对判断信念作大致的分类。基于这种差异性,可以力量或作用譬喻,以试图强调不同判断信念的强弱。我们尝试在审计判断领域内,将审计师的判断信念分为普通判断信念、复杂判断信念、抽象判断信念三类。三类判断信念呈交互和递进状态,受转化判断原理影响皆处在相对稳固的阶段。

普通判断信念是常人所拥有的一般思维状况,用以应对日常生活等出现的各种状况,具有普遍性和通识意义。审计师首先作为一个个体,拥有与之相符的普通判断信念,即一般的、常识的判断信念,该判断信念的架构状态宽泛,要素众多,是认识范畴的一种体系,也是其他判断信念日后发展的基础。

复杂判断信念是结合不同信念来源从普通信念中提升和转化出来的,并同样得到相对固化。复杂判断信念是从事某类专业领域实践和认知的结果,具有该专业系统特有的经验和知识,在可证实和有效证实的基础上获得。例如,审计师受逻辑或因果的支配,对会计等式产生的判断信念为"有借必有贷、借贷必相等",基于这种判断信念,当识别一些具体的经济事项或交易转化为会计分录时,就能轻易判断出诸多的会计分录所含要素的关系;又如,依据"个别能够合理推论到整体"的判断信念,审计师愿意选择抽样审计并信赖抽样结果。此外,审计职业的质疑(怀疑)、审慎(谨慎)等固有的态度也能转化为某类复杂判断信念。研究表明,审计师如果缺乏相应的复杂判断信念,审计判断活动就像是一场舞台秀,始终在整体判断的实质之外表演,那些审计程序、测试与目标会游离于具体的判断事项,尤其是当审计师缺乏怀疑或审慎等判断信念时,最容易导致在舞弊发现方面的审计失败。

抽象判断信念是指有意义但无法确指具体对象的某类判断信念,主要受价值判断原理影响,承载的内容包括概念。例如,审计判断活动中需要依赖的审计概念,以及审计目标列明的"真实""公允""绩效"等宏观性目标,在长期的实践体悟过程中,皆有可能转化为审计师的抽象判断信念。每种职业的人都有自己的概念,以及据此形成的抽象判断信念。审计概念也许对其他职业的人来说不具有实在意义,但对审计师来说都具有完全确定的意义,他可以借助它们形成抽象判断信念,指导显然不同的心理活动或判断行为。只要审计师真正地实施了审计判断活动,在真实的世界中接触经济事实、处理审计事项以及掌握必要的审计方法,就会时时得到验证审计概念或目标是否正确的切实体验。这种体验带来最为直接的收益就是判断信念体系(包括复杂判断信念、抽象判断信念)的凝结与构建。例如,审计师在"独立性"判断信念的指引下,可以将"独立性"的意义作用于整个审计判断活动乃至每一个判断细节。审计师会依照对"独立性"建立起的判断信念,在审计判断活动中,明确如何保持实质性的独立,既可以通过保证审计计划、实施方案的独立性加以体现,又可以在选择审计技术、审计程序和确定运用范围时,不受控制和干扰,拥有独立的自主权等加以体现,使关于"独立性"的判断信念切实化为判断活动,然后作用于审计客体。同样地,审计师在"真实性"概念的驱使下,坚定而执著地追寻着"事实的真相",即经济活动或事项(信息)的本来面貌,这种追寻的过程久而久之必定将"真实性"概念转化成个体内心的判断信念。

(二) 判断信念冲突

一般而言,判断信念形成以后较难发生改变,即使是审计师在认识层面上对原有判断信念产生了疑惑,情感上的认同依旧强烈,因此,判断信念表现出稳固性、坚定性和导向性等特征,正是这些特征寓意了"自我认为、自我指导、自我确信"等综合精神状态,然后直接作用于判断行为。尽管判断信念强调的并非在于认识的正确与否,其存在还包括一定情感的倾向和个体意志的坚定等丰富的内涵。判断信念所表现的诸多特征并不意味着不受变化的影响:有时候,审计师会在判断活动中沿着信念之路前行,并在信念的指引下完成判断活动,此时的判断信念会得到再次稳固;而有时候,审计师在判断活动中常常会得到新的知识,当新的知识与旧有信念产生冲突或背离时,旧有信念就有面临完善或修正的可能。我们把后一种情况称为判断信念冲突。

一般而言,判断信念冲突带来的破坏力和完善力往往是相辅相成、对等的,即有多大的破坏力就有多大的完善力。破坏力是指旧有信念的稳固性被动摇或剥离带来的信念损害。相应地,完善力是指旧有信念在损害中的信念新生。旧有信念不会轻易消解,这与信念的形成及特质有关,唯有当冲突带来的破坏力达到相应的程度,旧有信念才有可能修正、完善。

判断信念冲突而引发的修正或完善,是信念转化的一种特殊方式,它表现为两种方向的同时转化,一是对内的转化,另一是对外的转化,两者是统一的。对内的转化是主体要自觉地接受不同的实践检验,肯定检验过程中带来的变化和冲突,逐步形成正确的判断信念,并加以稳固;对外的转化是不断获取理性的论据、逻辑的推断和事实的证明等各种判断信念,经实践检验后达成稳定。由于审计师从事的是一项关于独立、互信和价值的事业,且判断信念是连接审计判断思维和判断行为的重要纽带,也是判断活动的契机,成为推动"知行合一"的内在力量,因此,审计判断信念在认识基础上的正确性必须得到足够重视。按照实用主义观点,审计的务实性决定了审计师在判断信念不断的冲突之中,选择正确或真的判断信念[①]。

三、判断信念与判断经验的比较

判断信念常常与判断经验交织在一起,从获取判断信念的不同来源可以看出,判断信

[①] 威廉·詹姆斯在《真理的意义》序言中谈到:"假定一个观念或信念是真的,它的真,在我们的实际生活中会引起什么具体差别呢?如果一个信念是假的,有什么经验会和由这种假信念而产生的经验有所区别呢?真理(一个信念或见解、信仰、陈述等)怎样才能实现?简而言之,从经验上来说,真理兑现价值究竟是什么呢?当实用主义在提出这个问题时,它就已经找到了答案:真观念是我们所能类化,能使之生效,能确定,能核实的;而假的观念就不能。这就是掌握真观念时对我们所产生的实际差别。"

念优越于判断经验,或者说判断经验只是判断信念的来源之一。我们所认为的优越,不是强调两者在实际运用时的孰优孰劣,而是强调认知比较中的各自特征的突出和统一。判断信念较判断经验的优越性,主要体现在以下几个方面。

(一)判断信念较经验更加稳固

判断信念部分地融合了经验的要素,且与经验的形成相似,如获取的判断信念也会不断加以积累和改善,并得到稳固和优化,就像经验的积累。但判断信念相对于一般的经验来说,其状态还是显得更加稳固的,而经验的稳固性还不足与判断信念相等,主要原因是判断信念尽管存在完善或修正的变化,处于扩充或收缩的不同阶段,但判断信念一般是建立在可证实性和有效证实的基础上的(判断经验也许有失败或成功,还有未经验的部分,就经验来源来说,判断信念往往是成功经验不断强化、精致的结果),随着认知的深入,不会轻易发生改变。

(二)判断信念较经验更为抽象

判断信念对于经验的优越性,其实质是判断信念是一种上升了的抽象思维,而经验总是伴随具体的思维。单纯的判断经验,相对于判断信念来说,总是显得庞杂而散乱,只有和具体的事物相联系时才有可能对应,不如判断信念那样集中而有序,通俗地讲是数量少但质量高。最明显的例证,就是判断信念会受到一些逻辑、因果以及审计概念的深刻影响,在经验和知识的促发下转化为抽象,体现的是经验之上的提炼。

(三)判断信念较经验更为有影响力

这种影响力是针对判断行为而言的,主要是指对判断行为的作用上更为关键。判断信念为判断行为提供方向性、坚定性和适应性,而判断经验更多的是为判断行为提供基础性和对应性;当既有的判断经验在与客体不对应的情况下,判断行为需要借助判断信念来加以方向引导和坚持。在审计或其他职业中,一般认为的判断主体的经验丰富,并非单纯指经验本身积累的多少,而是指拥有能够贯通实践与理论的判断经验,而这种判断经验即包含了一般的抽象判断信念。如审计师在解决某类经济活动或事项如何才是真实的、合法的、效益的,在给出判断意见或评价之前,首先就要面临将上述相关概念如何转化为判断信念的问题,并且使相关概念得以在具体事实(或审计证据)中显现。这种借助于抽象判断信念而形成的能力,对于整个判断行为而言,其作用明显大于普通的审计经验。

第五章 审计假设判断原理

"夫知有所待而后当,其所待者特未定也。"

——《大宗师》庄子

"假设具有不断自我否定的职能,通过这种职能在概念上表述事实。"

——[奥]恩斯特·马赫

第一节 假设与判断

一、两种意义的假设

人类长期的实践证明,假设是判断思维活动的基本要素之一,在与外部事物建立联系的过程之中,假设成为一种必然。假设只存在于人类的意识世界,客观世界不存在假设。

假设可以分为方法运用等实在意义上的假设和公理性等抽象意义上的假设。前者在思维活动作用实践中得到普遍运用,人们往往会为了证明某些事项之所以如此,而预先设定某些事项的存在状况,通过不断地检验得出关于假设本身合理性与否的结论。如果假设本身具有合理性,那么某些事项就能被证明具有合理性,反之亦然。这种方法运用意义上的假设,在经验判断法则中有着天然的优势,由于感官和智力以及手段的局限,许多事实并非充实完整显现,需要通过思维寻找或弥补那些必要的事实、结果或条件,完成对事实的诸多判断,由此构成了思维判断与假设的融合,这种融合具有快速便捷和显明的特征,对判断决策过程起到重要作用。作为方法运用上的具有实在意义的假设①,其重要功能在于通过预想或设定种种需要证实的事实,从而印证、反驳或改变预想,既是经验、知识和想象的融合,又是它们的扩展。

假设判断作用的发挥除了依赖主体的经验、知识和想象等因素,客观上还需要满足一系列前置条件:假设对象本身的存在及特点,假设之初的事实及识别程度,假设适应状况及调整等。在科学研究上,恩斯特·马赫认为:"人们在作假设时,总在特别局限的状况下

---

① 关于这样一类假设,恩斯特·马赫在《认识与谬误》中专门作了研究,他把假设定义为:"我们把一个暂时的尝试的关于较易理解但缺乏实际证明的实际目的的假想叫着假设。"

寻找观察到的事实的特点,而事先并不是自然地知道这些特点在其他一般状况下是否也属于这种事实,即这个假设是否也适合这些状况,以及这种假设在多大程度上符合事实。我们只能从我们当时已知道的感性环境中得到假设表象的材料、因素,观察那些与现实的情况相似或类似的情况。相似而不是同一。相似是部分相同,部分不同。在这里已经提出,一个按照类似提出的假设,在经验扩大时,在有些状况下适合,在另外的状况下不适合。因此,假设按照它的本性已经决定,在研究的过程中会发生变化,会适应新的经验,有时甚至遭到否定,会被一种对事实的完全新的或充分的知识所代替。"[1]审计判断活动与科学研究在运用假设方面存在许多共同点,但也存在某些差异。最显著的差异在于审计判断侧重于发现过去,而科学判断侧重于创造未来,这种差异主要基于对假设运用的目的不同:审计师在通过审前调查对于整体的特点和事实已有所了解,判断实践无须在旧有事实(发生过的事实)中进行推陈出新,只是将旧有事实纳入各项标准的框架当中,尝试判断符合不同标准的可能性。例如,对于一个合格的审计师而言,其审计实施方案当中的假设判断涉及的具体事实与标准之间的可能性,是经过充分预想而合理保证的。而科学研究的假设不仅要在以往旧的事实中发现问题,还要不断推陈出新赋予问题新的方向。实在意义上的假设是判断思维中的一种必不可少的工具,借助这种工具及其功能,人们在意识转化中可以判定和处理许多事项。

　　抽象意义上的假设,一定程度上排除了人们的主观想象,如审计假设、会计假设等,是人们从实践中总结出来的经验结晶,在长期实践中抽象出来的,并不是简单地对一系列经验和事实进行一般地概括,而是将其上升为理论的基础,进行高度提炼与归纳,形成较高层次的抽象,转化成指导人们从事客观实践活动的产物。这种抽象意义上的假设,一般在实践中得到长期奉行,无须证明便为人们所接受,具有一定的公理性。两种意义上的假设,是统一的,而不是分割的。值得注意的是,假设的公理性并非绝对或一成不变,它正确与否同样还要通过具体实践加以检验,要随着客观世界的发展和变化而不断完善。有些假设,人们目前还无法从逻辑上证明其正确性,只是按照一般观念或习惯做法对某些事物进行认定,如人性的"性本善,性本恶,或性向善、性向恶"等假设,经济学理论中"有限理性人,自利人"等假设,在实践中都能找到与之对应的人或事例,但这些都是未经充分验证的,只是在代表多数或少数的对应状况时有概然性特征,不具有绝对性。正是这种不能直接自我验证的特点[2],反而能借以推导出许多可论证的事物,促进形成不同的知识学科的发展。

　　因此,在假设的基础上建立起的判断,需要以抽象意义假设为指导,以实在意义假设

---

[1] [奥]恩斯特·马赫著:《认识与谬误》第 189 页,译林出版社 2011 年版。
[2] 美国学者莫茨和夏拉夫总结出假设的几个一般特征:①假设对任何学科的发展均是不可缺少的;②假设不能直接自我验证;③假设是推论的基础;④假设是建立任何理论结构的基础;⑤假设面临知识更新的挑战。——《审计理论结构》第 47 页,中国商业出版社 1990 年版。

为方法,我们将此类判断称为假设判断。假设作为判断思维活动的要素,在实践中不断地使用,并稳固下来,形成假设判断。假设判断原理是关于众多假设判断的总结,可以成为认知外部世界的一系列理论的基本前提,其普遍性和适用性都很强,是许多知识学科发展所必需的,在适应及调整各种学科实践、完成判断及推论过程中起着重要作用。在审计判断活动中,假设判断是指以一定的判断经验和事实为根据,以已有的审计假设理论和方法为指导,对所判断对象的运行规律或原因作出推测性说明或解释。判断本质上是一个认知过程,涵盖了抽象与实在,因此假设判断既有抽象意义的假设,也有实在意义的假设。审计判断实践当中,实在意义的假设居多,一定程度上体现实证性,但同样也要受一般抽象意义假设的指引。

二、假设判断的几种属性

假设判断原理的存在和运用非常重要,其根本目的是为了更好地认清并把握外部事物,其所表现的属性同时涵盖以上两种假设的特征以及与判断思维结合产生的作用。作为审计判断主体而言,假设的绝大部分源于判断经验和信念,其中判断经验是包括了作为在实践中运用假设所得到的假设判断经验;判断信念包括通过各种途径所获取的关于抽象意义假设的假设判断信念。假设判断是审计判断行为的出发点,它提供了不同的指导性和事物发展变化的不同前提条件,由此引导人们深入探究事物的发展变化,因而成为推论和验证必要的基础,也是解释审计判断行为合理性的重要理由之一。莫茨和夏拉夫曾为假设归纳出五个一般特征,进而提出了审计假设理论。通常认为,在专业领域中出现的假设判断要有事实依据和相关假设理论作为基础,不是凭空猜想,不能违背逻辑规律,不能与已有的经反复证明是科学或有效的理论相矛盾。具体体现以下几种属性。

(一)方向性

假设可以为探究外部事物及构建相关理论指明不同方向,如提出一些认为是理所当然或不言自明的论题,在实践中不断加以检验和运用。假设的方向性,对于审计判断理论和实践而言具有重要意义,只有沿着某些方向才能行进。对于假设的方向性而言,假设表象总会包含促使其出现的不可或缺的事实因素,当然也包含着另外的对于这个表象不必要的事实,因此为能沿着促使其出现的事实因素出发,需要接受假设的方向性。判断某一事物的发展变化,假设的成立与否通常会伴随推断和验证,不论结果是符合还是违背事物的运行规律,对于认识和把握外部世界都能起到积极作用。假设判断为审计活动指明了实证的诸多方向,只有沿着这些方向才能与具体的事物结合在一起,形成各类判断设定。

(二)前提性

假设可以为探究外部事物及构建理论提供基本前提。那些通过观察还不能获得确定性的事物,都可以是判断思维进行假定或假设的对象。假设的前提性还体现在不同的假设需要根据实际情况作出,正如假设是实验的前提条件,没有假设的实验很难称得上真正的实验。这种前提性表现出某些特定的目的和思辨,一定程度已经具备了判断的雏形。

(三) 公理性

抽象意义的假设具有公理性,如会计假设、审计假设的形成,对构建会计理论和审计理论有着重要作用。审计假设当中的公理性决定并影响着实证判断行为。假设一旦形成,其过程受到判断信念的影响,而组成判断信念的核心基础就是公理性的存在。如信息的可验证性、内控的有效性等假设当中所隐含的公理,是组成审计师判断信念的重要部分,唯此在实践中所作出的种种假设并非单纯方法意义上的假设。

(四) 创造性

假设能够激发思维判断的想象,引发创造力,在实践中形成更多的与外部事物广泛地接触的方式方法,通过这些方法的运用,从而得到一定的科学判断和经验。从抽象到具体,从总括到细微,假设判断总是在这样的过程中伴随着联想(有节制的想象力),自由而活泼地穿行。假设创造性的重要作用之一在于导致新的观察和尝试,从而证明、反驳或改变最初的猜想,在不断扩展经验的过程中激发创造。审计判断主体的想象力借由假设的运行而得到发挥,共同形成专业上的创造力。

三、假设影响下的猜想与反驳

对假设影响下审计判断思维模式的构建,我们主要对猜想与反驳作简要讨论。关于猜想与反驳方法论,英国哲学家卡尔·波普尔建立了较为严密的理论形态,成为科学哲学的批判理性主义先驱。他提出[①],科学发现包含猜想和反驳两大环节。科学家根据问题,大胆进行猜想,努力按照可证伪性高的要求提出假说,这样的假说具有较多的真性内容。假说提出后就进入反驳,这时要根据经验按确认度高的要求进行排除错误,从而保证所接受的假性内容减少或不增加。这样,通过猜想与反驳,科学发现便获得逼真度高的理论。他分别为猜想与反驳制定了具体的方法论原理[②],使科学方法论研究增加了新的方面,更符合科学的实际。当然,波普尔方法论环节中的确认和确认度要求也具有证明方法论的意义,可以作为对证实的证明方法论的一种补充和修正。波普尔认为[③],"对一种理论的任何真正的检验,都是企图否证它或驳倒它。可检验性就是可证伪性;但是可检验性有程度上的不同:有些理论比别的理论容易检验,容易反驳;它们就像担当了更大的风险似的"。波普尔认为,衡量一种理论的科学地位的标准是它的可证伪性或可反驳性或可检验性。实际上,他开创性地确立一个可证伪性划界标准,尽管他认为这种方法论的意义还很少为人体会到。我们认为,这种方法论至少在审计判断实践中能够得到证明和实际运用。

逻辑实证主义本质上是从经验主义观点出发,运用现代逻辑工具如通过归纳法证实

---

① [英]卡尔·波普尔:《猜想与反驳》第4页,上海译文出版社1987年版。
② 猜想的原理包括:理论不是始于观察,观察中渗透着理论;形而上学起重要作用;科学发现的心理学;猜想应满足简单性、可独立检验性和不会很快被证伪这三个要求。反驳的原理可归结为三点:批判;排除错误;判决性实验。
③ [英]卡尔·波普尔:《猜想与反驳》第52页,上海译文出版社1987年版。

从经验确立起来的各种命题,科学的发展正是这种命题和由它们构成的理论的累积。逻辑实证主义方法论有着坚实的合理性基础,其依据的可证实性划界标准在科学活动之外的许多领域得到借鉴,审计判断活动也不例外。然而,审计判断活动所面临的问题较为复杂,不能只是运用某一种判断思维的方法论解决所有问题。莫茨和夏拉夫在论述证据时①,曾提出财务报表的相关命题的认定(关于命题概念,当代审计学已发展为"财务报表中的管理层认定",即管理层关于交易、账户、列报与披露的认定;而审计师的认定或判断认定概念隐没了),根据当代审计学理论或实用准则,这些命题或认定依据其自身性质分类已被统一规范为"存在、权利与义务、发生、完整性,准确性"等真实性命题或目标,审计师需要获取充分、适当的证据来支持有关这些认定符合相关标准的结论,因而,审计师对这些命题加以证明主要是从证实性出发的,这种理论已牢牢确立了审计实务的判断思维方法论。但是,我们通过对判断实践的研究表明,这种以"可证实性判据"为判断思维的方法论有待于得到完善或发展。例如,当审计判断主体要完成鉴证类审计业务时(验证资金、财务报表审计等),他必须更多依赖"可证实性判据"对整体及组成各要素的公允性等予以证实,从证实的角度出发,对那些影响整体的错误作重要性判断,以此来发表针对整体的无保留等类型判断意见。但是,当审计判断主体并非是完成鉴证类审计任务,而是涉及更为广泛的监督、管理控制、绩效等类型审计任务时,他必须更多地依赖"可证伪性判据"对整体及组成各要素的真实性、合法性、效益性等命题予以证伪②,从证伪的角度出发,对那些具体的舞弊、问题或错误从诸多假设中找到确证,并作事实或标准判断,而无需对问题或错误之外的各要素乃至整体另行发表判断意见。按照当前审计的发展来看,审计功能不断拓展,可证伪性判据的运用愈加明显,即便是对内部控制和风险评估这样关键的判断实践活动,也要充分借鉴可证伪性判据予以解决。为此,审计判断思维模式的构建有待进一步深化。

  猜想与反驳是对逻辑实证主义的发展,作为判断思维中的一种方法论,并不仅仅局限于自然科学的运用,依然有借鉴的必要。一般而言,猜想与反驳以"可证伪性"为判据,逻辑实证主义以"可证实性"为判据,为进一步阐明两者的差异,可以借用医学领域当中"常规体检"和"具体诊疗或看病"来解释,"常规体检"需要从可证实性为判据出发在现实中合理运用,而"具体诊疗或看病"需要从可证伪性为判据出发在现实中合理运用。在审计判断实践中,鉴证类审计业务和非鉴证审计业务混杂难辨但也不能不加区分,随着审计功能的不同定位和拓展,审计师的判断思维中关于证明方法论的运用有待合理化。我们认为,应该结合审计具体实际,合理地将两者结合起来共同使用。猜想与反驳方法论,在现今审

---

① 形成判断的过程可以划分为以下几个步骤:认定需加证明的命题;评价命题,看命题是需要具有高度或然性的证据,还是需要具有中等或然性的证据;在确定的时间和成本范围内收集证据;评价已获证据是否有效;对需证明的命题作出判断。——莫茨和夏拉夫合著:《审计理论结构》第131页,中国商业出版社1990年版。

② 判断实践活动中,审计师总是在实施方案中针对所有审计事项设定需要证伪的问题,即按照可证伪度高的要求提出一系列假设,通过排除错误来做选择和确认。

计判断实践活动中占据重要的地位,同样在审计理论界未能得到确立和发展,这一点尤其要得到重视。从猜想与反驳方法论出发,我们不仅能看到可证伪性判据的充分运用,而且这一判断思维符合批判理性主义精髓,常常与审计活动内在要求不谋而合,而更为重要的是深刻影响了审计判断实践活动的诸多关键阶段。如国家审计类型审计实施方案中的判断设定运用,审计事项以证伪性为判据的假设列举,几乎占据了审计实施方案的全部核心内容。

第二节 审计假设对判断的影响

一、审计假设

审计假设是经过反复思考和长期实践而提出的公理性假设,符合抽象意义假设的特征。审计假设不仅对构建审计理论、审计概念有重要作用,而且对审计判断活动有重大影响,这种影响主要体现在为审计判断提供存在的理由和必要的条件。仅从表现形式上看,假设判断在审计实践中会得到更多的务实运用,涉及的范围和内容会更广泛。实际上,审计师的假设判断仍受到审计假设的引导和影响,需要依赖于审计假设,与审计假设有内在的联系。

关于审计假设,理论界是仁者见仁、智者见智,没有一定的公认,但许多列举出来的审计假设依然体现出对审计判断的影响以及假设判断在审计事物中的重要作用。一般认为,审计假设是20世纪60年代由美国学者莫茨和夏拉夫在其成名作《审计理论结构》中首次提出的,他们在书中提出了8条临时的审计假设[①],并就这些临时的审计假设作出了说明,提出这些假设是作为整体的假设,具有同一性、贡献性、排中性和独立性,其作用"无论对于发展完整的理论体系或解决实际的职业问题,这些假设对审计人员来说,均是有用的"。这8条审计假设内容如下。

(1) 财务报表和财务数据是可以验证的。
(2) 审计人员与被审单位管理者之间没有必然的利害冲突。
(3) 送作验证的财务报表和其他信息中不包括串通舞弊或其他舞弊行为。
(4) 令人满意的内部控制系统的存在能排除舞弊行为的或然性。
(5) 通过一贯地使用公认会计原则,公允地反映了企业的财务状况和经营成果。
(6) 缺乏确凿的相反证据时,被审单位过去被认为真实的东西将仍然是真实的。
(7) 审计人员会尽职尽责地检查财务资料以发表独立的审计意见。
(8) 独立审计师的职业地位赋予其相称的职业责任。

[①] 罗伯特·K·莫茨,侯赛因·A·夏拉夫合著,文硕等译:《审计理论结构》第53页,中国商业出版社1990年版。

毋庸置疑,以上审计假设既为审计理论提供了必要基础,同时对审计判断行为也产生深刻影响,其中信息的可验证性、标准的公允性、主体的独立性以及行为的责任性等,为审计假设判断奠定了坚实的行动基础。莫茨和夏拉夫提出的8项审计假设开创了审计假设研究的先河,同时也引发了许多后来者的研究兴趣,有的将其顺序略作改动,有的将其条目进行增删,有的改变了其表述方式,有的则作了进一步的发展。正如莫茨(Mautz)和夏拉夫(Sharaf)在提出审计假设时所强调的那样,仍应将它们看做是暂时的,可以对这些审计假设不断地加以重新审阅,看它们在新的环境下是否能继续成立。

21世纪初,伊恩·格雷(Lain Gray)和斯图尔特·曼森(Stuart Manson)在讨论审计假设时,也指出了假设的变化[①]。他们在《审计流程》一书中列示了弗林特(Flint)提出的如下审计假设。

(1) 审计的主要条件是存在受托经营责任关系。

(2) 受托经营责任的概念非常深邃、复杂,而且没有审计的介入就不能解除这种责任。

(3) 审计的基本特征是其地位的独立以及调查和报告的自由。

(4) 审计的一切事项,如测试、对事件的记录、对事实的陈述等均受到审计证据的影响。

(5) 对那些承担诸如经营业绩和信息质量等受托经营责任的人来说,其实际经营行为可以与那些众所周知的受托经营责任的标准相比较,这种比较和度量需要专门的技术和技巧。

(6) 财务和其他报告及数据须经审计的意义是,审计可以使之表达得更加清楚、明确以及易于被接受。

(7) 审计产生经济或社会效益。

从以上假设中,不难看出假设对审计判断的影响,尤其是在第(3)、第(4)、第(5)、第(6)等提出的假设,对判断的独立性、判断的证据性、判断的专业性、判断的认定性给予了基本假设,使得判断在实践过程当中遵循此类假设,以此处理一般判断行为或解决判断过程中的复杂事项。

随着审计事物的发展,审计假设在拓展审计功能的作用上越发明显,或者说审计假设要为审计实践中出现的功能拓展提供依据,两者是相辅相成的,有时是假设在前,有时是功能拓展在先,尤其面临审计不断在多个领域被实践的过程中。例如,基于建设性和批判性等审计功能上的满足,出现了与之相适应的管理审计[②]。尽管人们对管理审计持有不

[①] 在公众的眼中,现在的审计与1960年的审计已经大不相同,社会的期望已经大大提高了。由于这些原因,我们相信这个特殊的假设(指莫茨提出的第2条假设)在今天已经无效了。

[②] 管理审计是对公司、公共机构或政府机构及其处室的组织机构、计划、目标、经营方式及人力和物力的利用情况所进行的综合性和建设性检查。——威廉·伦纳德(William. P. Leonard)

同的观点,但这种适应不同类型审计①和不同被审对象的审计实践产物,即围绕被审对象的管理控制制度和组织业务活动的恰当性、有效性开展的审计,其功能作用的发挥受到普遍接受。按照美国管理协会(AIM)对管理审计的观点:"管理审计不仅能从主观上、客观上对一个公司进行彻底的评估,而且还可以对管理本身的有效性作出权威性的判断。"如果说这种"权威性判断"在实践中已然生效,那么同样需要借助假设的指引和不断验证那些管理审计中的基本假设②,以使管理审计这一产物继续得到发展。类似的,当今的"五E"审计、环境审计、自然资源审计,以及中国的领导干部经济责任审计等,这些审计类型都是基于某些假设或功能拓展在实践中探索的产物。但不论出于何种目的,"可验证性"和"合理(公允)标准的存在"等影响判断的核心假设,在审计判断活动中仍然不能弱化。

假设在拓展审计功能的同时,也必定拓展了审计判断的领域,直接影响到审计判断的范围、内容、目标和程序的变化,随着假设对判断的影响,一切需要判断的事物在扩大,审计判断面临的挑战前所未有。

二、审计假设的构建

审计假设本身在构建上还有待完善和发展。有学者拿会计假设和审计假设进行比较,并从中分析比较,试图找到其中的规律。但审计假设不仅仅要从会计假设中得到启示,还需要拓宽探究视野,在众多的专业领域当中汲取精华,以使审计假设在审计事物以及审计判断活动中得到充分运用。由于审计的发展,其实务性所涵盖的内容广泛,且伴随大量非财务信息判断的运用,审计假设应明显超出会计假设的范畴,有更广泛的领域值得探究,使审计假设在深度和广度上都有发展的空间。

审计假设的存在和运用,已经得到共识和确定,现今审计假设随着环境和社会的发展变化,假设的内容增加③,不同类型审计的共同发展,审计范围、内容、功能得到前所未有的拓展,假设构建的重心也不再局限在社会审计一种类型上,如我国的经济责任审计的实践,包括自然资源资产审计、环境审计、政策执行审计、绩效审计,有些实践抛开了既有的一些假设,而是先探索后寻找理论,进而发展假设。由此,诸多假设在构建的过程中,显得种类繁多,层次不分,见解不同,需要作进一步梳理,并加以完善。

---

① 约翰·伯顿(John. C. Burton)认为:管理审计不应视为内部审计,而应视为是外部审计。其实,管理审计在内外部类型审计均能运用,从利益互信需求的审计本质出发,这种从管理控制活动着眼的审计,实质上都是为了建立和加强利益群体之间的更为宽泛的互信基础,以此优化资源利用和促进利益实现。

② 关于管理审计的基本假设,1969年,兰根德费尔和罗伯逊(H. Q. Langenderfer and J. C. Robertson)依据莫茨和夏拉夫提出的8项审计假设进行了适当推演,其中包括"管理陈述和决策基础是可以验证的"和"首位一贯地认识和遵守合理管理的标准,有助于提高管理制度在达到组织目标上的有效性"的假设。很显然,这两项假设直接影响审计判断活动。

③ 目前,我国的审计假设体系涉及以下具体内容:信息不对称假设、信息不确定假设、信息可验证假设、信息重要性假设、审计主体独立性假设、审计主体胜任性假设、审计判断主体理性假设、内部相关性假设、风险可控性假设、认同一贯性假设、证据力差别假设、标准适当性假设等。

我们认为,假设在审计事物当中的体现,应当与审计本质相呼应,与审计实践相适应,尤其是与审计判断行为相适应,成为揭示审计产生的原因、开展审计的必要性与可行性、科学指导审计判断行为等一系列最基本的方面,即成为构建审计理论的前提、指导审计实践的基础。

(一) 构建审计假设的原则

构建审计假设体系,审计假设应体现几项原则:

1. 审计假设的选择要体现价值性原则。有价值的假设要突出,无价值的假设要淡化,即假设命题要具备相关价值,无须为了假设而假设。

2. 审计假设的构建要体现系统性原则。假设与假设之间在内容上要体现内在的统一,在形式上要分类分层设计,避免不分主次的研究与罗列,要能体现审计假设体系的综合性和科学性。我们认为,关于审计假设层次,可以有两个基本层次,第一个层次的假设,属于审计理论结构,从审计本质出发构建审计假设,成为整个审计理论研究的出发点,假设应适应不同类型审计,不能只是侧重某一类型审计,能够进一步深化对审计事物的认知,促进形成审计概念、审计规范等。第二个层次的假设,属于审计实践,具体适应审计判断活动,主要体现假设在不同判断实践中(不同审计类型的判断)的合理运用,能够不断地验证审计事物自身存在的价值,并促进发展和完善审计假设体系。英国审计学家托马斯·李在其著作《公司审计》一书中,认为审计假设可分为3大类13项内容,分别涉及合理假设、行为假设和功能假设,就是一个较好的范例。

3. 审计假设的表述要体现抽象性原则。假设作为理论构建的前提,所涵盖的内容和意思从具体出发后,经过验证还是要回归抽象,因此,不仅在表述上必须精炼,其内容应是抽象的,尤其是作为第一层次的假设表述,更应如此。

4. 审计假设最终还是要从审计本质出发原则。审计假设需要从审计本质要求出发,能够对审计领域中存在的尚未确知或无法论证的事物,按照客观事物的发展规律所做的合乎逻辑的推理或判断,审计本身来源的一大部分就含有假设推理或判断的成分。

(二) 审计假设举例

按照上述观点,我们尝试从本书的审计本质论出发,即利益互信需求理论的角度,结合第一章相关内容,提出由三种基本假设构建的利益互信需求假设,即在利益互信需求假设下的审计外在性假设、审计现实性假设和审计独立性假设。如图 5-1 所示。

1. 利益互信需求假设:利益互信需求是实在的;利益群体自发的互信是难以实现的;审计事物是适应利益互信需求而产生的。

2. 审计外在性假设:满足利益互信需求的外部条件和环境是客观存在的。如大量的经济活动和事项不论如何转化是可以验证的、衡量经济活动和事项相关参照标准是存在的、存在一定的技术与方法供运用。外在性假设一定程度上提供了审计的务实性的基础。

3. 审计现实性假设:审计事物的运行所带来的价值是可以实现的,以及随着利益互信需求的变化所要求的各种功能可以实现。

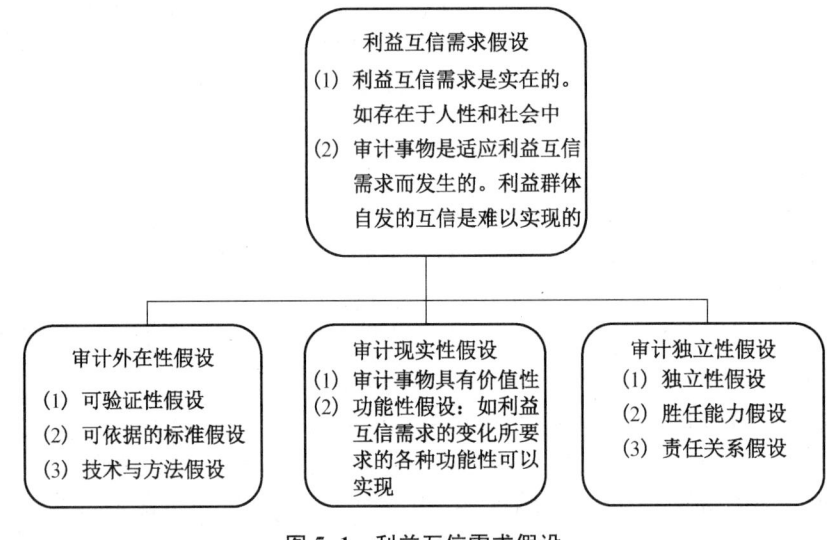

图 5-1 利益互信需求假设

4. 审计独立性假设:尽管绝对独立是不存在的,但依靠外在环境和条件,人们通过批判理性相信判断行为能够达成独立。这或许是关于独立性信念的问题,至少相对独立是存在的,因而独立性假设涉及独立程度的问题,以及能力胜任、责任关系等假设因素。

第三节 假设判断创建

一、假设判断创建的一般意义

假设判断属于形而上,这是人类思维发展的一大特征。通过逻辑证实或批判证伪等方法论创建假设判断,其一般意义在于有利于发现或解决问题。按照卡尔·波普尔的关于猜想与反驳的观点,就是通过"理性重建"运用"试探和清除错误的方法"[1],建立"问题→尝试性解决→排除错误→新的问题"四段图式,对于发现或解决问题具有实际性,推进和丰富了逻辑实证所开创的方法论。即便是维根斯坦特认为的"当你提出问题的时候,你也找到了问题的答案",这种关于假设与问题的形而上论点,也暗示了假设判断的一般意义的存在。就假设与判断的结合而言,假设能够提供诸多问题,是一种命题,而判断就是这种给出若干答案并加以验证的命题过程,假设与判断不可分,其共同的归集仍在于发现或解决问题,因而假设判断的建立具有一般意义。

---

[1] "人的思维为什么总是力图对面临的任何问题都找到一切可能想到的解答,我们就可以求助于一种极其普遍的规则。用来取得一个解答的方法通常都是一样的:这就是试探和清除错误的方法。从根本上说,这也是生物机体在适应环境的过程中所采用的方法。"——[英]卡尔·波普尔:《猜想与反驳》第 446 页,上海译文出版社 1987 年版。

假设判断的建立是审计判断活动中一个重要环节。这种过程常用于审计判断活动,如在整体与标准之间建立假设、整体与事实间建立假设、整体与重要性、风险之间建立假设等。假设判断的运用,还会具体影响到审计判断主体行为假设、整体的各种要素假设等。对于审计判断活动,这种假设判断在一般意义上还具有了实在性,有着切实的用途。假设判断除了具备假设本身的属性,还拥有判断的某些特征,如循环性,假设判断并非一次性的,需要不断尝试性地解决相关命题的确证;如可推理性,假设判断所构建的框架,作为与整体密切相关的内容或要素,应该成为推理的基础;如可验证性,假设判断在合理性的前提下,必须考虑能够实际验证的问题,即所列的命题或事项都有得到充分验证的可能性;如计划性,审计判断活动的目的是有效实现既定的审计目标,假设判断为提出审计具体实施方案、判断意见或建议提供了导航,一定程度体现了判断活动的前提性和方向性。假设判断渗透在审计判断活动的每个阶段,它可以结合每个阶段的实际需求相应地建立起不同的框架,可以帮助审计师对整体的状态、结构和性能作出合理判断。

二、初始假设与假设体系

审计师面临工作任务、解决诸多问题时,需要作出一系列的假设判断,尤其是初始假设判断。考量一个审计师的基本能力和执业水平的标志就是初始假设判断的建立。

初始假设判断对于判断活动具有重要作用,按照判断行为的环节,在对整体进行判断识别的同时或之后,事实与问题结构得以结合,初始假设就会依照判断思维规律自然而然出现,能够合理地建立初始假设判断。首先,创建初始假设判断的目的性很明显,主要是为了明确审计目标、确定审计事项以及发现或解决问题;其次,初始假设判断内容作为一种信息是创造性的,不是原始信息本身,也不是脱离原始信息的空想,而是从原始信息中抽象出来的,即通过转化判断对原始信息的转化而创建出来的解决问题的初步方案;最后,初始假设判断所建立的框架内容是组织实施审计和对整体进行进一步推理、测试与验证的基础,框架的内容有待证明或反驳,它意味着如何找到答案的可能性,也意味着初始假设判断的合理性。现实中许多领域,在分析解决问题时,都强调最初的假设[1],它的实质是"在你开始之前找出问题的解决方法"。有人提出,假设是问题的概念化或具体化描述,其必须明确、清楚,存在最初的假设最好表达为5W1H[2],这样方便阐述和实施。在对待某些单纯或不复杂的事项,可以通过问题的结构化使初始假设结构化,如把问题分成其组成部分——关键驱动因素的基础上,再作出关于关键驱动因素的"可讨论的建议方案"。但在审计判断活动,由于初始假设判断所面临的事项或需要解决的问题更为复杂,因此,还要根据审计专业的规范要求提出,并建立起相适应的假设判断体系。

---

[1] 什么是最初的假设,《麦肯锡方法》给出了这样的诠释:解决一个复杂的问题,就像是踏上了一个漫长的旅程,最初的假设便是你解决问题的地图。——埃森·拉赛尔等,2001。
[2] 即①关键人物 who;②关键事物 what;③时间 when;④地理位置 where;⑤操作方法 how;⑥动机 why。

审计判断活动的假设创建,是一个较为复杂的专业判断体系,需要通过对目标、整体和自身判断行为的设定加以构建(具体见第十三章内容)。简而言之,假设判断体系的构成可以从最初的总假设出发,按照不同层次构建整个总假设或诸多子假设。总假设一般属于概念性的,属于影响被判断整体结构、状态和性能的核心或关键问题,如真实性、合法性、效益性等"五E"是总假设的组成,这些总假设可以分为多个子假设或子问题。依据整体及各要素与标准的假设,建立与相关问题结构化的子假设类项,如各类审计事项的确立。子假设类项一般是整体中具体要素依据总假设形成的各类审计事项,该审计事项是事实与问题的假设判断,需要考虑每一个问题的可能答案。针对子假设类项选取解决问题的具体手段或程序,如针对解决问题提供合理的审计程序的性质、范围和时间等。总假设与子假设通过转化判断和分解判断等作用,合理运用符合假设的方法论,由此可形成一个假设判断体系。

三、假设判断创建的方法与步骤

(一)推理、比较和对照

前已述及,假设判断可以在逻辑实证主义和批判理性主义等方法论上创建,因此创建的具体方法十分庞大、种类繁多。审计判断活动中有目前审计准则中规范的检查、监盘、观察、查询及函证、计算、分析性复核等属于审计取证的一般方法,还有重要性水平确定、审计风险评估、内部控制测试、审计抽样等属于审计程序性方法,此外,还可以借鉴其他学科的一些诸如信息数据分析、管理决策、计算机辅助等方法,这些方法对假设判断创建都会有一定影响,但我们在假设判断的创建中更推崇运用推理、比较、对照等方法。如运用推理方法,在掌握整体大量信息的基础上,合理安排整体各要素的逻辑或因果关系,结合审计案例、审计指南和审计经验,用来推测事实的真相,或推断某种状况下现在或未来可能产生的结果。运用比较方法,也称类比法,通过对以前类似事件的比较分析,得出当前事件与以前类似事件之间的关联关系,从而推断出当前事件可能出现的结果,因而可以借助比较而来的事件的相似形成初始假设判断。比较方法与推理方法有所区别,比较方法更注重以前事件与当前事件的密切性和类似性,并不追求以前事件的数量多少,可以通过比较密切相关的以前类似事件得出相关结论,而推理方法更注重参照大量类似事件,需要借助于审计指南和经验,以保证假设判断结论的合理性。在没有掌握足够的信息情况下,比较方法可以为审计师提供较为便捷的途径,但要考虑时间、条件等因素变化的作用。对照方法主要是指标准对照法,即根据审计判断标准与整体的结构、状态和性能等建立联系,以证伪性为判据,假设整体所能产生的违反标准的事项或问题,判断选择重要的假设事项或问题,以列举的方式一一描述,形成的事项或问题就是假设判断的结果,在尝试解决这些问题时需要诉诸经验,进而不断排除错误。

(二)审计假设判断创建的一般步骤

1. 创建初始假设判断:搜集、整理信息,进行基本的判断识别过程,完成对审计目标、实际问题等分析和理解,运用假设判断创建的各种方法,结合审计师的想象力、洞察力、经验以及判断力,形成初始假设判断的总假设和具体子假设。

2. 创建假设判断体系:继续搜集、整理和评价信息,完成关于整体的重要性、内部控制和风险控制等评估,进一步确定重点审计范围、领域和具体问题事项。这一步骤要求有针对性地处理信息,关注直接或间接关系到问题的解决以及判断正误的信息,填补判断识别过程中信息的遗漏;深入或拓展各子假设的各个方面,确立具体问题和判断需要与之对应的信息事项,修正、完善初始假设判断;构建较为完整的审计事项解决方案,使判断行为更具有目标性和指导性,审计事项更具专指性和准确性。

3. 确定标准或前提:标准或前提就是隐含于信息中或与其他问题相关联的观点,该观点可以理解为审计判断标准,用于支持证明或反驳假设的论据。审计师可以从初始假设判断的总假设标准出发,即从总体审计目标出发,针对每一个子假设,提出支持或反驳,根据信息特征确定恰当的假设标准,并列出支持或反驳子假设的标准或事实。

4. 创建验证假设的具体措施:为了更好地验证或反驳假设,需要创建具体措施,要求审计师合理确定验证不同假设判断的程序和方法选择。审计程序和方法的选择实际上也是假设判断的组成部分。

5. 验证假设并形成推论:验证假设包括分层次级别、分类型事项等假设逐层逐项推进,完成从各子假设到总假设的验证或反驳,通过对判断结果的可能性分析就会形成推论。推论还包括推导出来的结论、假设、预言、判断等。

6. 形成最终的结论:处理好信息或事实—识别—假设—标准或前提—推论等彼此关系,完成上述思维判断活动步骤,通过实质性测试和证据判断形成最终判断结论。如果判断结论偏离了审计目标或初始假设,应重新构建假设判断或采取审计措施应对。可见,假设判断过程也是一个反复、循序渐进的过程。

第四节 审计判断设定

一、判断设定的理解

判断设定的主要依据是假设判断原理,需表现为具体而明确,在实际运用过程中,也会受诸多判断原理影响。为了加深理解判断设定,我们通过一个许多人都会经历的日常生活行为判断的场景举例,用以启迪:一个小孩子放学后独自在家里写作业,他在没有看到父母之前,往往会对进入家门的人,准确地判断出是谁,因而得意地脱口呼唤"爸爸"或"妈妈"。那么,小孩子的这种判断行为包括哪些内容,会涉及哪些事项,一般是怎样来进行判断的呢?

1. 我们借助这个简单的例子可以稍微分析一下:
(1) 父母走路的声音各自有特点、有差别。

(2) 父母用钥匙开启房门的声音各自有特点、有差别。

(3) 父母进屋后行动举止发出的一系列声音各自有特点、有差别。

(4) 其他情况出现(如伴随隔壁邻居招呼声等)。

2. 我们来对这个判断作简要分析,会得出以下结论:

(1) 判断主体是小孩。

(2) 判断目的是获得表扬、增加自信、确定安全、体现亲情等。

(3) 判断客体是父母(即判断活动的对象)。

(4) 判断内容和事项是父母回家过程中的一系列具体行为,主要包括父母走路、开门和进门后的行为举止等,在事例中这些行为举止是通过不同声音来体现的,由此也可以认为判断内容是透过声音体现的行为举止(即通过声音转化的不同行为形式)。

(5) 判断时间或范围:一般在放学后小孩子独自在家写作业的某个时间段,或父母上楼、开门和进门后行为举止作出的时间段,范围主要限定在家庭中。

(6) 判断的依据或标准:体现行为举止的不同声音的特点和区别,如脚步声音沉重的是爸爸,开门声音急促的是妈妈等。

(7) 判断经验:日常经验的积累,在听觉上找到父母发声各自的特色和其中的差别,它应该属于感觉经验判断,经过不断验证,最终形成一种特有的定式思维判断模式。

3. 上述事例除了判断目的与不同专业的判断目的(或目标)存在差异性,在整个判断活动中思维和行为的相似性还是明显的。如果我们为了加深对审计判断的认识,尤其是加深对审计判断设定概念的理解,那么有必要对上述事例再作进一步分析:

(1) 设定声音是能够体现父母行为举止的。我们了解到小孩子主要是通过对不同的声音进行辨别父母当中的哪一个,假设小孩子不是用声音作为判断对象,在看不到父母前是无法作出判断的,只能无依据地胡乱猜测(事实上,声音是可以体现父母行为举止的,在人类活动中,许多的事实行为都能够被合理体现,犹如会计资料能够合理体现经济事项活动一样,这是转化原理的具体运用)。

(2) 设定父母不同声音的特点和区别是存在的,且父母之间不能互相模仿对方的声音。即判断的依据或标准是存在的,且不同声音依附的标准与判断对象一致,不能互换。假如存在父母互相模仿对方声音的情况,小孩子还是用既定的依据去加以判断,判断结果就会出现意外。

(3) 设定进入家门的人应该是父母。这是对判断范围的设定,如果扩大判断范围的数量,判断难度会明显增加。

(4) 设定只有父母才有开启房门的钥匙。这是对第2、第3项的延伸设定,也就是对判断对象和范围的特定条件设定,假设家里只有三把钥匙,自己拥有一把,这一点小孩子是知道的,当父母之外的人拿钥匙开启房门进来,小孩子一般不能作出判断是谁,往往会判断出错。

(5) 设定父母在某个时间段中回来是不能确定明显先后顺序的。如果有明显固定的先后顺序,小孩子会通过时间来判断而不是声音,超越了原本依据声音来进行判断的设定,以至于失去判断的意义和目的。

(6) 其他设定……

有意思的是,如果把对声音的判断和其他各类判断设定有效地结合起来,而不是仅仅通过感觉经验,这样的判断结果会更为准确,最接近真实。很明显,判断设定在具体实施判断行为时可以作为一种基础性东西存在,假如不存在这些设定,整个判断活动无法正确而完整地进行。上述一些设定事项,都是围绕判断活动列举的一些设定,这些设定会通过因果判断原理或逻辑判断原理等对判断结果产生重大影响。对孩子的判断来讲,是对所判断对象的各类判断设定,对事实情况来讲是各类条件设定,判断条件设定和判断内容设定是相对于不同的主体而言的,其实是存在于客观事实的同一种属性。

二、审计判断设定及其类别

通过以上简单举例,我们就会清楚地认识到,即使在最简单的日常生活行为判断中,除了日常行为事实本身外,各类判断设定也是实际存在的,在对复杂的经济事项和活动的判断中,必然存在更多的判断设定。对审计判断活动来说,同样存在特有的审计判断设定。设定,往往有假设、拟定之意,在审计判断活动中充分利用审计判断设定,是对经济事项和活动作出正确判断的关键。以此可知,审计判断设定通常是有条件限制的,审计判断思维的一般模式与审计判断设定密切相关。

(一) 审计判断设定的含义

审计判断设定是指在判断过程中,针对整体或具体行为事实预先作出的各种设定,其内容和范围涉及判断目标、判断条件、判断标准或依据、判断内容或事项、判断手段等因素。当一项专业判断活动能够持续有效地开展下去,影响判断结果的所有因素都在起作用,其复杂程度与判断经验和判断原理有关。判断设定就是在假设和限定的过程中,从每一个影响判断结果的特殊因素中,找到普遍性或一般性,从而指导专业判断活动能沿着正确而有效的路径走下去。几乎所有的专业判断都会涉及判断设定,并且受到判断设定的直接影响。

对于审计判断来说,每一个判断案例都是独特的,并不能很好地起到指导具体判断行为的作用(并非指通过某个独特的判断案例而制定相应标准,这与案例司法的运用不同),因为审计判断主体所面临的审计对象及其活动等不确定因素和差异太多,如果对这些因素或差异没有一定的限制和设定,审计判断会因为失去一般性指导陷入杂乱无章的境地。审计判断设定的原理,就是从影响审计判断结果的各种因素出发,紧紧结合行之有效的审计判断实践,对各种因素的设定进行提炼和归集,促使每一个判断在设定的基本框架中运行。审计判断设定是审计判断主体专业知识和经验判断等积累的产物,是上升之后转化了的产物,具有一定的普遍性,有普遍指导的重要作用。审计判断设定的意义在于保证审计职能有效履行,厘清判断路径,促使判断归类,便于测试与验证,以得出正确的结果或合理实现目标。

(二) 审计判断设定类别

审计判断设定直接影响审计判断结果的形成,是审计假设判断原理在审计实践活动中的具体运用,也是审计判断主体必须掌握的技能。审计活动在专业判断实践领域中,通过判断设定已逐渐形成几大重要的类别,具有一般的、基础性的意义。例如,审计对象和范围设定、审计目标设定、审计标准或依据设定、审计重要性设定、审计风险设定、审计程序或措施设定、审计成本设定(如时间和工作量设定,这是对审计判断主体自我管理和实现的设定,属于审计行为管理判断,可由机构组织或审计组长、主审等加以设定,可根据需判断事项的复杂程度、审计判断主体的能力,以往类似项目的历史经验实际或行业标准等综合判断设定)。这些类别的设定主要是伴随审计判断活动过程的规律性形成的,每一个类别都体现审计活动特有的要求和判断思维活动特点,各类判断设定又相互影响、相互统一。它们所表现出的特点,一是统一性。首先,所有判断设定统一在审计活动要求和审计判断原理中,都是审计判断主体为完成审计活动服务的产物;其次,判断设定所包含的不同要素都具有内在的联系,彼此相互影响。如目标和标准、重要性和风险、程序和成本等都是整体判断过程的组成部分,它们是不可分的,不能单独拿出来考虑,必须在统一的判断框架下作出设定。二是差异性。每种类别的判断设定内涵不同,构成类别的要素也存在差异。如目标类别设定是目的和意图的延伸,构成类别的要素有不同的现实性设定;标准类别设定是评判和参照的依据,构成类别的要素有不同层次的约束性设定;重要性类别设定是范围和领域的划分,作为整体实际重要性的估计,其构成类别的要素有影响整体及不同局部的值域性设定。

第六章 审计因果判断原理

"业因果报,不可思议,我于此法,实无所惑。"

——《无量寿经·国界严净第十一》

"当我们研究因果序列时,我们发现一个事件的性质可能在这类序列的进程中完全改变,而唯一不变的就是结构。"

——[英]罗 素

第一节 因果律概述

在人类的所有认知活动中,关于因果的认知最为久远和丰富,这种认知来源于人类千百年来的实践和对因果律先验证明的确信。因果概念(因果律、因果论或因果法则等称谓)的出现,无论历经怎样的思辨洗礼和变化发展,其本身作为透视事物本质的一种规律,在众多规律之中,地位是如此稳固、内涵是如此深刻、作用是如此巨大,不得不让世人常生敬畏。本节简要介绍一些关于因果律的认知,旨在试图阐明因果律在审计判断活动中的重要体现和运用。

一、因果的普遍性

因果的普遍性存在于现象之中,整个外部世界的各种事物在转化过程中,会受到因果作用,具有普遍性,从而使因果关系成为一种定律:任意宇宙状态都是其前宇宙状态积累的结果,任意运动状态均是其前运动状态积累的结果。人们常说,"种瓜得瓜,种豆得豆",即什么样的因,对应什么样的果,这是物质世界的因果现象。在人们的行为活动中也存在因果现象,其范围不受空间、时间的限制(如人为的社会灾害、环境污染等),经济活动亦是如此。因果的普遍性将带来因果的必然性讨论,因果是否是必然的,在判断活动中能否通过这种必然性获得某种有效途径。现象界是肯定这种必然性的,如生必有死,聚必有散,合必有离,成必有败,都是必然理则的表现;经验界也肯定这种必然性,如"多行不义必自毙""瓦罐不离井边破、将军难免阵前亡"等谚语总结;再如经济活动中,个别整体资产的高估、利润的下滑等都有其必然的原因。经验界有关因果必然性的认知,并不强调绝对的必然性,而是在必然性之中允许一定的或然性存在,但仍然强烈反映出因果的必然性。因果的必然性受决定论的影响。决定论(又称拉普拉斯信条)是一种认为自然界和人类社会普遍存在客观规律和因果联系的理论和学说。心理学中的决定论认为,人的一切活动,都是先前某种原因和几种原因导致的结果,人的行为是可以根据先前的条件、经历来预测的。当然,也存在非决定论否认因果非必然性[①]。我们在因果判断的理解和运用上,主要依据经验界的法则,即承认因果的必然性,但这种必然性基于认知的局限,会存在一定的或然性。所谓认知的局限包括主观意识作用的限制。如佛教对有些人的因果业报循环的认知不足,一般解释为受主观意识的影响,认为"世间法曹易戴主观之有色眼镜,用以观察人物表面某一角度的行为形态,每为憎爱的情感作用与片面的法条所左右而不能作正确之认识与判断"。所谓或然性的存在,是经验界对利用因果来进行判断的必要保留,这种保留在形式上体现了概率论,但绝不是对因果必然性的否定,而是更好的补充。宇宙各种事物在生成变化之过程中,皆有其因果作用,此一定律,可以包括物质现象和人类为谋求生存福乐而作的一切行为活动,其范围不受时空限制,审计判断所面对的经济活动及事项应该在此范围中。由此,我们把因果现象归结为一种规律,称为因果律。在因果面前,人们时常心领神会,往往用不同的方式表达对因果无处不在的敬畏,借助因果也往往可以指引和帮助我们判断事物。

二、因果律的利用

因果律作为客观事物普遍联系和相互作用的形式之一,它是客观的,独立于人们的意识之外的,不以人的意志为转移。在一定的条件下,对于外物转化的各种形式(包括信息),我们通过因果律,可以从果推断出因,也可以从因推断出果,这是基于因果关系中事物建立在普遍联系和相互作用基础上的。因果原理具备丰富的内容,本身并不简单,在现实中人们往往会发现"一因多果、一果多因、同因异果、异因同果"等复杂的现象,可谓"剪不断,理还乱",由于事物普遍联系的复杂性和相互作用的多样性,而且受转化原理影响,因果之间还会实现转化,即互为因果,这一切似乎显得更加复杂,在历史的思潮中更有不乏对因果的各种论断,但这并不妨碍人们利用这种原理厘清和判断外部事物,相反这些论断被广泛运用在科学、经济、心理、统计等领域。整个世界就像一张无形的网,每一个交织的网结都可以成为中心,看似有远有近,有的散乱,有的集中,其实都交织在一起,组成一个整体。因果关系的认知,正是从相互关联的事物整体当中,找到其中的联系和作用。人类活动在实践中积累了大量的经验,这些经验的形成许多就是基于因果关系的认知。英国的休谟提出因果性是自然现象之间相互联系的形式,前为因,后为果,从而形成人们的因果观念。因果观念完全可以转化为判断信念,并在判断实践中得以充分利用。因此因

[①] 非决定论否认自然界和人类社会普遍存在着客观规律和必然的因果联系,认为事物的发展、变化是由不可预测的、事物内在的"自由意志"决定的。心理学中的非决定论认为,人的一切行为是由个体的目的所决定的,个体有选择的自由,个体的选择、意向、决定不受客观条件的制约,也不存在必然的因果关系。

果关系可以超出已有的经验,可以预测到未曾感觉的事物。这一观点深深地影响了康德的先验理论。例如,"当人们看到正在瓶中怒放的鲜花时,会想到它是因为有花瓶中水的养料而开花"。这就是人们的因果思维习惯(因果观念)在起作用。很明显,因果原理在各种判断活动显现的作用非常重要,审计判断正是利用经济活动和事项普遍存在的因果关系,分析其间的变化,对其存在和发展的不同原因及其不同结果,加以证明和预测,如针对资金短缺、成本过高、利润下滑等单体要素予以关注,以至于对风险加剧、控制失效等系统要素予以综合评估,均需要借助于因果判断作出恰当解释,从而帮助判断经济活动和事项的真实性以及其他各种属性。

佛教智慧非常重视因果循环,常说:菩萨畏因,众生畏果,欲免感受后果,除非勿造新因。审计判断活动中在运用因果原理时,由于面临的判断对象往往涉及既定的"果",具备时空回溯的特定判断要求,因此,更加注重在"因"以及"因"与"果"的关系上展开分析判断,显示出审计判断更需要智慧引导的一面。同时,因果判断原理更多地展现出思辨性特征,在思辨性的主导下探索事物与事物之间的可能性、相关性等核心判断。

三、因果影响下的现象与本质

审计判断活动中对因果关系的把握和运用,主要是认知现象与本质。现象的重要性,在于整体是通过现象表现出来的,这就是哲学家卡尔·雅斯贝尔斯(Karl Jaspers)认为的"人是什么,他已通过他的所作所为表现出来"的道理一样。经济活动及事项所体现出来的东西,从广泛意义上认知都是普遍现象和个别现象的集合,它所表现的是一种"果"的表象,亦是"果"的诸多形式变化。因果判断往往驱使我们去探究现象与本质的关系,阐释现象产生、变化的原因以及现象与本质的因果必然,还是解决实质重于形式还是形式重于实质问题的有效方法之一。审计判断追求的重要目标之一是整体的真实性,是隐藏在现象背后的真实,即人们所说的某种真相。唯有真相才会让人觉得信赖和可靠,而影响或决定真相的还是"果之核",即本质。因果判断要求审计师在查找和发现问题时还要更深层次地探究问题产生的原因,即从现象间的因果关系上升至实质性的因果关系。

对因果影响下审计判断思维模式的构建,需要通过对因果分析才能进一步深入现象与本质。因果分析主要涉及事物的内因与外因、主因与次因等内容,这些内容一定程度上都在现象与本质的框架之中。

对于原因的分析在存在诸多因素的情况下,需要考虑起决定因素或起影响因素,即内因与外因;如果需要还应考虑重要的或次要的因素,即主因与次因。这样的分析属于因果判断的一部分,且对于因果判断的有效性提供保证。例如,因果判断在风险评估、内控测试以及实施舞弊审计等方面有明显的功效,由于风险变化、内控缺陷以及舞弊等问题通常很隐蔽,还需要强化对一些诸如舞弊动机、压力或机会等作分析,这些分析无一例外都会涉及内因与外因、主因与次因,当然,对原因的分析必须建立在结果的基础上,哪怕结果的表现并非是实在的。审计师运用因果判断时,不能简单地停在一因一果的层次上,而要善于多角度地分析原因和结果,比如既要分析一因多果、一果多因,还要分析同因异果、异因同果以及互为因果。

一般来说,在因果判断中为了把握现象与本质,要重视以下的因果分析。

(一) 分析主要原因和次要原因

有时某种结果是由多种原因引起的,这时就必须分析和抓住其中的主要原因,提示引起结果的最本质的最核心的因素来论证论点。主要原因,有时指的是与论点关系最密切的原因,它可能会因不同的目的而发生转变。应当根据各种原因与论点之间的关系,着重分析主要原因来论证结果,对其他次要原因,应根据它们所起的作用以及与论点的关系,有所区别地对待,对比较重要的次要原因作简要分析,对不重要的原因,提示一下即可。这样,结合因果分析判断其论证过程就能有主有次,有面有点,有详有略,既准确又精炼。

(二) 分析现象产生的原因

原因有时是多层的,有些现象看起来似乎是发生作用的原因,但在它们的背后,却还有产生它们的原因。对于多重原因的事物,如果只停留在其中的某个层面上,把它当成最终因素,论点就可能不深刻,也难以把问题说透,这样的因果判断论证,其说服力是有限的。遇到这种情况,应当一层一层地追究下去,不可轻易罢休,要一直到提示出最终极的原因为止。一般来说,越是表层的原因,越是为大家所熟知的,其论证力也就越有限;越深层的原因,就越能说明问题的实质,就越有说服力。

(三) 分析异因同果、同因异果和互为因果

这类分析也就是力图异中求同或同中求异,符合辩证逻辑的要求。关键是考查和分析不同原因和结果之间有什么联系。异因同果表面上是互不相干的原因,但如果用联系的眼光看问题,深入分析下去,却可以发现在它们的背后存在着某种共同之处,这时就排除了表面现象的迷惑,更加接近了本质。同因异果也是事物之间常见的相互联系。同样的原因,在不同的条件下,可能产生不同的结果。这种现象在现实中也是很常见的,如同样一项经济改革措施,对不同条件和状况的人们所造成的结果就大不一样。在运用因果论证时,有时就必须分析同因异果的关系,才能使论点深化和得以确立。互为因果更具有辩证逻辑的特点,表明事物在一定条件下的互相转化,也是极为普遍的现象。例如,在生态平衡的自然领域里,就广泛存在着互为因果的关系。分析互为因果的关系,不仅要提示两个事物之间存在的这种联系,而且必须说明在什么条件下,因果才会发生互相转化。

此外,对于因果判断的认知和运用,还要更多地考虑其出发点,对于人的思维和行为活动,还存在原因和理由的区别。维克多·弗兰克尔认为:"理由始终是心理的或者精神的东西,而原因始终是生物的或者生理的东西。如果你切洋葱,那你没有理由哭泣;然而你的泪水是有原因的。如果你感到绝望,你就会有理由哭泣。或者,如果一位登山者达到10 000英尺的高度而感到憋闷,那他的感觉可以有理由或者原因。如果他知道他的装备很差或者训练不足,他的焦虑就有理由。但是,也很可能就只有一个原因——缺氧。"①原因基于客观起点出发,理由偏向主观,事实上,原因和理由常常交织在一起。因此,我们在运用因果判断为不同事物建立联系的时候,主要是分析不同事物状态或变化的客观原因,以加深对整体现存状态的认知和把握,我们还要合理运用因果判断正视自身判断行为,帮助解决判断行为中遇到的问题。如因果分析不仅能够从原因推断出结果的相符程度,还能在审计措施上完善判断活动的针对性和有效性,即利用什么样的程序,才能更加合理地得到某些推断论证。尽管因果判断能够使审计师不断接近真相,但对于真相的处理和应对还需要更高层次的价值判断来作指引。

第二节　因果关系与判断

事物的产生、发展都有它内在的因果关系,提示出这种因果的必然关系也就更易于阐述道理,明辨是非,成为判断活动利器。有学者提出,世界万物之间的关系分为三种类型,即因果关系、虚无关系和相关关系,其中因果关系是事物间相互依赖、相互联系的关系中最严格的一种关系,其存在必须满足三个条件②,由此认为在自然科学中,大量涉及各种因果关系的研究和确立,如各种公式、定律和定理等,都反映和表达某种因果关系。然而事实上,严格意义上的因果关系并不是普遍的,在现实生活和信息分析的对象中,因果关系一般只是在近似的意义上才成立。关于这样的观点有许多值得商榷和探究的地方,究竟需不需要在严格意义上限定因果关系,也许人们对于因果世界所蕴含的内容和意义还缺乏深刻领悟,仍有待于不断精进。我们在审计判断学中所研究或讨论的因果关系并非严格意义上的,而是从经验界出发,找到符合审计判断活动的因果关系判断。我们认为,受因果关系影响,事物的概然性一定程度决定了判断的概然性;与经验界因果的概然性相对应,因果判断所得出的结论也具有概然性的特质。概然性相对于必然性而言并非是判断所摒弃的,不仅能在审计判断中体现,而且还被实际地加以运用。一种概然性是数学上的概率,是用数字度量并且满足概率计算的公理,通常用于整体的类,如审计活动中统计抽样的运用。另一种概然性罗素把它称作"可信度",他认为对于任何具有证据的命题来说,不管证据多么不充分,都对应着一种"可信度",即一个有理性的人所给予的相信的程度。例如,审计活动中证据判断的运用。可信性与主观上的确信之间的关联是一种可以用经验的方法来研究的关联,数学上的概率和可信度之间也存在某种关联,可以用于个别的实例,包括某些没有已知证据的实例。罗素认为,"我们所能得到的最高程度的可信性

---

① [奥]维克多·弗兰克尔著,司群英、郭本禹译:《追求意义的意志》第31页,中国人民大学出版社2014年版。
② 严格意义上的因果关系有三个条件:①作为"因"的一方与作为"果"的一方之间存在必然的联系,当原因存在时,结果必然出现;当原因不存在时,结果必然不出现。②因与果在时间上是先后相继的,原因先于结果,结果后于原因。③因与果之间存在固定的定量关系,因此,一般可表达为准确的数学关系或数学模型。因果关系可能是一因一果的简单联系,也可能是一因多果或多因一果的复杂联系。

应用于大多数的知觉判断;不同程度的可信性也随着记忆判断的鲜明程度和时间远近而应用于记忆判断上。就有些实例来说,可信度可以根据数学上概率推断出来,而另外一些实例就不能这样"①。可见,因果关系深刻影响判断运用。

我们认为,以因果律及因果关系为主要出发点,与之形成的因果判断中还会延伸或发展出可能性判断、相关性判断和模糊性判断。

一、可能性判断

前述提到,在经验界中允许因果关系当中有或然性存在,这样就导致了可能性判断。这种可能性判断与一种相当因果关系学说有关。相当因果关系说诞生于19世纪80年代,由德国富莱堡大学生理学家冯·克里斯首创②。其理论前提是:人们对因果关系的认识,会受制于人类的知识水平、事物之间联系的复杂性、人类认识能力的有限性、信息占有的不完全性等,使得人们不可能完全认识事物之间的因果关系。从而,人们对特定事件之间的因果联系的判断也只能是在现有的认知条件和信息状况下,对因果关系作出一个大致的判断。因而,因果关系的判断认定就不完全是一个逻辑推演的过程,而只是一个可能性的判断过程。在审计判断活动中,有许多的可能性判断,如内部控制评价和风险评估、统计抽样的运用等。

关于可能性的判断,在克里斯看来,就是一个运用概率学的原理和方法进行分析的过程:对于某一个现象发生的频率进行考察;对不同现象发生的频率进行比较和分析。例如,可以通过考察特定人群患某种疾病的频率,来判断从事某种职业是不是很有可能造成从事这种职业的人患上这种疾病。一个经常讨论的案例是关于矿工患肺结核病的案例。在这个案例中,通过调查发现,由于矿工长期暴露于对呼吸系统损伤极大的粉尘当中,因而患肺结核病的比例很高,远高于一般人群。这样,就可以作出从事矿工这一职业很可能导致肺结核的判断。克里斯认为,这种可能性的判断可以用于因果关系的判断。理由非常简单:如果可能性的判断显示A很有可能导致B的发生,而在存在A的情况下确实有B的发生,那么人们会比较有理由相信A就是导致B发生的原因。这里,需要说明的一点是,尽管克里斯是从统计分析的方法出发来探讨因果关系的判断问题的,但是他并没有把可能性判断完全建立在数据的统计和分析的基础之上,而主要是依靠一个人具有的社会常识。因为克里斯认为依据相当性概念判断之结果,与普通一般人或经过训练、具有正义感的法律人,依据经验之启发及事件发生的正常过程所为之判断,甚为相似。克里斯将上述思想贯彻于侵权行为法因果关系认定领域,主张事件与损害之间具有相当因果关系,

---

① 罗素著:《人类的知识》第408~409页,商务印书馆2003年版。
② 克里斯长期研究概率学,1888年,他首次将概率论的思想用于侵权行为法上的因果关系研究领域。相当因果关系说产生以后,逐渐被包括德国、奥地利、瑞士在内的大陆法系国家的法院所接受,并成为支配性的学说。时至今日,相当因果关系说在德国、希腊、奥地利和葡萄牙等国仍然处于主导性地位。

必须符合二项要件：一是该事件为损害发生的不可欠缺的条件，二是该事件实质上增加损害发生的客观可能性。换言之，在克里斯看来，极大地增加损害发生可能性的必要条件就是损害结果的原因，行为人应对由此而造成的损害结果承担侵权责任。因此，根据相当因果关系说，首先应判断结果发生之条件，是否为损害发生之不可欠缺的条件（条件关系之判断），亦即在认定确实具有事实上因果关系后，再判断相当因果关系存在与否（相当性之判断）。

二、相关性判断

相关性判断也是基于因果律而发展起来的。把握经济活动及事项中各类行为和事实的构成关系，对审计判断主体而言至关重要，依靠因果关系能够合理地将众多外部事物建立有效的联系，使物与物之间不会分裂或孤立存在，从而能更清楚地把握众多外部事物运行的秩序。审计师在主动识别整体的基础上，以因果原理为指导将整体内部的各类信息建立联系，有助于判断事物的相互关系。这种判断行为的体现，就是利用因果观念主动对事物建立一种相关关系。相关关系属于因果范畴，是因果关系的一种基本表现形式，主要指现象或概念之间确实存在联系，只是关联的程度有所区别。"确实"和"程度"同时存在于主观和客观判断之中，是不能完全确定或有待于验证的一种关系描述。相关关系的构建以及相关性概念形成与运用对于审计判断活动的影响是重要的，主要体现在以下方面。

1. 整体的相关性：与整体相关的重要性和风险性等要素，如与整体相关的法律法规等外部标准、与整体相关的市场活动和外部环境、与整体相关的管理或控制架构等；

2. 局部及要素之间的相关性：一个完整的事件或活动的相关事实之间在时间序列、因果关系以及逻辑关系中存在诸多相关，这些相关表现为互为影响和作用。

3. 证据的相关性：与问题的证明力相关，存在直接或间接证据的表现形式、满足充分或可靠的证据要求。

4. 判断分析的相关性：如考虑整体的效率、效果影响，所判断分析的纳入要素、分析方法[①]、结论与需要解决的问题相关。

三、模糊性判断

由于因果观念给人类带来的根深蒂固的影响，人们在日常生活的决策过程中，并非只是用某一种逻辑判断方式解决问题，相反，更多的是借助于模糊判断来处理问题。在面对复杂多变的事物和现象时，因果关系由于存在诸多不确定性因素和影响事物变化的多种属性，人们往往采用模糊的概念描述或评价事物和现象，模糊性所表达的正是对事物进行判断时的不明确判断，以此来判断把握事物和现象的特征，而不必刻意追求精确性和究竟。例如，审计师常用"内部管理挺不错""企业经营状况很好"等来表达把握整体时的判

[①] 相关性判断需要运用到的方法：如财务数据分析法、趋势分析法、回归分析法等。

断意见。

模糊判断是个体对事物和现象划定一个基本的因果关系界限,以此界限当中的模糊因素作为依据,运用经验和感觉综合评估出事物和现象的特征。基本的因果关系界限当中既包括影响整体的确定性因素也包括影响整体的不确定性因素,使得这种关系界限中的因素具有模糊性,但影响是确定的并由此形成界限,这种界限可以基于因果观念来划定。模糊判断一般借助映射来实现,即在考察某一特定的事件或行为时,需要借助许多的涉及因果的因素加以映射,当因素的数量或重要性在一定程度上都能影响事件或行为,这些因素将会被当成模糊因素进一步考察。例如,"如果要我选择喝哪种品牌饮料,那么我认为可口可乐挺不错的,至少这个品牌创立那么久,这么多年也没听说喝这种饮料出过事情。"以品牌的历史(确定性因素)和安全程度(模糊因素,是不确定因素概率大小的程度)作为判断依据,其中品牌的历史和安全程度的影响是确定在因果关系界限当中的。

模糊性是对事物确认上的不确定性,但不表示它不能与判断融合并起到作用,恰恰相反,模糊性的存在使得判断更具意义。在模糊性本身当中既有确定性因素,也有不确定因素的存在,一般体现在经验的运用中。模糊性不同于随机性,因为随机性是对事物各种可能发生结果的不确定性,它不会与经验结合在一起形成所谓的随机判断,脱离经验的随机只能充当判断行为的某种方式,如随机选样的运用。不可否认,人在判断时是无法做到纯粹理性,只能是有限理性的发挥,情绪、情感和直觉等感性的东西在决策过程中都会起到重要作用,也许正是这种感性的参与使得判断力变得鲜活无比。模糊判断类似于一种"直觉"的判断,但又不同于直觉的运用。例如,有这样对棋手行棋时的描述:据说人类棋手对弈的时候,胜负之间往往取决于一种类似"直觉"的东西,当被问到为何这样落子的时候,大师们通常的回答是"感觉如此"。也就是说,他们不是靠逻辑判断,也不是在无穷无尽的可能性当中运算,而是凭多年的经验和瞬间的感觉,只评估几个到十几个比较有希望的行棋方案。实际上,这种从诸多可能中筛选出多个有希望的行棋方案就是利用模糊判断达成的,而模糊判断中关系界限的要素组成了有希望的方案。普通意义上的直觉判断比较单纯,往往用来处理因果关系并不复杂的事物和现象的问题。倘若加上长期训练和与之形成的经验,这样的直觉判断就会体现更为丰富,能够用来处理较为复杂的问题,而模糊判断正是如此。

模糊判断与不确定性判断是不同的,模糊判断中的界限划定就是一种确定,只是在界限之内存有的多种因素具有模糊性。模糊性判断最终是有结果的,而这种结果往往在界限中并不脱离实际。模糊判断也并非是初始判断,初始判断或最终判断是判断结果在时间序列上的一种体现,在专业上需要一定证据证明。模糊判断可以运用在不同的判断阶段,审计师一般会集中在判断识别和初始假设判断阶段运用,这是为了接受识别信息反馈而作的应对。由于识别信息是个渐进的过程,与之而来的信息群也是渐渐丰富的,同样存在一定的模糊性,此时最为便捷的途径就是利用模糊判断不断地选择界限划定的各要素,对来自整体的信息群形成不同的映射性的关照,从而得到逐渐清晰的判断重点,进而把握住与信念或目标有关联的某类确定性事物以待验证与认定。对于审计师而言,模糊判断最大的好处在于节约时间成本、抓住重点、发现线索,其运用能推进整个判断活动的效率,有效提供判断结论的基础,并能够合理解决一些决定性问题。

因此,模糊判断能够妥善地处理许多模糊性事物和现象,并且人们尝试利用数学知识建立了模糊综合评价的方法,使得模糊概念在数学表达上得到确立[①],基于模糊数学这一思想形成的模糊综合评估法,可以从多个因素对被评事物隶属等级状况进行综合性评价,适用于有模糊概念而又可以量化的事物和现象。这样一来,模糊判断借助于数学又朝解决不确定性问题的手段上前进了一步,可以运用于综合分析模糊性现象进而把握该现象的特征和规律。

第三节 结构、动机和行为

一、结构

我们不难发现,在整体中都存在着某种稳定的结构或状态,这种结构或状态无论是表现形式还是内在性质,都与因果律有关。结构或状态往往都有某一个中心,如商业利益实现是一般企业这个整体的中心;公共资源筹集与分配是一般政府这个整体的中心。依附于这个中心的各种要素或材料在结构中彼此联系,这种联系可以体现出显著的因果关系。审计判断所面临的整体,其结构或状态有大致如图 6-1 所示的三个组成部分。

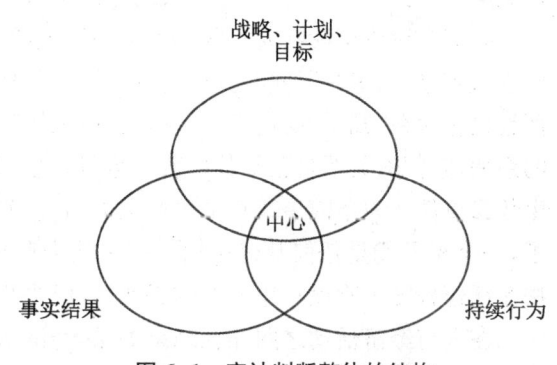

图 6-1 审计判断整体的结构

(1) 某个时间点上的果(如经济活动和事项的事实结果,主要以财政财务报表形式表现)。

(2) 某些持续阶段的行为(如经济活动和事项的发生或过程,包括资金、产品或服务以及管理与控制等活动)。

(3) 某些推动行为发生的因(如战略、计划和目标等)。

---

① 1965 年,美国加利福尼亚大学自动控制专家查德(L A Zadeh)教授发表了《模糊集合》论文,把数学的应用范围从精确现象扩大到模糊现象领域,试图用定量、精确的数学方法去处理模糊性现象,模糊数学从此诞生。模糊数学是研究和处理模糊现象的数学,在这里,事件本身的含义就是不明确的,但事件发生与否则是明确的,摒弃了"非此即彼"的确定性,表现出"亦此亦彼"的模糊性。

图 6-1 为形成整体的一般结构或状态。结构的存在及其稳定性,有利于因果判断的使用。审计师在判断整体时,一般都会将上述组成部分理解为相互因果的整体,他们相信有一条"因果线"在其中起着作用,使得结构的组成部分或事件之间可以彼此推论。很显然,如果整体不具备这种结构,也没有一个确定的中心作为其核心,结构的组成部分或事件的因果关系就不会稳定。没有这样的结构,即使存在因果作用,相关要素或材料也是散乱的;失去了结构本身的中心,相关要素或材料不能牢固地聚集。因此,结构既是因果的产物,又是展现因果的载体。结构的因果性和因果的结构展现是整体得以判断的内在基础,因果判断的运用也正是建立在这基础上的。此外,我们还可以从这种结构的因果性当中,广泛地使用类似整体的因果判断,通过对整体结构的因果分析,发现类似整体的类似事件或问题。

二、动机

因果判断为何要重视人的动机,主要的理由就是整体的这种结构稳定地保留了因果作用的轨迹。结构的形成和循环都必须有人参与其中共同作用。如果动机能够给人带来影响这一主张是成立的话,那么人的不同动机就会通过这种结构影响到最终的事实结果。

我们在讨论审计判断实践中为何关注人的动机问题之前,有必要了解一下"因果线"。罗素谈到过"因果线"的问题,认为"因果线"的概念不仅包含在东西或人的准永久性中①,而且也包含在"知觉"的定义中。他给"因果线"下的定义为:"是一个由事件组成的时间上的系列,它们的关系是已知其中若干事件,就可以推论出其他事件,不管别的地方可能发生什么事件。一条因果线总是可以被看成是某种事物的持续——不管是一个人,一张桌子,一个光子或是任何其他东西。……认为存在着这类多少由自己决定的因果过程的看法在任何程度上都没有逻辑上的必然性,但是我认为这是科学的基本之一。"②

在人与经济活动之间存在因果关系,经济活动无法脱离人的参与,应该说是人开创了经济活动,经济活动的成果维持和发展刺激人的需要,两者在循环中不断发展。因此,对于审计判断活动来说,在"因果线"的作用下,整体的结构或状态是呈因果循环的,人的动机可以看做是影响事实结果的最初的因,为了全面完整地判断整体,最初的因必须要得到足够的关注。按照行为心理学理论,人是有"基本需要"的③。"基本需要"具有类本能性质,是一种潜在的、可塑的内在力量,会在人的活动中体现出来,当其转化为动机,表现为

---

① "一件'东西'或一件物体不单要看做单一的有持续性的实体,还要看做是一连串互有某种因果联系的事件。这种因果联系就是我所说的'准永久性'。我提出的这个因果律可以叙述如下:已知在某一时刻的一个事件,那么在任何稍微靠前或靠后的时刻,在某一相邻的地点,存在着一个极其相似的事件。"——[英]罗素著:《人类的知识》第547页,商务印书馆2003年版。

② [英]罗素著:《人类的知识》第548~549页,商务印书馆2003年版。

③ 马斯洛曾提出人类动机理论的几种基本需要:生理需要、安全需要、归属和爱的需要、自尊需要、自我实现需要等,该需要层次论经受了一定时间的考验,是具有相当重要价值的心理学理论,其影响已远远超过了心理学,涉及许多领域。

对行为的现实支配力。动机简单表述为人的目的和需求,是行为的更深层次的因。审计判断涉及的整体,人的动机(目的和需求)在一定程度上通过战略计划、经营理念等表现,用行动来实施这些计划来获得符合目的和需求的经济成果。由于审计职业的特征,审计师关于动机的因果判断,主要是评估出类似"好的动机"和"不好的动机",重点关注那些"不好的动机"。理由很简单也很直接,那就是不好的动机会给最终事实结果带来不良影响。例如,知道某个人为什么如此行动的基本理由便是知道该行动据以作出的意向。一般认为,动机判断可以为审计师提供整体结果不良情况发生而不知晓的可能性,既可以作为一种风险防范,又可以作为审计重点关注的领域。至于"不好的动机"带来的实际的不良后果,那不是审计师造成的,审计师只有客观揭示的责任。在利用因果判断关注动机的时候,需要注意两个事项:一是动机的作用不受时段或对象的固定约束。由于人参与整体的结构形成的全过程,动机本身所表现出来的对行为的支配力,在整体结构中并非是按照一定层次的先后顺序或时间序列作用的,即它对整体结构的影响可以是直接作用于事实结果(如伪造、篡改财务信息);也可以是直接作用于持续阶段的活动(如低价出售资产、盗取或挪用资金)。一般而言,动机的性质决定了它作用的方向或时间的先后。如取决于压力大小:来自外部实现盈利预期的压力、来自业内竞争压力、履行债务性条款的压力、失败的处置压力等;取决于逐利方向:实现预定财务目标的奖励、业绩稳定及增长带来的利益、获得投资预期青睐等。二是动机的作用大小受关键人的影响。在整体的结构中,存在一些关键人的推动行为发生的因,这样的关键人一般指的是决策层或核心管理层(如推动形象工程、业绩工程的决策者)。因此,审计师在利用因果判断考察动机时,主要是关注关键人的动机及其给整体带来的影响。一般而言,关键人的动机直接导致整体的结构或状态。

三、行为

在前述关于整体结构的论述中,我们会注意到利用因果判断不能忽略或跳过"某些持续阶段的行为",即从"某些推动行为发生的因"直接上升到"某个时间点上的果",或两者反向实现。在因与果之间的行为中,总能找到对应的联系两者的行为或动态事件,在整体结构中,由于三者是交织在一起共同镶嵌在因果之网上的,人们常把行为或动态事件视作因的果或果的因。实际上,人们更应该重视行为的判断,因为行为里才有足够的证据材料存在。从判断实践的基本理由角度看,行动总是以与当事人的某种长期或短期的、独有或非独有的特征相融贯的形式显现出来,当行动显现不足之时,更需要依靠判断。在模糊判断之中利用思维的想象也许可以进行跳跃,即在没有获得材料的情况下,用想象的事实填补这个行为或动态事件空缺,但这也是为了更好地帮助审计师确定行为或动态事件的正确和适当,并从行为或动态事件当中得到验证与认定。鉴于审计专业的特征,人的动机往往促使其采取相应的行为,而人的行为直接创造了经济活动事实,审计判断涉及的整体主要就是行为活动,因而,考察行为活动、获取行为活动的充分证据用以发表意见是判断的核心内容。

此外,外部环境和条件仍然是值得关注的重要事项。因果判断在验证整体及其形成的同时,始终关注人的动机和行为以及影响人的外部环境和条件。这是因为,人的动机、行为、外部环境和条件三者之间同样互为因果:外部环境和条件影响人的动机,人的动机影响其行为,而行为又现实地影响外部环境和条件。动机的产生与外部环境和条件密切相关。人们在分析动机产生的原因时,一般把这外部环境和条件简缩为机会与压力。如在管理控制薄弱的环节上容易发生舞弊,即管理缺失与控制不力容易导致机会,当机会出现时,压力或借口容易形成动机,主观意愿和外界条件成熟两者结合在一起。

总之,深入考虑整体结构、人的动机和行为,因果判断在审计判断活动中将产生深刻影响,不仅可以增强判断活动的预测性和调控性,丰富判断的前提,有效把握具体事实问题与原因,加快对事物的判断认定,还能有助于判断经验形成和积累,进一步影响判断思维模式。因果原理作用于审计判断主体是多方面的,首先是在人类的思维中,各种经验判断占了很大一部分,随着许多事物因果关系的建立,因果能够把许多经验汇集起来,有助于判断经验的不断积累和延伸,依靠因果原理建立思维判断模式。其由于转化原理的运用,因果关系往往会表现为一定的循环趋势,形成既定的因果链,环环相扣,由点及线及面,促使整体的轮廓逐渐明显。判断思维在因果原理的作用下,伴随事物形成的因果链,也具有一定的循环模式,形成一个个判断链条,对判断策略、审计措施有深刻影响,有助于对判断行为的修复和完善,为构建完整的判断思维模式奠定基础。

第七章　审计逻辑判断原理

"物莫非指,而指非指。"

——《公孙龙子·指物论》

"逻辑从事寻求种种最后的标准,以便用以使我们的信仰得到根据又使我们可达到真的知识。"

——[美]威廉·佩珀雷尔·蒙塔古

第一节　逻辑判断属性

关于逻辑本身在哲学上有许多深刻的思考,历史上亚里士多德、康德、黑格尔、恩格斯等一大批哲学家都有深邃的思辨,现存的逻辑体系庞大无比,渗透到众多领域,影响深远。我们在审计判断中讨论逻辑,主要集中在审计师的逻辑思维即规律认识,以及逻辑如何在审计判断活动中得以体现和运用①。

一、知性或理智的判断

逻辑原理涉及人的思维规律及运用,黑格尔认为:"对思维的细密研究,将会揭示其规律与规则,而对其规律与规则的知识,我们可以从经验中得来。从这种观点来研究思维的规律,曾构成往常所谓逻辑的内容。亚里士多德就是这门学科的创始人。他把他认为思维所具有的那种力量,都揭示出来了。……近代人关于逻辑的工作,可以说主要的是一方面放弃了一些自亚里士多德及经院哲学家所传袭下来的许多逻辑规定,另一方面又掺进去许多心理学的材料。……人们可以利用关于有限思维的形式的知识,把它作为研究经验科学的工具,由于经验科学是依照这些形式进行的,所以,在这个意义下,也有人称形式逻辑为工具逻辑。"②当逻辑原理与判断活动结合在一起,必然会形成逻辑判断思维,这种因逻辑的存在决定或影响判断思维的过程,本身就是人的思维发展的重要过程,而且伴随这样一个过程还能够达成诸多实用的或有用的目的。大量的审计实践证明,通过逻辑的

---

① 逻辑在审计判断活动中的运用主要是指沿着逻辑实证主义的指引,强调可证实性的划界标准和证明方法论。
② [德]黑格尔著:《小逻辑》第72~73页,商务印书馆 2004 年版。

能力毫无疑问可以提供判断认识,我们在审计判断学中对逻辑的认知和运用是切实的,逻辑能够作为科学的方法论为判断思维指明正确的途径,并为判断行为获得合理的结果提供强有力的保障。当审计师进行判断活动时,有必要从逻辑当中汲取种种养分,包括为判断思维和判断行为提供方法的来源和基础。人们对整体所包含信息的处理和分析有很多方法,如逻辑方法、系统分析方法、数学统计方法等,这些方法的运用涉及经济管理学、社会学等诸多领域,从而构成彼此独立又紧密结合的方法体系,其中逻辑方法体系始终是人类认知事物最久远、最具生命力的一种。因此,审计判断无法逾越逻辑的范畴,逻辑判断应该是审计判断学基本理论之一。

逻辑判断所能体现得最显著的属性是知性或理智。知性(verstand)一词,有时译作理智,本义为智力、理解力、分析辨别事物的能力,作为抽象思想的能力,一般指抽象的形式的理智作用和认识能力。黑格尔认为逻辑思想就形式而论包括:抽象的或知性的方面、辩证的或否定的理性方面、思辨的或肯定理性的方面,这三个方面组成每一个逻辑真实体的各环节,亦即是每一个概念或每一真理的各环节。逻辑判断正是逻辑思想在判断思维中扎根后的产物,其体现出的知性或理智带有逻辑思想的内在规定性。在审计实践范围内,逻辑判断作为知性的活动,摆脱了直接的直观和感觉,不再局限于具体的内容或停留在具体性里,而以一种抽象的普遍性显现,与被判断对象保持分离和抽象,并始终展示知性或理智的坚定性和规定性。

审计师在具体的审计判断活动中,需要时时运用逻辑判断,主要的原因不仅有主体自身逻辑判断思维的特殊存在,还有被判断客体和判断目标、要求等一系列逻辑因素的普遍存在。作为审计师所判断的客体(即整体),无论是结构、状态或性能,绝大多数都是逻辑的产物,或者说是依据逻辑规律运行而存在的整体,经济活动事项或交易是如此,财务报表更是如此。例如,经济活动事项或交易以及财务报表的固有的规定性与逻辑密不可分,前者是基于经济利益的"投入与产出"或"筹集与分配"等逻辑关系组成的逻辑事实;后者是基于财务报表所蕴含的要素在"等式"或"平衡"等逻辑关系建立起来的逻辑形式,是逻辑演绎转化的信息产物。审计师在面对和处理这样一种整体时,现实地需要逻辑判断思维作为应对。同样地,由于审计目标或要求等规定性内容均受到逻辑规律支配,审计师所设定的具体审计目标、选取的具体审计程序等均要受到逻辑判断的指引。逻辑判断的运用获得的是有关逻辑的思维和逻辑的结果,审计职业当中经常会使用逻辑判断,在逻辑规律的指引下验证相关事实,能强化审计师的质疑力,培养严谨的判断精神,这些不仅能够帮助审计师从整体信息当中发现某些异常或偏差,更多的是赋予了审计判断活动的一种理性[①]。这种理性虽然在一定程度上限制了审计师想象力的发挥,似乎给想象力划定了许多不可轻易逾越的条条框框,然而,也正是这种理性使得审计判断脱离了一般经验的影

---

① 理性和非理性(直觉判断)应该是互补的,有各自的局限、各自的特色。审计专业上始终追求理性判断,但对非理性判断并非抛弃不用,有时候,直觉判断往往会更加便捷地达到目的,何况对于直觉判断我们也无法抛弃。

响,朝着专业的、科学判断之路行进。因此,逻辑判断在审计判断活动中的运用,其属性是知性或理智的。

二、逻辑判断性质

逻辑判断性质包括逻辑规律和逻辑关系。在逻辑判断中需要遵循一系列有效的规律,如矛盾律、同一律、排中律以及充足理由律等,在审计判断中运用最为广泛的应该是矛盾律。康德认为:只要是一个分析的判断,其真理性就可以通过矛盾律得到充分的认识。因为,凡是已在客体的知识中被思维既成的概念,都正当地否定着与之相反的东西,也就是被概念本身所肯定的。因此,消极的原理也可以进行积极的运用,在消除虚假和错误之外去认识真理。因此,不可否认矛盾律是一切分析性知识的一条普遍且完全充分的原则,但也仅此而已。审计师利用矛盾律可以对一切逻辑的事物作出肯定或否定的判断,例如,一物不可能既存在又同时不存在。矛盾的对立性特质成为判断依据。当然,人们总是看到对立性或差异性,而很少看到同一性,其实同一律和排中律在判断整体时,都能够得到合理运用。

逻辑判断性质可以透过事物之间的关系显现。事物的逻辑性质,有时候需要从最终的结论得以揭示。按照逻辑规律运行的事物存在着几种不同的判断结论,这些判断结论既蕴含了前提和它的关系,也蕴含了结论自身的状态或特征。在逻辑关系中存在必然性、合理性和客观性等特质,这些特质为逻辑判断提供了可靠保证。逻辑关系表明,任何事物之间都存在着一定的联系。联系的特征有多样性,其中稳定的、必然的特征一定程度上代表了事物之间存在的内在逻辑关系。人们通过分类、分析、归纳、推理等思维手段,把相关的问题和现象纳入逻辑分析范畴,推理出一些必然性的东西,以此来判断事物应该或可能存在的状态。因此,逻辑关系在审计判断活动中的作用和影响,也是构成逻辑判断的基础。在黑格尔的逻辑学中,其实还讨论了逻辑所包含的辩证关系(思辨的方法),即否定之否定等原理,这也是引导判断思维不断深入的一种思辨方法。逻辑判断正是通过逻辑规律和逻辑关系,形成了一种认知和把握外部事物的科学方法论,它在审计判断实践中所强调的是可验证性或可证实性,更加注重审计证据的证明力作用。

三、逻辑影响下的形式与内容

形式是内容的载体,内容通过形式而体现。例如,在审计判断中,财务报表等资料属于形式,经济活动及事项属于内容,审计师往往通过形式进而把握内容;在审计证据中,口头、书面和实物等属于形式,而证据所拥有的证明力属于内容;在判断活动中,审计程序或措施(包括财务承诺书等)属于形式,而判断的目的和实现的成果属于内容。由于审计活动需要通过信息获得和生成审计证据,在逻辑的影响下,审计师不仅要关注整体的形式与内容,也要考察证据的形式与内容,同样还要考虑自身判断行为涉及的形式与内容,而这些都需要以逻辑判断思维为基础,受到逻辑判断思维的影响。

逻辑判断思维始终强调事物依照逻辑关系排列,事物的表现形式不能脱离内容而存在。形式与内容必须表现出一致性,实现逻辑上的统一。审计师通过对整体及各要素的逻辑关系进行考察,通过矛盾律等逻辑规律的运用,能够有效发现整体中不符合逻辑的事实;可以对审计证据所表明的事实与问题或错报的逻辑关系进行分析,利用逻辑性质区分证据的形式要件和内容要件。因此,人们相信,不存在无形式的内容,但也许存在表现无用的内容的形式,由此更加关注内容本身,强调内容的实质。关于形式与内容,审计判断思维中还有一个核心要素,即审计判断实践在遇到形式与内容的问题时,始终坚持实质重于形式。在这里,我们围绕审计判断行为中的审计措施进行讨论。

利用逻辑判断推理可能会同时产生出许多种、许多个可以作为判断反应形式的审计措施或备选应对方案,该反应形式集中体现为审计实施方案。从逻辑上看,每一项措施都是合理的或可行的,由于这些措施都是在实际作用发生之前根据逻辑推理演绎得出的、未经证实的审计预案和对策,其措施的针对性、成效性等就会在判断实践中引发逻辑判断的变异。例如,一些审计实施方案与整体发生作用之后可能引发两种极端的效应——有效和无效,所谓有效就是实施方案中的审计目标、审计措施等与判断整体的结构、状态和性能的要求接近,可以实现对整体的合理判断;无效的,即与此相反。逻辑判断变异的结果会导致无效的方案被抛弃,有效的方案被保留。而被保留的某些方案会在专业领域当中成为一种范式,得到专业准则允许或提倡,至此完成了形式的转化,而其内容已经泛化。对逻辑判断变异的考虑,恰恰是担心那些有效方案的保留,因为,那些不断投入实际运用的实施方案既然是有效的,就会被完整地保留并得到运用。当有效实施方案被形式化、格式化以后,审计师将不再愿意花更多精力考察研究整体本身,而是借助逻辑判断变异后产生的有效方案应对所有判断活动,造成对审计实施方案的不理解或未能根据整体自身的特殊状态或性能进行调整,使得整个判断活动越来越依赖于形式的、程序性的检验活动而渐渐丧失判断。每一个实施方案或判断措施离开了特定整体,都容易使得审计活动陷入程序性的形式陷阱不可自拔。现实中,审计师需要耗费时间成本和执行既定的审计程序,以确定适应特定整体的判断措施。实践证明,许多审计失败的案例,就是未能考虑逻辑判断变异的影响,重视形式的影响,忽视内容或实质,照抄照搬所谓有效的实施方案引发的。因此,任何审计实施方案都需要重新建立与整体的逻辑判断关系,即在形式与内容统一的逻辑基础上,坚持实质重于形式,那些所谓的有效的审计实施方案只能适当借鉴。

第二节 逻辑判断推理

一、推理及过程

人们一般把推理定义为:"以一个或几个命题为根据或理由以得出一个命题的思维过程。作为根据或理由的那一个或几个命题是推理的前提,由前提得出的那个命题是推理的结论。"实际上,逻辑判断也是一门关于推理和论证的学科。推理作为一种人类特有的心理活动,其用途极为广泛,当它以特定的形式运用于判断活动,主要为解决不确定性问题或寻求事件之谜提供参考答案。有人认为,推理即是判断,这是由于逻辑推理的一般过程类似于判断过程。所谓逻辑推理过程指的是,当人们通过感觉、感知等方式接受外物刺激时,大脑会开始历经复杂的讯号处理及过滤,并将信息元素经过神经元迅速地触发并收集相关信息,再由已掌握的知识体系和经验进行处理及判断推理,从而找出正确的事件逻辑。这个过程在认知心理学家的研究来看[1],需要关注的问题是:"大脑认知系统是怎样对外物输入的信息和对已储贮的知识进行加工以便从经验中获得利益的?"著名的心理学家 Holland 等人认为,这个问题涉及一系列的特殊问题:

(1) 认知系统是怎样组织其经验以便构成这样一种基础,这种基础使得该系统甚至在不熟悉的环境中也能进行活动?

(2) 认知系统是怎样决定各种法则在其知识基础上是不适当的?

(3) 认知系统是怎样激起一个看似有理的新法则来取代不适当的法则的?

(4) 认知系统是怎样把法则精制成虽然不是最佳却是有用的?

(5) 认知系统是怎样使用比喻和类比来从一个域到另外一个域中迁移信息和程序的?

他们提出,可以用信息加工观点来解释人的推理活动过程,即把人类的感觉、知觉、记忆等心理活动视为信息的输入、编码、存储过程,而把包括推理在内的人类思维活动视为信息的提取使用过程。无论从哪些观点来探究人类的推理或判断过程,一个明显不争的事实,是人类思维在知识获得和知识使用过程中始终处于核心地位[2],尤其是开创性和转化的运用,这是推理或判断活动存在的坚实基础,即使是面临科技日益进步带来的各种挑战也不会轻易动摇。审计师在进行判断活动时,其推理过程可分为理解、描述和有效检验三个不同阶段:审计师的识别是判断的起始,也是理解的起始;唯有对被理解的整体才能加以判断,同样只有在理解的基础上才能加以转化,这是关于理解的更深层次意义(可以回答关于认知系统是如何在不熟悉的环境也能活动的一种答案)。审计师在识别和理解整体之后,会对整体的诸多审计事项进行描述(一般在审计实施方案具体描述),这种描述过程会引发内心针对不同审计事项构建起相应的判断模型(即审计程序或措施的选择),在逻辑判断框架中,这就是对前提的选定和描述;审计师在进行推理时其结果的正确性如何,依赖于由推理前提所能建构的心理模型的数量:需要建构的心理模型越多,推理者越难得出正确结论。被推理事物的复杂性决定心理判断模型,这就是说审计事

---

[1] 心理学对人类推理活动的研究与其他学科对推理进行研究的最大不同点在于研究方法不同,主要采用实验的方法,用定量的方法来研究人类推理活动,其研究范式的最重要的特点在于用实验方法控制推理材料的某些自变量,用统计方法分析被试对这些刺激材料的反映结果,并在此基础上提出某些理论解释。

[2] 假设在一个智能机器人的头脑当中,输入丰富的百科知识,它仍然无法解决知识合理使用和开创性的问题,因为它不具备人类特有的自我意识中心和意识转化能力。

项越复杂就越难描述,审计师对审计程序或措施的判断选择的恰当性就越困难。审计师为了得到正确的推理结果,还需要进行有效检验这个阶段;反复检验推理的结果,在审计判断活动中会有更加严格的专业标准加以规定,主要体现在不能轻易逾越实质性测试过程。

因此,审计师在运用逻辑判断推理时,有必要解决好几个问题:一是在对某个审计事项进行推理时,需要考虑自身的知识结构,强调在判断识别和理解的基础上推理,而不是只按照事项的逻辑形式结构进行推理,要妥善处理好两者(知识结构和事项的逻辑形式结构)的相互关系;二是审计师进行推理加工时所依赖的知识结构可以分为推理形式知识和推理内容知识,同样要解决好这两者的相互关系,目的是为了合理运用逻辑判断,对被推理事物的逻辑内容和形式结构构建适用的心理判断模型;三是审计判断推理要确保推理结果的正确性,首要关注的是理性推理(理性推理指人们的推理结论是经过思考或有效检验得出的;非理性推理是指人们的推理结论是仅凭猜测或缺乏依据得出的。如果推理者现有的知识不能解释前提中的信息,也就是说推理者对前提信息的内容不理解,同时,也缺乏形式逻辑的有关知识结构,一般地说,他在对推理结果是否正确作出判定时只能进行猜测,因为他的认知结构不可能对如三段论推理范畴进行任何理性的逻辑加工,因此,这种推理是非理性推理;如果推理者既能理解前提的内容含义,也具备一定的形式逻辑的知识,那么他在进行推理时就必然会去搜寻有关推理知识和依据来判定结论的正误,其推理结果是经过了推理者的理性思考或检验后得出的,这种推理是理性推理。)考察推理的过程及推理带来的效果,人们至少相信:错误的思想将会使推理过程变得晦涩而不清晰,如果错误的思想不是由于对事物的把握或控制上存在困难,而是识别或理解的偏差,就会产生对推理真实性的抗衡或冲突,这样一来,错误推理其实就是一种不想对现实作出正确评价的愿望。因此,正确的推理始终要保持没有偏见,只基于事实,基于完整的事物,这样才能获得恰当的结论。在审计判断活动中,审计师的推理过程总是伴随大量识别或观察的结果,时刻保持对逻辑法则的遵循,在事实和标准之间精准衡量,就可以综合所有的识别、测试与验证的结果,谨慎地作出推理,并得到恰当的推理结论。

二、几种推理

在审计判断学中,我们主要的关注点是如何在审计判断活动中合理运用逻辑判断推理,并从这种运用中得到明显指导,以确保推理的有效性。根据推理的前提和结论之间的标准是否有蕴含关系,人们把推理分为必然性推理(apodeictic reasoning)和或然性推理(probability reasoning)[①]。必然性推理指的是演绎推理,即如果前提都为真,结论必然为真,这是从一般到特殊的推理;或然性推理指的是归纳推理,是对人们为发现一般法规而

[①] 前提和结论之间有蕴含关系的推理叫做必然性推理,前提和结论之间没有蕴含关系的推理叫做或然性推理。

形成假设的研究以类别为基础的推理,主要推理形式包括:类比推理和概率推理。以上两类推理在审计判断活动中都会涉及,并作为逻辑判断的基础性方法得到运用。

(一) 演绎推理

演绎推理从两个或多个前提开始,从中得出一个必然结论。例如,审计判断中最常见的演绎推理是在处理财务报表时运用的,由于财务报表中的要素、科目以及数据是演绎的结果,对于这种形式上的逻辑事实,需要演绎推理检验。

(二) 归纳推理

归纳推理通过观察收集事实,然后对事实加以概括,形成一个可能的结论。主要有类比推理和概率推理。

1. 类比推理。类比推理(analogism)是一种较为普遍、常用的推理,不只是一种心理行为,也指一种方法或思维形式。类比推理一般是指根据两个或两类事物在一系列属性上的相似,从而推出它们在另一个或一些属性上也有相似的推理。简而言之,其过程是一个利用不同整体的相似性进行推理的过程。不同对象间的类比属性越多,类比的内容越是接近对象本质属性,结论的可靠程度就越大。我们在因果判断中讨论过整体结构性问题,由于因果关系的影响,某一类整体具有相同的结构和中心,就会表现出相似性(这种相似性具备一些逻辑条件,如受时间、空间和外部环境等条件的同等约束,其表现出的类比关系有整体与部分关系、原因与结果关系、程度关系、从属关系、并列关系等),以至于相似整体及其组成部分确实存在诸多的相同点。这种情况在许多领域都会发生,如某一地区人群的体格、病理等会存在相似的特征。审计判断实践表明,在相似整体之中,此整体所呈现的某类事件或问题,在彼整体中会同样存在。例如,把某些已经审计的相似整体几年来所揭示的问题进行一个梳理和统计(可以通过审计报告中所揭示的问题进行),不仅可以发现所揭示问题的相似,并且利用那些列举出的问题,还可以依据推理判断对未曾审计的相似整体提前作出预判。实践结果表明,列举的一些问题在未曾审计的整体中有发生的可能,而且可能性会大很多。当某些相似整体所有的条件如果都相同,原因相似就会产生相似的结果;如果存在明显不同之处,那么就会产生不一样的结果。相似整体当中只要外部环境和条件没有强烈变化,或变化对于相似整体的影响也是同等的,不存在明显的差异性,在此情况下,整体及其事件或问题所呈现的状态就是相似的。类比推理将通过建立这样一个逻辑对照关系(前提与结论的蕴含关系),来判断当前整体或者过去整体。

可以断言,越是相似程度高的整体,其事件或问题的相似性也就越高。类比推理是建立在整体的逻辑或因果关系上的,在判断实践中借助类比推理可以从已知整体较好地推断出未知整体的状态和性能。所以,审计判断活动中,审计师非常注重对已知整体的资料收集和情况掌握,包括查询以往相似整体的审计报告,进而运用类比推理从中形成判断策略的雏形。

2. 概率推理。概率推理是概率逻辑的一种形式化、数量化的现代推理,通过运用现代数理逻辑与概率理论对事件作出判断。维特根斯坦认为:"概率是一种概括。它包含对一种命题形式的一般描述。仅仅因为缺少确实性,我们才需要概率。即对于一个事实,我们不是完全知晓,但是对于它的形式,我们却知道一些。(一个命题也许确实是某个事态的一个不完全的图像,但它总归是一个完全的图像)。概率命题可以说是另外一些命题的一个摘要。"利用概率推理是许多专业领域应对和解决不确定性问题的重要手段。概率推理组成要素主要包括:随机现象、样本点、样本空间、事件。在审计判断中,概率推理往往作为一种技术工具被使用,如统计抽样技术[①]。当前,审计抽样作为一种审计技术运用已被固定下来,但还是有所限定,如审计师所选用的抽样的性质和范围取决于被测试的认定、所选总体的性质以及对重大错报风险的评估,更多强调在测试过程和收集证据时运用,一般用以帮助审计师确定风险区域、审计重点和节约审计成本。

有些审计师在利用抽样审计技术时,更倾向于判断抽样,认为通过特定原因(如舞弊和错报可能性大的判断、重大或重要交易的判断)而选取的事项可以获取更有说服力的证据,而对于统计抽样运用时坦承:在使用统计抽样时不仅技术成本高或费时间,更为关切的是心理判断活动总是感觉概率推理带来的空乏,尽管审计准则要求这么做。其实,统计抽样也是逻辑框架中发展出来的一种判断技术,此种技术具备一定科学性,其推理过程和验算结果都能以逻辑的方式得到合理解释,尤其是当审计师没有掌握明确的信息或原因却要面临判断样本选择时,统计抽样具有更大的优越性。为何概率推理和类比推理同属于归纳逻辑的范畴,虽均指向或然性、概然性或可能性等关系,但类比推理及其过程往往能够给审计师带来较为坚定的判断信念,而概率推理及其过程却没有这样明显的效果?也许,用概率和百分比来表征不确定性[②]这种方式对于人们的认知判断来说,还没有达成完美的契合。有心理学家在研究人类进行概率推理的心理机制和认知过程中发现,人类的认知运算法则与信息格式之间的相互关系是影响概率推理运用效果的关键,如概率问题的信息格式一般是把单个事例表现为百分比的格式,而这种信息格式较难与认知运算法则契合。甚至有人认为,人类对统计领域的问题有特殊解决能力,而对概率问题则没有特殊的解决能力,从而提出用"频率"格式[③]来替代"概率"格式,那样会得到推理更好的效果。当前,由于计算机辅助审计工具的推广,统计抽样变得简便起来,但概率推理的认知和运用还需要得到进一步发展。

---

① 统计抽样是审计抽样的一种,另外一种是非统计抽样,即判断抽样。实际上,统计抽样技术的运用当中依然无法排除人们的判断活动,如对样本或总体逻辑顺序的判断。

② 科学发展史指出,概率和百分比是人类进化史上较晚出现的表征不确定性的一种方式。数学概率出现于17世纪中叶,而百分比则是到了19世纪,在法国大革命期间引入公制之后,才为人们所引用。但当时百分比主要是用于表示利率和税收,而不是表征不确定性。

③ 频率问题的信息格式是:它们表达的是一个观察集(以整数形式表示)的频数。"频率论者假设"的基本原理是,假定人类心理上已经获得了有关自然频数推理的模块,朴素推理者能够解决频率问题是因为他们能接近这个模块,不能解决概率问题是因为他们不能接近这个模块。

第三节 问题、线索与标准

一、问题

（一）逻辑判断限定

在讨论审计问题、审计线索和审计标准之前，必须考虑一个重要的话题，那就是逻辑判断限定。所谓逻辑判断限定，是指审计师在判断活动中把何种影响判断的要素，置于逻辑判断框架下作为出发点（前提）加以限定。这些影响判断的要素主要包括不同的审计目标和标准（标准可以作为逻辑判断前提，如各种法律、法规、行业标准或某类指标体系等）。因此，以不同目标作为判断起点或把整体局限于某些标准的框架内，将组成整体的各种因素分别按这些目标或标准排列处理，就是一种逻辑判断限定，没有这一类的逻辑判断限定，也就不会引发问题或差异的出现。

审计事物发展到今天，从其形式或运用结果来说，经历了许多的变化，当在经济领域中被用于监督或控制、鉴证或认证、管理或治理等诸多方面（基于审计事物固有的满足利益互信的本质需求，不排除需求本身会扩大到其他领域加以运用，形成现实功能的转化），就形成了不同的功能模式，审计师在判断活动中同样会受到功能模式的逻辑限定。为适应审计功能的拓展，人们对审计事物提出了一系列要求或目标，集中体现在以下概念：真实性、合法性、"三E"或"五E"[①]。与此相对应，审计事物在追求这些目标得以落实的实践中，其所表现的形式也多样起来，如：财务信息审计、管理审计、绩效审计、环境审计以及咨询、认证等各类服务性审计。不难看出，审计形式的变化其实取决于不同审计目标和任务的发展要求，这些要求不仅对各类审计机构或组织、审计师群体带来深刻影响，对审计判断活动来说更是如此。审计判断是无法脱离审计目标而独自存在的，目标就是审计判断的逻辑起点。这都是由于审计功能模式的不同逻辑限定带来的结果。

考察诸如真实性、合法性、"三E"或"五E"等目标之间的内在关系，按照逻辑排列，真实性应该是诸多目标的基础，除却真实性一切都无从谈起。因此，审计判断的逻辑起点集中在真实性上，只有在满足这一要求后才可能考虑其余。在真实性基础上发展而来的那些审计目标之间也存在明显的逻辑起点，其关系不只是互为补充和完善的关系。在假设真实性目标已经达成或基本实现的情况下，如果需要从不同审计目标出发，对于审计判断来说，仍然会存在不同的逻辑判断起点。例如，审计师面对同样一个真实的事项，从合法性的要求上实施判断与从"五E"的要求上实施判断，所得出的判断结果并非一致，这是由逻辑判断限定决定的。不同的逻辑判断起点，影响审计师对事实的判断识别，以及对判断标准的利用。因此，审计判断需要在真实性基础上，充分考虑不同逻辑判断起点带来的影响。

[①] "三E"指经济性、效率性、效果性，"五E"指在"三E"基础上再加上环境性、公平性。

实际上,逻辑判断限定的要素还包括在逻辑判断思维中建立起来的若干推理方向或基点。例如,有关审计证据逻辑判断的基点是"证实"还是"证伪",何者为先,何者为辅,这类似于法学中"有罪或无罪推定"的出发点问题。要素基点不同,直接影响逻辑判断的运行轨迹乃至最后的判断结果。例如,舞弊审计和绩效审计在判断活动中就有显著差异。当前社会,"证伪"往往成为国家审计的逻辑判断起点,即突出问题导向;"证实"往往成为社会审计的逻辑判断起点,即突出鉴证特征;而内部审计介于两者之间,逻辑判断起点主要取决于管理层的要求。目前,审计判断这一现状在不同国家和地域有着许多复杂的原因,其实两者应该结合起来,尤其是要合理对应不同的审计形式,以满足不同审计目标和要求。

(二) 事实与真实

　　问题是整体的事实之一。问题又称差异、错误等,表明在某类规定性下的同一整体内的事实背离状况。按逻辑关系构建的理想整体,并不承认这些差异或错误,就像一筐苹果当中不应该出现草莓一样。但现实整体中的事实并非总是和谐统一的,往往存在差异或错误。按逻辑关系排列的因素就是事实的全部,差异或错误也是一种事实,同样是按照某种逻辑关系演绎出来的,形成符合某种逻辑关系的事实,尽管这些逻辑的事实并不能代表它们是真实可靠的。事实与真实,这是两种不同的概念,尽管两者都有共同的"现实性",但真实的概念并不能由"现实性"得到完全保证。按照海德格尔的说法,真实的"现实性"还要符合于我们"本来"就事先并且所意指的命题①。因此,真实性仍需要判断得到,通过符合的内在可能性赋予命题的真实。

　　我们在判断实践中,往往涉及逻辑的事实和整体的真实。对逻辑而言,逻辑的事实意味着事实就是事实,全部的事实构成相应的整体;对整体而言,整体的真实意味着事实在真与伪的规定下的区分状态,是在全部事实中引入了真伪标准概念后的判断。真实一定程度上是关于事实的"真"的判断认定,是对事实性质的判定。简单来说,对于"一个被编造的数据",这样的行为和数据结果都是逻辑事实,但这样的行为和数据结果由于存在虚假(不符合准则或意愿)从而不具有真实性。真实性概念其实十分复杂,其本身的构成包括了不同的层次和要求。例如,有人认为存在不同层次的静态型的真实和动态型的真实②,

---

　　① 真实的东西,无论是真实的事情还是真实的命题,就是相符、一致的东西。在这里,真实和真理就意味着符合(stimmen),而且是双重意义上的符合:一方面是事情与关于事情的先行意谓的符合;另一方面则是陈述的意思与事情的符合。——[德]海德格尔著:《路标》第208页,商务印书馆2001年版。

　　② 关于真实性的判定——在审计过程中对被审计单位会计核算资料的审查评价,往往涉及两个层面的真实性问题:静态型的真实,或称合法性的真实,即被审计单位按照国家规定的法律法规、规章制度进行会计核算和管理。这是一种低层次的真实、一种法律保护下的真实,这种真实不一定符合市场行情的变化发展,也不一定反映当时的财产价值,不能满足管理当局对会计信息的基本要求。……动态型的真实,是较高层次的真实,这种真实不是与法律法规的平衡,而是与市场行情、与可变现价值的平衡;是按照单位自身管理的需要进行核算,使之真正具有可靠性和客观可证明性。但动态型的真实不具有内部稳定性,其可操作性、可验证性较差,以致限制了其适用性。——尹平编著:《舞弊审计》第191页,中国财政经济出版社2012年版。

两种层次的真实性紧密联系,在审计实践过程中需要将两种层次结合起来加以判断。其实,真实性概念含有真理的成分,同样受观念或信念的影响,有着"符合的内在可能性"和"正确性之可能性的根据",能够得到证实。威廉·詹姆士认为:"真理是我们某些观念的一种性质;它意味着观念和实在的'符合',而虚假则意味着与'实在'不符合。实用主义者和理智主义者都把这个定义看做是理所当然的事。""简而言之,从经验上来说,真理的兑现价值究竟是什么呢?当实用主义在提出这个问题时,它就已经找到了答案:真观念是我们所能类化,能使之生效,能确定,能核实的;而假的观念就不能。"他进一步阐述:"一个观念的真实性不是它所固有的、静止的性质。真理是对观念而发生的。它之所以变为真,是被许多事件造成的。它的真实性实际上是个事件或过程,就是它证实它本身的过程,就是它的证实过程,它的有效性就是使之生效的过程。"①

实际上,就审计判断领域来说,某种程度上要达到"真实性"目标需要作出直接证实,该过程比达到"合法性"目标更为困难,这不仅是由于真实性的内容与要求超出了合法性的范围,而且因为真实性的判断标准(或判断信念)没有合法性的判断标准(或判断信念)那样清晰明确,更为重要的是,在真实性目标达成之前或之后,关于真实性的判断信念的建立更为复杂。当问题总是处于不完整或隐藏状态,这一状态时刻会影响真实性目标的实现程度;合法性目标的达成总是建立在真实性基础上的,往往是基于问题发现之后或针对具体的问题使用标准衡量,进而提出判断意见。当然,不合法的问题也会有处于不完整或隐藏状态,但这种状态应该是由真实性来全部承担的(很显然,问题不能得到全面完整的揭示,首先是真实性得不到证实的最大隐患。审计师在面对这样的不确定性,应提供合理保证并担负一定的审计责任)。

审计事物中对整体的真实性的判断,就是在对整体进行证实的过程中,给予某些差异或错误以认定。值得注意的是,有些判断认定也会取决于对待整体时的逻辑判断限定。例如,当一筐苹果中出现草莓时,你可以认为草莓就是差异;当一筐水果中出现苹果或草莓时,草莓就不是差异。因此,对整体的状态、性能的逻辑限定,会影响到对差异或错误的判断。审计判断在真实性概念的作用下,重视整体的差异或错误。例如,在财务报表审计中错报这种事实是审计师关注的,错报事实可能存在也可能不存在,审计师在对差异或错误的判断时,要充分考虑到整体的逻辑限定。这种逻辑限定往往以标准形式的出现,对整体的判断产生重要影响。但逻辑限定是内在的,而标准是外在的。我们在使用标准开展判断活动时,实际上要考虑内在的逻辑限定。整体并非只是按照一种标准(如会计准则规定)构建,标准只是逻辑限定中的重要部分,标准本身就是逻辑但不是全部逻辑。

问题作为整体的事实之一,可以按照逻辑限定在问题发现之前给予许多的限定。关于这种对问题的限定,亦可视为对问题的分类。不同意义的逻辑限定将给问题带来多样性和层次性。在审计判断中常常出现的限定问题有:舞弊问题、错报问题、重要的(重大

---

① [美]威廉·詹姆士著:《实用主义》第155页,商务印书馆1995年版。

的)或不重要的问题;不真实的(不合法的、不经济的)等问题。将问题的意义限定在不符合真实、合法和效益(五 E)等概念上,是目前审计问题最高层次(抽象)的限定;其中关于不符合真实性的问题,是不同审计类型、不同审计时期最为核心的思想,是一切审计判断行为的基石;即便是审计事务快步发展为管理咨询、服务治理等现代模式,也无法绕开真实性的问题。审计的本质决定了其为利益互信群体的代言,而利益互信的根源就是真实性问题。当前,尽管人们好像忘却了真实性的要求和达到真实性目标的艰巨性,以至于时常提出更高的期望以促进审计师达成所愿,而现实中也往往有一些审计师不顾实际地迎合这种期望,并将真实性这一基本目标扔进了所谓的"传统审计"之中,已部分丧失了对真实性问题的判断能力,这其实是在偏离审计正确发展之路。因此,解决真实性问题仍然是审计判断活动的关键。

(三) 问题的发现

问题的发现涉及人的认知判断。问题作为整体的事实之一,强调的是事实本身,这种事实实际上不可能自发地贴上问题标签出现。这种事实如何被发现或揭示,必定经过了审计师的判断识别与验证。因此,我们需要在审计师的判断活动中考察问题的形成。关于问题的形成,马赫认为:"如果部分相应的心理结果出现冲突,即事态激烈动荡时思维产生混乱,在这时有意地通过这种混乱寻找统一线索,就会形成问题。在一种固定的、习惯的思想很快就能适应的经验范围内,很少会形成问题;至少必须有一种特殊的思维能力和在巨大的心理上加以区别的感觉,才能提出问题。"他进一步指出:"思想与事实的不一致,以及思想相互之间的不一致是问题产生的根源。因为在我们的能力之外,有许多我们不知道的依赖于我们的能力范围之内的状况的事实。这些事实的出现与我们的意图不符,我们没有预见到,或者与我们的预见相反。"在审计判断领域中,审计师应该关注与判断思维有关的问题的形成,并积极借鉴这些思考,因为在这些思考当中涉及审计师的关于问题发现的思维判断过程,以及判断能力与整体事实相适应的调整和变化。

从问题的提出到发现以及寻求问题的解决,整个过程其实是一个紧密联系的过程,至少对审计事物而言,这个过程可视为一体的,不能分裂,即问题作为事实的那一部分与思想认识不一致的过程是统一的,这是关于问题的判断的核心。在审计判断活动中,审计师在预判或设定任务过程中,可以对特定的整体提出许多的问题,该过程中提出问题就包含了认识与整体的一致性判断;在针对提出的问题如何发现的过程中,以整体的本质为依据,结合判断目的展开,可以借助不同的方法或程序加以实现;在评价被发现的问题的过程中,其实已经找到了问题之所以成为问题的依据,即找到了解决问题的途径。按照维特根斯坦的说法即是:"如果答案不能表达,问题也就不能表达。谜是不存在的。如果能提出问题,问题也就可以解决。"

关于问题发现的方法,从审计历史上来说有两类总括的方法:一是详查法,即针对整体中的每一项事实予以检查与验证,这种方法的运用同样需要借助审计判断,不仅使得每一项提出的问题都能得到事实检验,那未能及时提出的问题以潜在事实形式存在的,也有可能得到检验,因此该方法保证程度非常高,问题的遗漏较少;二是测试法,即针对影响整体的要素予以测试,依据测试情况继而有目的、有选择性地对整体中的事实开展检查与验证。影响整体的要素指的是那些随着人们对于整体的认知不断深入,经审计判断实践检验对问题的发现较为有效、可行的要素。这些要素既是影响整体的关键又是整体的一部分,主要包括内部控制(管理)和风险。如借助于测试内部控制的恰当性和有效性来发现问题或借助于测试关于整体的风险领域和风险状态来发现问题。测试法不仅是基于审计成本效益原则的体现,更是发现整体中存在问题的新视野、新途径,属于当前审计问题发现的主流方法。问题的发现除了依据假设判断、风险判断等判断基本原理外,更为重要的是问题本身必须得到证明,无论采用证实或证伪的方法。

二、线索

线索是问题的迹象或端倪。这个概念表明,线索既包含与问题相关的极少部分事实,又包含独立于问题而存在的介质,还包含因介质的作用使得极少部分事实呈现变化的状态。因此,线索的构成一般隐含了三个要素:极少部分事实、介质和状态。当线索作为部分事实时它必定与问题相关;当线索作为状态有所显现时它一定需要介质。介质是独立于问题之外的事物,就像"大风起于青萍之末",假设"大风"是一个问题,"青萍"就是一种介质;作为线索的介质是广泛的、特定的、综合的。广泛的,表示作为线索的介质可以是独立于问题而存在的某种物、某种现象(事实);特定的,表示作为线索的介质是具体问题的针对(包括特定的技术方法);综合的,表示作为线索的介质还渗入了大量的思辨(包括直观的、经验的、分析的,乃至逻辑或因果的等)。如从言语当中获得了某种线索,那么这些言语本身可以成为线索的一种介质;从人的眼神或肢体行动当中获得了某种线索,那么人的某种反应现象可以成为线索的一种介质;从经验对照或计算分析的结果当中获得了某种线索,那么这些结果(融合了特定的物、行为、方法和思辨得出的结果)可以成为线索的一种介质。线索离不开介质,往往借助于介质的作用而呈现,其状态一般用程度词来确定:明显的、模糊的、强烈的、微弱的。对线索状态的把握,主要取决于判断主体的认知和不同判断领域对状态的规定性。因此,完整的线索概念,包含了极少部分事实、介质和状态三个要素。

关于审计问题的线索可称为审计线索。对审计线索的发现是审计师尤为关心和重视的,这将涉及如何运用线索的介质作用和线索状态的把握,我们把这一活动理解为审计线索的判断。通过对审计线索的判断,从而找到问题,实质上是整个判断链条上的最为重要的一环。审计师在判断审计线索时要注意以下几个环节:

1. 审计线索总是先于问题出现,审计师在判断活动中一般不是直接发现问题,而是更多地先于问题观察或捕捉到审计线索。所以,审计师要关注线索的介质及其作用。用什么做介质,影响着线索的出现状态,如用风险作为介质可以确定某些风险区域特征,线索的出现就带有区域性;如用计算中的差异作为介质可以确定具体计算事项的特征,线索的出现就带有个别性。审计师总是尝试使用不同介质,并考虑如何发挥不同介质的作用,使得审计线索丰富多样。

2. 合理把握审计线索的状态。在审计事实的状态中,一般可归结为正常或异常,只有被判断为异常状态的事实才有可能成为审计线索。异常状态往往由线索的那部分事实在介质的作用下所体现。合理把握审计线索的状态,有利于设计进一步审计程序,尤其是对于那些符合舞弊或重大问题的特征的审计线索,给予足够的关注。

3. 线索与标准的联系并没有问题与标准的联系密切,审计师在发现线索的过程中,并不需要具体而明确的标准为依据,而是直观地依据标准的精神和意义,通过对迹象的考察或分析得到的,标准只能成为一般指导。严格意义上来讲,标准自成一体,有明晰性和确认性,可以用来衡量问题,虽不适合成为线索的介质,但依然可以得到指导性运用。

4. 一般而言,审计判断链条的构成过程应该是从觉察审计线索到发现问题,至于标准是在线索判断中运用还是在问题判断中运用没有固定的范式,更多地还应该取决于审计师的综合判断力。

目前,不同类型的审计无论是在理论还是实践中,一般存在这样的方式:对于具体的审计事项,主张审计师将审计事项所涉及的标准加以收集、整理,通过对标准的学习和理解,并根据掌握的关于审计事项的基本情况,在判断活动中将标准进行相应分解,并一一列举相反的可能性事实,充分利用标准发现可能存在的问题。这种方式可以在标准的引导下形成规范的问题列举样式,列举样式直接反映违背标准的问题的所有可能性,因而可以作为判断思路在审计实施方案当中显现。这种方式作为审计判断实践的主流,具有一定的普遍意义,依据这种方式可以制定统一规范的实施方案,能够突出对标准所要求的审计重点和内容中可能存在的问题,并可提出相应的审计程序和方法。但这种方式也有自身的不足,主要表现在:第一,通用的标准范式是直接对应问题的,而问题的发现往往与线索有关,这种对每一个审计师都有用的运用标准的范式似乎忽略了审计线索,从而导致在实践中对每一个审计师发现问题的帮助作用不同。第二,从标准的分解或列举来直接对应可能的问题,当标准是单一或具有简单的规定性,也许对发现问题有一定的作用;当标准是多样或复杂的规定性,先不论标准分解或列举的困难程度,标准所对应的可能的问题也在扩大和虚化,使人无法操作,只能是越发离开了具体的审计事项,徒劳地在分解或列举了标准。第三,格式化的标准问题方案,表现不出审计师判断思维的方式和经验的运用,一定程度上削弱了审计师的判断力。第四,审计事项的复杂程度,也给问题带来了复杂性,标准的分解或列举使对应问题的复杂性有一定程度的稀释,进而割裂了问题作为整体事实之一的内在联系,反而使得问题不易发现。因此,从标准直接对应到问题的方式,需要得到审计判断实践的完善。

如果我们能深入挖掘线索、问题与标准三者之间的逻辑关系,那么可以存在另外一种补充或完善的方式:有的审计师依据直观经验、观察分析和所掌握到的标准(此时的标准不再是具体的标准,而是更为宽泛的标准要义,如逻辑、因果或风险等涉及审计事项的相关抽象标准),着力于对审计线索的挖掘,通过不同线索的介质的尝试使用,关注线索的动态,形成针对整体的不同审计事项,明确各项具体审计措施,从中找出异常,进而锁定问题或排除问题。这种方式充分考虑了判断力的运用和审计线索的挖掘,在挖掘审计线索时强化了多元标准的一般指导性,淡化了具体标准,最终的指向是问题的查找和排除。审计师只有当发现问题时,才会在相关的标准中找寻恰当的符合问题定性的具体标准。在处理线索、问题和标准时的两种方式,其各自的优劣应该视具体情况而定,根据审计判断实践研究,在逻辑实证主义(可证实性)和批判理性主义(可证伪性)的不同影响下,两种方式都有存在的必要,应该结合在一起使用。后一种方式,即按照从觉察审计线索到发现审计问题的步骤开展判断活动,觉察审计线索运用的标准是符合线索的多元标准,不仅能充分运用判断经验,而且使审计线索成为更加快速有效发现问题的途径。关注线索与关注问题并不矛盾,关注线索是发现问题的开端,符合思维判断规律,忽略线索直接发现问题,在判断实践中较为困难。在标准的运用上,觉察线索运用的标准与发现问题所运用的标准存在差异,并非割裂了标准的统一,这差异实质上是线索与问题自身的差异性带来的,实际上两者所对应的标准本身是互为转化的、统一的。

三、标准

审计判断标准的内容相当丰富,我们只是简单将其划分为内在标准与外在标准。内在标准由审计目标、执业规范和道德准则以及判断信念等一系列内容构成,主要是为审计师开展判断活动提供必备的尺度。关于审计目标,如真实、合法或效益,实际上它们就是一种衡量活动或事项的最根本的标准,由于这类标准较为抽象,需要将这些目标转化成审计判断标准在具体判断活动中加以运用;关于执业规范,如审计准则中计划、实施和报告等阶段所规定的流程或程序,是审计师的操作标准,其中关于重要性、内控和风险的评估等规定,也是审计师的判断标准;关于道德准则,如保持独立、客观评价等,成为审计师内在约束的判断标准。判断信念可以成为审计师的一种内在标准,只不过它是一个体系,无法分离出单个信念加以明确。外在标准一般由涉及相关经济活动的法律、法规等内容组成,主要用来衡量外部事物,为审计师提供问题揭示、证据判断、意见表述、结果处理等具体标准。内在标准与外在标准作为判断标准是统一的,有时候,某些内在标准需要借助外在标准进一步明确,如合法性的标准,用于会计信息判断时,在相应的会计原则中会被规定得更加具体、明确;同样,在外在标准缺失或模糊时,内在标准将成为决定性的判断标准,如某些经济活动需要进行绩效性评价,但此类外在标准缺乏,这时需要回归到绩效性的内在规定上进行判别。当然,判断的结果取决于审计师对内在标准的理解程度以及内在标准对具体经济活动的适用性和恰当性。可见,内在标准具有一定的抽象概念,在实际运用中需要审计师的主观判断,具有主观性特征;外在标准含有明确而特定的要素,既是一种形式标准,也是一种客观标准,在判断中更多地成为评价的依据。由于内在标准在书中已作深入讨论,以下我们主要结合外在标准进行讨论。

(一)标准的内涵

标准作为一种尺度、中介、衡量,在许多领域中发挥着重大的作用。审计师所要掌握和关注的标准集中在经济领域,如有可能,审计业务一旦超出经济领域,审计师就要掌握与该业务相关的标准。这主要是基于审计判断活动无法离开与之适应的标准,没有标准的判断结果是无法令人信服的。审计所依据的标准与科学标准(对物的标准)并非一致,往往是综合性的,与经济活动的综合衡量有关,很大程度上反映了社会经济活动的规则,是人们在处理一系列相互关系时所设定的类似契约的产物,具有导向性和约束性。因此,标准可以成为客观事物所具有何种意义的一种参照物,是一种比较的标本,也可以作为一种区分其他事物的中介。一般而言,标准本身是建立在科学、技术和实践经验上的综合成果。例如,人们总以经过验证正确的结果为基础产生或制定各类标准;标准除了起到尺度的作用,还有促进最佳的经济效率和经济效益的目的。一般标准的构成总是在一定界限内划出相互对立的两个部分,明确哪些是符合事项或活动的内在值域,哪些是脱离内在值域的。审计判断标准更加注重标准的客观性、适用性、相关性和公认性,当标准不一致时,应当采用权威的和公认度高的标准。

(二)标准的形式与类别

标准一般以文件等的特定形式发布,作为共同遵守的准则和依据。现实中,标准往往是经由某些权威或公认的机构制定和批准的文件,或者是为了在一定范围内获得最佳秩序,经协商一致制定并由公认机构批准供共同使用和重复使用的一种规范性文件。它对活动或活动的结果规定了规则、导则或特殊值,供人们在一定时效、范围内使用,以实现在预定领域内最佳秩序的效果。

标准的体系十分庞杂,对其形式与类别逐一进行介绍是很困难的一件事。可以按照不同情况分类,例如有的是从制定机构的权威性和地位来分类;有的是从标准内容的适用性和约束性来分类。

1. 我国审计准则对标准的类别采取了前一种列举方式,指明可以选择下列标准作为职业判断的依据,并强调在审计实施过程中需要关注标准的适用性。

(1) 法律、法规、规章和其他规范性文件。
(2) 国家有关方针和政策。
(3) 会计准则和会计制度。
(4) 国家和行业的技术标准。
(5) 预算、计划和合同。
(6) 被审计单位的管理制度和绩效目标。
(7) 被审计单位的历史数据和历史业绩。
(8) 公认的业务惯例或者良好实务。
(9) 专业机构或者专家意见。

2. 我们还可以结合经营活动与标准的作用过程来分类。

（1）生成标准。如为满足真实性的标准，对事实部分生成应该如此的规定性。相应的有《会计基础工作规范》《企业内部控制规范》等具体的操作标准、流程标准。

（2）处理标准。如为满足合规、合法性的标准，对事实部分明确划分可以为之或不可以为之的规定性。相应的有具体的法条、禁令等。

（3）评价标准。如为满足效益性的标准，对事实部分提出预先设定的符合经济或效率、效果的规定性。以相关指标形式、技术参数等反映，如内部控制评审的标准、风险管理评审的标准。

当然，还可以根据标准的层级、内容等进行划分，如强制性标准、行业标准、地区性标准、专业标准等，其中专业标准它是有关专业机构研究或制定的标准、发布的指南、学术研究资料等。此外，外部专家工作成果也是一种标准，它是审计人员同被审计单位有关专业人员、审计外聘专家共同研究，在达成共识的基础上形成的标准。

（三）标准的一致性

理论上，标准与标准之间、判断主体与被判断对象所采取的标准应该是一致的，这种一致代表了标准的衡量稳定性，但现实中，标准也会体现出多重性，造成差异变化。在审计判断领域，面临的这种差异更为明显。例如，当会计人员将事实转化为信息时，这个过程的实现存在标准的介入，而审计师在判断信息认定和事实本身时，判断标准一定程度上会发生变化：一是对某类相同的标准的理解不一致；二是对某类事实的认定不一致，造成引用的标准不一致；三是存在掌握标准的数量上的不一致，可能导致判断标准范围和内容有所扩大。审计师掌握或依据的标准范围相比财务或管理层更大；四是存在运用标准处理事项层次的变化。如企业按外部会计原则和内部管理流程处理交易和账项，审计一般只按照外部的通用标准。

实际上，不同审计师之间，标准的一致性也很难达成。这不仅是对外部标准的理解和把握程度，而是每个审计师会拥有自身判断的标准，这是由于判断主体在选择和运用标准时经常使用主观思维，会形成一系列主观的、经验的标准，如审计师基于逻辑判断规律、性质和关系等内容，逐步建立起逻辑判断经验体系，该体系中就包含了一系列符合逻辑的经验标准，如逻辑关系标准、合理性标准，审计师依靠该标准提出理由、收集证据与进行验证来支持其判断信念。审计师通常会将其种种判断信念作合乎逻辑性的连贯思考，并以事实或证据来验证其判断信念。同样，由于涉及主观判断经验，对关系判断标准、重要性判断标准、风险判断标准等把握和运用的程度不同，这些差异的体现比使用外部标准（成文的标准）显得更为突出。

（四）事实、问题与标准三者的关系

相对而言，外部标准更具有客观性，即针对具体事物的外在规定性，它更多的是涉及如何选择的问题。如果不是标准错误地介入并影响事实，问题本身不是标准造成的，即问题的发生与标准无关；如果把标准看做是参照物，问题的存在与否却一定程度取决于标准，或者说问题所以能够显现在于标准。比如，相对于整体中全部事实显现出那部分事实

的差异,取决于外在的规定性,就像一筐球,假定以颜色(黑色)作为规定性(标准)加以划分,那么,白色球或其他颜色的部分球就属于差异;再如一筐苹果,假定以品质(正常)作为规定性,那么,腐烂或其他毛病的部分苹果就属于差异。审计判断活动中始终关心问题的那部分事实,不如说更是为了整体事实符合外在规定性的评价。

问题会呈现多样化,既是不同标准对整体构成产生影响的结果,也是依据不同标准判断出的不同结果。不同的标准对整体构成影响程度不一样,违反法律法规可能导致对被审计单位进行罚款、诉讼或其他法律追诉,而这些都可能对财务报表产生重大影响。例如,法律法规对财务报表有相当的影响,被审计单位所遵守的这些法律法规组成其法律、法规框架。某些法律法规在决定被审计单位财务报表报告的金额和披露有着直接影响,而有些则没有那么直接,只是为被审计单位经营活动提供指导。有些企业处于大量法律法规管制的行业(如银行和化工企业),而有些只要遵守与经济活动相关的一些法律、法规(如遵守职业安全和健康手册和保障平等就业等规定)。审计判断中,不同标准判断出的不同结果,如某一个问题往往可以演化为多个问题,或多个问题往往可以进行归类为某一类问题,这都是整体所依据不同的标准影响判断的结果。

随着事实真相的不同演变,相关认定标准也会随着不一致。审计师在判断这些事实时,依据怎样的标准去开展事实调查非常重要,因为,事实和标准的选取都能够影响审计师的关注度。

例如,一张会计凭证上记载某一项业务招待费:现金支付一万元,附件为一张餐饮发票。对该事项的判断由于事实真相的演变和标准选取不一,一些审计师会给出问题不同的判断认定:

1. 就会计核算事实,附件信息不充分,会计生成不符合标准。判断认定标准为《会计法》。

2. 就使用现金事实,违反现金管理规定。判断认定标准为《现金管理暂行条例》。

3. 就管理活动事实,费用控制管理环节薄弱,如未能对费用列支作明确控制,什么情况下可以发生、什么情况下应该授权、有无预算或财务计划等的规定。判断认定标准《内部控制管理手册》、预算规定等规范。

4. 就具体用餐事实,违反相关廉政规定。判断认定标准如《关于禁止损失浪费、公款吃喝等规定》(当审计师关注此事,表明较少的人用餐超过相应标准)。

5. 就虚假性事实,费用发生不真实,有套取现金现象。判断认定标准为《关于制止"小金库"行为的规定》,许多公司为了自身或帮助员工少缴税款,允许员工在某个限额内采取发票报账,代替部分工资薪金的支付。还可依据判断认定标准《企业所得税法》或《个人所得税法》等规定。

6. 就舞弊性事实,虚列支出,个人侵吞资产,属于舞弊行为。判断认定标准为《经济活动纪律处分条例》,如数额累积较大,还会涉及相关法律规定。

事实的展现有一定的轨迹,不同阶段都会有不同的状态,对事实的了解或判断一般是渐进的,因此判断标准的选择应契合事实的相关状态。不同标准的选择,看似影响问题(差异)的不同状态,实质上,这种事实的客观状态不是标准所能影响的。事实的真相是事实本身运行状态的综合,必定体现出完整性,当这种完整性还没有被充分展现出来时,审计师只能对所能察觉的那个事实状态运用相应的标准进行认定。事实在不同阶段的状态,标准的多项选择,问题与事实真相的距离,这三者的关系在判断过程中值得审计师审慎处理。

第四节 审计证据与逻辑判断

一、审计证据的生成

一切关于整体的事实都有可能成为证据,无论证据以何种形式存在,其最初的发源离不开事实。审计师如何在诸多的事实中选择其需要的那部分事实组成所谓的证据?这看似是取证方法决定的,一般表述为"证据的收集",其实是证据的生成。证据生成涉及证据收集和证据匹配的问题,证据匹配是指审计师在判断活动中的各种设定状况都需要相应的证据给予支持。主要表现在审计师在收集证据时以符合各种设定为目的,但由于某种审计事项的设定涉及的信息并非是单一的,而且收集程度有难易之分,获取渠道也存在多变,证据匹配需要判断主动介入,判断决定了证据生成。

事实一旦转化成证据,证据就会以其自有之意而存在,而审计师完成这样一个转化过程,实质上会受到判断思维的影响,包括经验和知识以及判断信念的作用。审计师在证据的生成时,必须关注以下几个环节:

一是判断识别事实所呈现的价值和意义,即在事实中发现其自身蕴含的逻辑、因果或风险等因素,以期望这些因素能够形成一定的证明力。

二是建立审计判断目标或诉求与已判断识别事实的关系,即在诸多的事实中寻找与判断目标相关的那部分事实,将事实与目标建立联系,着重考虑这种联系是否紧密相关,使之再次符合新的逻辑关系、因果关系等普遍规律。

三是考察证据生成的方法,即运用成本效益原则,选择有效的证据生成方法。审计判断活动中并非总是面临理想状态的事实和理想状态的获取事实途径,证据的生成往往伴随判断信念的坚持程度,不得已的情况下,退而求其次是惯常的,需要尽最大可能满足判断信念。如被审计对象对某项特殊资产的支付或计价无法提供合理的证明材料,审计师判断这项特殊资产的支付或计价存在虚假和不实的状况,因此需要针对这一事实要求被审计单位作出具体说明,说明的内容应该是承认无法提供合理的证明材料的这一事实,包括所应负担的责任和后续整改措施。这种替代的证据尽管证明力较弱,但体现了证据生成的意义。

四是考察已成为证据的证明力,即证据只有在服从判断目标或要求的前提下,才能表现出恰当的证明力。证明力与同意一样也存在根据和等级的意义。"当一件特殊事实符合于我们恒常的观察,并符合于旁人的一致报告时,我们就坚决地依据它,就像这是一项确定的知识一样,而当它符合于所能知道范围内一切时代中一切人的见证时,这就是第一等的和最高级的概然性。……但当各种证据违反自然的通常进程,或彼此相反时,则概然性的等级就可以有无限多的分歧,由此就有这样的一些等级,我们称之为相信、猜测、怀疑、不定和不信;正是在这里,需要有精确性来形成一种正确的判断以及使我们的同意和概然性的等级成比例。"①证明力是证据的核心,只不过需要考察它证明的对象和服务的目标。

证据的生成受逻辑判断影响,审计证据与不同逻辑学说也有着密切联系,而且还影响着不同审计程序的选择。有学者列示了表7-1用以说明审计证据与五类逻辑学说的联系②。

表7-1　　　　　　　　　　　　审计证据生成与逻辑学说

审计证据	逻辑方法	取证方法
以他人证言为基础的证据	权威主义	独立第三者的询证、职员的陈述声明(人证)
		企业外部、内部编制的文书;辅助记录和详细记录(书证)
通过灵感获得的证据	神秘主义	通查(scanning)
		分析性复核
通过演绎推理获得的证据	理性主义	重新计算(验算)
		制度基础审计
		逆查
通过感官经验获得的证据	经验主义	观察
		盘点
通过未来实践结果获得的证据	实用主义	追踪公司及其职员、客户等在资产负债表日后的行为

实际上,这些观点最早是由威廉·佩珀雷尔·蒙塔古提出的,他认为:"逻辑从事寻求种种最后的标准,以便用以使我们的信仰得到根据又使我们可达到真的知识。……我们可把我们的观念与信仰追溯到这些来源中的一个或多个:旁人的见证;直觉,这至少局部地建立在种种本能、情感、欲望之上;以种种普遍原理为据的抽象推论;感觉经验;具有成

---

① [德]莱布尼茨:《人类理智新论》第567~568页,商务印书馆2002年版。
② 刘华著:《审计案例研究》第10页,上海财经大学出版社2009年版。

效的实际活动。人们可以把,在事实上也已经把每个这种泉源当作断定哲学真理的主要标准;因而跟这五种信仰泉源相应的有下列五种类型的逻辑学说:权威主义;神秘主义;理性论;经验论;实用主义。"①

此外,证据的生成还会受到因果判断、风险判断和价值判断等影响,同样可与因果学说、风险学说和价值学说等建立联系。

二、定量与定性

定量与定性是判断整体的结构、状态和性能的重要基础。因此,逻辑判断中需要关注定量与定性问题。关于定量与定性的阐述,应受到哲学思辨的指导,这在黑格尔的《逻辑学》一书中已有深入而广泛研究,其成果为人类世界带来宝贵的财富。在此,我们只是结合逻辑判断对审计证据的定量与定性加以简要论述,具体的定量与定性方法运用将在评估与决策一章专门讨论。

关于定量,黑格尔认为:"定量是具有规定性或一般界限的量,——它在具有完全的规定性时就是数。"在逻辑判断中,物的定量以及定量所起的影响都是客观而实际的。审计时常与数字在打交道,每一份审计证据或多或少都要涉及数据,通过数据来说明问题,使问题得以量化,这就是定量在审计判断中的运用。关于定性,由于物的性或内在并非都能被轻易揭示,定性往往带有主观判断。定性是对整体及其各要素作状态和性能的判定,一定程度可以影响判断的方向或认定。定量与定性都需要和分析结合,形成不同的判断事物的方法。人们通过对定性分析法和定量分析法的比较后,普遍认为,两者各有长短。定性分析法具有较大的灵活性,可以根据整体的具体情况进行相应调整,这是定性分析法的优点,却也由此产生了这种方法的缺点,即太容易受到执行人主观意见的影响,其中偏见往往会带来损失。尽管可以通过成立专家组的方式来减轻个人主观意见的影响,但仍然无法克服定性分析法固有的缺陷。定量分析法通过用数据说明问题,结论往往固定不易改变,使人信服的理由会更加充分。缺点是应用于同一个整体时一旦改变任何一个相关因素就会有不同结果,而现实状况还摆明整体内部含有许多非量化因素。由此,如何来理解定量与定性的关系是解决两者结合起来运用的关键和核心。我们认为,整体应该量性合一,即定量与定性的合一观,是判断评估整体的智慧。对于定性分析法与定量分析法结合起来使用,是当今人们判断评估整体的一种共识,这样的认识已经朝前进了一大步,但仅仅如此还是不够的。因为,在提出定性与定量结合使用的观念中,还是没有正确把握到定性与定量的内在关系,有些审计师依然延续量为量、性为性的观点,对整体的认知判断始终存在局限性。量性合一的观点体现在以下三点:

一是量性两者是合一的,即一体,不能分开理解,也不能分开运用或简单将其结合。整体中的量本身就包含了性,不存在无性之量;如资产中的量,可以体现优劣之性、变现之

---

① [美]威廉·佩珀雷尔·蒙塔古:《认识的途径》第6页,商务印书馆2012年版。

性、种类之性、适宜之性等诸多性能。整体中的性本身同样包含了量，不存在无量之性；会计学的发展之中，以往将有些整体中的性排除在量的计算中，如商誉、品牌等无形资产以及人力、文化等各类资源，现实中已得到不断重视，加快了对整体中不为关注的性的最大量化。

二是按照解构原理，对整体的分解涉及量与性的划分是出于手段的考虑，仍然要遵循分解的目的，真正把握量与性之间的内在关系，以使分解后的成果有利于整体的重构。对整体定量分析是基于逻辑出发，说明事实依存状态；定性侧重因果，揭示现象与本质。整体中的逻辑事实反映出因果，因果关系中寓于逻辑事实，共同表明整体状态和性能。

三是整体的运动带来的变化变量，期间各因素及其关系又在彼此转化。对于整体的判断是有限的，在审计实践中不能达成百分百准确，但可以在量性合一的观念上将两者结合在一起作用于整体，才会获得更好的判断效果。定量与定性的结合，可以运用于证据考察，还可运用于证据生成过程之中。例如，用于整体事实的评估，依据整体的不同情况作出判断决策，有利于证据生成。

整体的（包括问题或事项）定量与定性，都需要与适当的审计目标建立关系，不能远离目标设定，逻辑判断需要与整体自身逻辑状态和审计师的意图结合在一起考虑，利用定量与定性单纯评价整体的逻辑性而不与审计目标联结是徒劳的行为。

三、审计证据判断

证据是逻辑判断的重要产物，显现在逻辑判断链条当中，看似散乱的事实或信息当其成为证据时需要逻辑判断给予统一。一定程度上而言，证据以及证据的证明力就是一种特殊的逻辑力量，是逻辑能力的显现。审计判断的整体中所有的信息都有可能成为审计证据[①]，某些信息之所以能够成为审计证据，主要取决于审计师对证据要求和审计程序选择的逻辑判断。

（一）满足证据要求的逻辑判断

大量审计实践表明，证据判断中所展示的逻辑关系是清晰的：审计活动中对于问题（错误、错报、差异与风险等）的揭示或结论的形成需要证据作为支撑。这种支撑受证据的强弱影响，而证据的强弱一定程度上又取决于证据的数量和质量。因此，对审计证据的数量和质量的判断是围绕充分性和适当性展开的。充分性是对审计证据数量的衡量。一般而言，所需审计证据的数量受重大错报风险和审计证据的质量的影响。适当性是对审计证据质量的衡量，即审计证据在支持财务报告或发现其存在错报方面具有相关性和可靠性。证据的数量和质量之间存在一定的逻辑关系，如都会受到重大错报风险的影响，风险越高，所需审计证据数量越多，所需审计证据就要更具说服力；相对而言，证据质量越

---

① 审计证据是指审计师为了得出审计结论、形成审计意见而使用的所有信息，包括财务报表依据的会计记录中含有的信息和其他信息。

高,所需的数量越少;由此表明,审计证据的充分性与适当性是密切相关的。审计师不仅需要运用逻辑判断在整体的信息中生成证据,还要对证据的充分性和适当性进行判断。

1. 充分性判断。证据的充分性尽管是在数量上予以规定的,也隐含着正确和完整的考虑。按照审计风险模型构建逻辑出发,审计风险是由错报及检查风险共同确定的。当审计师确定一个可以接受的审计风险是个定量的时候,需要的审计证据和错报风险是成正比的。当整体中错报风险的可能性高,只有通过获取更多的审计证据来降低检查风险,从而达到可接受的审计风险。但证据并不是越多越好,要考虑成本效益原则,一个正确的信息形成的证据,抵得上诸多错误的信息形成的证据。证据的充分性还体现在信息的完整程度上,针对某些事项的判断,从那些散乱的、逻辑关系不清的信息当中形成的证据,不如从一个完整的、逻辑关系清晰的信息链当中形成的证据有力。

2. 相关性判断。审计证据的相关性是指用作审计证据的事实凭据和资料必须与审计目标及被审计事项之间存在一定的逻辑关系。审计师只有获取与审计目标相关联的审计证据,才能证明或否定被审计单位在财务报表中认定的相关事项。如果审计师在审计过程中不遵循这样的逻辑关系,而是将那些与所审计事项不相关或形式上有关联实际上不具备相关性的事实凭据和资料作为审计证据,就有可能得出错误的审计结论。此外,证据相关性的判断,受被审计事项的复杂程度的影响,越是复杂的事项其涉及的相关因素越复杂,需要厘清各因素的相互关系(具体在因果判断原理里面已有论述)。

3. 可靠性判断。审计师在判断证据的可靠性时,通常考虑证据的来源和性质的影响,当证据来源于被审计单位外部之时,还会考虑具体的环境影响。判断实践中,对于证据是否可靠已形成了一些判断共识:

(1) 从外部独立的来源获取的审计证据比从其他来源获取的审计证据更可靠(如函证应收账款数额比账面记录的可靠,银行对账单显示的金额比账面记录金额更可靠等)。

(2) 直接获取的审计证据比间接获取或推论得出的审计证据更可靠(如直接观察到某项控制的执行情况比询问或调查到某项控制的执行情况更可靠)。

(3) 以文件、记录形式(无论是纸质、电子或其他介质)存在的审计证据比口头形式的审计证据更可靠(如要考虑性质和环境变化)。

(4) 从原件获取的审计证据比从传真或复印件获取的审计证据更可靠(如某类资产的所有权证原件较比复印件更为可靠)。

(5) 从管理控制规范有效的组织当中获取的证据比管理控制混乱的组织当中获取的证据更为可靠。

判断审计证据的可靠性,还应当注意可能出现的重大例外情况,以及还要考虑证据的获得渠道的正当性。此外,一般审计准则中,都规定了审计师对审计证据充分性和适当性的判断会受到哪些因素影响。例如,认定发生潜在错报的重要程度,以及潜在错报单独或连同其他潜在错报对财务报表产生重大影响的可能性。

(二) 审计程序判断

获取审计证据的审计程序一般包括：检查、观察、询问、函证、重新计算、重新执行和分析程序等，审计师针对不同事项会选择执行不同的审计程序，以实现其预定的目标，这些程序的执行并不能简单地等同于工具的运用，选择和使用一种或几种程序执行时需要作出判断，其中分析程序的执行更是一种接近于判断行为的方式。在实施风险评估程序、控制测试或实质性程序时，审计师可根据需要单独或综合运用以上审计程序，以获取充分、适当的审计证据。逻辑判断在程序的设计和执行中，可以实现对执行程序获取证据的效率和效果作出判断。举例如表7-2所示。

表 7-2　　　　　　　　　　　　　　执行程序判断

一般执行程序	具体运用	对执行程序的判断
检查	检查涉及记录或文件的检查，包括对被审计单位内部或外部生成的，以纸质、电子或其他介质形式存在的记录或文件以及对资产实物进行检查	检查记录或文件可提供可靠程度不同的审计证据，审计证据的可靠性取决于记录或文件的来源和性质。检查有形资产可为其存在性提供可靠的审计证据，但不一定能够为权利和义务或计价认定提供可靠的审计证据。审计师检查实物资产时，应对其质量及所有权予以关注
观察	观察是审计师察看相关人员正在从事的活动或执行的程序，如被审计单位的存货盘点状况或者控制活动的执行	观察提供的审计证据仅限于观察发生的时点，并且在相关人员已知被观察时，相关人员从事活动或执行程序可能与日常的做法不同，从而影响对真实情况的了解
询问	询问是指审计师以书面或口头方式，向被审计单位内部或外部的知情人员获取财务信息和非财务信息，并对答复进行评价的过程	知情人员对询问的答复可能提供审计师尚未获悉的信息或佐证证据，也可能提供与已获信息存在重大差异的信息，审计师应当根据询问结果考虑修改审计程序或实施追加的审计程序。询问本身不足以发现认定层次的重大错报，也不足以测试内部控制运行的有效性，审计师还应当考虑实施其他审计程序来进一步获取满意的证据
函证	函证是审计师为了获得影响财务报表或相关披露认定的项目的信息，通过直接来自第三方对有关信息和现存状况的说明，获取和评价审计证据的过程	函证是一项特殊的询问，当审计师不能通过函证获取必要的审计证据时，即发生无回复、例外出现等情况时，应实施替代审计程序。函证时要考虑事项的具体状况选择积极式函证或消极式函证。审计师从函证方直接获得的外部函证证据可能比从被审计单位内部产生的证据更为可靠
重新计算	重新计算是指审计师以人工方式或使用计算机辅助审计技术，对记录或文件中的数据计算准确性进行核对	重新计算需要对计算对象的信息完整程度进行有效评价

(续表)

一般执行程序	具体运用	对执行程序的判断
重新执行	重新执行是指审计师重新独立执行作为被审计单位内部控制组成部分的程序或控制（如重新盘点等）	
分析程序	分析程序是指审计师通过研究不同财务数据之间、非财务数据之间以及财务数据与非财务数据之间的内在关系，对财务信息作出评价。还包括识别的、与其他相关信息不一致或与预测数据严重偏离的波动和关系	对于异常变动项目，审计师应重新考虑其所采用的审计程序是否恰当。必要时，应当追加适当的审计程序

(三) 审计判断意见的表达

审计证据判断会影响审计判断意见的表达。判断意见表达是一种专业的描述或说明，是对整体事实作出判断后的表述。任何人都有理由相信，从这种表述当中应该体现出审计师判断思维活动和行为结果，因为这一切都有审计证据作为支撑。如何保证对每一个判断结果进行描述或说明是恰当的，这不仅是对语言文字表达的要求，更为重要的是对证据判断的逻辑要求。

在社会审计中，存在规范的审计意见表达文本：即无保留意见、保留意见、否定意见、无法表示意见的审计报告。无保留意见本身就是审计判断意见的集中体现，在后三种意见表达时会增加说明段，将审计判断意见的表达纳入说明或强调事项当中，作为审计判断意见表达的直接内容。审计判断主体无论选择何种审计意见，都要面临审计判断意见表达，即便在导致无法表示意见的事项描述中，也会涉及审计判断意见表达。正如我们不提倡形式化、格式化的审计实施方案一样，我们同样不提倡格式化的审计描述或说明。在社会审计中出具的审计意见，它似乎是格式化的，表明审计师需要在四种规范意见中作出判断选择。这种意见没有表达一系列的具体判断事实，其实，是因为向社会公开的财务报表是经过审计的，即经过调整后的财务报表，那些有审计证据支持的需要调整的审计事项，其描述或说明存在于内部（审计事务所和委托方等）审计报告中，并不对外公开。国家审计、内部审计需要对判断结果进行审计描述或说明的，这种描述和说明大量存在于审计工作底稿和审计报告之中。

审计判断意见表达至少应体现几个原则：清晰性、准确性、简练性、重要性、可读性等原则。其中的清晰性和准确性等原则主要指符合逻辑判断要求，可读性的原则主要是指适应社会期望。例如，当判断事项结果较为复杂，表达时应遵循清晰性原则，避免散乱无序、云山雾海；当判断事项结果中存在若干相同或类似问题，应遵循简练性原则加以归类梳理，避免重复冗长、详略不当；当判断事项结果存在多项问题，应遵循重要性原则加以评估分析，避免主次不分、吹毛求疵；当判断事项结果涉及定性标准选取，应遵循准确性原则判断分析标准的相关和公认程度，避免定性不准、张冠李戴；当判断事项结果需要公之于众或运用于决策分析，应遵循可读性原则加以规范普及，深入浅出，避免晦涩难懂。上述原则还可以结合起来使用，如当判断事项结果出现违反多个法规规章的时候，可遵循重要性原则，一般选择违反较为严重的法规规章条款作为判断标准，主要是突出问题性质的严重程度，也可结合准确性原则，遵从公认度较高的严格条款。在这些原则中，最为重要的是准确性原则，判断意见不论如何表达，都不能丧失准确性，要审慎判断证据的证明力，以及问题、标准和意见之间的内在逻辑联系，突出判断意见的准确性。

　　审计师需要在证据判断中充分获取意见表达的实质，以此为基础才能构建最佳说明框架，防止形成有缺陷的审计描述或说明。审计判断意见表达本质上是对事实的陈述，只不过在陈述事实之前已经对相关事实进行了专业判断和验证，即已经获取了审计证据并对判断结果进行了确认。如果说还存在这样或那样的有缺陷的审计判断意见表达，主要的原因还是来自陈述事实相应的审计证据不充分、不相关和不可靠，未能得到逻辑判断有效验证。

第八章　审计解构判断原理

"分解又融合，多声部的歌相互交流。"
——《俄语节奏舒缓……》康斯坦丁·巴尔蒙特

解构一词属于借用，与解构主义所表达的不是同一个意思。在审计判断学里，解构判断的真实含义是关于整体的分解和重构的判断，其内容涉及整体判断、重要性判断、分解（层次或结构分析）和重构（整体重估或综合评价）等思考。主要包含三层意思：一是将组成整体事物的相关要素有机地分解出来；二是分解后的要素组合或融合实现重构，并有效对照整体；三是整体分解和重构的过程始终伴随对整体的把握、对要素间内在关系的识别和联结以及重要性分析等判断行为。整体与重要性是审计解构判断原理的核心基础，没有整体谈不上分解与重构；失去重要性解构判断就会偏离判断主旨。

第一节　整体与判断

一、整体观

对整体概念的理解或看法形成整体观，审计判断主体的判断思维的内在特色在于整体观的体现和运用。尽管判断思维中肯定还包括了批判性思维、逻辑思维、因果思维等，但这些判断思维仍然服从于整体观，整体观下的判断思维对审计师而言是最为重要的。关于整体观下的判断思维，韩非子在《大体》篇中论述"古之全大体者（古代能够全面把握事物整体的人）"应该做到："不吹毛而求小疵，不洗垢而察难知；不引绳之外，不推绳之内；不急法之外，不缓法之内；守成理，因自然；祸福生乎道法，而不出乎爱恶；荣辱之责在乎己，而不在乎人。"这是较早提出的一种在依法治理下的整体观，其中的坚持信念、不吹毛求疵、合理运用标准、遵守公理、分清责任等整体观中的思想，仍然值得审计判断主体借鉴。整体观下的判断思维要求审计师全面把握事物整体，这是一项基础性的工作，唯有此才能为不同利益互信群体提供合理保证。在具体判断实践中，整体观下的判断思维，还会引导审计师如何识别和了解整体（经济活动及事项、财务信息及非财务信息、与整体相关的行业及环境等）、如何考虑影响整体的重要性因素（重大资金、重要事项、重点领域以及重要性水平设定等)、如何关注整体的风险性(重大错报风险、舞弊风险等)、如何评价整体的状态或性能等。所有的一切均表明,整体观下的判断思维作为一种素质要求真实地再现了审计师的本色,凡是缺失这种素质要求的审计师,必定会偏离正常的审计判断活动。有人认为,在社会审计中这种素质要求表现得较为迫切和突出,而国家审计或内部审计似乎不需要这种整体观下的判断思维。其实,这种观念既揭示了审计现实所面临的状况,同时又提出了新的命题。关于审计现实存在以下状况:社会审计以鉴证为主,必然要依附某个特定的整体开展,并且规定要对特定整体发表意见,因而长期实践形成的判断思维中自然会带有整体观。国家审计以监督或控制为主,更加关注具体问题的揭示,似乎在整体中的事项、资金等审计上有一定的选择性,不能充分反映或揭示整体,也没有规定必须对整体发表意见,因而这种情况下判断思维容易缺乏整体观。同样地,内部审计以管理者的需求为主,所关注的事项受需求而定,审计事项虽然与整体相关,但并不表明一定会形成整体观下的判断思维。这种现实状况在审计师的判断活动中是存在的,因而,当前需要进一步明确整体观的要求,即社会审计中的整体观下的判断思维,应当从消极变为主动,谋求更大发展;国家审计中已提出"全覆盖、全口径"等整体性要求,国家审计判断需要与之适应,提供更多的关于整体建设的宏观性决策;而内部审计判断需要改善,在整体观的引导下,更好地服务整体的全面治理。

二、整体的把握

审计判断的对象是作为一个一体化的、有组织的整体表现和存在的。不同类型的审计,始终都要有一个确定的整体[①]。我们一般从审计报告的标题当中,就能轻易地判断某一个整体,如对财务报表审计,财务报表中所涵盖的所有内容以及与此相关联的内容,就近似于一个确定的整体。尽管如此,整体的概念仍然是一个综合的、多样的范畴,如企业就是一个受各种因素影响的有机整体,不仅包括企业内部属性和结构,还与外部环境中各种要素有机结合。我们一直把整体的结构、状态和性能作为整体判断的核心要素,审计判断活动如果失去整体的概念,在实践中是很难运行的。因此,对整体的把握以及寻求整体判断的意义是每一个审计判断主体必须注意的。

整体存在于整体之中,整体总是以相对的形式出现,绝对的整体是不可认知和判断的。这里所讨论的整体概念都是相对的。如何围绕整体开展判断活动,需要判断主体把握整体的相对性。整体的相对性是在自身的一体化和组织当中,由于判断分析时参照的对象不同,各组织所呈现的变化。整体的相对性就其表现形式而言,可以在分解中得到体现。某一个整体,由自身整体和局部以及各要素构成,其局部往往也是一个整体,相对自身整体而言,它是局部构成,是从属于自身整体的,但对局部自身而言,它们也是一个个整

---

① 我们论述的整体,主要是指被审计单位及其经济活动和事项,不仅仅包括财务报表;其后论述的错报或问题主要是指整体中结构、状态和性能的缺失与损坏情况。

体,由各种要素构成。当然,整体与总体的概念是有区别的,总体的概念是要与样本结合在一起使用的。

对整体的把握,一般要在整体的相对性中确定一个较为清晰而明确的整体,亦可称之为基础整体或独立整体,这种整体的确定与审计任务与目标要求紧密关联,一个单位、一个企业或某类专项资金都可以成为基础整体。如财务报表审计中,作为基础整体的可以是财务报表,组成财务报表的资产负债表、利润表、现金流量表等就是局部构成,但对于上述三表自身而言,它们也是一个个整体,各自由不同的要素构成。只不过相对于基础整体而言三表是被分解的局部。依此,当局部成为整体时,同样会体现并遵循整体相对性的表现形式,如审计任务是开展资产负债表审计,资产负债表就是基础整体,流动资产、固定资产等就是局部,存货、应收账款等就是要素。

审计判断活动所涉及的整体受空间和时间等因素的影响,可以从以下几个方面加以把握。

1. 关于整体空间范围的把握。从整体的结构出发,随着整体在空间范围之中存在高低和内外等层次的限定,体现一定的层次性,如判断对象可以是整个企业,也可以是企业内部各个责任层次的责任单位。随着科技进步,尤其是信息技术的发展,竞争日趋激烈,经济发展日益表现出多样化、复杂化,整体的层次性将变得复杂多样,使得原本清晰的整体概念范围越来越难以界定。因此,对于结构性不明显的整体,也要仔细加以甄别。例如,网络信息的兴起与迅速发展,出现了许多"无实体公司"[①];又如,有些上市公司拥有多个子公司,而每个子公司又有许多关联或联营公司等。在这些情况下,整体的空间范围伴随变化发展可以有不同的界定,可以是企业内部的各个责任单位,可以是单个企业整体,也可以是几个个体的联合体,如"无实体公司"及母子公司等。

2. 关于整体时间范围的把握。从整体的状态出发,一般情况下,审计判断活动遵循会计分期惯例,判断所依据的整体信息或资料主要是财务会计在分期假设前提下提供的资料。整体概念范围受时间范围影响,必须存在着一个基本状态的时间范围,由于时间序列是不断延伸的,整体在其中也呈现不断延伸的状态,在特殊情况下,可以追溯或延伸相关审计事项,这时整体需要按照实质重于形式的原则加以变化和调整,使得整体概念具有一定的弹性。例如,针对整体中的特殊判断事项,可以根据审计目标的实际需要,采取追溯或延伸的手段实现审计目标,不再局限于会计分期。

3. 关于整体表现形式的把握。从整体性能出发,传统审计中,被判断的整体性能的表现形式存在一定程度的单一性或侧重性,一般受货币计量的限定。随着审计实践的发展,现代审计所面临的整体表现形式更加丰满和充实,表现形式上兼有货币计量与非货币计量,非货币信息往往成为整体表现形式的主要部分,整体的内在性能得以充分显示,要

---

① 无实体公司可以根据业务需要,在短时间内把若干个体通过网络连接起来一同工作,一旦业务完成即告解散。

求判断主体不仅应充分利用货币计量的信息,还应充分利用非货币计量的信息来把握整体。如开展经济责任审计、专项审计调查、自然资源(环境)审计、绩效审计等,整体的表现形式并非只依赖于货币计量。

4. 关于整体构成及内部关系。从整体核心要素出发,任何整体的构成,其构成要素与整体之间乃至要素相互之间都会体现一定的关系,有的复杂,有的简单,有的明晰,有的隐蔽,表现形式各异。一般而言,整体构成可以存在从属关系、因果关系、逻辑关系、程度关系、并列关系等多种内在关系的交织,越是复杂的整体,所体现的关系就越复杂。审计师需要在了解整体构成及内部关系的基础上把握整体。值得注意的是,整体构成及内部关系常常处于变化之中,整体的相对性同样体现在这种内在关系的变化中。审计师在判断活动中,还要利用整体的相对性,在分解的基础上,对构成整体的内部各要素进行比较分析,根据不同的参照对象,找到要素与要素之间、要素与局部之间等内在关系变化,并依据这些内在关系变化确定整体。如财务报表审计中,通过分析判断时会找到一系列的借贷关系、钩稽关系、平衡关系以及不同财务比率关系等变化,还可以找到具体事项与组织运行管理、内部控制等行为关系变化,使财务报表这个整体的相对性清晰地体现在内在关系变化之中,进而全面把握整体。

因此,对整体的把握以及整体内部各要素之间内在关系的识别是判断整体的基础。由于整体除受到本身运行方式和存在状态的限定之外,还会受到外部环境和条件的限定,理想的或静止的整体构成及内部关系是不存在的。为了更好地把握整体,判断整体构成及内部关系还应该将两种限定综合起来加以考虑,只有灵活把握了整体的相对性和变化,才有可能对整体进行判断分析。

三、整体判断思维的建立

对整体的把握还需要不断完善审计师的判断思维模式。在现场审计时,倘若遇到一个资金量庞大、业务活动复杂的整体,很容易听到年轻的审计师翻阅资料时无奈地叹道:想要发现几个关键问题,就像大海捞针啊!也许这是许多初入职场审计师共同的真实感受。究其缘由,主要是审计师缺乏一个有效的整体判断思维模式,其固有的判断思维模式无法驾驭这样一个大的整体,总是显得力不从心。习惯于微观思维模式此时应该得到改进,如其不然,就会像蚂蚁在一棵巨大的树木上攀爬,往往忘记自己身处何地。只有不断放大自己的微观视野,直到与整体建立平等的关系,才能有效把握整体。对复杂而庞大的整体把握,尤其需要更为宏大的整体思维与之对照。例如,可以把某个企业视作一个生命体,有其结构系统以及生存和变化发展的过程,也可以把某个企业视作某类产品,有着交易的价值和自身性能。所以,整体判断思维模式的建立以及在判断实践活动中的运用有其现实的意义。

审计师在开展判断活动时,主体判断思维中始终要有整体概念存在,这是判断活动的出发点和回归点。之所以强调整体的概念,不仅仅是审计专业会面临对整体作出评价,更重要的原因在于把组成整体的各要素纳入整体以及纳入与之相关的不同整体当中进行判断，才能够科学客观地把握整体，这是一条正确而有效的判断路径。例如，现代医学的实践证明，对同样一种疾病，不能简单沿袭传统的"对症下药"那样的诊疗做法，如果能充分考虑同一种疾病对不同患者的影响，即把人看做一个整体，参考以往病史、族群遗传以及环境影响等因素，针对不同的人的整体情况合理用药，其治疗效果往往是最佳的。审计判断中迫切需要这种整体的理念，这样作出的判断将更为谨慎、合理。尽管整体以相对形式表现，往往受到时间、范围的限制，其涵盖的内容是基本明确的，但不能因此而孤立地来判断分析整体，应该用联系的观点，在整体内部以及整体与整体之间建立联系。有了这种有机的联系，才能更为清楚地反映整体。在财务报表审计中，同样的要素变化以及同样错报的金额或事项在不同的公司影响程度可能不一样，对不同的财务报表使用者影响程度也可能不一样。因此，在判断分析整体内部关系变化的同时，还要把整体纳入到相关的具体环境中，以更为广阔的视野，比较不同参照对象带来的变化，以此全面完整地把握整体。在整体判断思维模式的影响下，审计师可以形成更为简明高效的判断思路，如相同或类似整体导向判断思路：从相同或类似整体过去所显现的诸多特征中找到判断思路；局部问题导向判断思路，以整体所对应的标准为参照物，普遍列举相应的问题，如形成关于整体的问题清单。

整体判断思维模式的建立，是人类系统思维的一种演化，也是基于整体论指导下的一种审计判断思维，对于审计判断活动而言，核心是确立整体判断观念。

第二节 分解判断原理

一、分解的含义

分解对于更深入地理解整体以及作出整体判断所带来的益处是显而易见的。大量的实践活动证明，分解已成为一种有效的科学探究方法。分解中能够发现组成整体不易察觉的各个因素，从而为各个因素建立有机的联系提供验证基础。整体所表现的所有特质，都是基于组成整体的各个因素带有独特的信息。例如，物理学对宇宙中中微子的探测，化学实验对有机物和无机物的元素分解，生物学对遗传因子的研究等，每一次的分解和探测取得的成果，对相应整体的了解都会引向深入。

分解的对象几乎包含一切事物，由此具有普遍的适用性。在审计判断学中，分解涉及整体判断，我们认为，所有整体是能够被分解的，不被分解的整体是难以被判断的。在以往的具体实践中，人们一般认为分解只不过属于方法运用的范畴偏多，是务实活动的主要判断路径。其实，分解及其运用有其更为深层次的内涵，包括目的性和规律性。例如，科学家面对一种物体，习惯分解它的一切组成，小到肉眼看不见的分子、原子、离子等，目的是试图探明整体的结构状态和性能，整个分解过程中规律无处不在。需要强调的是，我们在分解的运用中同样要注入整体观念或系统思维①,并非机械地分解。

审计判断活动作用对象所具有的整体性同样具有可分解性,在判断实践过程中,分解原理的运用相当重要,正是对整体事物的不断分解、不断组合的循环当中,进一步把握到整体事物特征。因此,我们把分解整体的判断过程称为分解判断。由于分解判断在整体中的运用,审计判断活动自然地表现出由不同的判断链条组成,这是通过对不同层次、不同内容的经济活动和事项进行分解判断,形成分点判断、分层判断等,最后构成整体的判断意见的过程。

(一) 分解判断的目的性

分解是按整体的结构、层次、内容、功能、标准等有目的的分解。分解整体不是盲目的分解,至少是有目的的分解。审计判断分解具有明显的目的性,即通过对整体分解进而达成以下目的。

1. 有效判断。分解整体的主要目的之一为了更加清晰地判断整体,尤其是当整体的状态与性能出于较为复杂的情况下,对其进行分解可以促使组成整体的各要素显现出来,便于筛选和梳理,使得定性和定量的选择运用,也都有了明确的细化对象,成为可以具体分析评估的基础,能够实现对整体的有效判断。

2. 有效结合。分解整体能够与审计目标、审计程序、审计证据等有效结合。由于审计目标、审计程序、审计证据等本身就具备可分解性,更需要分解整体与之对应,只有通过这样的有效结合才能完成整个审计判断活动。

3. 有效分工。现代审计的判断主体趋向于团队组织,只有对整体进行分解,才能实现团队组织内的分工协作,分解适应于审计专业工作特点,有利于分工合作,便于给审计小组的不同成员分派任务。

4. 有效管理。审计判断活动已经形成自身的管理系统,分解整体成为判断管理系统的首要任务。针对已分解的审计事项,可以在现场审理、复核当中得以强化管理,维护审计质量控制。

分解判断起初可以是基于某一个目的,然后激发出更多目的。例如,对整体的重要结构或层次的分解,审计师按照重要性原则实施分解过程,确定整体中的若干个结构或层次,分别将相关重要性水平的标准进行适当分配,当得到某种实在的关于重要性水平在整体中分配的经验,又会激发更高的需要目的,而后扩展到其他种种目的。审计师在对整体分解判断时,所考虑的目的和事项是多重的,有的目的明显,有的目的隐蔽,这都需要理性和经验引导。例如,在分解判断整体时除了考虑整体的性质和规模之外,还要考虑不同整

---

① 系统论的出现使人类的思维方式发生了深刻的变化。在系统论产生以前,人们研究问题采用的是简化主义思维方法,总是将事物分解成若干部分,抽象出最简单的因素,然后再以部分的性质去说明整体的性质,用最简单因素说明复杂事物。在现代科学的整体化和综合化发展的趋势下,在人类面临许多规模巨大、关系复杂、参数众多的复杂问题面前,原有的简化主义思维方法就显得无能为力了,而系统分析方法却能站在时代前列,总揽全局,为研究现代复杂问题提供了有效的思维方式。——汪寿成:《现代风险导向审计》,大连出版社 2009 年版。

体之间的差异性,为了能够更好地将分解过程与审计目标、审计程序等有机结合起来,需要审计师按照最大效率或效益的原则实施分解,包括利用分解判断合理划分各种业务循环、控制循环等整体内部要素。对于审计判断活动,分解不仅仅是一条技术路径,在这条路径上如何唱歌、如何跳舞,给了审计师充分自由的选择。

(二) 分解判断的内涵

在运用分解判断作用整体的过程中,同样有因果和逻辑、风险和价值等一系列判断原理参与其中,并非单纯的分解。分解判断的重要性,不在于整体能普遍被分解这个基点上,还要运用分析判断去重新发现、体验和感悟整体秩序结构和状态,以期获得更高的审计效果。分解判断的层次高于识别,是在识别基础之上的深度了解。因此,分解判断中包含了分析程序。例如,审计师可以在分解判断过程中,通过研究不同财务数据之间以及财务数据与非财务数据之间的内在关系,对财务信息作出评价;还可以在必要时调查识别出与其他相关信息不一致或与预期数据严重偏离的波动和关系。同样地,以往所说的分析性复核①也始终在分解判断中得到运用,分析程序与分析性复核两者并无实质区别,在分解判断中都需要有所体现,这种分析不仅成本低廉,而且其功效显著,有助于在对整体的分解判断过程中,更容易发现意外的差异或潜在的漏洞。

(三) 分解判断模型探讨

分解判断在实践运用当中,往往会形成某种模型。模型的意思是尺度、样本或标准,钱学森给模型下了这样的定义,"模型就是通过对问题现象的分解,利用我们考察得来的原理,吸收一切主要因素,略去一切不主要的因素所创造出来的一幅图画"。"模型化"思维在审计判断活动中是一种很有价值的认识手段和思维方式。分解判断模型有以下几种情况:

1. 结构分解判断模型:众多事实组成整体,因而整体不是空洞的。绝大多数整体有既定的结构,结构之中充满了不同的事实,只要结构保持合理性,整体存在或延续的可能性就会增大。审计师要想探究事实的真相,可以从整体的结构入手,结构分析法着重在对整体结构进行分解,针对局部及要素在整体结构上的不同影响程度,分析并计算出不同事实确定的量值。在整体的结构之中分解不同事项或信息(事项的转化形态),是一种高效的筛选和梳理,有利于实现判断整体的目的。如财政财务报表本身就是一种结构性较强的整体,审计师通常会对财政财务报表信息进行结构分解。

2. 活动循环分解判断模型:整体是动态、运转的,其运动轨迹往往会形成各类循环。企业审计中的各类业务循环审计,财政审计中的财政预算、国库支出、决算等活动循环审计,就是针对不同经济活动的循环进行分解判断的过程,从而构造出稳定的活动循环分解判断模型。

---

① 分析性复核是指审计师通过分析和比较信息之间的特殊关系或通过计算分析重要的比率或趋势,以确定审计重点、获取审计证据和支持审计结论的一种审计方法。

3. 层次判断分解模型：整体在分解的过程中，由于其具有结构要素，可以涉及不同层次，如整体的基础层次、中等层次和较高层次等，因而层次判断分解模型需要借助层次分析法[①]建立。层次分析法的基本原理是将一个复杂的评价系统，按其内在的逻辑，以评价指标为代表构成一个有序的层次结构，也就是根据问题的性质和要达到的总目标，将问题分解为不同的组成因素，并按照因素间的相互影响以及隶属关系按不同层次聚集组合，形成一个多层次的分析结构模型。然后，针对每一层的指标，运用审计师的知识经验、信息和价值观对同一层次指标进行两两比较对比，再运用数学方法计算各个指标的权重。从而最终把系统分析归结为最低层（如决策方案）相对于最高层（总目标）的相对重要性权值的确定或相对优劣次序的排序问题，从而为决策方案的选择提供依据。层次分析法的整个过程体现了人的决策思维活动中分析、判断、综合等的基本特征，并将人的主观比较、判断用数量形式进行表达和处理。当然，层次分析法适用于需要考虑许多复杂评估准则时，它将多准则决策问题建构成元素内部独立的递阶层次结构，任一元素隶属于一个层次；同一个层次中任意两个元素之间不存在支配和从属的关系，且层次的内部是独立的；不相邻的两个层次的任两个元素不存在支配关系。然而，在实际的决策问题中，并不仅仅只能以递阶层次结构的方式表达其内部复杂的关联性，它们的上下层级间具有相互影响、相互依存的关系，于是萨蒂（T. L. Saaty）在 1996 年提出了网络层次分析法，考虑因素间的依赖性和反馈性，解决准则及方案之间具有相互依存关系时的方案评选。此类方法的运用目前都有成熟的软件可以予以辅助。

4. 标准及规范分解判断模型：诸多整体在活动环境中必须按照既定标准和规范运行，审计师可将相关整体及组成要素纳入公司法、预算法等标准规定进行分解，通过各要素与标准规范的对应，清晰地展现分解后的整体遵循标准状态。

5. 功能分解判断模型：整体功能亦称整体性能，整体的存在，在于其功能作用的发挥，或者说整体具备自身特有的功能。按照整体不同功能进行分解，同样对了解和识别整体有积极意义。例如，财政审计中针对财政运转可以分解出：预算编制管理、预算执行管理、预算调整管理、预算监督管理等功能。

上述不同的分解判断模型，可以根据实际情况加以组合，但这需要审计师有足够的分解判断能力。如结构分解判断模型的运用应避免简单化，在财务报表审计中，以前是通过对财务报表的每个账户余额单独进行审计，根据报表进行分项分解，形成账户法审计，这种简单的"分块"容易将紧密联系的相关账户分割开来，往往会造成脱节和重复，使得审计工作效率低下。因此，结构分解判断模型中还要考虑整体的业务循环，经过一段时期的发

---

① 层次分析法，是 20 世纪 70 年代美国运筹学家、匹兹堡大学教授萨蒂（T. L. Saaty）提出的一种定量与定性相结合的多准则决策（评价）分析方法。1977 年，萨蒂在第一届国际数学建模会议上发表了《无结构决策问题的建模——层次分析法》后，该方法被广泛运用于工程、经济、军事、政治、外交等领域，解决了诸如系统评价、资源分配、价格预测、项目选择等许多重要问题。

展,当前主要是采取循环法审计,即把账户结构分解和业务循环分解两种判断模型结合在一起,将财务报表分解成若干局部,并将紧密联系的交易或事项种类和账户余额归入同一领域。例如,在对财务报表审计中通过分解判断,可以构建若干局部循环:销售与收款循环、购货与付款循环、存货与仓储循环、筹资与投资循环等,并且使得每一个循环都能与所涉及的财务报表项目相对应,如表8-1所示。

表8-1　　　　　　企业活动循环与财务报表结构组合分解示例表

活动循环	各循环涉及的具体业务举例	各循环涉及的相关账项举例	
		资产负债表项目	利润表项目
销售与收款	向顾客收受订购单,核准购货方的信用,开具销货单据或发票,装运商品,记录收益和应收账款,记录现金收入等	应收账款、应收票据、长期应收款、预收账款、应交税费	营业收入、税金及附加、销售费用
购货与付款	按采购计划提出请购需求,购买存货、其他资产或劳务,发出订货单,检查所收货物和开具验收报告,记录应付销货方债务,核准付款,支付款项和记录现金支出	预付账款、应付账款、长期应付款、应付票据、固定资产、固定资产清理、工程物资、在建工程、无形资产、开发支出、商誉、长期待摊费用	管理费用
存货与仓储	领取各种原材料及其他物料用品。交付生产,分摊费用,计算生产成本,核算销售成本,核计实际工时,计算应付工薪,计算个人所得税和其他代扣款项,发放工资,盘点存货,计算盘盈盘亏,计提准备	材料采购或在途物资、原材料、材料成本差异、库存商品、发出商品、商品进销差价、委托加工物资、委托代销商品、受托代销商品、周转材料、生产成本、制造费用、劳务成本、存货跌价准备、应付职工薪酬	营业成本
筹资与投资	授权、核准、执行和记录有关银行贷款,进行各类投资	实收资本(或股本)、资本公积、盈余公积、未分配利润、库存股、长期股权投资、长期股权投资减值准备、可供出售金融资产、投资性房地产、持有至到期投资、应收利息、应收股利、其他应收款、其他流动资产、其他非流动资产、其他非流动负债、专项应付款、预计负债、递延所得税资产、递延所得税负债、交易性金融负债	财务费用、资产减值损失、公允价值变动收益、营业外收入、营业外支出、所得税费用、投资收益

　　结构分解和业务循环分解判断模型的结合,只是将记录于不同记账凭证中的交易同这些交易所影响的总账余额合并起来考虑,随着审计判断活动的发展,在整个分解判断模型中必然还会出现更为先进、适用的模型,不仅仅考虑在结构分解和业务循环分解中结合,还应该体现功能分解、标准分解和层次分解等多项结合。

分解判断模型是可以广泛运用在任何整体的一种判断模型,既包括财政财务收支报表等信息,也包括由所有事物(事实)或活动行为构建成的整体。因此,这种模型的建立和运用能够促使分解判断成为重新排列、更清晰展示整体以及与任务要求高度结合的一种判断智慧。

(四) 引入介质的分解判断

分解判断模型将随着人们实践总结的深入而不断丰富和完善,分解判断的着眼点不再仅仅局限于整体自身,往往会在整体之外引进一些重要的因素,如在考察整体时引入外部特定环境或相关条件、重要性、风险等重要因素,这些重要因素类似于化学实验当中"溶剂",使得不同的整体浸润在适当的"溶剂"里,会显现出不同的性能与状态。能够成为整体"溶剂"的因素,我们把它们称为介质,由此发展出的分解判断称为引入介质的分解判断。介质具有以下几个特征:一是普遍性,即该介质广泛存在整体之中,并非单独属于个别或一组整体,具有广泛的影响性;二是稳定性,即该介质的存在有着一定的稳定性,不会因整体的变化而轻易改变,即使在个别整体中产生变化,但对于个别整体之外的整体,该介质仍然保持稳定;三是外在性,即该介质是所有整体提炼而出的一种性能,依附在所有整体之中,因而对于个别整体而言体现了外在的独立;四是有效适用性,即通过该介质能够更加突出地展现不同整体的状态和性能,使其成为某种适用的介质。人们不断地从实践当中寻觅这种"溶剂"或介质,在审计活动中,控制、重要性、风险等都具备介质的特性,能够更加快速而有效地判断整体,对此类介质的探求和引入,都是基于分解判断的需要。

(五) 分解判断运用考虑因素

1. 可分解程度影响。作为审计判断活动作用的整体,如财务报表中的资产负债表,由会计等式"资产－负债＝所有者权益"高度概括,这种概括性的项目有待于分解后进行分析,但仍然要考虑项目的可分解程度。如将有关资产分解为:现金、应收款、存货等一系列具有资产特征的要素,这是在可分解的基础上进行的分析。整体中某一个或多个局部可分解程度是不一样的,这是由局部自身结构和性质决定的。例如,报表层次的项目数据、公司总体水平的数据(如所有产品或所有客户的数据)可以称为概括性的数据;某个子公司、分公司或事业部的数据,具体到某个客户、某种产品、某种劳务的数据属于分解后的数据。分析程序的运用需要考虑信息的可分解程度,一般在分解后的数据上执行效果更好。

2. 关系变化程度影响。整体中的局部及各要素之间某种程度上以不同的关系形式呈现,如呈现数理关系:加减关系、乘除关系、函数关系等,财务报表数据的所有关系在形式上是平衡和对应关系的一种综合。现实中,报表数据还会与经济活动中的信息建立关系,如工资成本与员工人数之间的关系。此外,整体还会与具体外部环境建立一系列关系,如财务信息或非财务信息与外部环境之间的关系。这些关系的存在,映射出整体的状态和性能。整体中不同关系的存在其变化程度各异,当数据之间具有稳定的预期关系并且在没有明显反证时会持续下去,这是分析程序运用的基础,可以在整体分解后进行常规分析;在此基础之上,分析的重点是各要素之间以及与整体的关系、与判断目的的关系出现的异常情况,可就某些重大变化关系开展特定分析程序。如针对舞弊审计目的实现,审计师需要在常规分析的基础上,重点关注要素之间及与整体的异常或偏离预期的关系,从而实施判断分析。在使用特定分析程序时要考虑其适当性,这种适当性受到整体的性质和评估的重大错报风险影响,并非一种程序就能轻易解决判断上的问题。例如,如果对销售订单的控制较弱,审计师在审计应收账款认定时可能更依赖细节测试而不是分析程序;如果期末存货余额重大,审计师在对存在性认定执行审计程序时可能就不会仅仅依赖分析程序。特定分析程序属于分析的范畴,能有效找到判断思路上的关注点,成为进一步获取足够的证据证明某些事实存在的来源[①]。关系变化差异也可以通过计算机辅助审计进行分析,当然也要进一步证实。

3. 判断行为的影响。分解作用于外物的同时,也一样会作用于应对外物的自身判断行为。审计判断活动基本遵循逻辑过程,进而形成较为完备的审计流程,其判断行为可以简略地加以描述,主要包括判断识别行为、评估与决策行为、判断设定行为、测试与验证行为、判断认定行为等,这些判断行为与审计流程密切对应。其中,判断设定行为是在有效识别和评估预期下作进一步深入;在分解判断原理中,判断行为是伴随整体结构或层次分解与目标及标准结合同时展开的,自身判断行为的分解也需要与审计流程相适应,这样才能有效运用结构分析法和层次分析法等,把握到异常关系或偏离预期的关系。因此,不同判断行为能够为判断活动提供不同水平的保证。

第三节 重构判断

一、重构的作用及目的

重构是将经过分解判断后的各元素加以还原,按照审计师的意图重新构造出新整体以供判断的过程。

重构的新整体相对于原有整体,就审计的主要目标——真实性而言,存在真实整体与事实整体的区别。原有整体是反映财政财务收支以及有关经济活动的信息群,这个信息群是没有经过判断的原貌,属于事实整体,其真实程度有待验证。新的整体是经过了分解判断重新组合的信息群,代表整体的实际情况(该种实际情况严格意义上应该包括已经认定的新的事实,还包括未能认定或推测的事实),新旧整体的比较和衡量显示出两者的相符合程度或差异。因此,重构的作用主要在于构建一个实际状况的整体,需要辨明与原有整体存在的所有重大差异,并合理地处理这些差异以及差异带来的影响。

重构的目的是建立新的整体以重新审视旧的整体。新整体重构组成的内容主要是新

[①] 从银广夏的审计失败案例中,审计师如果能对其整体业绩增长情况进行分解判断,运用分析性程序就不难发现高达46%利润率增长与高到近乎荒谬的产品出口价格,都是差异和风险的来源。

的发现,以实际情况为根本标准,对信息群进行纠正、完善和补充,因此重构的目的是还原真实的整体。由于受转化原理的作用,重构不仅要重视信息的整体,更要重视真实事项的整体状况。如审计师在具体重构时,即可以按照会计轨迹、管理或活动轨迹来组合信息要素,对分解中的各类循环加以重新构造,也可以根据需要就某类重要事项的初始、过程和结果(或预计结果)等循环,重新构造一个完整的由内外部信息群组成的独立事项。

二、重构判断的综合性

重构具有综合的特征,属于综合性判断。重构不是独立存在并单独发挥作用的,作为审计判断活动的组成部分,重构本身就具有高度的综合性。能够把散乱的材料有机地组合起来,取决于对整体分解后的理解和把握程度,如果说分解是便于察微,那么重构就是显著;重构的意义不在于简单地组合而在于赋予整体新的意义,是综合性的再造。相对于整体的判断,只有通过重构才能寻求到更为积极的意义和方法,在这样的意义和方法之下往往能关照到更深层次的整体。例如,我们在审计判断实践中,可以将分解的部分予以重构,使分解的部分有机地结合,所得到信息会更加丰富。假设审计师对某个整体分解出以下部分:整体的组织部门架构、整体的管理控制活动、整体的业务职能、整体的经济事项、整体的资金预算或执行。

审计师在设计重构或执行重构过程时,可以结合自己的意图对上述分解的部分重新组合。例如,将以上5个部分按照整体现实情况相互链接、叠加或融合,不仅要再现相关整体原貌,而且要融入某些审计目标或意图,在重构整体的同时,实现多个判断目的。例如,在这样的重构整体中,可以清楚查找到哪一个部门开展了哪些经济事项、履行了哪些职能、花费了多少资金、投入了多少人力和时间、经历哪些控制和考核等信息,也可以从每一个科室或更细小部分中同时查找到属于该科室的:管理控制活动、业务职能履行、业务事项的性质或数量、资金预算与执行、人员数量和变化、标准或规范考核情况等信息。据此,在所有业务事项、资金支出等分解信息中,重新确定整体的重要业务事项、重大的资金支出、重要的控制活动和重要的职能履行等以供判断。当然,也可以在整体重构的过程中,将影响整体的标准、行业情况等外部环境和条件因素,融合到整体重构之中。如利用大数据及信息分析的技术,清晰还原整体的状态、结构和性能的真实原貌,从中产生更具价值和意义的关于整体的信息。

重构在某种意义上是蕴含在分解之中的:一是分解的初始阶段包含了重新构造的意图,按照这种意图进行的分解往往更能提高判断效率;二是分解的作用和重构的作用尽管不同,但两者的最终目的和方向是一致的;三是重构将赋予分解判断更多积极的指示,可以为分解后的因素削减或添加有意义的相关因素。因此,重构判断应考虑以下方面的影响:

1. 在分解初始考虑重构的可能性。如财务报表按结构或层次分解还是按业务循环或功能事项分解,分解选择方案是否有利于整体重构。

2. 在重构判断设计中考虑分解的结果以及应对措施的变化性。如分解判断会产生许多不同线索或差异等结果,随着判断深入结果会出现一定变化,而审计措施也会面临调整变化,相应的这些变化因素对设计整体重构增加了变化性。

3. 在重构过程中考虑审计目标、标准和程序与整体的适应性。由于审计总体目标经过分解,其具体审计目标已落实到整体的各要素上,同样地,审计标准和审计程序也是如此,只有当它们满足彼此适应的需求,不出现明显矛盾或违背逻辑事实的情况下,整体重构才有现实意义。

4. 在重构判断结果中考虑全面衡量整体的复杂性。如问题的出现不会是单一的,在整体的有机结合中,任何问题的出现都会涉及整体的方方面面,既要处理好对整体的衡量,又要使每一个问题本身得到恰当定位。

三、重构判断与重要性

重构判断的过程是复杂的,这是客观现实中信息的不完整或不充分造成的,关于整体的信息并非一个理想状态下的饱和信息,而是有限信息且当中还存有违背真实等不确定性因素。因此,重构判断的核心是重要性,需要运用整体概念和审计重要性原则。

整体中存在实际的重要性,而在这重要性未被列明之前,审计师依赖的是主观的重要性,作为重构判断的核心。重构时整体中重要性的核心作用是不会轻易改变的,但主观重要性的定量或定性却需要根据整体实际调整,这是坚持主观符合客观的原则。由于主观重要性是依据整体原来的状态、结构和性能进行估计或设定的,随着分解判断的进行和相关测试会加深审计师对整体的了解,根据整体的具体变化情况,影响了最初的整体判断,需要对整体的主观重要性重新设定。例如,在财务报表审计中,当审计师意识到最初确定的重要性,由于某个新信息的出现将发生改变,审计师应当修订财务报表整体重要性或者特定交易类型、账户余额或披露的重要性水平;在审计过程中,实际财务成果可能与最初用来确定报表整体重要性水平的预期财务结果存在重大差异,此时审计师应修改最初确定的重要性水平;如果审计师认为更低的财务报表整体重要性或者特定交易类型、账户余额或披露的重要性是恰当的,审计师应当确定是否有必要修订执行审计的重要性,以及进一步审计程序的性质、时间和范围是否仍然适当。

整体重构存在遗漏或缺失,整体的性能就会存在重大变化而不被识别,整体的重要性一样会出现偏差。如审计中发现总公司下属的一个重要子公司未在审计范围中;有些重要账户未列在审计范围等。重构判断一定要高度重视审计重要性,这样才具有可操作性,使整体的现实得到合理显现。

四、重构判断与整体中差异的调整

在重构判断中,必然会涉及差异的调整,新整体需要剔除这些差异。整体中差异的发现,在国家审计和内部审计中一般描述为问题,需要及时整改,在社会审计中需要对财务报表及时调整。重构判断过程只有妥善处理整体中差异的调整,这样才能得到关于新整体的重构基础。整体中的差异涉及的范围相当广泛,这是受不同标准参照影响的。例如,财务报表审计中,差异主要是会计处理方法与有关会计制度的不一致造成的,出现核算差异和重分类差异。对审计发现的差异,应该用重构判断考虑核算差异的因素,合理划分建议调整的不符事项和未调整的不符事项(可以容忍的审计差异事项),并正确编制审计差异调整表和重分类汇总表[①]。重构判断主要考虑核算差异的因素包括:差异金额的大小;差异对财务报表反映与披露的影响;差异的性质,对涉及经济犯罪或其他舞弊性质严重的差异,不论金额大小,都应特别关注;衡量差异的精确度。对未调整不符事项,审计师可先按照重构判断对会计报表影响较小的不重要事项列入审计差异未调整不符事项汇总表。当汇总金额已超过了重要性水平时就将此误差转移到审计差异调整分录汇总表中。此外,重构判断还运用于被审计单位或客户拒绝调整差异事项,可分不同的情况进行判断分析,并作出进一步处理。

在解构原理中,分解侧重于某个限定整体,多用分析判断;解构侧重于构造新整体对照旧整体,多用综合判断。当重构判断按规定要求满足不同利益群体的需要,就是综合的判断;当重构判断按照重要性原则处理差异调整,一定程度上也是重要性判断。因此,重构判断需要更多地与重要性、差异调整等结合。

第四节 重要性判断

一、关于重要性问题的讨论

整体的存在表明了其局部的构成以及各要素之间的内在关系变化,如何对整体进行有效把握和识别,这必然要涉及整体的重要性判断这一核心内容。在审计学理论中,关于重要性的论述有很多,但依然是一个未能妥善解决的难题。综观国内外相关机构制定的有关审计重要性准则,基本上都沿用了会计重要性定义,审计重要性与会计重要性所指是类似或一致的。与此同时,关于如何量化和判断重要性也没有达成统一。对于这些关于重要性问题我们可以归结成以下几个问题加以讨论:

其一,如何理解整体中的重要性?

其二,审计重要性与会计重要性是否一致?

其三,重要性判断量化标准能否统一?

---

① 审计差异调整表是审计师用于汇总审计过程中发现的财务报表差错的一种重要审计工作底稿,一般分为调整分录汇总表、重分类分录汇总表和未调整不符事项汇总表。重分类汇总表是用于汇总审计过程中发现的需要被审计单位对财务报表项目进行重分类的事项。广义的重分类是指不需要调整会计明细账和总账,只调整财务报表的事项;狭义的重分类是指不能直接根据会计明细账年末余额填列资产负债表和利润表事项。

(一) 关于"如何理解整体中的重要性"的思考

重要性普遍存在于整体之中,以整体中各要素之间对整体的影响及比较得以显现。例如,对自然界这个整体来说,人们发现阳光、空气、水和土壤等显得很重要,一旦失去这些要素,自然界就不能称为自然界;人们在处理日常生活当中的诸多事情,往往更愿意把握事情的重要部分和环节,依据这样的现实经验,不仅更容易快速、准确地判断和处理事务,而且对于整体的重要性形成了一定的经验范畴并广泛用于各个领域。关于重要性,我们认为,重要性依附于整体并影响整体的表现和存在。重要性依附于整体,同时也依附在构成整体的局部及各要素上。所谓依附,是指重要性不构成整体的各要素本身,没有实质的存在,需要通过各要素对整体的影响和比较产生。对于影响整体的表现和存在,重要性是某种程度或界限,表明一个区间或值域的要素对整体影响的程度,类似一个"度或量"的概念,这就像人体一般失血量达到多少就会影响到人体健康一样。重要性作为影响整体表现和存在的"度或量"的概念,并非只是纯粹的"度或量"的概念,因其依附的整体不同,"度或量"始终是不一致的,即便是依附于同一个整体,由于整体的相对性,决定这种"度或量"也存在诸多变化。延续上述举例,对于人体来说,失血量当达到多少会出现影响人体健康的症状,当达到多少会出现影响人体生命存亡的情况。两种判断表述是不一样的,很显然,血液在人体中的重要性以影响人体健康为出发点和以影响人体存亡为出发点,重要性的"度或量"必然也随之发生变化。审计重要性判断的"度或量"同样会受到整体相对性的影响,应当考虑不同整体中层次的重要性[①]。正确地把握了整体的重要性,也就一定程度上把握了整体。因此,重要性的利用极具价值,成为把握整体的一条路径和法则,从而为人们决策判断和进取行动带来帮助。

现实中,在把握和考量整体的时候,人们往往通过假设整体中失去的那些要素,对影响整体表现和存在的情况进行验证,并对验证结果加以利用,使重要性成为了把握整体的一种思维判断基础。我们可以简单地从主客观两个方面对重要性加以进一步理解。首先,重要性作为客观是一种影响整体存在和表现的实在,也就是说客观重要性依附于整体之中,其影响整体表现和存在是客观实际的,不以人们主观意志转移,也称为实际重要性。其次,重要性作为主观是把握整体的一种思维判断基础,主观重要性实质上是对客观重要性进行判断,是一种估计,亦可称为重要性估计,它并不真实地依附整体,而是取决于主体的判断,根据不同的主体判断而变化。主观重要性判断需要对整体中失去的那些要素影响整体的情况不断提出假设并加以验证,以使主观重要性符合客观重要性。针对重要性判断运用而言,当整体不被关注和利用的时候,重要性始终是隐藏的,只有当整体被引起关注和利用的时候,人们才不断地去寻找它的轨迹,总结其运行的规律。例如,对于一个通常意义上的建筑物而言,由"梁、柱、砖、瓦"等构成,支撑其站立和成型的结构部分应该

---

① 《中国注册会计师审计准则第 1221 号——重要性》第 8 条规定,注册会计师应当考虑财务报表层次和各类交易、账户余额、列报(包括披露)认定层次的重要性。

是重要的,因此"梁、柱"等要素具有客观实际的重要性,一旦失去这样重要的部分,建筑物就会无法成为建筑物。在把握建筑物这个整体的时候,当主观重要性判断接近或符合客观实际的重要性,于是能够实际地建造出这样一个建筑物,这样对整体重要性的把握就有了实际运用价值;但不排除有些主观重要性判断脱离客观实际的重要性,于是不能够合理把握到整体,结果是建造出的东西会出现偏差,不符合建筑物概念。对于同一整体所依附的客观重要性是稳定的,区域值变化不大,但由于对整体关注和利用的出发点不同,容易造成主观重要性判断的偏差,甚至出现相反的情况。例如,对气象这个整体来看,刮风或下雨现象是重要的,符合整体的客观重要性,因而是稳定的;但这种客观重要性在不同主体的关注和利用下,主观重要性判断会出现不一致的情况:刮风或下雨对于出行的人来说很重要,对于待在家的人来说也许并不重要。值得注意的是,当把一个整体中的要素纳入到另一个整体中加以关注和利用,会体现出一种新的转化模式,而这种转化的模式正是主观判断常用的模式。

(二) 关于"审计重要性与会计重要性是否一致"的思考

当前对审计和会计重要性的定义无论国内外都是类似或一致的[①],这应该是一个值得思考的问题。

根据当前一些关于审计重要性和会计重要性的定义来看,重要性是从财务报表使用者角度出发,指明如果错报的信息影响其依据财务报表作出决策的程度,那么错报的某些信息具有重要性。定义当中都没有说明"该信息具有的重要性"是客观实际的重要性还是主观判断的重要性,也没有具体明确"该信息具有的重要性"是依附于财务报表这个整体,还是依附于经济决策(从定义表述上来理解,似乎是给出了判断"该信息具有的重要性"的一个参考依据),并且对重要性判断的主体明确要从财务报表使用者角度考虑,这使得定义中的重要性概念复杂起来。因此,回答审计重要性和会计重要性是否类似或一致的问题,我们不能简单地加以界定,还需要经过思考分析。

依据上述对重要性的理解,我们认为,只要审计、会计或报表使用者所关注和利用的是同一个整体(如财务报表信息),那么依附在这同一个整体上的客观或实际重要性是一致的。因为在同一个整体当中不可能存在不同的客观或实际重要性,只可能存在不同主体的不同主观或估计的重要性判断,以及整体相对性带来的重要性变化。假设财务报

[①] 有关审计重要性与会计重要性的表述例举:①《注册会计师执业准则第1221号——审计重要性》第3条"重要性取决于在具体环境下对错报金额和性质的判断。如果一项错误单独或连同其他错报可能影响财务报表使用者依据财务报表作出经济决策,则该项错报是重大的"。②国际会计准则委员会(IASC)在《关于编制和提供财务报表的框架》中谈到重要性指出,"如果信息的错报或漏报会影响使用者根据财务报表所作的经济决策。信息就具有重要性"。③我国《企业会计准则第30号——财务报表列报》的定义为"重要性是指财务报表某项目的省略或错报会影响使用者据此作出经济决策,该项目就具有重要性"。④国际会计准则对重要性概念的描述为,"如果资料的省略或差错会影响报表使用者根据财务报表采取的决策时,资料就具有重要性"。⑤美国财务会计准则委员会把重要性定义为:"考虑到一定周围环境,财务报表中存在的一项错误或漏报的会计信息,可能使一个有理性的报表使用者受其影响而改变其决策的程度。"

表使用者所关注和利用的整体（如财务报表信息）与审计、会计是一致的,这些定义中所指的重要性就是客观或实际的重要性,那么审计重要性和会计重要性是一致的。假设财务报表使用者所关注和利用的整体（如财务报表信息）与审计、会计是不一致的,这些定义中所指的重要性就是主观或估计的重要性判断,那么审计重要性和会计重要性是有差别的。如果一个重要性判断只能适用于某一个主体,那么这个判断必然是主观的;如果一个重要性判断适用于所有的主体,那么这个判断就是客观的。

  错报信息的重要性首先要影响到财务报表这个整体的存在和表现,其次才有可能影响使用者依据财务报表作出的经济决策。定义忽略了重要性在不同整体中的影响程度,从财务报表整体直接跳跃到经济决策这个整体,也许认为,财务报表和使用者经济决策是同一个整体,影响经济决策的错报信息必然对财务报表产生重要性影响,所以无需明确这一点。但是,定义中财务报表使用者的范围是广泛的,包括股东、债权人、政府部门、管理人员、供应商以及中介机构等,几乎涵盖了所有的相关利益者,从影响所有利益者决策的角度出发,考虑错报信息的重要性,放大了主观重要性变化的程度,在现实中这种主观重要性是很难把握的。为防止主观重要性变化,其实定义中给出了一个参考依据,确立了一个报表使用者的主体和影响其决策的标准,实质上是把主观判断重要性如何符合客观重要性的任务交给了审计和会计去完成,用以满足报表使用者决策的信息需求。因此这些关于重要性的定义既不准确也不合理,有进一步完善和修正的必要。

  笔者认为,按照利益互信理论,财务报表的提供者如果要取信于利益相关群体,必然要作出一定的努力,因为这种取信的努力是必须的,而不是自然形成的。大众给予公共产品的足够的信任是提供者努力争取得来的,正是这种要获得信任的动力,使得会计重要性从影响报表使用者决策这个角度出发是实际的。首先,会计人员运用重要性概念,其主观重要性判断主要是处在生成财务报表这一整体的过程中,相对应的整体的客观重要性还没有完整形成,需要借助另外一个整体（即经济决策）去指导主观重要性判断实现;其次,会计人员运用重要性概念是为提供真实完整的整体服务的,会计信息是否单独提供或揭示,其重要性运用体现在对经济业务活动的一个精细化程度的反映,即会计信息披露的形式和程度。随着会计准则的不断完善,会计实务关于重要性的量化标准在增加[①],计算机网络和会计软件的开发以及普遍使用,会计重要性的量的界限越来越窄,其精确度在不断提高,运用主观重要性判断的程度逐渐在减弱。再次,会计人员运用重要性概念,并不能有效处理错报（包括漏报）的信息,因为错报信息的出现存在故意和非故意两种情况,当处理故意错报信息时也就很难受重要性原则约束。至于会计重要性是从投资者还是所有利

[①] 在我国会计实务中,重要性标准的应用随处可见。例如,分部报告编制考虑重要性:分部的分部收入（资产）占所有分部收入的 10% 或以上;报告分部的对外交易收入合计额占合并总收入或企业总收入的比重未达到 75% 的,应当将其他的分部确定为报告分部,直到该比例达到 75%。在成本控制中的存货管理 ABC 法;成本会计中,完工产品与在产品费用的分配上采用的不计产品成本法等,都可视为重要性要求的灵活运用。

益者的决策影响出发,只不过是对报表公允反映的程度限定。同样,按照利益互信理论,审计是联系利益互信群体的纽带,也是适度平衡利益互信群体的中介,不管将审计的功能延伸到诸如监督或控制等利用领域,有一条不变的法则,那就是审计需要对整体及其要素作出客观评价,独立地发表判断意见。

审计重视是对整体本身的把握,重要性要求是合理地揭示整体的实际重要性,发现违背实际重要性的事实,而不是简单去考虑如何从不同的人的决策角度出发,估计不同的主观重要性。即便是从不同审计定义出发,审计判断行为也应该是首先考虑重要性对整体本身的影响程度,如审计是为判定关于经济行为及经济现象的结论和所制定的标准之间的一致程度,而对这种结论有关的证据进行客观收集、评定,并将结果传达给利害关系人的有系统的过程(美国会计学会,1972)。特定主体的经济行为和经济现象构成了绝大部分的财务报表信息,审计首要对财务报表这个整体本身进行判断,因此,审计重要性并不能简单沿用会计重要性。审计重要性应该从影响财务报表整体的实际重要性出发,无论使用者的决策行为和动机对于利用报表存在怎样的利害关系,也不能改变实际重要性依附于财务报表整体的事实。审计在整体与标准之间进行核查,发现错报的信息足以影响财务报表的公允反映,使报表的真实和完整难以得到体现,该项错报信息就具有重要性。

重要性概念对审计实务有广泛影响,审计人员对重要性的判断直接影响审计范围、审计程序和审计风险,其主观重要性的估计就是不断接近整体实际重要性的过程,得出的判断结论才具有客观性。至于实践中,对不同使用者利用整体的考虑,审计人员可以按照谨慎原则,对不同的错报信息加以分析判断。总之,只有对整体的实际重要性进行充分把握,其判断结果才是主观重要性趋向实际重要性的一种表现。另外,审计在运用主观重要性判断的程度强于会计重要性判断,从对会计信息进行重新判定这一过程来看,其间就包括了对会计重要性运行的结果进行再次检查,对重要性所需的判断力就高于对会计人员的要求。所以,审计重要性在处理错报的信息是否重要,还是要回归到对影响整体本身而言。在现实中,审计判断主体不可能也不需要对整体全部要素或细节进行把握,对整体重要性的关注和利用,是使主观重要性判断接近实际重要性的关键体现,也是审计遵循成本效益原则的体现。

在利益互信需求理论指导下的审计重要性,需要审计师合理平衡主观和客观两方面的重要性,既要考虑主观重要性,又要考虑客观重要性,但最终还是要侧重客观重要性。对于某一项整体,假如涉及被审计方、审计需求方和审计师方,主观重要性都会存在于各自的判断思维中,审计师作为独立的第三方,面对整体自身也有主观重要性的存在(但因为审计师处于相对独立的地位,其自身主观重要性对于整体的影响程度较弱,在审计判断活动中,审计师要尽量调整和完善自身主观重要性),诸多主观重要性的存在对某一项整体有其合理的成分,也有不合理的成分,如何使主观重要性接近或服从客观重要性,达成主观重要性和客观重要性的和谐统一,这是审计师对重要性判断作用于整体的正确把握。

此外，重要性概念在不同专业领域中的运用所体现的目的和要求不尽相同，如会计重要性与审计重要性在运用的目的和要求上就存在差异：在会计领域中，围绕重要性建立的原则并非是主导，主要在对会计要素再确认、进行报表编制时使用，属于会计活动中起补充和修正作用的原则；在审计领域中，重要性原则主要体现在对整体的准确把握上，是贯穿审计过程始终的主要原则，既能够合理保证审计质量，又能够切合成本效益现实以提高审计效率。

（三）关于"重要性判断量化标准能否统一"的思考

整体的客观重要性并不是轻易显现的，尤其是面对较为复杂的整体时，需要建立一系列的标准加以衡量。现实中确认整体的实际重要性标准是一件非常困难的事。但是，不能因此就认为不存在实际重要性标准，如果仅从主观重要性判断出发，重要性概念本身就无法完整，其判断标准将无法统一。因此从实际重要性出发，在理论上这种客观标准应该是存在的。例如，从实际重要性出发，对一张普通意义上的桌子，我们可以确定桌面和桌腿是重要的，缺失的这两部分对于桌子整体就具有实际重要性，以此为标准，那么桌子的油漆、印花等外表以及材质显然就不具有实际重要性。这时候，我们定义的实际重要性标准还是具有一定的抽象性，但具备了普遍意义上的标准范畴。根据上述重要性概念讨论，由于整体的不同，整体相对性带来的重要性变化，使得简单的问题变得复杂起来。有些特殊的桌子，其材质非常昂贵，或者雕刻工艺特殊，相对于普通意义上的桌子，其实际重要性有所变化，使得实际重要性标准的界限难以确定。所以，实际重要性的标准首先要符合一般的整体，在一般整体上可以确定一个基本标准范畴；其次，在此基础上再考虑特殊整体的实际重要性，在这一类特殊整体当中再确定一个基本标准范畴，以此推进，整体的实际重要性标准是能够建立的。当前，关于财务报表审计中的重要性标准（亦称重要性水平），还没有得到一定的确定，主要依靠审计判断评估（重要性水平评估），从而找到影响实际重要性的各种具体因素。审计师在确定恰当的重要性水平时，进行判断的基础通常包括资产总额、净资产、营业收入、净利润等综合性指标，但这种判断选择也是根据不同现实情况和需求而定。例如，选择净利润为重要性标准时，当企业净利润不大或接近为零等值域时，当年净利润不稳定且变动较大时，把净利润作为判断标准基础就不一定谨慎。审计重要性运用的长期实践表明，在探索主观重要性如何接近实际重要性的过程中，关于对错报金额和性质两方面的考虑，关于对不同财务报表整体的考虑，关于对财务报表整体不同层次的考虑，关于对不同财务报表使用者的考虑等，都取得了进步。在审计判断活动中人们还是积累了许多丰富的经验[1]，尤其在对重要性水平的确定上，也形成了一些经验指标[2]。

---

[1] 运用重要性时应考虑错报或漏报的金额和性质，除了量的比较，还要从性质方面多加考虑，例如：有特殊披露要求的事项、涉及舞弊和违法行为的事项、导致收益或报表项目逆趋势的事项、不期望出现错报或漏报的事项、小金额错报或漏报的累计带来的重大影响。

[2] 审计实务中用来判断重要性的标准，如税前利润的 5%～10%，总资产的 0.5%～1%，净资产的 1%，总收入的 0.5%～1%，都是一些经验指标。

可以相信,不久的将来,随着对财务报表客观重要性的认识加深,人们会建立起一个关于财务报表基本统一的重要性的量化标准,即首先在一般整体(通用目的的财务报表)上对影响整体的核心要素进行量化设置;其次,根据不同的行业和种类对一些特殊整体进行量化设置;再次,根据客观经济环境变化确定一些修正指标,如在判断基础上加上敏感参数与风险参数进行分析,这样的规范设置可以用以更好地把握整体。审计师按照这样的基本统一的重要性标准,将使主观重要性的判断得到更加合理的运用。

二、重要性判断运用

(一)问题或错报

可以肯定,在审计判断活动中,任何将重要性判断与错报单纯地结合在一起阐述是不科学的,至少理解和运用重要性判断方面是不完整的。尽管审计准则和实务中采取了一种看似巧妙的办法,将可能影响财务报表使用者经济决策的错报确定为重要性(错报是重要的),使得审计实务能够以错报为核心点确定重要性水平计划和执行审计。其实从这种"跳跃的""倒推的"模式或结果导向模式引出重要性或重要性水平概念,不是最明智的选择。缺点在于不仅容易引起对重要性产生误解,而且影响重要性判断的运用。值得考虑的做法是将重要性在审计判断运用和评价错报或问题对整体的影响分开来阐述[①],并对这两个方面的重要性水平的标准或依据分别加以规定。目前的国际审计与鉴证准则理事会采用这样的做法取得了一定的进步和突破,但由于重要性与错报或问题之间存在关联(重要性的判断取决于具体环境,并受到错报金额和性质的影响,还受到审计师对财务报表使用者的财务信息需求的看法影响。某错报对财务报表使用者是否重要的判断,是基于通用目的财务信息使用者作为一个整体的需要考虑的。审计师难以判断错报对具体单个使用者可能产生的影响,因为他们的需求千差万别),彼此有影响又有区别,加上重要性判断的标准或依据难以统一规定(由于不同整体的存在,整体上的实际重要性水平是难以规定的;错报或问题对整体的影响程度也是根据不同整体而定),因此重要性概念在准则中从形式上是分开来了,内容表达上还是未能清晰界定,仍有改进和完善的空间。

结合前述,笔者认为,重要性依附于整体,整体的相对性决定了重要性的变化,从重要性出发来把握和推断整体,既是一种有效的方法,同时也是一种普遍的判断思维。重要性判断运用一般应涉及整体、判断评估与策略、错报或问题对整体的影响程度、错报或问题对利益互信群体的影响程度。主要观点归纳如下:

一是重要性对于审计判断认知而言,应该是用来把握和推断整体的,这不仅是使重要

[①] 关于这一点,有一些进步:2004年12月,IAASB(国际审计与鉴证准则理事会)发布了修订后的征求意见稿ED-ISA320"审计重要性",将许多意见归结为反馈者被语句排列方面的问题所误解,最后认为,在一个单独的准则中分别规范重要性和错报会提高准则的明晰性,即ISA320(修订)规范在计划和执行审计中的重要性,ISA450(修订)规范评价审计中识别的错报,2008年10月,IAASB正式发布了上述准则。

性贯穿审计判断的全过程得以确立的事实或证明,而且是重要性运用于认知整体的一项法则。

二是重要性对于审计判断策略而言,应该是用来确定审计范围、重点及采取相应措施的。如重要性判断在建立总体审计策略时,审计师应当合理确定财务报表整体的重要性,即运用审计判断形成一个对应整体的主观重要性或估计的重要性水平,这种主观重要性可以围绕整体自身的结构、状态和性能,充分考虑具体环境、管理控制、风险活动等众多因素对整体的影响,而加以建立,包括整体中存在错报或问题的可能性(对错报或问题的考虑主要出于审计专业内在要求决定的,如有发现问题、揭示风险等要求,其实在许多其他专业领域中,整体的状态或性能等优劣情况是一并考虑的,重要性本身没有好坏之分)。建立这样一种主观重要性,主要是为了更好地接近整体的实际重要性,利于观察、解构和判定,促使主观符合实际,进而利于准确把握和推断整体。重要性判断原则普遍适用各种审计类型(重要性判断体现在国家审计和内部审计尽管没有量化的要求,更多的是通过审计师对重要性本质属性的理解,运用到整个判断活动的各个环节)。基于财务报表审计的特殊要求,重要性运用相对得到深化,还需要确立一个与之相适应的判断标准,即重要性水平,以此标准来处理或平衡所有关系者的利益或责任。因此,在审计实务中,重要性的判断运用,对于制定审计计划、选择审计方法、降低审计风险、节约审计资源、提高审计效率等的意义不言而喻。

三是错报或问题对整体的影响程度而言,整体中局部的缺失或损坏是审计职业关注的,当出现这种状况时,必须考虑对整体的影响程度。这种影响程度不能简单理解为审计重要性概念。假设整体中存在两种可能状态,一个是没有错报或问题的可能状态,另一个则相反。那么在前者出现的情况下,不能说审计重要性也不存在;当后者出现时,应该就认定的错报或问题进行判断分析,着重考虑错报或问题对整体的影响程度,由于重要性水平的初始设定是基于被审计单位财务成果的估计值,即主观重要性的标准,实际财务成果的重要性在当时可能还不知道,所以当认定的错报或问题未能得到纠正或整改之前,需要重新评价初始设定的重要性水平,以确认这种标准在被审计单位实际财务成果下是否仍然适当,而且还要就认定的错报和问题进行归集并作定量定性分析,这时的判断也需要运用重要性原则。

四是错报或问题对利益互信群体的影响程度而言,当审计师掌握了错报或问题对整体的影响程度时,也许对于这样一种状况,出于职业谨慎的考虑,应该进一步考虑这种情况对利益互信群体的影响程度,是对特定利益互信群体考虑还是对普遍利益互信群体考虑,错报或问题对整体的影响程度分别会给他们可能采取的经济决策带来什么影响,这时的判断又要运用重要性原则。

(二)重要性的水平

1. 重要性量化的现实意义。哲学中有轻重之辩。例如,人生很短,时间对大多数人却是均衡的,如果要判断其一生之中是否有所作为或活得有意义,主要看是否在有限的时间量中,抓住了人生阶段中最重要的事项去努力。通过考察时间量中的重要行为,这就涉及一个重要性量化的问题。重要性也可以称为重大性,是许多专业判断领域需要掌握的一项原则,它是从人的认知中发现,运用到实践中后产生的,对于衡量事物发生变化程度起到重要作用,具有一定的规律。在哲学上属于量变的范畴。审计活动中同样要涉及重要性概念,如审计判断重要性设定,就是判断过程中的关键环节。我们知道,在对财务报表审计中,某些事项对财务报表的公允表达显得较为重要,而有些事项相对而言并不重要。一方面,会计专业判断中也存在重要性判断,并非所有的经济事项都事无巨细地被收集、记录;另一方面形成的财务报表本身客观存在重要性规律。审计判断主体不能回避重要性判断,只能不断加深对重要性判断的了解和把握,才能有效完成审计任务。重要性原则区别于重要性标准或水平,标准或水平是实务中的具体量化程度。审计判断主体考虑重要性问题,不能仅停留在抽象意义上,往往是着重于具体实务,针对判断客体设定一个个重要性标准或重要性水平,从而可以进行不断测试与验证,让测试与验证结果和重要性之间建立紧密联系,最后得出关于重要性的整体判断意见。

2. 重要性水平的分解。重要性水平的分解主要是指重要性水平的确定和分配。在审计判断活动中围绕整体重要性需要选择某些基准[①]确立一个标准,即估计重要性水平。重要性水平的判断为何是确定总资产或总收入的5%进行分配?选择不同的基准或百分比判断分解,是否一样?对于被分解的整体究竟意味着什么?进行怎样的重要性分解审计判断效率会更高?这些问题是一个经验丰富的审计师在分解判断时经常考虑的,确定重要性水平的目的在于关注重点审计领域和风险事项,分配重要性水平的目的在于提高审计效益,审计师往往会在计划和执行分解目的时产生新的目的。当然,这种分解目的的扩展并非是逐次进行的,受基准的波动性和判断主体思维影响,伴随整体的具体情况分析判断引发的思考而扩展,最后形成对整体重要性合理分解的概念。由于审计类型的不同,重要性水平的确定和分配在运用时有所差异,这主要基于审计师在分解判断时追求的目的或目标不一致引发的。例如,在财务报表审计中,重要性的分解是根据整体的结构和层次进行的,即将重要性水平分解到财务报表层次和交易类型、账户余额或披露层次,重要性分解便于鉴证类实务的证实过程有效开展。而在国家审计中,重要性的分解主要是根据整体的性能进行的,在重要性量化和定性上有所侧重,即相对弱化重要性的量化作用,强化对重要性的定性分析以确定重点领域,在重要性分配上更加注重影响整体性能的事项或相关账户(如违法违规问题),将其分配较低的水平而不是均衡分配。

三、解构判断原理对审计判断活动的影响

解构判断原理在具体运用时,至少会对审计判断活动产生以下影响。

[①] 常见的基准构成整体的重要局部或关键,对财务报表而言包括总资产、净资产、总收入、费用总额、税前利润、净利润等。

1. 影响整体和局部内在关系的把握。洞察整体与局部的有机联系,需建立在全面了解的基础上,判断整体需要重构整体加以对照,重构整体需要判断分解作为基础,通过分解可以进一步了解整体与局部的结构或层次关系,如对各类报表分解出许多层级:总账和明细账、会计科目以及子科目等;通过重构可以将局部要素或与整体之间建立不同的比率关系、趋势分析和综合还原等,以此可深入透视整体和局部关于结构或状态的内在关系。

2. 影响交易行为或内容的判断测试。分解信息的目的是便于筛选,如对整体中重要交易行为的分解,常常作为测试与验证各业务循环及其要素的有效手段;如对资金整体流向的分解,传统的审计判断方法就是从货币资金的流向出发,最终确认货币资金的真实流向和归集点。分解也是指导测试的最好导师,如20世纪为了寻找抗疟药物,人类曾进行了最大规模的药物筛选。审计事项某种意义上就是分解作用的筛选产物,测试与验证的关键应该紧紧围绕审计事项的展开。

3. 影响判断程序或流程的建立。解构判断原理作用的对象是整体,整体的结构或状态会促使判断程序或流程的建立,如整体中的内部控制或管理活动,其结构层次促使内控测试程序与之对应,使得审计判断有具体着力的环节;当整体形成要经过流程处理,解构判断就要遵循该流程并镶嵌其中,促使审计判断流程的建立和完善。解构判断原理在整体和重要性的引导下,还会形成与判断程序或流程结合的判断分类分层,如形成常规判断、特定判断、综合判断等。

4. 影响重要性原则运用。解构判断原理的运用必定会涉及重要性内容,应按重要性原则对整体进行分解。如审计事项设定有重要和非重要的划分,其分解或按重要职能划分、或按关键业务划分、或按重大收支等划分。整体的重要性要求,是由不同局部的重要性合成的,评价判断整体时还应充分考虑局部重要性构成对整体的影响程度,尽管利益互信群体一般就整体重要性提出要求,并不对每一个组成整体的局部或要素提出重要性要求(符合现实性假设),但不能据此忽略对影响整体的局部重要性要求,相反,没有局部的重要性就没有整体的重要性,解构判断原理的运用正是对整体重要性的分解和重构,局部重要性的适用需要交给判断主体,因此审计师运用重要性原则将更加谨慎。

第九章 审计风险判断原理

"损益盈虚,与时偕行。"

——《易传·损卦》

"清楚地认识的谬误作为颠倒的东西像正确的认识一样在认识上有作用。"

——[奥]恩斯特·马赫

第一节 风险概述

一、风险视角

人类自从存在以来,就要时时面临与风险共舞。在现代社会一切活动中,我们不断借助实践和经验总结,通过思想的进化和知识的积累,找到了许多描述、量化、消除和利用风险的办法,并使得风险在众多领域中得到分析利用或控制管理,为一系列决策判断提供保障。例如,现今人们提倡的风险管理,就是力求把风险导致的各种不利后果减少到最低程度,使之正好符合有关方在时间和质量方面的各种要求。一方面,风险管理能够促进人们决策的合理化、科学化,有效减少决策的风险性;另一方面,风险管理的实施可以使各种活动中面临的风险损失降至最低。这些努力事实上已卓有成效,使得风险与决策判断融入到管理活动之中,并逐步形成了特有的风险视角。有关风险的探索和研究有许多视角,归纳起来主要有三种:

第一种,从客观视角出发,认为风险是客观存在的损失的不确定性,风险的来源是不确定性,但并不表明风险本身就是不确定性,人们更倾向于认为风险是不确定性中损失的那部分因素,风险在具备客观性特征的同时,是可以预测和适当防范的。

第二种,从主观视角出发,认为在不确定性的情况下,风险主要来自主观,受个体对未来不确定性的认识和把握的差异性影响,具体涉及个体拥有的知识、经验、心理状态以及惯性思维等主观因素,风险的存在,正是由于不同个体面临不确定性时作出不同的风险判断。

第三种,从主客观两者的结合视角出发,认为既有风险因素的客观性,又有个体主观产生的判断行为,两者不能清楚划分,是结合在一起的。

无论从何种风险视角出发,人们总是期望降低风险发生的频率,即在有限的空间和时间内改变风险存在和发生的条件,与其被动接受风险的诸多影响,不如主动探明风险加以利用和规避,最终把风险控制在一个可以接受的水平。

二、风险的定义与特征

(一) 风险的定义

关于风险的定义或理解,论述各异,以下列举几种。

(1) 风险是不确定性对目标的影响。——ISO31000《风险管理原则与实施指南2007》。

(2) 风险是在特定条件下与给定期间内,可能发生结果与期望结果之间的负差异。——亚洲风险与危机管理协会。

(3) 风险是损害或损失发生的可能性。——美国学者海恩斯(Haynes)《经济中的风险》,1985年;法国学者莱曼《普通经营经济学》。

(4) 风险是影响给付和意外发生的可能性。——德国学者斯塔德勒。

(5) 风险是实际结果和预期结果的偏离。——《企业全面管理实务》经济管理出版社,2009。

(6) 风险是损害和损失的机会和可能性。——《企业经营战略风险管理》经济管理出版社,2009。

一般的观念认为,风险是对预期产生不利影响的可能性,其实风险往往又伴随着一定的利益,并非总是带来损失,两者皆有可能。但人们往往更愿意从不利影响的角度理解风险,寻求趋利避害,采取种种应对风险的措施,试图维护一种安全、可靠、稳定等发展状态。风险本身受诸多因素的影响,是一个非单纯性的综合体,包括事物的性质、状态和复杂程度以及外部环境变化等,只要不确定性或变化始终存在,诸多因素必定相互作用,演化出一个多彩的风险世界,因此人们注定要与风险共存。我们在审计判断中讨论风险的时候,更愿意从积极的态度上来把握和利用风险,将防范风险、控制风险、分散风险、降低风险、共担风险、接受风险等命题赋予更多积极的内涵和意义。

(二) 风险的特征

风险的特征可以通过大量事实得以显现。一般具备以下几个特征:

一是客观性,风险普遍存在于自然界,也普遍存在于人类社会,我们所认知到的自然风险、社会风险、经济风险和政治风险等,并非来自人脑的主观想象,人们只能去发现、认识和利用这样一种既存的普遍性规律,而无法彻底消灭风险。倘若能彻底消除风险,那么这个世界也显得毫无趣味可言。

二是偶然性,风险的发生与不发生具有偶然性,尤其是针对特定的个体而言,会表现出种种不确定性[①]。这种偶然性一方面受制于产生风险的诸多因素,一方面又缘于诸多

[①] 风险和不确定性往往混淆在一起,不确定性是客观事物发展变化的客观特性,是产生风险的原因。不确定性考虑事件发生的肯定程度,而风险则要考虑事件发生后果的严重程度。用一个不恰当的比喻形容:"风险就像不确定性的外衣,随场景和季节变化,而不确定性始终是不肯抛头露面,裸露在大众面前的。"

因素交织在一起共同作用。

三是变化性,风险处在运动变化之中,伴随政治、政策、法律以及经济体制与结构的变化而变化,旧的风险一旦消除,新的风险又将产生,无论好与坏,总是处于变化。风险的变化往往具有潜在性,即从潜在阶段的停留状态转向发展成为实际风险。

四是可控性,风险的可控并不意味风险的消失,而是针对某类风险分析其存在或产生的原因,可以采取相应的措施给予预防和控制,使某类风险降低或减少至可接受的水平。

无论对风险作出怎样的定义或理解,关于风险的存在已争议不大,有关风险的客观存在及风险的偶然性、不确定性等特征的表现,终究对经济活动乃至一切行为都有深刻的影响,重要的是如何妥善地处理风险带来的影响,对风险的接受状态以及如何控制或利用风险成为人们日益关注的重点内容。

当前,还有许多学者从不确定情况下,对风险进行了有益的讨论,如美国学者乔纳森·文(Johnathan Mun)对不确定性和风险的差异进行分析,并对风险及风险要素做了一个详细归纳[①],明确指出风险评估应该成为决策过程中一个重要的部分,人们可以通过建立综合风险分析框架,对风险及其影响加以管理控制和利用。审计判断活动始终存在一个专业判断决策过程,利用风险评估可提高判断决策的有效性。

三、风险影响下的规定与反思

人们经常提到的风险思维、危机意识或忧患意识,通常具有反思特征。这一类的反思作为一种深层次思考的形式,为判断带来更为理性、客观的成分。

风险作为不确定性的表象无处不在,不仅在整体之外还渗透于整体内部,这是基于风险的普遍性而言的。但对于确指的个别整体而言其风险具备特殊性,不仅如此,每一种风险都是由各种各样的因素组成,一般用风险要素表达,意指产生和影响风险的重要因素。风险判断即是合理判断确指的个别整体的风险因素的成因以及风险因素之间的关系。在风险的普遍性当中能否发现个别整体中特殊性风险,即将个别整体的特殊风险置于普遍风险之中,我们能否通过风险的视角赋予判断以新意,形成关于风险判断的思维,答案是肯定的。康德认为"将特殊置于普遍之下的能力即为一般判断力。假如给予了普遍的东西(如规则、原则、规律),将特殊置于它们之下的判断力就是规定性的。假如给予了特殊,判断力只能去寻求普

---

① 风险可以被简单地定义为任何一种不确定性,这种不确定性能够以未知的方式影响系统,并且由这种未知方式衍生出来的结果也是未知的,同时结果会有很大的波动性。任何情况下,一个清晰的风险概念必须包含以下几个要素:
(1) 不确定性和风险都有一个时间范围。
(2) 不确定性存在于未来并且将随时间推移而发展。
(3) 不确定性如果影响到了系统的结果和可能出现的情况,就变成了风险。
(4) 变化着的情况对系统的影响能够被度量。
(5) 这种度量制度必须根据一种基准而设置。
——[美]乔纳森·文(Johnathan Mun):《风险建模》清华大学出版社 2009 年版。

遍了，而此时它就是反思性的。"当我们将风险作为一种介质纳入判断活动时，将使得风险判断不仅具有规定性特征(规定性判断)，同时还具有反思性特征①(反思性判断)。规定性是人们常常使用的一种判断思维，借助规定去观照事物，也是规定性判断力的体现。例如，审计师在实施判断的过程中，需要借助许多公认标准，以衡量个别整体的状态和性能。而在规定性判断基础之上赋予反思性，这种反思性不仅作用在被判断对象上，同样还会作用在判断主体自身。对于风险而言，反思性判断是指不仅要考虑被审计对象的风险及其因素，又要考虑自身判断行为的风险及其因素，是在两种不同风险之间完成的判断循环。因此，审计判断活动中的风险判断同时具备这两种属性，比其他判断更多地体现出反思性特征，这是基于审计判断的对象总是从确指的个别整体特殊性风险开始的，需要在普遍风险之中去探明个别整体的风险意义；审计判断主体自身的风险也具有特殊性，取决于不同个体的判断经验和知识等综合能力和专业素质，是判断主体之间差异性的真实体现，同样的也需要在审计职业之中寻求普遍风险。反思性特征在审计判断活动中最突出的体现，就是关于审计风险的总结：审计风险不仅包括个别整体风险，还包括审计师自身的判断风险。

考察审计判断活动中的风险判断至少应该从三个方面加以考虑：

一是对判断客体的风险进行研究，有效利用风险因素及其影响，从而找到审计的重点领域。如关注整体的重大错报风险，虽然对该风险只能评估，无法控制(因为该重大错报风险不是审计师所能控制的)，但对重大错报风险的关注，无论是运用定性还是定量分析，其结果将使得影响重大错报的区域、范围和特征等变得清晰。

二是对审计判断策略的风险进行研究，即对审计风险及各要素之间的关系分析判断，着重考虑如何将判断客体存在的潜在风险与审计目标、重要性水平确定以及审计测试程序等有机地联结在一起，通过风险的视角完善判断策略和强化有效实施。

三是对审计判断行为本身导致的风险进行研究，即合理控制自身判断风险(检查风险)，着重考虑判断行为的偏差和风险防范，以及职业操守、判断经验和执业能力等带来的不同影响。

风险影响下的反思性判断，不仅揭示出审计风险的来源，而且提供了判断活动可以依赖的风险模型，尽管这种风险模型有待改进和完善，但反思性判断思维将在风险的影响下格外突出，比风险模型本身更为重要。

第二节 风 险 判 断

一、风险判断的属性

人们普遍认为风险的本质属性是不确定性，同时风险中的有些特征如客观性、可变化

---

① 反思既能揭示出事物的真实本性，而这种思维同样也是我的活动，如是则事物的真实本性也同样是我的精神的产物，……反思，有如上面所说，能深入于事物的共性，而本身即是概念的一个环节。——[德]黑格尔著：《小逻辑》第78～79页，商务印书馆2004年版。

性、相对性等也是风险的属性。这些属性对判断都有影响,而风险判断还具有自身另外的几种属性:反思性属性、介质属性和导向属性等。反思性属性在上一节已作讨论,以下简要讨论风险的介质和导向属性。

(一) 介质属性

风险的介质属性,是指风险本身是稳定的,具有不可消除的特质,可用来作判断介质。在讨论风险作为介质引入审计判断活动之前,讲一个小的故事情境:在盛夏的黄昏,小孩子最喜欢到郊区的小河边戏水玩耍。有一次,路过一段田埂,也许是脚步声惊动了草丛中的许多青蛙,只见它们纷纷乱跳,慌忙逃离,其中一只小青蛙可能不小心跳得过急或过猛,竟然背着地摔了一个四脚朝天,动弹不得,只能用手帮助它翻过身来,缓一会儿,它才跳回田间沟壑。整个夏天,总是能注意到有这样的情境发生,于是印象深刻,从中领悟出许多的意味。其中之一就是如何通过风险视角来判断相关事项或活动,即风险作为介质可以形成关于风险判断的思考。例如,上述故事情境表明通过风险测试可以判断小青蛙往往不具备应急能力,承担突发风险的后果不佳等。风险具备判断介质的所有特征,诸如稳定性强(不易灭失)、依附性强(依附整体及具体事实或事项)、显现性强(形成各种风险要素)等,能够自然地融合到判断思维之中,形成风险判断并拥有自身特有的属性。风险作为判断的介质,已在人们各类管理和控制活动中广泛运用,不仅用来考察整体,而且也可用来考察判断主体自身。

(二) 导向属性

所谓导向,是指可以借助风险以使判断过程更加具有经济性和有效性。风险判断的导向属性在于可信性和真相性,其中风险判断的可信性表明过去实践的经验证明,风险判断的真相性表明透过风险可以觉察到一定的事实真相。但风险本身并不能取代判断,即风险本身解决不了判断所面临的问题,它只能起到引导作用。由于整体的结构、状态和性能都处在风险之中,整体诸多要素与风险结合会形成诸多关于风险的要素,这些风险要素显示出不同特征,透过这些风险要素可以更为突出地展现出整体特征,并能够寻找出那些隐藏在整体中的诸多不利因素或损害可能性。在当代一些风险管理、风险导向审计的提法中,风险都只是作为导向运用的,风险判断的导向属性与判断力方向是一致的,都是为了追求某种真相,风险判断也正是依据这种属性识别和处理整体,从而实现各种审计目标。

前已述及,风险判断属性还包括规定性和反思性。这些风险判断的属性决定了审计师在利用风险时,能够形成特有的风险判断能力,可以不断地超越一般的规定性判断,从而更加深入整体内部,有效融合整体重要性、管理控制等深层次因素,在反思性判断的主导下完成一系列判断活动。

二、风险对审计判断的影响

审计判断之所以与风险紧密联系起来,主要是基于风险对审计判断带来的影响。

1. 审计客体内在风险的普遍性。审计判断客体涉及面较为广泛,其中一个显著的共同点就是客体风险的存在和影响。以企业为例,其所处的行业状况、监管环境、企业的性质以及目标、战略和相关经营都有可能对企业带来风险。人们认识到威胁企业生存发展的风险因素就有多种①，企业风险无处不在（一般可分为战略风险、财务风险、商业风险、营运风险等），这些风险的存在或发生，都将影响到企业的经营状况和事实结果（具体可反映在财务报表上），从而对审计判断活动产生重要影响。随着人们对风险认识和利用的深入，审计师也亟须调整自己的判断视角，习惯于从风险判断出发建立起新的审计导向模式。例如，当审计师不注重从整体视野或宏观层面把握财务报表存在的重大错报风险，而直接实施控制测试和实质性测试，容易产生审计失败。又如，当企业管理当局串通舞弊或凌驾于内部控制之上，内部控制往往是失效的，审计师如果不把视角扩展到内部控制之外，寻找风险判断，很容易受到蒙蔽和欺骗，不能发现由于内部控制失效所导致的财务报表重大错报风险。

2. 审计环境的变化。鉴于审计职业在经济活动中扮演的角色或承担的责任，社会公众对审计的期望值在不断提高，人们不仅希望能通过审计对被审计单位的经营活动（或财务报表）的真实性、公允性发表意见，还希望能在合法性、效益性等方面有所作为，**揭露被审计单位的舞弊和非法行为**，尤其对财务报表重大错报风险和企业的持续经营能力等予以关注，提供值得信赖的审计判断意见。这一切使得审计职业界不得不考虑风险（包括审计自身风险）和审计期望差②，需要努力适应环境的变化，将查错纠弊和对财务报表的公允性发表意见有效结合起来，以满足社会公众的需求。安然事件后，美国国会 2002 年通过了《萨班斯-奥克斯利法案》，对包括 IAASB 在内的准则制定机构影响很大，美国、英国、加拿大等一些国家的审计准则制定机构均制定和出台了一系列风险审计准则。

3. 审计模式的应用与扩展。在充分考虑风险的基础上，传统的**审计模式**③有必要更新。首先，必须克服审计目标的变化以及账项导向和内控导向两种传统审计模式的不足，在理念上将被审计单位的经营风险④与审计风险建立联系，使得深入了解被审计单位所处的行业背景、战略目标定位、战略计划推进、竞争优劣态势、经营关键环节以及影响被审

---

① 例如，产品责任风险、营业中断风险、环境污染风险、自然灾害风险、专利侵权诉讼风险、研究与开发投资风险、产品召回风险、公众责任风险、变化的法律环境风险、数据损失风险等。

② 审计期望差是审计服务的使用者对审计责任的期望超出了审计职业现有职责范围的差异，主要表现在人们希望审计能对报表的公允性、被审计单位的持续经营能力、被审计单位内部控制、舞弊和非法行为等更加宽泛的内容上发表意见，以此降低信息风险；而现实中审计虽然是应该尽最大努力来满足社会公众的合理要求，但由于社会期望超出了现有审计相关法律、准则对审计职责的规定，以及审计受自身的能力与技术条件及审计成本等限制，无法达到完全满足社会需求的程度，由此便会产生审计期望差。

③ ①审计模式是指审计理念、目标、范围和方法等要素的组合，它规定了如何分配审计资源、如何控制审计风险和规划审计程序、如何收集审计证据、如何形成审计结论等。②一般认为，审计模式的演进经历了账项导向审计、内控导向审计和风险导向审计三个阶段，其中风险导向审计又分为传统风险导向审计和现代风险导向审计。刘明辉：《审计与鉴证服务》，高等教育出版社 2007 年版。

④ 经营风险主要指企业内外部环境的变化对企业目标的实现产生不利影响的可能性。随着企业管理由经营过程管理转向战略管理转变，经营风险又可以分为战略风险和经营流程风险，不同的企业所面临的经营风险的具体形式是不同的。

计单位经营的各类风险成为共识,重新审视财务报表中的错报风险与被审计单位复杂的风险及管理过程的关联性。其次,必须进一步提高审计的效率和效果,不断缩小审计期望差,在审计模式上探索更加有效的审计方法,将风险理念纳入审计目标中并合理实施风险评估,优化判断策略与决策,形成既能满足社会合理需求又能适应审计自身发展的一种新的方法体系,促进审计目标实现。

关于风险导向这一审计模式的扩展和变革,当前国际上几大会计师事务所先后进行了实践探索[①],带来了审计理念和模式等重大变化。我国新颁布的《国家审计准则》同样引入了风险观念,具体规定了判断活动中对于风险的利用,要求审计组根据调查了解的情况,结合适用的标准,判断被审计单位可能存在的问题,即风险领域或者风险点;要求审计人员运用职业判断,根据可能存在问题的性质、数额及其发生的具体环境,判断重要性、评估可能存在的重要问题,即重要风险领域或者重要风险点;明确了审计人员在了解被审计单位相关内部控制及其执行情况时,其中之一就是关注相关风险,对被审计单位应对风险的过程和结果实施风险评估。种种针对审计判断的具体举措,使得现代风险导向审计已经开始在实践中运行,而审计判断将在这场新的变革中扮演重要角色,西方一些学者更是将这一变革中需要的职业判断给予极大的肯定与期望[②]。

审计活动所面临的客体的风险和判断主体的主观行为,始终交织在一起,风险及其有效管理将在审计判断活动中得以运用。风险显然与审计判断活动有关,并在审计模式的演进中起到助推作用。

三、审计风险与判断

(一)审计风险产生的原因

风险作为介质用来考察审计事物,其结果是存在审计风险。这种风险的起因一般认为是审计作为及其结果引发的,即对审计作为及其结果需承担一定责任,由此,审计责任的存在是导致审计风险的基本原因。无论何种审计类型(政府审计、社会审计和内部审计),只要为其行为及结果承担相应的发表错误审计意见或作出错误审计结论的审计责任,审计风险就是必然的。审计师在这种风险面前,应该设法规范其行为使发表不当审计意见的风险降低,或使整体不存在重大错报的保证水平很高。前者是从降低审计风险的角度免除或应对责任约束,后者是从提供审计确信或合理保证的角度免除或应对责任约

---

① 如毕马威研究小组在《以战略系统观组织审计》报告中提出了一种新的审计方法,即首先分析企业的经营模式,全方位理解和把握企业的内外部经营环境,其次以战略分析、经营流程分析、风险评估、业绩计量和持续提高等原则来分析企业的经营风险,得出关于剩余风险的结论及其对审计的影响,最后用剩余风险来指导实施实质性程序。剩余风险是指那些未能被企业控制的战略风险和经营流程风险等。

② 美国毕马威会计事务所审计与鉴证研究中心主任 Timothy B. Bell 博士和伊利诺伊大学香槟分校会计系主任 Ira Solomon 教授——认为,从现代审计的发展过程来看,风险评估的定位在财务报表审计中至少已经存在了100年,其中需要的职业判断是风险导向审计的灵魂。——汪寿成著:《现代风险导向审计》第15页,大连出版社2009年版。

束,两者的意图其实是一致的。从风险视角出发,审计师始终存在发表不恰当审计意见的风险,这种审计风险可称为总体审计风险,即包括把整体存在的"错误或错报"判断为"非"的风险,也包括把整体不存在的"错误或错报"判断为"是"的风险。出于对审计实务原因(实用价值和判断成本)的考虑,审计师通常更关注前一种风险,认为考虑前一种风险是可行的也是迫切的,因此把风险视角确定在对整体存在重大"错误或错报"发表恰当意见与否的风险上,这样更利于实现审计的目标。

一般认为,广义的审计风险是指审计师作出错误审计结论和表达错误审计意见,从而导致审计组织和审计师承担法律责任和相应经济损失的不确定性。狭义的审计风险是指财务报表存在重大错报而审计师发表不恰当审计意见的可能性。这种风险的不确定性或可能性从表述来看,过于强调审计师的风险判断能力运用导致的结果,显然是片面的、不完整的,并没有提及整体自身的风险,以及两种不同风险的关系把握,就像只强调审计责任而忽视会计责任一样。我们认为,审计师的风险判断能力终归是有限的,提及审计风险时必须考虑合理保证或合理确信等概念,当风险追求的标准越高、判断主体承担的责任越大,反而容易使审计风险仅仅停留在概念上,在风险判断实务过程造成徒有其表而已。实际上,不同类型的审计风险都有其产生的原因且错综复杂,时刻提醒着审计师强化风险判断能力应该是一个不断成长的过程。关于审计风险产生的原因或风险因素(风险因素指具备风险特征的一些情况,包括具体事实和环境),简要分析如表9-1所列。

表9-1　　　　　不同审计类型的审计风险含义及其产生的原因[①]

审计类型	审计风险	原因或风险因素
国家审计	国家审计机关和审计人员在对被审计单位的审计过程中,由于各种原因而未能充分发现问题、揭示问题,致使审计机关出具不恰当甚至错误的审计报告、意见、决定等法律文书的可能性,甚至导致审计失败,从而给国家和社会带来损失的可能性	1. 政治环境。如知情权、公开透明度、问责制等带来的变化对国家审计机关提出更高要求,审计风险易于引发 2. 经济环境。如体制的转变或缺陷、市场规则无序或不规范、制度缺失、经济领域矛盾激烈、交易的多样化和复杂化等影响,一定程度加剧审计风险的产生 3. 法律环境。如法律标准的滞后或不够完备,导致发现和揭示的问题没有对应的法律条文作为评价依据,审计结论出现随意性等,同样会增加审计风险 4. 技术环境。如信息技术发展带来的双面刃效应,审计手段受到制约,无法深入收集信息或获取问题的证据 5. 文化环境。如社会对审计的高期望与审计作用之间的落差,往往成为一种潜在的审计风险 6. 整体自身的风险。如被审计单位的经营风险、内控风险、舞弊风险等 7. 审计判断主体素质。如审计师的专业胜任能力、职业道德遵循等出现各种问题,业务水平和能力高低成为产生审计风险的主要原因

---

① 于玉林、项文卫主编:《审计管理学》190～231页,中国时代经济出版社2009年版。

(续表)

审计类型	审计风险	原因或风险因素
社会审计	财务报表存在重大错报风险而注册会计师发表不恰当的审计意见的可能性	1. 企业经营环境。如企业竞争环境激烈、经济规模扩张等导致经营风险日趋加剧的各种因素,直接或间接地影响审计风险 2. 同行业的恶性竞争。如受利益驱动降低收费标准、低成本作业、盲目扩张业务等带来的审计风险 3. 执业监管缺失。如监管力度下降、处罚措施弱化、违规处理不到位等监管状态,加上"法不责众"等情结泛滥,最容易导致大量累积的审计风险 4. 审计判断主体素质。如能力和道德素质低下、独立性丧失、风险意识不强等直接导致审计风险 5. 审计技术。如大量运用抽样技术以节约时间和成本、审计程序使用明显不当等,从而增加审计风险 6. 质量控制。如质量控制存在漏洞、复核与监督流于形式、审计流程不规范等导致报告质量低下,从而扩大审计风险
内部审计	是指反映被审计单位及其经济活动事项的会计资料存在严重的错报、漏报,或者存在重大舞弊事项,内部审计人员经过审计未能发现,发表了不正确或不恰当审计意见的可能性	1. 缺乏完整的法规、准则体系;如适用于现代企业的《证券法》《公司法》缺乏对内部审计的明确规定,法律地位较低 2. 内部审计对象的日益复杂化。如经济业务的日趋复杂,使内部审计业务不断扩展,在处理业务的过程当中增加了风险的可能性 3. 审计责任的强化。如从财务责任、经营责任延伸至管理责任的审计,加大了内部审计的责任,相应增加了审计风险 4. 内部审计机构独立性较弱。如由于独立性弱化导致审计评价和监督的弱化,必然使审计风险加大 5. 企业内部审计技术和方法较为落后。如内部审计资源的更新和开发往往滞后,一定程度影响审计质量,容易产生引发审计风险的多种因素 6. 内部审计的质量控制系统不完备。如受局部自身限制,针对外部调查取证无法取得充分证据、审计评价质量不完整等风险问题,没有适当的质量空控制体系予以保障,使得审计风险增加

不同审计类型的审计风险及风险因素既有相似的原因,又有各自的特点。每一个现实的审计风险,其产生的原因都是复杂而多变的,无法一一详细列举,但对产生审计风险的原因进行总结和归类,对风险判断始终有着积极的意义,不仅可以帮助审计师强化风险意识或改变风险认知,而且还能够在总结产生风险的不同的原因当中积累风险判断经验和提高风险判断能力。

(二)审计风险要素分析

风险是由各种风险因素或其他情况组成,并受到时空、条件和环境的具体影响。对风险的组成进行分析,理论上只是提供关于风险的因素类别分析,这种类别分析的对象亦可称为风险要素,是为了较为清晰地说明产生风险的主要原因。例如,按照社会审计类型的审计风险构成要素分类,审计风险主要取决于重大错报风险①和检查风险②。重大错报风险实际上是整合了传统审计风险要素中的固有风险和控制风险,主要是出于固有风险和控制风险在审计实务中难以区分、不便操作等考虑,这种分类将风险按照报表层次划分,重点落在各类交易和账户余额层次上,既能够与具体认定相联结,又不失去整体判断层面,使得对整体经营风险评估的结果与整体本身对应。理论上看,这种划分存在合理的成分,但由于被划分后的认定层次风险和财务报表层次风险是相互依赖和彼此影响的,审计师仍然要面临两个层次风险"依赖和影响"关系的程度性判断,从而又要回到诸如"关键的、起决定性的"风险因素关系判断,似乎层次的划分并没有减轻或降低审计师的风险判断的压力。整体中的重大错报风险是审计师无法减少或改变的,即无法加以控制的,但通过风险要素的分析,还是有利于对"剩余风险"的评估或发现,可以利用风险判断确定与整体相关的风险,以及判断内部控制未能阻止和发现不当表述的风险。

检查风险在理论上是可以控制的,除了职业判断道德风险和判断能力高低之外,主要取决于审计师的审计程序设计的合理性和执行的有效性。在审计活动的实践中,检查风险控制存在一定困难,主要原因就是审计师通常并不对所有的交易、账户余额和列报进行检查,无法将风险降为零,而且,检查风险还与审计师执行或选择程序不当、错误理解审计结论等主观判断密切相关,涉及审计判断的一系列行为,对该风险的控制与管理也并非易事。

当前,风险判断在审计判断活动中还没有形成一个标准的、统一的规范,实践中也是与企业相关的审计中运用较多③,尽管对风险的识别、评估、量化以及预测和管理等工作很早就受到关注,审计实务运用中也有不同的效果,但还是处于探索实践阶段,主要是存在许多问题还没有得到妥善解决。

一是风险自身存在的领域过于广泛以及风险所带来的影响和变化过于复杂,人们在认知风险上还有局限和差距,仍需要不断深入和探究。

二是风险对于审计活动的影响及规定性还不够明确,如风险要素划分就较为粗略。

---

① 重大错报风险是指财务报表在审计前存在重大错报的可能性,它包括两个层次:认定层次风险和财务报表层次风险。认定层次风险指交易类别、账户余额、列报和其他相关认定层次的风险,主要来源于经济交易的事项本身的性质和复杂程度发生的错报、企业管理层由于本身的认识和技术水平造成的错报,以及企业管理层局部和个别人员舞弊造假造成的错报。财务报表层次的重大错报风险是财务报表整体不能反映企业经营实际情况的风险,主要来源于企业未能控制的战略风险和经营流程风险即剩余风险,或企业高层串通舞弊、虚构交易。两个层次的重大错报风险分别反映局部和整体风险的不同。根据整体和局部的相互依赖和相互影响的关系,两个层次的风险相互依赖,财务报表层次风险及变化会影响到认定层次风险,反之亦然,关键的认定层次风险及其变化甚至对财务报表层次风险起决定作用。

② 检查风险是指某一认定存在错报,该错报单独或连同其他错报是重大的,但审计师未能发现这一错报的可能性。

③ 如在判断重大错报风险时,政府审计中对财政收支、财务收支合法性和效益性等进行审计的项目更多地是关注可能存在的重大违法行为及检查,国家审计准则中也并没有明确与风险导向有关的具体的标准或规范。

尽管审计风险已被广泛定义,但在具体实践中仍然无法完整把握,如企业的经营风险、政府的行政或政策风险、市场的风险、社会环境的风险,以至于风险评估要用到的信息数据的风险,所有的这些重要风险及风险因素与审计活动的关系如何确定,并没有一个准确划分,尤其是面对不同的审计判断对象和不同的审计目标要求,更是带来了相当大的困难。

三是当前审计风险模型[审计风险(AR)=重大错报风险(MR)＊检查风险(DR)]在实践中运用时,实际上作为一种实务操作模型其本身并不完善,仍存在一定的局限性[①],主要受制于主观判断的因素太多,如对重大错报风险的估计,这种估计本身就有可能成为偏离实际的一种风险;其次,模型中的风险无法精确量化,如对重大错报风险的量化以及重要性水平评估的量化等,只能通过风险发生的可能性(基本确定、很可能、可能和极小可能或高、中、低等)作定性描述,从定性精确转化为定量还存在一定困难,限制了模型运用的实际效果;再次,审计风险模型的构成是基于重大错报风险与检查风险的乘积,这种乘数关系值得怀疑,并无充足的理由。人们尝试将风险模型修改成为一种综合风险评估,对审计风险分解的成本减少了,审计效率得到释放,但这就需要更多地依赖于主观的综合风险判断。

风险的引入首先要审计师明白他时刻处在风险的迷雾当中,然后是他如何运用风险进行判断活动,这两样应该结合在一起思考并加以探索。风险的引入对于判断的运用始终有这样或那样的问题存在,但有一点值得肯定的是,按照风险视角的导向性,通过对风险的持续关注,不仅反思了审计师自身的执业风险,更为重要的是历经一系列反思,拓宽了审计判断的视野,找到了联结内部控制、重要性及整体把握等影响判断的重要纽带,并且有望通过从风险的视角改善判断模式和重心,用以提高审计工作效率和质量。因此,风险判断原理是作为判断行为的一种导向使用的,具有战略和部署的意义。

第三节 风险判断思路、决策和影响

一、风险判断的基本思路

风险因素的出现始终会让审计师对整体发生舞弊的可能性保持一种警觉状态,这种状态将会使审计师在整个审计判断过程更加小心谨慎和心思活跃。因此,基于风险判断的导向性,审计师在运用风险判断原理时,不仅需要确立一个关于风险判断的程序(该程序由风险的识别、量化、评估、应对等过程组成,每一个过程都包含着一系列审计判断,积累了大量的判断实践经验和方法,风险判断程序的建立,某种意义上也就是风险判断思路

---

① 审计风险模型是一种编制计划的工具,如果审计师运用此模型修正审计计划或评估审计结果,那么实际的审计风险水平有可能高于用公式计算出的风险水平。这是因为风险模型假设作为乘数因子的三个组成部分(IR,CR,DR)彼此独立。然而实际上,重大错报风险的发生可能是由于客户的内部控制引起的。因此,固有风险可能取决于控制风险。实务中,一些会计师事务所对固有风险和控制风险进行综合风险评估。——[美]小威廉·F·梅西尔著,刘明辉主译:《审计与保证服务:一种系统的方法》第108页,经济科学出版社2008年版。

的运行结果),更为重要的是还需要形成一个顺应这个风险判断程序的基本思路。我们认为,审计师的风险判断能力的基础性表现,应该是风险判断程序和风险判断思路相结合,共同使风险的导向性得以运用并显示出实际效率和效果。由于风险判断的根本目的是通过对某类整体的风险估计,确定风险的种类和性质以及存在的范围,尤其是确定重大风险带来的影响,从而进一步确定与整体有关的审计重点和内容。因此,风险判断的基本思路始终要服务于这一目的的实现。

风险判断基本思路需要借助不同的判断原理运用形成,并非只是完成对风险本身的判断[1],要使风险的导向性作用得到切实发挥,在对风险本身判断的同时,就要预留好各种通向实现审计目标的途径。在这里,我们简单结合其他判断原理,提供几个简略的风险判断基本思路,用以说明风险判断需要结合其他一些判断原理共同运用。

第一,结合解构判断原理运用。风险判断的基础是合理完成风险识别,风险的识别属于审计判断识别,需要审计师利用自身判断力。风险识别过程可以按照解构判断原理的要求,将整体风险中相互作用、相互影响的风险要素进行分解和重构。主要思路是将风险联系整体的重要性、内控活动和具体事项等,将整体风险分解为具体的组成风险要素,更好地识别各层次、各类别风险要素,然后按照审计判断过程各环节,针对不同风险要素加以测试、验证与认定,根据风险具体情况综合可能存在的风险及潜在损失的威胁加以重构,综合判断整体风险。风险本身具有可分解性。例如,可分解为经济风险、技术风险、资源风险及人员风险、环境风险等不同要素,这些不同类别风险要素还可以一直得到分解,有利于对不同风险要素作判断识别。一般认为,审计风险要素按层次可简单划分为重大错报风险和检查风险两个较高层次风险。重大错报风险又可划分为固有风险和控制风险;检查风险可划分为分析性测试风险和细节测试风险。如此继续,每个层次风险还可分解成为众多的具体风险因素,这样的分解便于对具体风险因素及影响进行判断。由于风险判断具有的导向性和反思特征,使得风险导向性是全方位的,同样涉及审计师自身判断行为风险,分解风险的过程必须考虑这一情况。因此,对于审计师执行审计程序所得出的结论,根据其在确定测试范围时是否运用了抽样方法,可以将风险分为抽样风险和非抽样风险[2];在实施分析性测试时,抽样风险可分为信赖过度风险和信赖不足风险[3];在实施细节测试时,抽样风险可分为误受风险和误拒风险[4]。对审计师风险判断行为而言,由于非

---

[1] 审计判断实务中,仅完成对风险本身的判断是不够的,这种判断不仅是一种估计而且还极可能是一种处于变化的估计,对实现审计目标而言,风险判断最大的缺陷是未能获得关于发表审计意见的直接证据。

[2] 抽样风险是指在同样的测试下,根据样本所得出的结论不同于根据总体对象所得出的结论的风险;非抽样风险是指由于某些与样本规模无关的因素而导致审计师得出错误结论的可能性。

[3] 信赖过度风险是指审计判断的控制有效性高于其实际有效性的风险,影响审计效果;信赖不足风险是指审计判断的控制有效性低于其实际有效性的风险,影响审计效率。

[4] 误受风险是指审计判断某一重大错报不存在而实际上存在的风险,影响审计效果;误拒风险是指审计判断某一重大错报存在而实际上不存在的风险,影响审计效果。

抽样风险包括审计风险中不是由抽样所导致的所有风险,导致该风险的影响因素范围较广和内容庞杂。通过对以往有关审计失败案例的研究发现,非抽样风险因素往往成为最主要的审计风险因素,同时也是审计责任的主要来源。对于非抽样风险不仅要严格加以控制,还应该进一步分解可能导致该风险的重要风险因素,可按照审计师的判断行为过程主要分解为三类:一类是关于审计程序的风险因素;二类是关于审计发现的风险因素;三类是关于审计评价的风险因素。例如,具体分解后考虑以下情形:

(1) 缺乏必要的审计程序,如没有审核管理层重要的决策文件或会议纪要、未能了解整体的业务流程或风险管理。

(2) 采用不适当的审计程序,如将询证函交由被审单位职员邮寄。

(3) 选择了不适于实现特定目标的审计程序,如依赖应收账款函证来揭示未入账的应收账款。

(4) 选择的总体不适合于测试目标,即对不恰当或不完整的总体应用审计程序,如对交易记录的准确性进行实质性测试时,在选择样本时排除了某个类型的所有交易,并得出了所有的采购交易都被准确记录的结论。

(5) 未能适当地定义控制偏差或错报,未能发现样本中存在的偏差或错报。

(6) 在执行控制测试时,没有发现控制系统运行中存在的背离情况。

(7) 没有发现不恰当地选择或运用会计政策、计量方法和披露原则的情况。

(8) 没有对审计发现采取相应的措施,或者忽略了某些需要特别关注的因素。

(9) 未能适当地评价审计发现的情况,如审计师错误解读审计证据导致没有发现误差,对所发现误差的重要性的判断有误,从而忽略了性质十分重要的误差,导致得出不恰当的结论。

(10) 对会计原则作错误解释。

(11) 在解释和运用审计准则时出现错误。

(12) 作出不当表述;如由于管理层自身原因或职员欺诈行为所引发的不当表述。

……

由于风险是从某类整体中分解出来的,必须回归到对整体的影响,才能发挥风险导向性作用。因此,解构风险的过程实质上是对风险要素进行全面梳理和细化,识别和估量之后再让各种风险因素回归整体和重要性范畴,才能关注到风险对整体的重要影响。

第二,结合因果判断原理运用。风险判断可以结合因果判断原理运用,主要思路是识别各层次、各类别风险因素和具体风险因素的关系,找到各风险要素之间的因果关系,判断识别"一因多果、多因一果、互为因果"等复杂风险因素之间的因果关系。例如,固有风险和控制风险有时会受到同一种具体风险因素影响,导致审计人员不能区别所识别风险因素究竟属于哪一类,这时需要借助因果关系判断在识别的基础上作出风险的相关性、可能性判断,再将各种风险因素进行归类,从而通过因果判断有效解决风险因素类别归属,形成对综合风险或剩余风险的深入识别。结合因果判断时,不仅可以使风险因素之间的因果关系得以建立,有利于信息数据的风险分析,而且对各风险因素的归类,更能明确审计师关注的风险方向和有助于验明具体风险因素。例如,审计师评价财务报表因舞弊而导致重大误报的风险,应该考虑与欺诈性财务报告相关的风险因素和与资产挪用相关的风险因素。

1. 可按照因果关系进行适当归类,其中与欺诈性财务报告相关的风险因素归为三类:

(1) 与管理层的品质及其对控制环境的影响相关的因素:管理层的能力、管理层所承受的压力、管理风格以及管理层对待内部控制和财务报告程序的态度。

(2) 与行业特征相关的风险因素:涉及被审计单位经营活动所处的经济和法规环境。

(3) 与被审计单位经营特点以及财务稳定性相关的风险因素:涉及的因素应该与被审计单位的性质和复杂程度、交易事项、财务状况和获利能力相关。

2. 与资产挪用相关的风险因素归结为二类:

(1) 与资产被挪用难易程度相关的风险因素:涉及的因素包括被审计单位资产的性质和资产易被盗窃的程度。

(2) 与控制相关的风险因素:涉及的因素取决于是否缺乏旨在防止或发现资产被挪用的相关控制机制。

第三,结合逻辑判断原理运用。为使风险判断有确实的依附对象,可以按照逻辑判断原理将风险因素推断到整体及局部,以此明确风险因素依附的特定对象。例如,将重大错报风险对应到财务报表整体和局部认定两个层次。由于某些风险因素可能与特定的账户余额或交易类别存在关系,也可能与财务报表整体存在关系。因此,风险判断基本思路是尽可能按逻辑判断原理进行推理分析。在借助风险因素进行推断时,在审计专业判断中,更多地会使用到逻辑推理,其中最为重要的一项前提是相关经济活动或信息资料业已发生与成形,时空序列主要处在过去和现在,便于对风险判断的结果进行验证和确认。例如,管理层特别看重利润的增长,就有可能出现不愿对无法收回的应收账款或无法售出的存货计提充分的准备,审计师在风险判断中得出可能存在的风险,就可以对那些应收账款或存货进行专门审核。当部门主管承担了不合理预算的压力,或者经营处于经济衰退时期时,就有可能出现在发货前确认收入、不确认费用、不合理地低估年度折旧或者采取其他人为提高收入等手段。这些行为手段都会对财务报表整体产生错报风险影响,因此,按照逻辑判断原理,还需要在评估的风险中找到依附实体,即查找出依据这些行为手段制造的风险,并在风险中得到有力的逻辑事实,完成逻辑判断所需要的审计证据,唯有证据才能证明各种风险因素存在的可能性。

同样地,风险判断还可以借助转化判断原理、假设判断原理和价值判断原理等一起作用,共同实践于审计活动。风险判断与其他判断原理的高度结合性,一方面表明风险判断原理的反思、介质和导向的特有属性,另一方面则表明整个审计判断原理是一个有机的统一体。

二、风险判断决策

风险判断一般包括风险识别、风险评估、风险量化、风险预测和风险管理等,是人们在探索风险及其影响的过程中建立的一些基本方法,在运用上述方法判断风险后所作出的决策,称为风险决策。审计判断活动在某种程度上也正是借助于这种风险决策的过程和结果,以风险来引导审计判断活动。当前,审计风险判断决策已构建出自身新的判断模式,在风险判断模式的发展上,传统风险导向与现代风险导向所产生的判断模式有所区别,但方向仍基本一致,只不过前者沿用内部控制原理(如假设内部控制不完善或存在薄弱环节,容易产生较高风险,且这种假设是有效的;反之,亦然),主要关注控制风险,以此确定重点风险判断领域;后者更关注风险本身及风险对整体带来的影响,以更大视角投向经营风险等全面风险,并借助风险评估为核心手段,将风险分析与评估贯穿审计过程始终,以此确定重点风险判断领域。审计理论上的风险研究正在不断深入和完善,但不能代表审计判断实践就该如此或就能如此,或者说审计判断中风险运用的效率和效果还有待进一步验证。例如,有时候对风险模型的滥用和严重依赖,也是一个值得考虑的问题,这样容易导致无法实践或不具备普及性。但有一点值得肯定的是,基于风险的判断作为一种判断理念的更新,可以拓宽以往判断的视野,并从原有判断理念和策略的基础上得到丰富和发展。目前,我们在审计判断中运用风险时,要清醒地认识到以下几个问题:

一是避免异类风险等同的误区。审计判断所要面临的不确定情况或风险包括整体的风险和审计师自身判断行为的风险,这两类风险属于异类风险,两者的差别十分明显,不能相互替代。同样地,整体中和审计判断行为中也分别存在许多异类风险,有些异类风险容易识别,有些异类风险会交织在一起,因此在处理这些异类风险时不得不慎重,需要不断强化风险识别。例如,整体风险中的固有风险和控制风险、判断风险中的检查风险和道德风险等,如果不加识别以等同利用,将会影响风险判断决策的正确性和有效性。审计师没有必要扩大风险的范畴和超出自身的承受力,基于审计责任归属的约束,更应看重自身判断风险,避免陷于风险的泥潭而无法自拔。例如,应对经营风险是被判断对象自身的职责,审计师只是通过对经营风险的分析判断,确定那些对整体有重要影响的事实,而不是提供避免经营风险策略,越俎代庖之事非审计本质属性所规定。就异类风险相互影响而言,也不能简单得到彼此的某种关系。例如,审计风险模式由检查风险和重大错报风险的乘积构成,这种乘积关系就不能简单去理解。

由于会计责任和审计责任的划分,审计风险并不等同于会计风险。除审计师的自身检查风险外,重大错报风险对于会计和审计的影响其程度是不一样的,绝大部分审计判断是追溯以往的,在时间和空间上有许多确定的事实和信息已然产生,审计师只是借用各类风险因素考察被判断对象的应对风险状况和结果。例如,面对会计估计①风险判断,管理层本身应该确认所需要的估计并使用恰当的估计技术,并对披露的估计结果的完整、公允负有最终责任。审计师的责任是评价会计估计的合理性,并对会计估计的完整性、估价和披露等事项进行验证。会计估计所面临的不确定性首先是由管理层来解决的,而审计师评价和验证这种估计的程序与结果,受不确定性影响相对弱于管理层。就风险的存在而言,风险往往不依附于已经发生的事件,而更多的是依附未来的事件。一般认为已经发生的事件无论结果如何,都已成为事实,当不确定性转化成确定性,不再构成风险。就风险的影响而言,不排除风险的延续性,这是由风险变化影响决定的,各种不同风险会随着时间的延续而改变其重要性。审计师更应关注风险的影响,通过风险估计影响整体程度大小,确定审计判断策略。审计判断活动除了合理调整自身判断行为风险(如审计师对风险的态度、经验以及胜任能力等),主要是关注整体中那些既定事实中的潜在的风险(对于事实的理解并非指真实或合法,只是既存的一种状态或情况,在未经相关标准衡量其间没有错对),并将风险性质②与重要性有机地结合起来,利用风险分析深入把握整体并确定审计的领域和重点,就已发生的事实进行测试和验证。例如,可以运用风险判断评估并确定重大的剩余风险,以及导致财务报表重大错报的可能性,进而对重大错报风险的事实进行认定。

二是避免风险运用唯一性的误区。审计判断尝试从风险角度来把握判断整体,就风险导向而言,其带来的新的判断途径和模式值得肯定。有时利用风险导向,判断效率会明显提高,就像开始讲的小故事情境中,你可以通过应对风险中出现不良后果的可能性,大致判断是小青蛙而不是大青蛙所为(因为风险就某种意义而言与速度和变化有关,确切地说是人或动物的反应速度与事物变化速度的差距,结果就是这种差距的事实。由此推断小青蛙涉世未深,应对变化能力较弱)。但不同整体在风险影响下其结构、状态和性能是不一样的(政府审计所处理的整体异于社会审计所处理的整体,内部审计更多侧重于风险管理审计),并且对整体的把握有多个维度,风险只是其中之一。例如,当审计师识别出一个或多个风险因素时并不必然意味着整体存在重大舞弊,只是当存在的风险因素会增加整体出现重大舞弊的风险,审计师需要对增大的风险采取应对措施。运用现代审计风险模型执行审计③,能够将审计的视角从会计系统扩展到更广泛的经营风险管理领域,通

---

① 会计估计通常取决于未来不确定事项是否发生,尽管它不产生于具体事项,也并非是交易活动,但在财务报表中还是包含了这样的估计,如应收账款的可收回性、质量保证成本、销货退回与销货折扣、资产减值估计、无形资产估价、未决诉讼等,审计师应对这些情况而实施的程序可以通过审核处理会计估计的程序以及相关资料、分析会计估计结果的合理性、采取相应的测试进行验证并取得可靠证据,特殊情况下还可以取得外部专家的协助,以此来判断会计估计的结果是否符合会计准则的要求。

② 风险性质按照影响的结果,可以量化成数值,也可以定性分析。按照后果或影响的定性分析,一般划分为"不重要的""次要的""中等的""重要的""灾难性的或非常重要的"。

③ 现实中风险预测技术的运用还不成熟,由于风险所涉及的因素过于宽泛,各因素之间的相互作用、渗透和变化,使得风险在整体解构中愈加复杂,即便是出色的风险分析员运用所有可用的工具,也同样会遇到困难。当然,这并不表明审计专业无须触碰这种领域,理想的做法是寻求合作,合理利用那些风险分析技术中带来的有效成果。

过确定重大错报风险的水平与分布，从而确定审计领域和重点，避免在某些领域审计过度或不足。实践表明，审计师可以合理设计审计程序的性质、时间和范围，并有效执行，以控制检查风险；也可通过增加审计证据的数量、提高审计证据的质量来降低检查风险。审计师在设计审计程序以确定财务报表整体是否存在重大错报时，按照要求应当评估财务报表层次的重大错报风险，并根据评估结果确定总体应对措施，包括向项目组分派更有经验或具有特殊技能的审计师，或利用专家的工作，以及提供更多的督导。相应地，风险评估的技术掌握以及风险导向的适用性、风险模型的科学性、风险的定量分析等困难仍有待合理解决。风险导向在审计判断中的运用还有待不断验证和完善，尤其不能单一地沿着这条路来把握整体，风险判断还需要结合更多的维度和视角来加以发展。

因此，审计判断在风险环境中，既要有效利用风险及其因素的影响，全面而快速地把握整体，但又要避免为风险而风险论，将整体纳入风险中无限放大，导致风险判断虚无主义，或者使审计判断跳出专业既定的框架，盲目追求副产品，朝着提供未来风险管理咨询意见或风险决策建议之路行进。例如，在审计风险判断能力不足或存在局限的情况下，开展关于未来风险的审计是不明智的。

三是避免审计判断的风险管理缺失。风险判断的结果与审计目标、重要性、审计程序等关系的处理，体现在一系列的判断行为过程之中，其效率或效果作用的发挥，一方面取决于被审单位开展全面风险管理的程度，另一方面取决于审计师风险评估的能力水平。但更为关键的，还是应注重审计判断主体及其行为的风险管理，将风险判断纳入审计管理系统一并考察，即在审计管理体系当中的计划立项、资源配置、过程监管、质量复核、结果评估等管理中引入风险概念，对审计师的独立性、胜任能力、经验运用、判断质量等进行全面管理，建立判断行为的风险审计管理流程、完善风险管理组织体系、形成风险管理文化。很明显，如果在审计判断中利用风险导向，那么审计判断主体及其行为的风险管理必然是审计活动的核心，成为审计管理系统中一项新课题。为避免审计判断风险管理缺失，应该组织以条理化的方式来处理活动中的判断过程，有效识别那些会影响审计判断行为的潜在事件，把相关的风险管理控制在一个可以接受的水平，即将各类不确定因素产生的结果治理至预期可接受范围，通过设计审计风险管理的各个合理环节和执行审计风险管理的基本流程，以及培育良好的审计风险管理文化，实现风险管理的目的和功能，以确保和促进审计活动的总体审计目标达成，建立健全全面风险管理，从而为实现风险管理的总体目标提供合理保证的过程和方法。在这一过程中，需要借助于各领域的风险管理成果，以解决现实中遇到的各种问题。例如，如何衡量全面风险管理绩效、风险识别的能力是否提高，对特定风险的度量是否有改进，风险评估技术能力是否形成，风险控制点、控制措施及责任是否落实，预警能力和应变能力是否提高，审计效率与效益是否增加等。

三、风险判断主要影响

（一）影响审计师的判断行为

审计师对风险所持有的观点和思维导向，必然会影响其判断态度及相关行为。风险判断更加凸显审计师的谨慎、细致和严密等执业态度，促使判断行为趋向科学合理，最显著的实践表现，在于审计师不再仅仅把会计数据及有关交易作为重要的关注点，而是更多地把重大交易活动合理地纳入经营风险之中，考察交易活动的目的和实质，由此评估审计风险（重大错报风险和判断风险），从而确定合理的实质性程序的性质、时间和范围。对于风险判断而言，账项是基础，内控是纽带，风险是实质，对三者相互渗透、相互作用的判断思考，形成审计师关于风险判断的主要信念，由此围绕三者而展开的判断活动，可以将经济活动和事项、内部管理机制的运转情况、重点领域的风险状况以及相关信息、材料等反映有机地结合起来，构建一个统一的、现实的判断整体。

（二）影响判断决策过程

对风险识别和评估等过程要运用到风险分析，以确保判断决策的有效。尤其是风险的可能性分析，是审计师最为关注的，可能性高的风险往往明示事件的问题或错误，潜在的风险往往暗示需要发现的问题或错误。对风险的可能性分析要通过收集实际情况，利用专业判断取得。除主观经验判断外，一般是采用数理统计原理，利用信息数据为依据，遵循"大数法则"[①]，并采用不同的数学模型进行科学测算。风险可能性分析的结果可以用定量或定性判断，以定性判断时一般有"很少的""不太可能的""可能的""很可能的""几乎是确定的"几种情况，分析判断的结果对决策有影响作用。此外，一般的风险测算模型只是考虑风险损失与可能性两种风险影响因素，其实对风险发生频率的考察分析，其结果也会影响到判断决策[②]。

（三）影响判断误差的规避和防范

判断误差会受到诸多因素的影响，包括主客观环境和条件，就风险判断而言，风险判断误差需要借助审计风险管理体系进行风险控制。首先，要优化和再造审计业务流程，在实践中，描述和优化重组审计业务流程，明确风险控制流程及其控制点，是设计风险控制的关键所在。例如，关注哪些审计活动环节容易出现差错或失误，对这些业务环节需要加强控制。其次，按重要性程度划分关键控制点和一般控制点，对审计组织分级、归口管理，明确审计风险控制重点及其责任，实施风险判断监督，考核风险控制效果。例如，建立健全重大审计项目审议、审计现场审理、审计工作底稿多级复核、重要事项集体判断等制度

[①] 即如果有足够的实力可供观察，则那些未知与不测力量将有趋于平衡的自然倾向，那些在个别情况中存在的不确定性风险，将在大数中消失，由此在足够多的风险单位中，实际损失结果与预期损失结果的误差将很小。不过，在确定坏账准备金率过程中，要求有足够多的赊款数额，这样才能得出合理的坏账准备金提取率。

[②] 高立法、虞旭清主编：《企业经营风险管理实务》第22页，经济管理出版社2009年版。

机制。最后,不断完善风险控制措施,及时总结判断误差发生的问题和原因,探索规避和防范判断误差的各种风险控制方法、手段和技术,及时预防、发现和处理各种判断误差,形成领导重视、全体审计人员参与风险管理的局面。

(四)影响重要性水平把握

风险判断需要与重要性结合在一起。审计风险与重要性有密切的关系,由于这种关系涉及诸多要素、角度和变化因而变得极其复杂,两者之间的反向关系的定论描述,始终让审计理论界和实务界心存疑虑①。一般认为,重要性水平的高低决定审计风险的高低,审计风险的高低影响重要性水平的高低,两者是相互影响、相互作用的。风险判断本身需要重要性的适当区分,重要的风险和非重要的风险表现在整体不同的风险因素之中,审计师首要任务之一就是判断风险因素的重要程度,对于重要的风险因素投入更多的后续关注。例如,审计师在编制审计实施方案时,首先要开展整体风险评估工作,包括对审计风险的估计,这样才能合理确定重要性水平。风险的定量与定性和重要性的定量与定性所面临的困难或局限类似,迫切需要解决实际运用的相关标准或具体形式,尤其是关于定量的标准,这样可以使得风险影响重要性水平得以可信和增进透明度。

风险对审计的影响是多个方面的或宽泛的,风险的属性作用于审计判断实践活动越来越明显,以上列举的几种风险判断影响只是某个方面。随着风险导向审计的发展,人们又把目光投向了风险审计②,也许运行中还存在诸多实际困难,但正是这些困难使得风险判断在审计实践中需要不断地发展和完善。

---

① "重要性和审计风险之间存在反向关系,重要性水平越低,审计风险越高"——关于这种定论描述,容易出现一些误解:一是混淆了审计重要性、审计风险与审计人员预期的重要性和审计风险;二是混淆了会计信息使用者与审计人员两个角度;三是混淆了重要性和审计风险的决定关系;四是混淆了项目风险与审计风险的关系。——任有泉主编:《审计项目过程管理与质量控制研究》第173页,中国时代经济出版社2007年版。

② 风险审计是指审计机构采用一种系统化、规范化的方法来进行以测试风险管理信息系统、各业务循环以及相关部门的风险识别、分析、评价、管理及处理等为基础的一系列审核活动,对组织机构的风险管理、控制及监督过程进行评价进而提高过程效率,帮助机构实现目标。审计人由原来的"看门狗""效益的挖掘者"转变成"风险的减少者"和"保险人"。——中天恒3C框架风险管理课题组编:《全面风险管理理论与实务》第349页,中国时代经济出版社2008年版。

第十章　审计价值判断原理

"诚者物之始终，不诚无物。是故君子诚之为贵。"

——《礼记·中庸》

"重要的从来都不是技术本身，而是使用技术时所体现的精神。"

——（奥）维克多·弗兰克尔

第一节　价值判断原理概述

一、审计的价值性

　　审计事物建立在人们价值需求的基础上，并且它本身也是一种价值系统。在经济活动中，追逐利益的动机表现最为直接和激烈，由此带来的欺骗、舞弊等违背诚实信用和公平公正原则的行为，像各种病毒一样侵蚀经济运转机能的健康，加剧了人们的信任危机，迫使人们重新审视和建立相互信任的基础及修复的可能。审计的产生以及目标的确定来自利益互信群体的真实需求。任何这样一种需求的满足都能体现出其"价值"。David Flint(1988)认为，审计是纯实用主义，以满足社会需要为基础，它作为一个社会现象，除了实务用途外，没有其他目的或价值。这样的论断非常片面，就像许多学者认为只要是务实的行为，就不应该有理论一样。事实正与之相反，审计价值性的存在至少可以从几个方面来阐释：

　　一是价值论通常包含伦理和美学，审计事物即使没有足够的美学成分，但却具有深刻的伦理。审计的价值性必定是出于人性的真实部分，以及这部分引起的现实关注，利益互信需求的满足就属于伦理范畴，这是审计本质属性所引发的价值性最根本的体现。

　　二是审计面临着大量的价值判断问题，即外部事物价值性的存在而且需要给予判断，如果审计只是一种手段或工具，本身不具备价值性，那么将不能对事物价值性给予恰当评判，也无法提供满足利益互信群体所需求的产品。

　　三是审计实践证明，审计活动中经常使用价值判断。为了满足利益互信需求，标准规范和价值观念等时刻影响判断活动。审计行为是价值判断的载体和具体体现，审计活动也必然携带这种价值性，任何时候也不可能丧失。

四是审计结果所带来的增值事实,是可以确信的价值。审计结果已被广泛用于增进互信、强化监督与控制、提供决策服务等领域,审计价值的实现得到社会的普遍认同。

审计的价值性不仅体现在满足不同层次的需要上,即它的实用性价值,在实用性的背后始终存在着更高层次的价值秩序,包含了诚信、独立、公正、客观等价值要素,人们正是通过这种价值秩序来构建整个审计社会。例如,就审计判断中的独立性而言,审计职业群体追求独立性的步伐从来就没有停歇过,无论是外部社会的要求和期望,还是这类特殊职业群体的自律,这种非实用的追求独立性价值的精神,本身就是一种值得赞誉的"价值"。这种独立性价值代表着审计职业群体的灵魂和最值得珍贵的美德,要么在人类经济活动的运行中泯灭,要么经受住种种的考验幸存下来,但这种独立性价值一旦得到确立并稳固,其中的创造性和引领性必将深刻影响社会领域和人群。人类价值的形成并非自然天成,透过审计发展历史来看,审计事物在追求独立性的过程中比其他事物更加艰难,这是审计事物在开创时担负的使命和所处环境带来的,它注定要踏过一系列荆棘和坎坷。关于审计担负的使命,本书已经讨论过,并对审计判断主体应对使命的要求作了专门讨论;关于审计现实环境应对,其实在不同的国度、不同的政治体制和经济领域,损害审计人员独立性的潜在威胁范围更加广泛、内容更为深刻[①]。审计价值体系中既有实用层次,可提供增信产品、监督或控制服务等经济价值,又有精神层次,通过审计行为展现出一系列独立、诚信、谨慎、规范、公正、客观等精神价值,最为重要的当属独立性价值。

二、价值判断

人的主观意识中最宝贵的财富之一就是价值判断,价值判断是人与外部世界交往的尺度,也是自我对照的指引。人们依照不同知识体系及价值观建立起的价值判断能够指导并处理所遇到的物和事。最为典型的是价值与自然的关系,约翰·杜威认为:"价值是从自然主义观点被解释为事情在它们所完成的结果方面所具有的内在性质。如何控制事情的发展过程以求在终结时获得稳定的并倾向于创造其他价值的对象,这个问题便导致关于价值判断或评价的问题。"价值判断在各种专业领域的判断活动中影响深远。不同专业领域的判断活动,涉及的价值判断内容和要素各异,价值判断融合了许多思想、观念等主观意识,也融合了一般的准则规范等标准,是所有判断原理当中最具影响的一种。价值判断在判断活动中的使用范围,在不同学科也有差别,如科学技术、实验等纯粹学科其价值判断运用较少,而与经济社会活动紧密结合的综合性学科,其价值判断运用较多。

价值判断受职业目标和观念等影响,它始终临驾技术方法之上,而不应与技术方法视同一体沦为单纯的判断工具。价值判断尤其关键,许多失败的审计案例并非出自于技术

[①] 美国独立准则委员会(ISB)于2000年11月发布的独立性准则研究概念草案指出,存在五类可能损害审计人员独立性的潜在威胁:①自身利益威胁;②自我检查威胁;③倡导威胁;④亲密关系威胁;⑤胁迫威胁。审计事物如何在这种现实环境中生存并发展,牢固地坚守阵地,勇敢地接受挑战,本身就是一种真正的、值得赞誉的价值体现。

方法的运用错误,往往是审计师在价值判断上出现错误导致的①。同样地,审计事物也并非只是工具,一旦审计事物作为某种实用工具,不再受价值秩序的约束,那么审计判断就会为各种利益需求输送"满意的答案"。例如,《2017年全球营商环境报告》中指出,中国总税率为68%(这份报告以2015年各经济体的数据为基础,由世行主导、普华永道会计师事务所参与),这一判断结果受到相应质疑,不少学者对其假定的、模拟情形下的测算方式以及不同国家间税负指标的可比性存在一定局限等提出了疑问。如果是判断技术或方法上的偏误,判断结果能够得到确认或修正;但如果是价值判断出现偏误,如存在误导人们确信某国家营商环境优劣的企图,那判断结果的公正客观必然就会丧失。

人们在运用思维处理包含有价值性的相关问题,价值判断就会逐步形成。例如,关于整体的重要性判断,重要性受金额和性质的影响,其中对影响整体的事项性质的考虑,就是价值判断的一种特殊体现。事项什么样的性质才会影响到整体的重要性?不同的人、不同的角度、不同的时期和环境等多个因素都会影响重要性判断,人们普遍认为故意或欺骗、违法舞弊等行为是严重的,会影响整体的重要性。当解决价值性问题的公允标准出现的时候,价值判断会随之形成并变得明确,在此之前仍旧是模糊的。公允标准或规范是价值判断的有力依据,或价值判断的某种外在形式,但价值判断在实际运用中,不仅要考虑既定事实结果的影响,还要考虑对整体有重大影响的人的动机或决策的出发点,这是价值判断运用当中不得不关注的问题。对动机、决策意图及事件形成原因等判断,以及对整体有重大影响预测与预估等问题,必须由价值判断来加以解决。事实或许就摆在眼前,原因却复杂多样,要找寻到其中产生事实的根本原因,需要通过价值判断作出厘清。例如,一项重大现金支出活动既违反了现金管理使用的规范,又违背了相关内部授权管理规定,还有可能该现金支出用于非正常交易活动。审计师如何来判断这样的事项,就需要通过价值判断找到最为直接或根本的原因,才能对这类事项进行准确的定性披露。事实上,每一项不规范或不符标准的交易活动,在问题表现形式上也存在多个层次和角度,有可能违反一个或多个规定和标准,这也需要依靠价值判断来加以妥善解决。

莫茨和夏拉夫在《审计理论结构》一书中简要讨论过价值判断,指出审计有着许多涉及价值的问题,即在审计检查中会面临大量价值问题,审计职业本身在明确其目标和社会责任方面也同样遇到价值问题。他们着重讨论了价值判断的方法程序②,提出要对价值问题作出判断需要成为更为优秀的执业者,并对这样的执业者提出要求:"一般认为,在专

---

① 审计案例材料:中喜会计师事务所非法造假案——该所仅用一天时间,就给净资产为负数的明伦集团做了一份总资产为27亿元、净资产为12亿元的年度资产审计报告,为某人取得四川明星电力股份有限公司价值3.8亿元控股权开启方便之门。案发后,该所所长承认,整个审计报告出炉过程中,事务所根本没有派人到企业进行资产核对。据公安机关透露,中喜会计师事务所两年内出具的虚假审计报告多达5 000份。——《财会信报》,2008年5月19日。

② 价值判断的方法程序:①发现问题;②说明问题;③形成可能的解决办法;④评价可能的解决方法:a.就类似问题,参照过去的经验;b.考虑使用变通方法的结果;c.考虑变通方法与职业目标的协调性;⑤形成判断。——罗伯特·K·莫茨、侯赛因·A·夏拉夫合著,文硕等译:《审计理论结构》第43页,中国商业出版社1990年版。

业技术上,中等偏上的审计执业者,就可以对事实问题作出正确判断,但是,要对价值问题作出具有一致性的正确判断却需要远远不止于此的人。……对于一个优秀的审计实务家来说,仅此不够,他应花时间进行反省、花时间发展自己的洞察力和想象力,应具备抽象思维的能力,以便使他能迅速创造新的处理方法和途径。最后,审计实务家还应拥有这样的职业勇气,即不仅能排除他人的干涉,严厉地进行审计检查,而且能用自己创造的方法,作出公正、严格的评价。"[①] 很显然,价值判断拥有一定的方法程序,能在作用外部价值问题上得以显现,但更为重要的是判断主体需具有一种符合职业观念的价值判断力。

价值判断鲜明的特性,不在于一般技术和方法的运用,而在于忠实地遵循价值秩序的引导,并为技术和方法的创新提供动力。价值判断的运用涉及多个方面,从判断主体出发,简单而论涉及主体、客体两个方面。对客体而言,价值判断运用主要涉及整体及其存在的价值性事实或问题,该领域涉及的对象和问题相当广泛,包括体现价值规律、标准的经济活动和信息等,属于审计判断作用和关注的对象内容;对主体而言,价值判断运用主要涉及判断主体,判断主体的价值判断综合了审计本质、审计目标、职业规范和操作要求等诸多价值要素,其中更为重要的内容是判断主体价值判断理念的正确和完善。值得注意的是,价值判断原理为审计师带来了深层次的探究动力,凡是所见所感或所作所为,对于判断的各种需求都会在审计师价值判断理念中实现内在联系,产生真正的职业判断动力。我们有理由相信,把审计判断置于人们的普遍价值秩序当中,将会体现出更高层次的价值目的或意义,审计专业中的价值判断正是这样一种产物。

三、价值影响下的方法与目的

方法作为行为活动模式、程序、措施和手段的总称,是在长期实践中结合了人们不同思维活动形成的。方法能够为行为实施和目标实现提供现实基础,审计判断活动也不能脱离方法基础。价值影响下的方法应该重点关注方法的有效性、先进性和创新性,唯有如此,才能使方法在审计目标实现、审计质量保证、审计资源节约、审计效率提高等方面发挥重要作用。伴随审计客体变化和审计自身的发展,价值影响下的方法需要继承和进步,既要借助有效的实践经验,还要不断尝试先进技术的运用和大胆创新方法。

无论方法如何演变,在价值影响下它的有效性和先进性都是围绕目的展开的。判断本身具有目的性,在价值影响下这种目的会越发明确、实在。审计判断行为往往体现出现实的目的性,不能产生满足利益互信需求的有价值的产品,判断行为就显得有些徒劳。对审计而言,判断的目的就是一系列审计目标的实现。为实现审计目标就要不断地去寻求一些方法和手段,借助方法和手段使判断行为有用、有效。因此,在价值判断主导下的判断行为,就是一种方法与目的共同作用的体现。在价值判断中,方法为目的服务,目的蕴

[①] 罗伯特·K·莫茨、侯赛因·A·夏拉夫合著,文硕等译:《审计理论结构》第 45 页,中国商业出版社 1990 年版。

藏在方法之中。如果将实践中的判断行为转化为稳固而有效的操作流程,就是一种上升的结果,具有指导判断运用和达成判断目的的普遍意义。例如,审计流程和审计程序就是大量审计判断行为实践总结的产物,是一种具备某种步骤和程序式的工作方法,使得审计判断行为可以通过完备的方法来加以实现,判断目的也随之达成。

  审计判断主体在价值判断影响下,判断思维具有开放性,能够不断地吸收各种方法养料,有效积累判断经验,以强化价值判断意识,围绕审计目标构建适合自身的价值判断模式。价值判断提供的动力,会促使判断认知和运用能力得到提升,对于方法的运用更为恰当有效,变化应对更为灵活迅速,并且在遇到困难时,由于目的的明确性,仍会努力开创一些新方法完成目标任务。例如,审计师对某养殖公司鱼塘中鱼的库存进行盘点。假设鱼的账面库存数量和价值较大,属于重要性资产,审计目标之一就是要认定其存在。这时即便是盘点较为困难,在目标的驱使下,审计师应该努力尝试使用不同的方法对库存加以测试和验证。在方法选择上,可以考察养殖业通用的盘点方法,了解被判断对象的通用盘点方法,判断评估方法的合理性;审核已有盘点情况;借助通用方法进行监盘、复盘。或者利用先进科技方法,通过水下探测技术、可视影像技术等,考察湖面水量、最大存鱼空间、密集系数等行业相关标准,估算库存鱼的数量和价值,作为实际盘点的辅助。还可利用模糊判断,对与库存相关的所有因素进行考察,如考察库存鱼的初始形成,审核购买鱼苗的数量和价款,考察投放量、存活率、成长期等行业相关标准,估算库存鱼的数量和价值,作为实际盘点的辅助。考察库存鱼日常饲料的供给,审核饲料供应单据、饲料购买价款凭单、饲料投放记录等资料,考察饲料供应与鱼量的一般关系标准,估算库存鱼的数量和价值,作为实际盘点的辅助。考察历年和近期的销售记录,审核销售订单、批次、销售结算等资料,计算出各阶段销售收入和销售量,并确定其真实性,估算库存鱼的数量和价值,作为实际盘点的辅助。实际上,在盘点困难的情况下,审计师还可以考量存货循环有关交易的固有风险因素(生产及存货管理组织功能、业务及产业特性、关联方交易、前期审计结果等),以及对生产存货循环及薪酬循环的关键控制进行控制测试,为存货盘点提供基础。可见,在审计价值判断的驱动下,价值判断模式和方法是有机结合的。

  价值判断影响下方法的灵活性并不会带来障碍,相反,为了有效地达成判断目的,方法必须具有灵活性和开放性,才能影响判断方法的恰当选择,节约审计成本,实现最有效的实际成果。例如,某地"水下抛石固基工程"花费300万元,需确认事项的真实性[①]。由于信息资料提供不充分、不完整,审计人员另辟蹊径,利用假设判断、逻辑判断和解构判断等原理,假设在水下已抛石低于300万元价款不同等级的 x 立方米的石头,得出不同等级的抛石量,根据工程结果与具体实施行为的逻辑关系,对整体中组成抛石重要行为进行解构。审计人员分解具体实施行为,从供货方和运输方的开采量、购石数量、船运能力、抛石人员数量、抛石工程时期等具体实施行为过程取证,可以避开资金信息缺少的不足而又能

---

① 参阅审计署网站信息:审船审山审老天,浙江审计科研所。

推断整体工程的结果,从中找到逻辑上的差异或矛盾。真实案例中,审计人员还增加了具体实施行为之外的环境证据,充分考虑到投石作业与环境的关系,从气象台调出实施工程行为其间的天气资料,对比每天抛石记录,查出不具备作业条件的虚假记录。

审计师在价值判断的影响下,需要重新思考审计方法与目的的关系,在审计准则中虽然已经归纳出一些程序合理对应的目标认定,即某些方法与目的的适应性和针对性,这在判断实践中还远远不够,方法总是在促成目的的达成,然而其适应性和针对性的有效,关键取决于目的的明确性、坚持性和不可妥协。

第二节 价值判断理念、指引与分歧

一、价值判断理念

价值判断理念是人们对社会生活中各种事物意义、重要性的态度和看法。从对价值判断过程的现象分析来看,其隐含的意思是更喜欢或认同某一个价值而不是另一个,这就是蕴藏在人们内心的一种价值理念。当这种价值理念用于处理与外部世界活动的各种关系时,便形成了价值判断理念。审计师作为某一类间接参与经济活动的主体,其服务社会、贡献智力和独立客观等价值理念深刻影响着自身发展,并在整个执业过程体现出一种特殊的价值判断理念。价值判断理念之于审计师,是指导审计师有目的地开展审计活动,并保持一种对被判断事物和自身行为独立客观、诚实公正的基本价值信念。价值判断理念不是单纯的经验积累,也不是通过一般知识训练获取的,它受个体所处的外部环境、社会文化等影响,是个体的经历和认知与外部环境、文化等结合的产物。就审计判断活动而言,价值判断理念也不是某一条规定或明确的主旨,相反它是一个综合的体现:在判断功能上尽力体现互信与增值、管理与控制、监督与服务等作用;在判断信念上尽力体现互信、求实、公正等导向;在判断行为上尽力体现独立、客观、谨慎等状态;在判断操作上尽力体现专业标准的程序与方法、目标与规范、验证与处理等形式和内容。价值判断理念集中体现一种信念追求,这在审计判断行为过程中必不可少,尤其是审计师在判断过程中,其内心状态更是受这种信念主导。因此,这种价值判断理念的养成和使用,深刻影响判断活动。

对于审计活动,不同审计师的价值判断理念存在差异。这主要是由价值判断理念形成的来源、个体的差异等决定的,同时,随着审计事物的发展以及审计功能的拓展,一些外部环境和条件的变化,也会影响审计师价值判断理念的变化。不同审计类型(政府审计、社会审计和内部审计)的价值判断理念同样存在差异,甚至在不同国家或地区也是如此。例如,按照审计发展阶段的不平衡来看,有的审计师着重监督,始终保有消除障碍、严格监管或处理的价值判断理念;有的审计师着重服务,始终保有提升功能、利于决策或促进发展的价值判断理念。不同的价值判断理念必然会影响其对具体事物的判断结果,但这些价值判断理念的差异并没有导致审计发展的停滞，反而丰富、促进了审计的变化。主要的原因在于绝大多数的价值判断理念并没有偏离共同的价值核心，即独立客观地满足利益群体的互信需求。这使得审计发展仍处于一个"和而不同"的状态，价值判断体系在拥有良好的环境下能够不断得到壮大。

二、价值判断指引与分歧

所谓价值指引，是指价值秩序遵循作用在判断中的体现。审计师依据价值判断理念指导具体实践活动，且在该过程中形成自我价值指引作用，这是实施判断行为的合理途径。

价值指引影响判断活动的方向。审计事物的价值体现和追求，也直接决定了审计判断主体采取不同方法开展活动的方向。例如，舞弊审计有三种方法：消极的、积极的和激进的。这三种方法的状态大都受到价值判断指引，其中激进的方法是指当审计师受价值判断影响，审计态度和认知发生改变，当舞弊尚未发生或内部控制存在缺陷尚不能揭示舞弊发生时，仍谨慎寻找舞弊的踪迹，主动搜寻舞弊的存在。此方法带来的是对舞弊风险的全面应对，审计师将设定相应审计程序应用于所有的业务循环，以增强舞弊识别的倾向性。价值指引作用的发挥和大小程度，不仅仅取决于价值理念的正确性，还取决于最大努力坚持正确的认知，即对价值理念本身的维护和坚守。按照这种坚持性判断理念，就不会轻易在谎言面前停步，也不会在强权和利益面前妥协。例如，年轻的审计师往往会就某个疑虑事项询问管理层，当获知该事项有合理的解释或觉察深入其中会耗费大量时间、精力，很容易选择停止前进或搁置。这种轻易放弃初始判断，并非是一个好的习惯。从某种意义上来说，就是不能做到坚守自己的判断理念。解决这一问题的办法有很多，如就当初的判断思路与其他审计组员，尤其是经验丰富的审计人员充分交流，评估原来的疑虑是否成立；或者在管理层解释的过程中，保持一定的质疑和批判，无论对疑虑事项有着怎样的处理结果，关键要坚持获取判断事项的充分证据；如果证明自己的判断是偏差的，必须勇敢地承认它，其实这是每一个成长中的审计师应该遇到的，你将体会到至少两种价值，一是对此类事项的判断你学到了许多你原本不知道的东西，印象深刻，判断思维和认知得到深化；二是你明白了判断的作出永远不可能都是正确的，需要足够多的耐心和勇气去面对不同的变化。如果最终证明你的疑虑是正确的，那么你学会坚持了你的判断理念，你在养成和遵循某种判断理念。对审计判断主体而言，实现价值指引的途径有多种，如围绕独立与规范、激励与惩戒、责任与义务、教育与培训等实施的各种措施手段，都能在一定程度上实现价值判断指引作用，但最适合审计专业的价值判断指引作用实现的还是"至诚"。

我们提出"诚"的概念作为价值判断指引的核心要素，主要是它符合人本文化要求，与审计事业发展规律相协调；它反映审计本质内容，与审计特征相统一；它顺应时代发展要求，与时代特色相呼应；它扎根现实，放眼未来，与审计精神相融合。想要推动一项事业不断前进，必须要有内在的信念为动力，才能促使人长期不懈地努力付出。成就事业发展的人的内在信念有共性和个性之分，有高低不同之分，但不同的事业由其不同的信念支撑，更能自然而然地同事业健康发展相协调。如医护人员的"仁"、士兵的"忠"等都符合自身事业发展，各显特色。

作为审计人应养成或倡导哪种内在信念以成就审计事业？我们认为，"诚"是最合适审计人的。有"诚"才能"实"，可以对审计活动作客观反映；由"诚"才能"信"，可以真正赢得广泛信任，提高审计公信力。最重要的是，"诚"是善性的窗口，能看到外界的光明，实行人性的善。"诚"作用于实践是坚守不渝，所谓"精诚所至，金石为开"是此理；"诚"作用于事物是不偏不倚，高度体现辩证法的运动，正如《中庸》上所说："诚者，天之道也；诚之者，人之道也。"应深刻地认识到，任何的价值观念只有落实到可操作性、可持续性的层面才有意义，在价值判断信念和现实之间，一定要有一座桥梁，使价值指引产生切切实实的行动，一步一步地脚踏实地，而"诚"作为审计师的价值指引的内在信念是可以达到而应该做到的。"诚"是审计价值判断体系建立的基础，由"诚"能尽人之性，能尽物之性，只有怀着对审计事业的一片至诚，才不会丧失本心和本性，不会丢弃标尺和法度，以此推动独立客观、公正严明、开拓创新、廉洁自律、无私奉献等价值精神发展，没有"诚"判断实践不能成功，就是成功也是暂时的。"诚"在价值指引中所发挥的作用非常重要，既朴实无华，又高明深远。"诚"是反思与待人，是心与心的交换，诚者要回转往内向自身发现自己已有的善性，然后从实践来发展自身的诚，它指引审计师学会换位思考，学会用审计他人的标准要求自己，用理解自己的理念理解他人，谦虚谨慎，戒骄戒躁，平等真诚待人，便于沟通协调以及众多审计方法的利用，能够对审计事项作充分把握并有效达成目标。"诚"是去私，不偏不倚，独立不改，客观公正，凝聚价值体系要素形成实践的根基，它指引审计师在判断实践以及审计问题的处理上，取"诚"于民，摆事实，讲道理，有理有节，恪守理性，坚持真理，以审计的"诚"作用于审计实践，以审计的"诚"推动社会的"诚"，充分展示审计师价值判断精神层面的良好风尚。

与价值指引相左的是价值分歧，不同价值分歧会形成冲突，因而需要价值判断调和或处理冲突。这里所谓的价值分歧不是指人与人不同的价值信念导致的分歧，而是指价值判断主体在自身价值指引方面的弱化、摇摆或狭隘等状态，是一种内在价值分歧。价值分歧容易模糊价值信念，使价值信念处于未明状态，从而产生一些不能坚持的信念，给价值判断带来消极影响，如认为世间都是如此，何必这么坚持、认真；这样做也许并不能改变什么，还是留给别人去做吧。从表层上看是相关责任和风险意识淡薄，实质上是价值信念的不明确以及内在动力不足。价值分歧会导致价值判断偏差，直接影响判断结果。审计师要学会妥善处理价值分歧，当意识到自身价值指引出现问题或遭受外部警示，要引起足够的警惕，考虑是否会影响自身职业的发展，是否能够重新完善适应工作需要，而不能按性格当中的偏执、固执等方面发展，超越理性而任由价值分歧状态悬而不决。

第三节 价值判断相关内容分析

一、关于目标或功能性的价值判断

随着审计客观环境和条件的成熟,每一次审计目标的不同定位,审计功能将得到快速拓展。当前,不同类型审计在审计目标设定上,一般归集为真实性、合法性、效益性(或五E)等总体目标,围绕这些目标的实现,审计功能在鉴证与服务、监督与控制、参与全面治理等领域发挥了重要作用。目标设定与功能实现是紧密联系的,不同的目标定位往往决定审计行为着力的方向,进而影响审计功能的实现。价值判断始终关注目标和功能的定位,并以此建立相关的价值判断要素,这些要素将针对具体的活动与事项,指引审计判断活动。价值判断随着目标和功能的变化,也要与它们经历阶段性的演变,从真实性、合法性到效率性、效果性,都需要建立在一定的现实基础上,才能实现阶段性发展。价值判断这一发展过程应该是缓慢的,这是由于价值理念本身的稳定性决定的,而且这样的发展过程,并不是将以往的价值理念抛弃,相反是在既有的价值理念上推陈出新。如审计目标和功能的发展,始终要在解决了真实性问题的基础上发展,关注效率、效果才有可能或具有实际价值意义。价值判断本身一定程度是忠实地维护利益互信群体的价值,这样才能在目标设定和功能实现上达成一致。值得注意的是,当利益互信群体的价值出现严重问题的时候,作为审计职业的价值判断不能媚俗,仍应坚持独立的价值判断,维护普世价值理念,即便是判断行为产生的目标或功能无法满足利益互信群体需要。

二、关于标准或依据的价值判断

价值判断始终与职业要求结合一起,标准或依据能够成为价值判断的具体表现形式。人们通常认为,标准或依据是取信于利益互信群体的价值判断之一。然而,标准或依据并非是价值判断的内在信念,或者说不是判断事物的唯一途径。首先,标准或依据一般指成文的法律法规等,它的适用性和变化性,还要结合具体的问题加以分析。如依据法律法规作为判断标准,仍然要处理好改革发展与创新中出现的问题。标准或依据的超前与滞后等,都需要运用价值判断时加以审慎考虑。其次,标准或依据是较为刚性的、明晰的,与判断所遇到的一些价值问题并非一一对应,价值判断往往是综合的,是合情、合理与合法的统一,当标准或依据本身存在局限,会影响价值判断标准建立和依赖程度。例如,过分强调预算执行率的问题,容易导致资金支付的不恰当。最后,价值判断更多依赖的是内在价值理念,标准或依据只是这种价值理念的外在表现,可以作为事物参照运用,但不可以代替内在价值理念,至少标准或依据无法像内在价值理念那样时时激发价值判断行为发生。

三、关于动机或目的的价值判断

审计判断对象所涉及的领域如经济活动等，离不开人的行动或作为，人对经济活动的影响至关重要。审计最终要关注到人的动机和目的。在因果判断中我们曾简要论述了动机或目的演化的因果关系，但这还不足以解决一些复杂的问题，为了进一步开展对整体的判断，有必要对人的动机和目的作出价值判断。价值判断所要处理的事项或问题往往是重要的，并且会对整体产生重要性影响，但并非每一件事项都要经历价值判断，即要了解哪些动机或目的对于整体是好的、值得肯定的，哪些动机或目的对于整体是不好的、容易引发风险或舞弊。因此，关于动机或目的的判断，需要在因果判断的基础上进一步深入，利用价值判断去发现和处理一些重要的、复杂事项。动机的价值判断在审计判断活动中，主要集中在那些不良的、能给整体带来不利影响的方面，关注这方面的影响主要是由审计内在规定要求决定的。对动机的价值判断主要集中在动机本身价值性的形式或行为表现，在判断识别这些动机时就能采取恰当的应对措施，依据价值指引进一步发现或查找出问题。表10-1从常见财务欺诈形式及行为表现出发，列举有关盈利动机或目的价值判断和应对措施。

表 10-1　　　　　　　　　　　盈利动机价值判断举例

常见财务欺诈形式	行为表现	动机价值判断	应对措施
非正常亏损	一次性大额估计损失入账。企业当年无法达到盈利目标时，尽量在当年将估计的未来损失一次性入账，使当年亏损加大，以提高来年盈利	考虑围绕盈利的企业的奖罚激励制度，对管理层人员价值行为的影响。如果经理等管理人员的报酬依赖于企业销售额、利润等财务报表数据或者依赖于股票价格，则管理层有可能造假账以提高自己的报酬。了解管理层的报酬形式和企业经营情况有助于理解管理层对会计方法的选择（或变动）等原因，进而明了经理人员的某些财务行为	依据价值指引，分析判断企业多年的财务报表，从而发现不寻常的或大额的一次性入账的估计损失；关注财务报表的注释和管理层对财务状况的说明书，从而掌握一次性大额损失入账的原因是否合理、是否符合价值导向
随意调节利润	当企业无法实现当年目标利润时，或者当年盈利远超过目标利润，企业多估计当年的费用（如提高对坏账损失的估计等），以缓解未来年度达到目标利润的压力	考虑盈利目标的设定和实现途径，从不同境况出发了解管理层初始动机，以及应对盈余规划的状态，进而清楚管理层价值偏好是否影响客观事实	分析企业历年的财务报表，发现不寻常的预提费用比例的变化；注意财务报告的注释，从而掌握预提费用比例变化的原因

(续表)

常见财务欺诈形式	行为表现	动机价值判断	应对措施
调节收入	不恰当收入确认的行为。企业在完不成计划时提前确认销售收入，或伪造销售合同和销售凭证虚增销售收入	考虑管理层对盈利压力的反应程度，促使动机产生的可能性，以及操作方式的选择惯性	分析企业多年的财务报表，了解企业确认收入的政策及其变化；计算应收账款和销售额的比例，了解分析该比例增加的原因
虚假销售	当年完不成计划时，年终一次大额销售，来年再一次做销售退回，虚构主营业务收入		
1. 随意调节收入或成本粉饰业绩	如提前或推迟确认收入，从而在不同年度间调节利润，随意增减固定资产预计使用年限调节折旧费用，对同一交易事项采用不同的计量模式确定公允价值，非法转回以前年度确立的价值损失等	考虑管理层动机的迫切性，了解计划任务压力程度，一旦压力增强，管理层的动机行为属于简单直接的还是隐藏含蓄或蓄意已久。关注管理层组织运营的企业架构，了解关联方以及关联交易的现实意义和真实意图。以上判断，需要掌握企业文化和价值倡导等信息，了解企业发展历程和价值目标追求，以及管理层在推动企业价值要素发展的真实动机	进行实地调查，分析财务报表是否真实，有无异常变化；分析销售凭证及应收应付账款的特殊变化。以上应对措施，并非简单就会计科目或某类事项进行判断分析，还需要合理沟通交流，分享价值取向，了解产品或服务等经营业务状况，了解管理层能力水平和价值偏好，通过控制测试、风险管理等审计评估措施，才能更好地协助价值判断开展
2. 利用关联方交易转移利润	如通过母公司豁免大额债务或者进行大额捐赠等手段，直接向上市公司输送利润，帮助上市公司扭亏为盈		
3. 通过虚构经济业务进行系统造假	如有的上市公司与关联企业相互串通，通过编造虚假合同等手段进行系统造假，虚构业务收入，导致财务报表虚盈实亏		

四、关于道德或伦理行为的价值判断

审计师由道德或伦理行为引发的价值判断是最为深刻的，这是由道德或伦理架构的复杂性和多重性决定的。审计职业道德规范的建立和发展，始终影响道德或伦理判断行为，而价值判断渗入期间必须是有所选择和保持清醒的。从道德或伦理行为的功利主义、权利主义和公平主义等理论出发，每一种理论基础产生的道德或伦理行为很难统一或平衡，尤其在现实利益冲突时难以实现圆满，由此产生关于道德或伦理行为的价值判断与抉择。在道德或伦理架构的各种要素当中，存在大量如强制性要素或引导性要素，价值判断需要借助这些要素发挥作用，价值判断既包含了部分道德或伦理判断，又凸显出价值判断自身特征。道德或伦理判断在人类历史进程中经过了多次演变，相对于个体而言，其道德或伦理判断同样会随着个体成长、认知感悟和实践经验等呈不同层次发展，如从自我中心到互利互惠，发展为大公无私，最后乃至物我同化等层次，处于不同层次的人其道德或伦理行为和判断亦具有不同层次。审计师的价值判断会受道德或伦理行为的不同层次影响，在开展审计判断活动时会作出符合自身道德或伦理行为层次的判断。因而，审计职业界一段时期需要统一和规范审计职业道德或伦理，以期审计师不能偏离职业道德或伦理规范，保证切实遵循。价值判断在审计职业道德或伦理规范中汲取的最为重要的营养，当属超然独立性，这是价值判断能够在复杂或多重层次的道德或伦理行为中保持清醒的内核，也是价值判断显现自身特色和发挥作用的宝贵财富，因而在道德或伦理架构影响下，也可以把审计师的价值判断称为独立性判断。价值判断不仅能处理审计师自身道德或伦理行为带来的问题，而且一样可以处理自身之外的审计对象道德或伦理的行为，正是因为有了超然独立的状态，才有可能保证审计师运用价值判断厘清复杂而多样的道德或伦理行为。

第三部分　审计判断学运用原理及实证分析

随着审计事物社会化、国际化的发展趋势愈加明显,审计作为一种判断过程的特征愈加明显。当前和未来一段时期,如何应对各种变化发展带来的挑战,需要重新审视传统审计准则驱动转向现代审计判断驱动,只有完善多向驱动,才能使得审计事物不断自我革新和完善。

审计判断学运用原理主要包括判断评估与决策原理,判断策略与设定原理,判断测试、验证及认定原理等内容,这些原理既是专业判断的科学总结,又是实际运用于审计活动必不可少的判断工具。

关于审计判断评估与决策原理,实证分析的内容主要包括:内部控制判断评估、风险判断评估、全面(综合)判断评估、评估方法与步骤、决策的层次和效应,以及评估与决策的一般原则。

关于判断策略与设定原理,实证分析的内容主要包括:审计判断策略构成、判断策略模型、审计判断思路、审计判断线索、审计判断程序以及审计判断设定运用。

关于判断测试、验证及认定原理,实证分析的内容主要包括:测试与验证的意义及影响因素、审计判断轨迹、几种测试程序、审计证据与判断认定的关系、对错报的判断认定。

值得注意的是,审计判断学运用原理尽管包含了不同的组成部分,但不同的组成部分彼此联系紧密,均受到判断基本原理的影响,且围绕判断这一核心能够构建出一个有机运转的体系。最后将再次讨论现代审计判断发展的话题,重点关注现代审计判断的标志、审计判断现状及东西方判断思维比较、现代审计判断有待发展的方向及需要构建的相关内容。

第十一章 审计判断评估与决策

"凡事预则立，不预则废。"

——《礼记·中庸》

"人们要为所提出问题的答案和疑问的解决途径进行理性论证，而分析方法则使理性论证准备就绪。"

——[美]唐纳德·戴维森

评估与决策是人类分析方法的演进，在审计判断活动中主要涉及因果判断原理和逻辑判断原理的运用。因果判断所要解决的问题包括：识别与整体及其组成要素之间的因果关系，利用相关性判断、可能性判断和模糊性判断梳理出与整体、审计目标和程序等活动呈因果关系的因素，为有效的评估与决策提供基础。逻辑判断所要解决的问题包括：利用逻辑推理进一步探明各要素明示与潜在状态的逻辑关系，利用整体判断、重要性判断和证据判断估计各要素对整体和审计目标的影响程度，通过定量或定性等方法和技术的运用实现评估与决策的目的。当评估与决策中引入了风险介质，还需要借助风险判断原理，解决整体与判断主体在风险状态下的相关事项。审计判断评估与决策的成果主要体现在审计工作方案和审计实施方案当中。

第一节 审计判断评估

一、评估的实质

一般认为，评估是为决策做准备，为判断提供参考依据。评估实质上是判断行为的一种方式，在整个评估过程融合了科学的因素，并形成一定的程序。评估需要运用到多个判断基本原理和定量定性、重要性估计、内部控制及风险估计等方法。

评估的价值和意义在于对即将开展判断的整体作必要分析，在判断识别的基础上深入了解整体的结构、状态和性能，依据审计事物内在要求，从审计专业的角度和视野予以整体一定的判断方向或初步判断结果。评估既可以运用于审计实施前，也可以运用于审计实施过程中。运用于审计实施之前主要是为了确定审计项目计划和明确审计工作方案，运用于审计实施过程中主要是为了评估存在重要问题的可能性、确定审计应对措施和编制有效的审计实施方案等,审计师可根据其不同作用适时运用于审计活动不同阶段。当前,一般审计准则都强调审计评估工作,并对相关程序和内容作出了要求。评估工作可以简略分为简单评估与复杂评估,简单评估所获取的成果一般是关于整体或部分事项的概貌,简单评估尽管不属于专业性评估,但可以帮助审计师在判断思维中构建一个关于整体的粗略印象,适应于模糊判断的具体运用,具有简便、快捷等特征。复杂评估是按照具体的执业程序,有步骤、有条理地实施针对性工作,符合专业判断的规定要求,所获取的成果一般是关于整体或重要事项的具体现状,表现出全面、完整和深入等特征,包括审计线索或差异的估计,以及存在重要问题的可能性的评估,评估结果直接影响审计师判断活动开展的质量和效率。简单评估和复杂评估主要的区别是纳入评估的内容或要素多寡不同,以及对内容或因素的性质、条件把握不同。由于受不确定性影响,评估的结果依然受主观判断影响,但是专业评估的过程由于考虑分析、比较、计算,以及各种科学方法的运用,已经部分地脱离了主观意识的范畴,具备了一定理性,属于主客观综合的一种判断行为。

二、评估的一般内容

在审计活动中,需要判断评估的事项很多,涉及整体的诸多方面,按照国家审计基本准则的要求,评估的内容还包括对审计项目进行可行性研究。对项目的可行性研究调查与开展实施审计的项目评估应该是连贯的、一体的,同时评估过程与判断识别过程也是相互交织的。评估按照审计不同阶段可分为:项目可行性研究、对初选项目评估和项目专门事项评估。评估内容(以国家审计为例[①])简要列举如表 11-1 所示。

表 11-1 评估的一般内容

评估工作阶段	主要目的	评估的一般内容
项目可行性研究	确定初选项目的审计目标、审计范围、审计重点和其他重要事项	(1) 与确定和实施审计项目相关的法律法规和政策 (2) 管理体制、组织结构、主要业务及其开展情况 (3) 财政收支、财务收支状况及结果 (4) 相关的信息系统及其电子数据情况 (5) 管理和监督机构的监督检查情况及结果 (6) 以前年度审计情况 (7) 其他相关内容
对初选项目评估	根据项目评估结果确定年度审计项目计划	(1) 项目重要程度,评估在国家经济和社会发展中的重要性、政府行政首长和相关领导机关及公众关注程度、资金和资产规模等 (2) 项目风险水平,评估项目规模、管理和控制状况等 (3) 审计预期效果 (4) 审计频率和覆盖面 (5) 项目对审计资源的要求

---

① 《中华人民共和国国家审计准则》(审计署令 2010 年第 8 号)第二十九条、第三十条、第六十一条等。

(续表)

评估工作阶段	主要目的	评估的一般内容
项目专门事项评估	判断重大错误或违法行为的可能性以及确定审计应对措施	在对整体进行判断识别的基础上,对内部控制系统、风险系统、信息系统等整体专门事项予以评估,如: (1) 控制环境,即管理模式、组织结构、责权配置、人力资源制度等 (2) 风险评估,即被审计单位确定、分析与实现内部控制目标相关的风险,以及采取的应对措施 (3) 控制活动,即根据风险评估结果采取的控制措施,包括不相容职务分离控制、授权审批控制、资产保护控制、预算控制、业绩分析和绩效考评控制等 (4) 信息与沟通,即收集、处理、传递与内部控制相关的信息,并能有效沟通的情况;包括信息系统控制情况:①一般控制,即保障信息系统正常运行的稳定性、有效性、安全性等方面的控制;②应用控制,即保障信息系统产生的数据的真实性、完整性、可靠性等方面的控制 (5) 对控制的监督,即对各项内部控制设计、职责及其履行情况的监督检查

评估作为判断行为的一种方式,其过程包含了诸多判断基本原理和判断方法的运用。例如,依据假设判断原理设定被评估对象或事项的相关判断标准,以便对某项缺陷属于重大或一般等程度作合理判断;依据因果判断原理,将内部控制活动与内外部客观环境、条件和重大事件及问题等联系起来,以便对内部控制设计、运作和效果作深入剖析;依据解构判断原理将整体中内部控制的各要素进行分解,以便对内部控制要素在组织整体层面和具体业务层面进行界定和有效性测试;依据逻辑判断原理,将内部控制各要素之间以及和其他要素建立逻辑关联或相关关系,以便从逻辑严密程度或相关程度对内部控制活动有效或缺陷作分析验证。同样地,还可运用风险判断原理考虑内部控制缺陷的重大影响,运用价值判断原理考虑内部控制活动成本、资源与功效的结合。判断方法除了定量定性、重要性估计,还包括一些具体的方法,如询问适当人员、观察控制运行、检查相关文件和重新执行等,判断方法的选择和运用根据控制风险要素的性质、测试需求和具体活动事项的特征而进行调整。

第二节　内部控制判断评估

整体的构成要素可以用三个字精炼概括,即由"人、财、物"组成,包括使"人、财、物"相互融合、共同作用的经营活动或组织管理行为。广义的管理活动包括一切使整体运转的要素,如全面判断评估中所介绍的某上市公司主要管理活动事项等。内部控制是一种狭义的管理活动,其目标与作用集中体现在对整体以及管理活动的保障和维护上。因此,在管理活动中,为实现经营目标或工作目标,如何保证业务活动有效开展,如何保护资产安全和完整,如何防止、发现、纠正错误和舞弊,如何保证会计资料的真实、合法、完整等,这一切都有赖于建立相关内部控制,形成属于控制活动的内容,使得内部控制占有越来越重要的位置。随着人们对内部控制的认知不断加深,形成了内部控制结构的概念以及所含具体要素[①]。必须承认,内部控制是整体的一部分,也是人的意识转化的一种产物,它深刻影响整体的运转状态。

一、内部控制系统

在管理活动这个大系统中,由于内部控制的独特作用,使得它可以相对独立展现出来并适于研究,形成一种特有的系统。内部控制系统包括五大子系统,依次是控制活动系统、信息与沟通系统、监督评估系统、风险控制系统、控制环境系统。每一个子系统所涵盖内容和作用不同,可依据解构判断原理进行分解,如表11-2所列。

表 11-2　　　　　　　　　　内部控制系统分解

内部控制系统	相关内容	相关作用
控制活动系统	①所有经营活动应有适当授权;②不相容职务应当分离;③有效控制凭证和记录的真实性、完整性;④资产和记录的接近限制;⑤独立的业务审核	对经营活动的规范运行实施控制,明确授权和批准、有效性、完整性、记录的准确性、安全性和可调整性
信息与沟通系统	①及时、准确、完整地记录所有信息;②保证管理信息系统的有序运行;③保证管理信息系统的安全可靠	遵循信息发展的规律及信息的重要性,保证信息在形式、内容、时效上得以充分确认、收集和交换
监督评估系统	①内部审计机构实施的独立监督;②管理层对内部控制的自我评估	通过自我评估内部控制结构运行的质量,不断完善或调整各项控制措施和行为
风险控制系统	①识别影响组织目标实现的各类风险;②建立风险管理机制	从风险角度出发,确认和分析与目标实现相关的风险,发现或消除影响经营活动的诸多不利因素
控制环境系统	①经济性质和经营类型;②管理层的经营理念;③管理层倡导的组织文化;④法人治理机构;⑤各项职责的分工及相应人员的胜任能力;⑥人力资源政策及其执行	营造良好的控制环境,是提供组织运营取得一定效率和效果的基础

在内部控制系统所有构建当中,各个子系统的发展所经历的时间和方向是不同的,决

[①] 1998年AICPA提出的内部控制结构概念:内部控制结构应包括为提供取得单位特定目标的合理保证而建立的各种政策和程序,具体内容分为控制环境、会计制度和控制程序。1992年,美国反对虚假财务报告全国委员会的赞助组织(COSO)发布《内部控制整体框架》,提供了一个广泛的内部控制框架,主要包括五个要素:控制环境、风险评估、控制活动、信息和沟通、自我评估和内部监督。

定了它们的内容和作用存在一定差异，但并不能表明它们之间泾渭分明，没有交集，事实上都是围绕控制内涵和服务管理经营目标而发展形成的。值得注意的是，控制活动系统是整个内部控制系统中起源最早、最具实质性意义的一项活动，尽管它和其他子系统一样都是应控制目标和现实需求而生，但它最先通过对"财或物"的有效控制形成对"人"的控制。例如，其中的授权和批准、记录的准确性、安全性等内容措施和制度规范，一定程度上导致会计活动及其制度体系的发展。因此，控制活动系统与会计活动联系最为紧密，难分彼此，会计活动本身就具有控制的实质内涵。也正因为如此，审计关注控制活动系统，进而全面重视整个内部控制系统，既符合控制系统的发展规律又符合审计判断的发展趋势。

审计判断需要利用内部控制来完成判断活动。从审计方法发展角度看，审计的切入点及其路径有账户报表和内部控制之别，由此产生的审计方法有账户基础审计方法和制度基础审计方法之分。账户基础审计方法的切入点是账户，路径是会计系统的核算程序。这种方法比较传统，效率较低。制度基础审计方法的切入点是内部控制本身，由于一般审计的职能并非只是停留在对内部控制的审计，如果是对整体及其财务信息发表意见，其路径应从内部控制回到会计核算系统；如果是对整体及其管理责任发表意见，其路径可以从内部控制回到经营管理和责任履行，总之针对内部控制的评估与认定，可以同一切属于整体的重要因素结合在一起，用以反观整体的结构、状态和性能，这种方法既有利于提高审计效率，降低审计成本，又有利于控制审计风险进而保护审计人员。因此，评估内部控制在现行判断实践中较为流行。

二、内部控制与整体的关系

内部控制包括其结构或制度等一系列范畴，都与整体的存在及其发展有密切关系。其主要表现如下所述。

一是依附性，即内部控制存在于整体之中，当整体消失，其内部控制不复存在；

二是相对性，整体的结构、状态以及性能决定内部控制的复杂程度，同时内部控制的设计、运转反过来会影响整体存在和发展。一般的相对性表现出简单对应简单，复杂对应复杂；

三是透视性，整体与控制是相互透视的，即通过整体可以透视到内部控制的一般形式和内容，而通过内部控制活动可以透视到整体的结构、状态以及性能；

四是有效性，控制作用整体的有效性在实践中不断被证明，能够对相关行为和信息的可靠性提供合理的保证，其作为审计判断假设的一项内容，确立了存在的理由。

在评估内部控制时也要注意到控制的局限性，如人为判断的错误或人为失误导致内部控制失效；个别人员动机不纯进行串通或管理层等规避内部控制；行使控制职能的人员不适应要求或内部控制本身不适用，以及考虑成本效益时放弃某些关键控制等。尽管在现实中存在着这些控制的固有局限，但并不能否定控制带来的影响。控制的设计和运转从人们的初始愿景到具体产生，就是从更好地维护整体出发的，所有控制意图和目的，不是为了控制而控制,这种意图或目的无论是在被动或主动情况下作出,往往追求整体发展带来的最大效果。内部控制对整体是否有效,这是个重要的问题。如果内部控制只是整体的一种不重要的附属品,即对整体的状态、性能不会产生实质影响,那么我们在时间限定的判断(判断力的分配)当中,并不需要对它进行特别关注。然而,事实正与此相反,在讨论过内部控制与整体之间的关系后,我们已经得出一种结论,内部控制对整体的影响是有效的,并且这种有效性决定了对内部控制判断评估的有效性。基于此,当我们选择重新介入内部控制时,如果失去对内部控制的有效性依赖,审计判断活动将困难重重。

三、内部控制缺陷的评估与认定

内部控制评估与认定是相互结合在一起并作为一种判断行为显现和发挥作用的。对内部控制缺陷的认定就是一个持续的审计判断过程,评估是这个判断过程的基础部分。发现内部控制存在缺陷或失效的事实与发现整体存在问题或错报的事实,并非同一个概念。现实中,内部控制的缺陷如控制环境不完善,可能会导致经营活动的无序、无效等,增加整体中问题或错报的事实存在可能性,但这种可能性不是绝对或必然的,审计事物内在要求需要相关证据予以证明。如针对某项工程管理混乱,评估过程可以找到这种内控缺陷所带来的可能影响整体的缺陷事实及程度,但相关问题或错报如利益输送的事实证据却很难发现。审计判断最终要在内控状况与事实证据的相互参照中作出认定选择。因此,对于内部控制评估与认定,审计师更注重判断评估控制活动是否有效,以此来确定影响整体的领域、相关测试或证据获取。

对内部控制缺陷的评估与认定是判断实践的重点,即对缺陷的程度或可能性进行评估与认定。例如,内部控制缺陷存在设计和运行的缺陷,其程度一般分为重大缺陷、重要缺陷和一般缺陷,其类别可以是财务的缺陷和非财务的缺陷,其认定标准是关于内部控制缺陷的程度性判断以及可能性判断。一般认为,认定标准直接取决于内部控制缺陷的存在以及可能导致的问题或错报的重要程度,但值得注意的是内部控制缺陷的严重程度并不取决于是否实际发生了问题或错报,而是取决于该项控制不能及时预防、发现或纠正潜在问题及错报的可能性。即只要存在这种可能性,不论整体是否发生问题或错报,都可以认定关于整体的内部控制存在缺陷。当前,对缺陷的程度性判断一般给出的应予考虑的因素有:一是缺陷是否具备一定可能性导致内部控制的功能失效;二是缺陷单独或集合可能导致的潜在错误或错报金额大小。因此,审计师还需要结合定量标准与定性标准加以判断。

由于对内部控制缺陷的评估与认定都是一个持续的判断过程,有必要在判断实践中实施判断评估或认定的程序,通过这些程序可以规范评估与认定的判断行为。例如,某些内部控制缺陷的判断认定可以通过以下一般程序实现:

1. 确定与内部控制的归属关系。分析判断某项审计发现的特征状态,以确定其与内部控制的关系,即分析审计发现是属于偶然孤立事件还是系统性重复发生的事件,如果是后者,可以初步判断是属于内部控制缺陷。

2. 明确某项内部控制缺陷的分类关系。需要判断某项内部控制缺陷属于财务报告内部控制缺陷还是非财务报告内部控制缺陷。

3. 判断内部控制缺陷的影响可能性。对属于财务报告内部控制缺陷,判断该项缺陷是否存在合理的可能性导致财务报告错报,运用重要性水平判断该项缺陷可能导致的错报是否对财务报告造成重大影响。

4. 判断预防或补偿性措施的有效运行。针对内部控制缺陷,判断是否存在有效运行的、可以预防或发现重大错报(重大错误)的补偿性措施,如果存在,则不能认定是重大或重要缺陷。

5. 判断认定内部控制重大或重要缺陷。运用定量与定性的认定标准,判断缺陷的重要程度是否足以引起管理层和治理层的重视,从而认定是否属于重大缺陷或重要缺陷。

第三节 风险判断评估

受风险判断原理影响,现代审计产生了风险导向审计,其中对风险的评估渗透到整个审计判断活动。审计师在风险导向作用下,对风险的评估和分析是其作为形成判断决策的主要手段之一,但与风险管理审计还是有一定区别[①]。审计准则中已将风险评估上升到程序加以规范,如风险测试程序(该程序的运用将在第十三章继续讨论)。

一、风险判断评估的信息来源

风险判断评估的信息来源是从了解整体及其所处环境开始的。信息来源一般通过审计师运用适当的程序从整体的内外部获取。以企业审计为例,审计师可能执行的程序和了解企业及其环境的来源如表11-3和表11-4所示[②]。

表11-3　审计师为获得和支持对企业及其环境的了解可能执行的程序

- 询问适当的管理层、治理层和其他员工以及企业外部的其他知情人士
- 观察企业的活动和经营情况
- 审核和检查企业的文件和记录
- 重新执行程序
- 查访企业的办公场所和厂房
- 审核通信文件、以前年度的工作底稿、永久性文件、财务报表、审计师的报告和其他相关文件

---

① 风险管理审计与风险导向审计有一定区别,主要体现在含义不同(前者是评价风险政策的合理性、措施的适当性和执行的有效性;后者是为降低审计风险,提高审计工作质量和效率,测试组织的风险战略和风险管理,以此决定其他相应审计的范围、性质、程度和时间)、侧重点不一致(前者侧重于组织内部风险管理活动的确认和咨询,后者侧重实现既定的审计目标)、完整性不同(前者是完整的具体业务,后者是判断决策或审计取证的模式)等。

② [美]小威廉·F·梅西尔著,刘明辉主译:《审计与保证服务:一种系统的方法》第95~96页,经济科学出版社2008年版。

(续表)

- 讨论事务所负责被审计单位非审计服务的员工对审计工作的可能影响
- 询问目前影响企业的商业发展情况
- 阅读当年的中期财务报表
- 考虑适用的会计和审计公告的影响,尤其是那些首次应用的公告
- 阅读有关行业发展和趋势的资料
- 巡视企业的活动和业务流程
- 利用分析程序研究财务和非财务数据

表 11-4 了解企业及其环境的来源

- 来自以前审计的知识和经验的积累,包括错报的性质和原因以及影响的账户
- 在接受和保持客户的流程中执行的程序
- 执行期中程序时了解的情况
- 为企业提供的咨询、税务或其他业务
- 与前任审计师的沟通,包括审阅前任审计师的工作底稿
- 向股东公开发表的年报和中期报告
- 与管理层的讨论
- 董事会和/或审计委员会会议纪要
- 企业的经营/战略计划、预算或其他文件
- 分析师、银行、证券承销商、评级机构和类似机构编制的报告
- 对行业的个人了解,例如为类似业务/行业的客户提供服务的项目组成员
- 会计师事务所——适用的行业指南、数据库和执业指导
- 政府统计资料
- 经济和财务杂志
- 行业或贸易杂志
- 客户的新闻稿、出版物和宣传册
- 内部审计报告

  上述列表为我们揭示了评估程序与信息来源的结合性和多样性,涉及需要了解的内容在一般审计准则中都给予了指导,包括行业状况、法律环境与监管环境以及其他外部因素,客户的性质,客户对会计政策的选择和运用,客户的目标、战略以及相关经营风险,客户财务业绩的衡量和评价,客户的内部控制等六大方面。审计师在对整体及其环境的各个方面进行了解和评估时,着重考虑的是各因素之间的相互关系。同时,审计师主要考虑的不是所有信息来源对整体了解以及对整体实施风险评估是否有实质性的帮助,而是部分最有效、实用的信息来源,这一点是毋庸置疑的,由于了解整体及其环境是一个渐进的、不断深入的过程,收集、更新与分析信息始终贯穿整个审计过程,此间需要花费大量的审计判断和工作量,按照审计目标和时间成本效益原则,审计师主要考虑的是如何迅速获取整体的有关信息以及获取的信息能够为实现审计目标带来多大程度的帮助,即考虑对整体及其环境的了解达到何种程度并且这种程度是恰当的。因此,审计师需要判断确定对整体了解程度的恰当性。关于对整体了解程度的恰当性尽管没有一个定量的标准,但准

则中有一个明确的要求,即对整体的了解是否足以识别和评估整体的重大错报风险。如果能够满足这一要求,进而可以设计和实施进一步审计程序,那么了解的程度就是恰当的。

二、风险判断评估的因素分析

了解整体及其环境,对整体内部控制实施评估的主要目的之一就是评估重大错报风险,因而风险判断评估的内容与整体及环境以及内控实施评估交织在一起,更注重整体的固有风险、经营风险和重大错报风险等风险因素。

(一) 固有风险因素分析

固有风险是一种难以计量的风险,审计师不能改变其实际水平,只能通过对影响固有风险的因素进行判断,主观地确定可以接受的高低水平。一般认为,固有风险的水平主要取决于整体的状态和性能对差错或不法行为的敏感程度。敏感程度越高,固有风险越大;反之,亦然。对这种敏感程度的把握确实很难,需要审计师充分考虑由于固有风险而导致重大错误发生的可能性,谨慎作出判断,但不应在未对固有风险因素判断的情况下,简单地将固有风险设定为100%高水平。影响固有风险及判断分析的因素简要举例如表11-5和表11-6所示。

表11-5　　　　　对财务报表整体影响广泛的固有风险因素[①]

- 根据审计师对企业及其环境的了解而识别的风险,包括任何的舞弊风险因素
- 没有经过系统处理的重大交易或交易类别
- 非经常性交易
- 重大估计或判断
- 高度复杂的重大交易
- 影响重大的新会计准则的应用
- 特定行业或特定交易类别的收入确认方法
- 行业特有的重大问题
- 以往的错报情况

表11-6　　　　　　　影响固有风险的因素分析[②]

影响固有风险的因素	具体影响因素	判断分析
(1) 对账户和交易有广泛影响的因素	① 客户在同行业中的相对获利能力	同行业中获利能力强的企业竞争力就强,会计状况就会比较好,管理人员就更有可能遵循制定的各种措施和政策,各个账户的固有风险就小

[①] [美]小威廉·F·梅西尔著,刘明辉主译:《审计与保证服务:一种系统的方法》第97页,经济科学出版社2008年版。

[②] 胡春元著:《风险导向审计》第63~65页,东北财经大学出版社2009年版。

(续表)

影响固有风险的因素	具体影响因素	判断分析
(1) 对账户和交易有广泛影响的因素	② 经营结果受经济因素影响的敏感度	外部经济环境的好坏,会严重影响某些行业
	③ 持续经营问题	被审计单位一旦持续经营能力出现问题时,财务报表包含重大差错和非法事件的可能性就较大
	④ 在前次审计中所发现的差错和可能发生的差错的性质、成因及其金额的大小	以前年度审计中发现的差错在本年度审计中再次出现的可能性很高,原因是许多错误都是系统性的,企业作出改变、消除错误通常要花费一段时间
	⑤ 管理人员的变动情况、声誉和会计技能	如果主要管理人员缺乏正直品格,财务报表中存在重大错报的可能性就大大提高;主要管理人员发生变动时,审计人员在各方面都必须提高固有风险,仔细地测试蓄意错误的可能性;管理人员如缺乏必要的会计技能,则业务处理差错的可能性会提高,固有风险也会提高
	⑥ 技术进步对企业经营和竞争能力的影响	产品的技术含量高,则企业受技术进步的影响大,其生产的产品更有可能滞销、过时,从而使企业的竞争能力受到影响。因此,高新技术行业比稳定的行业固有风险高
(2) 只对特定事项和交易有影响的因素	① 难审查的账户或交易	关联人交易、非常规交易以及这些交易形式的账户,由于不是正常进行的交易,存在错报的可能性就大,审计人员审查这些账户或交易所需的经验、判断与技术也就多
	② 引起争论或难于处理的会计问题	会计中不确定性事项很多,对这些会计事项的处理方法争议较大,所需的会计知识和技能也较高,出错的可能性也就较大
	③ 盗用的可能性	在被审计单位资产相对比较容易用作个人用途的情况下,被偷窃的可能性越高,固有风险越高
	④ 对认定运用判断的程度	许多会计认定存在着大量的估计和判断,例如,坏账准备、过时的存货、担保贷款负债以及银行贷款损失准备、资产的大修和局部更新等。恰当记录这些项目需要具备有关的知识和技能,以及有关的会计理论。涉及大量判断的认定的固有风险很高
	⑤ 价值对经济因素的敏感性	有些账户的余额受经济因素的影响较大,如有价证券、往来账款等,在经济衰退时,这些账户的固有风险就较高

(二) 经营风险因素识别和评估

经营风险的涵盖非常广泛,包括对整体产生不利影响的重大情况、事项、环境及活动等因素,主要取决于整体自身结构、状态和性能在运转过程中与外部环境结合的不确定性程度。例如,经营风险与财务报表重大错报风险存在联系,通过识别和评估经营风险有助于审计师判断识别财务报表重大错报风险。在财务报表审计中,经营风险可能对各类交易、账户余额以及列报认定层次或财务报表层次产生直接影响,审计师关注的经营风险的情形和事件应是与财务报表紧密相关的那部分因素,并非所有的经营风险以及所产生的后果都会影响财务报表。在其他类型审计中,审计师可以按照不同审计目标要求相应扩大经营风险各要素的识别和评估范围。例如,内部审计师可以开展风险管理审计。

审计师可以通过了解行业发展、开发新产品或提供新服务、业务拓展、适应外部新规或监管要求、信息技术运用等情形或事件,与整体的目标或战略产生的重大影响,主要评估经营风险的具体风险要素,按照相关性判断结合具体审计目标要求,采取审计应对措施并通过这些措施获得能被证实的相关证据。例如,如果企业对某些经营风险并没有作出足够的反应,审计师应考虑通过测试来确定相关账户余额或各类交易是否存在错报。可能存在经营风险影响的情形或事件简要列举如表 11-7 所示。

表 11-7	可以暗示存在经营风险的情形和事件
<ul><li>企业发生重大的改变,如大规模并购、重组或其他不寻常的事件</li><li>企业所在行业发生的重大改变</li><li>重要的新产品或服务项目或重要的新生产线</li><li>业务拓展及新的经营场所</li><li>信息技术的运用或更新:IT 环境的重大改变</li><li>经营环境变化:在经济不稳的环境下经营</li><li>新规适应性或监管要求:高度复杂的规章制度</li></ul>	

(三) 重大错报风险因素识别和评估

由于多数的经营风险和固有风险对整体都会产生最终结果,从而影响到财务成果以及报表等信息,在财务报表审计中,重大错报风险已将固有风险和经营风险涵盖在一起,注重两者对重大错报的影响,只是为了更加谨慎地判断与重大错报有关的风险因素,因此,重大错报风险的因素也是非常广泛的。审计师应当充分关注可能表明整体存在重大错报风险的事项和情况,并判断由于上述事项和情况导致的风险是否重大,以及该风险导致财务报表发生重大错报的可能性。重大错报风险因素简要列举如表 11-8 所示。

表 11-8	可能表明整体存在重大错报风险的事项和情况
<ul><li>在经济不稳定的国家或地区开展业务(业务环境)</li><li>在高度波动的市场开展业务</li><li>在严厉、复杂的监管环境中开展业务</li><li>持续经营和资产流动性出现问题,包括重要客户流失</li><li>融资能力受到限制</li><li>行业环境发生变化</li></ul>	

(续表)

- 供应链发生变化
- 开发新产品或提供新服务,或进入新的业务领域
- 开辟新的经营场所
- 发生重大收购、重组或其他非经常性事项
- 拟出售分支机构或业务分部
- 复杂的联营或合资
- 运用表外融资、特殊目的实体以及其他复杂的融资协议
- 重大的关联方交易
- 缺乏具备胜任能力的会计人员
- 关键人员变动
- 内部控制薄弱
- 信息技术战略与经营战略不协调
- 信息技术环境发生变化
- 安装新的与财务报告有关的重大信息技术系统
- 经营活动或财务报告受到监管机构的调查
- 以往存在重大错报或本期期末出现重大会计调整
- 发生重大的非常规交易
- 按照管理层特定意图记录的交易
- 应用新颁布的会计准则或相关会计制度
- 会计计量过程复杂
- 事项或交易在计量时存在重大不确定性
- 存在未决诉讼和或有负债

(四) 需特别考虑的重大错报风险因素

需要特别考虑的重大错报风险作为风险评估的一部分,审计师应当运用审计判断确定识别的风险哪些是需要特别考虑的重大错报风险(以下简称特别风险)。

1. 确定特别风险时应考虑的事项。在确定哪些风险是特别风险时,审计师应当在考虑识别出的控制对相关风险的抵消效果前,根据风险的性质、潜在错报的重要程度(包括该风险是否可能导致多项错报)和发生的可能性,判断风险是否属于特别风险。在确定风险的性质时,审计师应当考虑表 11-9 所列事项。

表 11-9　　　　　　　　　　确定风险的性质

- 风险是否属于舞弊风险
- 风险是否与近期经济环境、会计处理方法和其他方面的重大变化有关
- 交易的复杂程度
- 风险是否涉及重大的关联方交易
- 财务信息计量的主观程度,特别是对不确定事项的计量存在较大区间
- 风险是否涉及异常或超出正常经营过程的重大交易

2. 非常规交易和会计判断事项导致的特别风险。日常的、不复杂的、经正规处理的

交易不太可能产生特别风险。特别风险通常与重大的非常规交易和会计判断事项有关。非常规交易是指由于金额或性质异常而不经常发生的交易。例如，企业购并、债务重组、重大或有事项等。由于非常规交易具有表 11-10 所列特征，与重大非常规交易相关的特别风险可能导致更高的重大错报风险。

表 11-10	非常规交易特征

- 管理层更多地介入会计处理
- 数据收集和处理涉及更多的人工成分
- 复杂的计算或会计处理方法
- 非常规交易的性质可能使客户难以对由此产生的特别风险实施有效控制

会计判断事项通常包括作出的会计估计。如资产减值准备金额的估计、需要运用复杂估值技术确定的公允价值计量等。由于表 11-11 所列原因，与重大判断事项相关的特别风险可能导致更高的重大错报风险。

表 11-11	会计估计原因

- 对涉及会计估计、收入确认等方面的会计原则存在不同的理解
- 所要求的判断可能是主观和复杂的，或需要对未来事项作出假设
- 管理层更多地介入会计处理

3. 考虑与特别风险相关的控制。了解与特别风险相关的控制，有助于审计师制定有效的审计方案予以应对。对于特别风险，审计师应当评价相关控制的设计情况，并确定其是否已经得到执行。由于与重大非常规交易或会计判断事项相关的风险很少受到日常控制的约束，审计师应当了解客户是否针对该特别风险设计和实施了控制。例如，作出会计估计所依据的假设是否由管理层或专家进行复核，是否建立作出会计估计的正规程序，重大会计估计结果是否由治理层批准等。又如，管理层在收到重大诉讼事项的通知时采取的措施，包括这类事项是否提交适当的专家（如内部或外部的法律顾问）处理、是否对该事项的潜在影响作出评估、是否确定该事项在财务报表中的披露问题以及如何确定等。如果管理层未能实施控制以恰当应对特别风险，审计师应当认为内部控制存在重大缺陷，并考虑其对风险评估的影响。在此情况下，审计师应当就此类事项与治理层沟通。

（五）舞弊风险因素的识别和评估

风险导向审计模式下，审计准则强调了舞弊风险的识别和评估。审计师必须评估因错误或舞弊导致财务报表发生错报的风险。现着重说明可使审计风险增加的环境因素，也就是增加舞弊可能性的因素，以增强审计师识别舞弊风险的能力。这些舞弊风险因素包括表 11-12 所列几个方面[①]。

[①] 可参考《中国注册会计师审计准则第 1121 号——财务报表审计中对舞弊的考虑》。

表 11-12	舞弊风险因素
舞弊因素分类	具体舞弊因素识别列举
(1) 关于企业所在行业的因素	① 竞争激烈的行业 ② 迅速增长的行业,如高新技术产业 ③ 因大量营业失败而衰退的行业 ④ 国家化趋势的行业 ⑤ 政治、环境或其他原因而导致的行业法律限制(例如扩张限制、生产限制)
(2) 关于企业所在地区的因素	① 处于政治不稳定的地区 ② 在有贸易限制或有争议的国家或地区有大量的销售或其他活动 ③ 缺乏适当的交通设施的地区

(3) 与员工、组织机构和经营方式有关的因素	① 专制的高级管理人员和(或)无效的董事会或审计委员会
	② 管理人员超越重要内部控制的可能性
	③ 与报告业绩或与某一明确的高级管理人员有权控制的业务有关的分红报酬
	④ 高级管理人员财务困难的可能性
	⑤ 重要的诉讼,特别是在股东和管理人员之间的
	⑥ 极其乐观的盈利预测
	⑦ 复杂的公司结构,这种复杂性与公司的经营或规模明显不匹配
	⑧ 极度分散管理加上极其分散的经营地点
	⑨ 低下的人事制度,要求超时工作或取消假日
	⑩ 财务总监或董事等主要会计岗位人员的变动太频繁
	⑪ 经常更换审计人员或律师
	⑫ 内部控制存在重要弱点,这个弱点可以纠正但未纠正
	⑬ 无法得到弥补的非法行为或其他违规事项
	⑭ 与关联人重要的交易或可能涉及关联人利益的业务
	⑮ 律师、顾问、中间人和其他人提供了普通服务,但给予的报酬却很高
	⑯ 难以获取与下列事项有关的证据
	  ● 异常的或未解释的分录
	  ● 不完全或遗漏的凭证和授权
	  ● 凭证或账户更改
	⑰ 未料到的审计问题,例如:
	  ● 客户要求在极短的时间内或困难条件下完成审计
	  ● 突然拖延
	  ● 管理人员对审计人员的询问不作回答或作不切实际的回答
	⑱ 同行业其他公司最近披露的非法或有问题的事项
	⑲ 大额的售给外国政府的销售的存在
	⑳ 对外国的销售价格或佣金远远高于本国的销售
	㉑ 销售折扣在客户所在国外支付
	㉒ 存在未经营的子公司,秘密银行账户或其他秘密基金
	㉓ 罢工和封锁的风险

(续表)

舞弊因素分类	具体舞弊因素识别列举

（4）关于盈利和经营预测的因素	① 销售数量或质量的下降（例如信用风险增加，以成本或低于成本价销售，较低的边际利润）
	② 经营业务的重大变化
	③ 对单个或极少数产品、客户或业务的依赖
	④ 缺少产品开发
	⑤ 生产能力严重过剩
	⑥ 不切实际的生产目标
	⑦ 生产设备更新慢、折旧率低
	⑧ 分析性复核揭示的重大波动，这种波动无法得到合理解释，例如
	  ● 异常的账户金额
	  ● 实际存货数量异常变动
	  ● 异常的存货周转率
	⑨ 年末金额大的或异常的业务，这种业务对盈利有重要影响

（5）关于资产的因素	① 资产价值的下降 ② 缺乏必要的安全措施
（6）关于流动性和融资的因素	① 没有足够的现金流量 ② 缺乏营运资本 ③ 在诸如营运资本比率等方面的借款规定中缺乏弹性 ④ 缺乏权益资本 ⑤ 获取新的资本困难（例如由于股权、法律条款等的原因）
（7）关于未预料损失的因素	引起这些损失的原因主要有 ① 购买和销售合同 ② 合同的补充条款 ③ 担保合同 ④ 生产授权 ⑤ 租赁合同 ⑥ 外汇交易 ⑦ 保险保障

当存在由于舞弊导致的重大错报，通常存在一些条件，如管理层或其他雇员有动机或迫于压力来实施舞弊；存在给舞弊提供机会的环境；涉嫌舞弊的人员其态度、性格或道德观念使他们可能有意作出不诚实的行为，或者受到环境、压力影响作出舞弊行为。因此，审计师还需要评估与动机或压力相关的风险因素以及与机会相关的风险因素，简要列举如表11-13和表11-14所示。

表 11-13	与动机或压力相关的风险因素

(1) 财务稳定性或盈利能力受到经济环境、行业状况或被审计单位经营情况的威胁,体现在以下方面
　① 竞争激烈或市场饱和,且伴随着利润率的下降
　② 难以应对技术变革、产品过时、利率调整等因素的急剧变化
　③ 客户需求大幅下降,所在行业或总体经济环境中经营失败的情况增多
　④ 经营亏损使被审计单位可能破产、丧失抵押品赎回权或遭恶意收购
　⑤ 在财务报表显示盈利或利润增长的情况下,经营活动产生的现金流量经常出现负数,或经营活动不能产生现金流入
　⑥ 高速增长或具有异常的盈利能力,特别是在与同行业其他企业相比时
　⑦ 新发布的会计准则、法律法规或监管要求
(2) 管理层为满足第三方要求或预期而承受过度的压力,这些压力来源于以下方面
　① 投资分析师、机构投资者、重要债权人或其他外部人士对盈利能力或增长趋势存在预期(特别是过分激进的或不切实际的预期),包括管理层在过于乐观的新闻报道和年报信息中作出的预期
　② 需要进行额外的举债或权益融资以保持竞争力,包括为重大研发项目或资本性支出融资
　③ 满足交易所的上市要求、偿债要求或其他债务合同要求的能力较弱
　④ 报告较差财务成果将对正在进行的重大交易(如企业合并或签订合同)产生可察觉的或实际的不利影响
(3) 管理层或治理层的个人财务状况受到被审计单位财务业绩的影响
　① 在被审计单位中拥有重大经济利益
　② 其报酬中有相当一部分(如奖金、股票期权、基于盈利能力的支付计划)取决于被审计单位能否实现激进的目标(如在股价、经营成果、财务状况或现金流量方面)
　③ 个人为被审计单位的债务提供了担保
(4) 管理层或经营者受到更高级管理层或治理层对财务或经营指标过高要求的压力
　治理层为管理层设定了过高的销售业绩或盈利能力等激励指标

表 11-14	与机会相关的风险因素

(1) 被审计单位所在行业或其业务的性质为编制虚假财务报告提供了机会,这种机会可能来源于以下方面
　① 从事超出正常经营过程的重大关联方交易,或者与未经审计或由其他会计师事务所审计的关联企业进行重大交易
　② 被审计单位具有强大的财务实力或能力,使其在特定行业中处于主导地位,能够对与供应商或客户签订的条款或条件作出强制规定,从而可能导致不适当或不公允的交易
　③ 资产、负债、收入或费用建立在重大估计的基础上,这些估计涉及主观判断或不确定性,难以印证
　④ 从事重大、异常或高度复杂的交易(特别是临近期末发生的复杂交易,对该交易是否按照"实质重于形式"原则处理存在疑问)
　⑤ 在经济环境及文化背景不同的国家或地区从事重大经营或重大跨境经营
　⑥ 利用商业中介,而此项安排似乎不具有明确的商业理由
　⑦ 在属于"避税天堂"的国家或地区开立重要银行账户或者设立子公司或分公司进行经营,而此类安排似乎不具有明确的商业理由
(2) 组织结构复杂或不稳定,体现在以下方面(略)

(续表)

(3) 对管理层的监督由于以下原因失效(略)
(4) 内部控制要素由于以下原因存在缺陷
　① 对控制的监督不充分,包括自动化控制以及针对中期财务报告(如要求对外报告)的控制
　② 由于会计人员、内部审计人员或信息技术人员不能胜任而频繁更换
　③ 会计系统和信息系统无效,包括内部控制存在值得关注的缺陷的情况
(5) 管理层态度不端或缺乏诚信
　① 管理层未能有效地传递、执行、支持或贯彻被审计单位的价值观或道德标准,或传递了不适当的价值观或道德标准
　② 非财务管理人员过度参与或过于关注会计政策的选择或重大会计估计的确定
　③ 被审计单位、高级管理人员或治理层存在违反证券法或其他法律法规的历史记录,或由于舞弊或违反法律法规而被指控
　④ 管理层过于关注保持或提高被审计单位的股票价格或利润趋势
　⑤ 管理层向分析师、债权人或其他第三方承诺实现激进的或不切实际的预期
　⑥ 管理层未能及时纠正发现的值得关注的内部控制缺陷
　⑦ 为了避税的目的,管理层表现出有意通过使用不适当的方法使报告利润最小化
　⑧ 高级管理人员缺乏士气
　⑨ 业主兼经理未对个人事务与公司业务进行区分
　⑩ 股东人数有限的被审计单位股东之间存在争议
　⑪ 管理层总是试图基于重要性原则解释处于临界水平的或不适当的会计处理
(6) 管理层与现任或前任注册会计师之间的关系紧张
　① 在会计、审计或报告事项上经常与现任或前任注册会计师产生争议
　② 对注册会计师提出不合理的要求,如对完成审计工作或出具审计报告提出不合理的时间限制
　③ 对注册会计师接触某些人员、信息或与治理层进行有效沟通施加不适当的限制
　④ 管理层对注册会计师表现出盛气凌人的态度,特别是试图影响注册会计师的工作范围,或者影响对执行审计业务的人员或被咨询人员的选择和保持

第四节　全面判断评估

受整体判断概念的影响,系统的、框架式的分析评估将成为主流,该系统或框架不仅涵盖控制和风险评估等核心内容,还着力体现整体及各要素的完整分析评估,由此体现在判断活动中的分析评估称为全面判断评估。整体的全面判断评估,涉及对整体的解构,主要由判断评估事项、事项的分解、内容和要素的相关性构建、以及事项分析的目的和方法等组成,需要统筹考虑影响全面判断评估的诸多因素。全面判断评估在具备一定现实条件的基础上,仍需要团队协作共同完成,主要是因为全面判断评估受时间、技术和信息、效益等多种因素影响,只有整合团队的判断力量才有可能节约时间、确保审计评估效益实现。

例如,对某个上市公司开展审计,可以运用全面判断评估,通过合理配置审计资源和建立协作分工机制,将为开展审计工作获取大量有价值的信息,不仅为当前而且为将来都

能大大提升审计效率。简要举例如表 11-15 所示。

表 11-15　　　　　　　　　对某个上市公司审计的全面判断评估①

主要判断评估事项	事项的分解	相关内容及要素	判断评估的目的
环境状况判断评估	(1) 宏观环境	从环境论观点出发,影响上市公司经营活动及其发展的各种客观因素的总和构成环境,其中上市公司不可控制的外部力量属于宏观环境,主要包括以下方面 政治环境:影响上市公司的外部政治形势和状况的总和,国内政治环境中各项路线、方针、政策等,如产业政策、能源政策、物价政策、财政金融与货币政策等因素;国际政治环境当中的权力与冲突,如进口限制、外汇管制、劳工限制以及政治冲突等因素 法律环境:影响公司经营活动和发展的法律法规,如公司法、证券法等因素 经济环境:直接影响公司生存和发展的重要环境,如经济发展水平、经济发展阶段、支出模式和消费结构、市场发育程度、基础设施、城市化程度等 技术环境:社会技术总水平及变化趋势,如互联网技术等 自然环境:影响社会生产过程的自然因素,如自然资源、公司所处地理位置、气候、生态环境等因素 人口环境:社会人口既存状态及发展变化趋势,如人口规模、地理分布、流动趋势、年龄结构、增长或减少状况等因素 文化环境:综合体现社会文化影响经济发展的各个方面,如居民教育程度、文化水平、宗教信仰、风俗习惯、审美观点、价值观念等因素	① 对宏观环境分析的目的在于掌握影响公司发展前景的重要趋势 ② 相对于上市公司自身的可控因素而言,环境因素更多地强调上市公司的各种不可控的或短期内无法改变的因素 ③ 对上市公司环境评估一般注重环境因素对其的单项影响,而较少考虑上市公司对环境的反作用 ④ 分析上市公司的外部环境及其变动,一定程度可以成为判断评估上市公司生长状态、价值变化(资产质量、盈利能力等)、潜力大小、发展前景等关键问题的有效标准,并为审计判断决策提供科学合理的依据 ⑤ 全面判断评估所使用的审计方法主要是财务指标评价方法(传统的财务指标评价方法)和非财务指标评价方法以及两者的综合使用
	(2) 行业环境	行业是指按上市公司生产的产品或服务的性质、特点以及在国民经济中所起作用的不同进行划分而形成的产业类别 了解行业的总体状况:行业的基本特征(主要是行业分工和行业类型,如按行业使用资源划分劳动密集型行业、资金密	① 对行业的基本特征的了解,有助于把握目标公司在行业体系中所处的位置,可以按照不同行业类型差别和相同行业的特点,判断评估目标公司的经营发展方向

---

① 刘李胜主编:《上市公司分析——一种基于新理论和事实的分析框架》,中国时代经济出版社 2009 年版。

（续表）

主要判断评估事项	事项的分解	相关内容及要素	判断评估的目的
环境状况判断评估	（2）行业环境	集型行业、技术密集型行业；按行业的市场结构状况划分供不应求、供求平衡以及供过于求三种类型；此外还可以按行业内公司数量大小、规模分布不同等特点划分） 行业在社会经济中的地位（如行业产值、利税额、就业数量，各自在整个经济体中所占的比重，以及行业的现状和未来对整个社会经济以及其他行业发展的影响程度，行业在国际市场的竞争能力和创汇能力等） 行业所处的发展阶段（如投入期、成长期、成熟期、衰退期） 了解行业的特性、地位及发展趋势：行业的特性、地位等是成功的关键因素，影响其发展趋势，如价格优势、技术优势、资源优势等特性对上市公司的发展有重要影响	② 可以通过市场占有率、需求增长率、产品特点、竞争状况、市场的明朗程度、消费者购买行为、技术变革、进入壁垒等要素研究，判断评估目标公司所处的发展阶段 ③ 可以根据行业不同发展阶段的不同特点判断评估目标公司相应的经营策略是否合理
	（3）内部环境	影响上市公司内部各种资源的拥有状况和利用能力等环境，主要包括内部的物质环境和文化环境，如人、财、物的构成，以及公司文化、制度文化和观念文化等	了解内部环境与行业环境、宏观环境相适应的状况以及彼此关系建立产生的影响
竞争力判断评估	（1）产业结构	根据迈克尔·波特的理论，产业内的竞争根植于其基础经济结构，主要受五种力量影响 ① 现有公司之间的竞争（相关因素有行业增长率、竞争者的集中和均衡、产品的差异、固定成本与可变成本比例、退出障碍等） ② 潜在进入者的威胁（相关因素有行业进入壁垒如规模经济、资本需求首发优势、分销渠道、法律和政府限制、预期的反击状况等） ③ 可替代产品的威胁（相关因素有可替代产品发生的可能性、可替代产品的优势及预计影响程度） ④ 买方的议价能力（相关因素有：价格敏感度和相对议价能力） ⑤ 供应商的议价能力（相关因素有：供应商数量、替代品数量、对买方的重要程度等）	① 产业结构分析的核心是判断评估目标公司的盈利潜力。五种力量结合起来决定一个产业的最终盈利潜力 ② 当五种力量强度各不相同，产业盈利潜力将表现出很大差异 ③ 产业结构分析的局限在于如何确定行业的边界，清晰的边界通常难以划分，因此要合理判断产业结构划分

(续表)

主要判断评估事项	事项的分解	相关内容及要素	判断评估的目的
竞争力判断评估	（2）行业演变	行业演变能够增强或减弱一个行业竞争强度,影响行业内的上市公司的盈利水平 ① 产品生命周期：引入阶段、增长阶段、成熟阶段、衰退阶段 ② 行业演变过程：行业发展的长期趋势、买方市场力量的变化、买卖双方经验的积累、不确定性的减少、专利知识的扩散及相关革新、相邻行业的结构性变化、政府政策影响、行业的进入和退出等	① 任何产品都有一定的生命周期,产品生命周期不同阶段的利润是可以预测的;但产品的生命周期不同阶段的转变时间较难预测 ② 了解行业演变过程及各因素的变化,有助于判断评估上市公司的竞争状态
	（3）价值链分析	用价值链概念分析上市公司的成本优势或差异化的来源,以把握上市公司的竞争优势 ① 价值链的构成：基本活动和辅助活动 ② 识别价值活动：对基本活动和辅助活动进行分解并加以识别 ③ 确定价值活动：确定某一特定行业的公司价值链为参照,对每一类的一般活动可以划分为若干具体活动 ④ 构建价值活动内外部联系：内部联系环节、外部联系环节（包括用户的价值链）	① 利用解构原理将上市公司的活动分解为战略上相关的一系列重要活动,其中每一项活动都承担一定的成本,同时都创造价值,并将所有这些活动用一条价值链来加以构建 ② 一般活动的分解需要遵循的重要性原则：存在不同经济情况;对差异化有重要影响;成本上表现为一个比较大的份额或份额不断增长。对于其他对竞争优势不重要或受相同经济因素影响的活动可以进行合并 ③ 价值链不是各自独立的活动汇总,而是由相互依赖的活动构成的一个体系,利用识别和验证等方式构建内外部活动的成本或绩效的关系,有助于判断评估结果的准确性和合理性
	（4）上市公司核心能力分析	上市公司的核心能力是公司内部一系列互补的技能和知识的结合,这种结合表现在对资源的整体利用并形成独特的竞争优势。主要包括运营能力和制度能力以及对以下资源的影响：财务资源、实体资源、人力资源、技术资源和声誉等	判断目标公司的核心能力一般从四个方面评估考察：技能是否真正卓越、如何保持卓越性、核心能力能产生多大的价值、核心能力是否成为公司商品的一部分

(续表)

主要判断评估事项	事项的分解	相关内容及要素	判断评估的目的
竞争力判断评估	(5) 竞争对手分析	确定适合的竞争对手,尽可能了解竞争对手所采取的战略行动和影响 具体分析的要素包括竞争对手的:未来目标、现行战略、自身假设和能力展现	① 对竞争对手的了解本属于上市公司的重要事项,审计师对此的关注,有利于把握上市公司在竞争中的优劣状态,进而对上市公司的战略制定会有更深刻的把握 ② 综合竞争对手的要素分析,有助于判断评估竞争对手的攻击能力和防御能力。如果有可能,审计师愿意了解上市公司已收集到的相关资料,有利于后期预测的判断
	(6) 上市公司主要利益相关体分析	利益相关体是对上市公司产生影响的、或者受上市公司行为影响的任何团体和个人。主要有四类 ① 公司的股东、债权人 ② 管理公司的经理层 ③ 公司内部职工 ④ 经济界 分析的要素主要是不同类别的利益相关体的:利益目标、关注点、对权力的影响、对战略的影响等	① 重要性原则要求审计师在判断过程中有必要考虑不同因素带来的影响 ② 一般而言,不同利益相关体的利益诉求和关注点不同:股东关注公司的投资回报率、投资的市场价值、股利的稳定性;经理层关注公司的销售增长率、资产增长率、利润稳定性等;职工关注公司的劳动强度、工资增长率、工资与利润增长比率等;债权人关注公司的还本付息能力、现金流管理状况等;政府关注公司的就业、纳税等;社会关注公司依法经营、对经济增长贡献、环境和污染的影响、社会责任感等 ③ 由于利益相关体基于具体利益的差异,相互间始终存在不同的冲突和影响,因此上市公司运营的过程及其存在,实质上就是博弈的过程和利益的聚散状态

(续表)

主要判断评估事项	事项的分解	相关内容及要素	判断评估的目的
治理状况判断评估	(1) 上市公司治理结构	公司治理是一整套指导和控制公司运作的机制与规则,是协调股东、决策经营层和其他利益相关者相互之间权力、责任和利益关系的一种制度调面。从公司内部关系来考察,主要有权力机构、决策机构、执行机构和监督机构,具体包括：股东大会、董事会、监事会、经理等	① 判断评估上市公司治理机构是否符合法定要求以及遵循公司治理的基本原则或准则的情况 ② 股权结构和公司控制权是决定上市公司治理机制最重要的因素之一。一般而言,股权过度分散或过于集中都不利于建立有效的公司治理机构
	(2) 内部人控制现象	内部人控制是指公司内部的管理层控制董事会,进而控制公司的情况。分析要素涉及：分权治衡格局、行为目标导向、利益分布等	主要考察内部人控制带来的风险和影响：内部人控制容易造成上市公司权力失衡格局,缺乏外部人的监控和约束,如上市公司高级管理人员不顾风险大量融资以及转嫁投资风险等；内部人控制上市公司的行为目标导向通常不是利润最大化、公司价值最大化或股东利益最大化,而是内部人利益最大化,如不断提高年薪工资、奖金水平,还会为了谋取自身利益,通过各种方式导致出资人的资产流失
	(3) 关联方及关联交易	一方控制、共同控制另一方或对另一方施加重大影响,以及两方或两方以上同受一方控制、共同控制或重大影响的,构成关联方。关联方存在形式如：合营该企业的子公司、与该企业受同一母公司控制的其他企业、对该企业实施共同控制的投资方、该企业的合营企业、该企业的联营企业、该企业的主要投资者个人及其关系密切的家庭成员等 关联方交易是指关联方之间转移资源、劳务或义务的行为,而不论是否收取价款。关联方交易业务内容主要有：购买或销售商品、购买或销售除商品以外的其他资产、提供或接受劳务、担保、提供资金、租赁、代理、研究与开发项目的转移、许可协议、代表企业或由企业代表另一方进行债务结算、关键管理人员薪酬等	① 通过对控制、共同控制和重大影响等核心概念判断上市公司关联方的真实状态 ② 判断一个关联交易是否属于非公平关联交易,最关键的是考察该关联交易过程中交易价格是否偏离公平市价。重点关注关联交易当中利益转移的方向：索取型关联交易和付出型关联交易。如索取型关联交易重点关注母公司是否存在廉价或无偿占用上市公司的资金、母公司是否向上市公司高价供应原材料、母公司是否向上市公司高价转让资产、上市公司是否承担母公司的费用以及为母公司或其

(续表)

主要判断评估事项	事项的分解	相关内容及要素	判断评估的目的
治理状况判断评估	(3) 关联方及关联交易		他关联公司的贷款进行担保等；付出型关联交易重点关注上市公司是否廉价或无偿占用母公司等关联方的资金、关联方是否向上市公司低价供应原材料、母公司是否向上市公司低价转让资产或无偿赠予资产、上市公司是否由母公司承担其费用或提供贷款担保等 从实践情况分析，控股公司大量进行非公平关联交易的最终目的是从上市公司转移资源或利润，付出型关联交易只是手段，而索取型关联交易是目的 ③ 鉴于非公平关联交易带来的危害是深远的，如易使上市公司财务会计信息失真，盈利能力下降，财务风险加剧，内幕交易和市场操纵以及加大中介机构执业难度等，基于应对执业风险的考虑，审计准则专门规定审计师要对以上内容进行审计判断
	(4) 治理评价体系和预警	对上市公司的治理水平确立一系列明确的判断标准，用以衡量和比较，组成上市公司治理评价体系的关键。如标准普尔、戴米诺等治理评价体系。评价体系主要包括：所有权、控制权结构及影响，股东权利，董事会、监事会、经理层的构成和运作，激励约束机制，上市公司经营情况和关联方行为，公开信息披露 预警制度是在上市公司治理评价体系的基础上，确定一个预警判断标准	获取上市公司治理评价相关结果，有利于审计师在整体上把握上市公司的治理状况以及可能存在的风险因素。通过实证分析，由于上市公司治理结构失衡需要审计师重点关注是否有以下情形发生 主要股东存在股权纷争、股权冻结；公司股权频繁变动或股权变动情况不确定；董事会与管理层成员发生重大调整或集体辞职；公司过度依赖关联方及关联交易，利润构成中非经常性收益比重过高；存在大股东占用资金和对外担保现象；公司经营业绩严重滑坡或异常波动；公司发生重大诉讼或违规行为，严重侵犯中小股东权益；公司面临突发性危机时，董事会和管理层未能及时妥善处理，致使公司经营情况更为恶化等

(续表)

主要判断评估事项	事项的分解	相关内容及要素	判断评估的目的
管理控制状况判断评估	（1）组织结构	组织结构是指组织内关于职务及权力关系的一套形式化系统,是明确各项工作分配、职责划分及内部协调的一种机制。组织机构设计和运行的关键要素：工作专门化、部门化、命令链、控制跨度、集权与分权、正规化	了解组织结构的设计和运转,有助于审计师判断组织结构的适当性以及组织工作的整体效率
	（2）管理模式	管理模式是指涵盖管理思想、管理程序、管理制度和管理方法等不同内容,在实践中指导和影响上市公司管理活动的一种模式或方法。理论上有传统模式和现代模式之分,如现代管理模式提出：人＋制度＋创新的管理方法	了解上市公司的管理模式,有助于审计师判断评估管理者的行为特色和组织运转特征,进而对内部控制活动全面把握
	（3）责任中心与考核	责任中心是上市公司内部的某一个组织单位,可以承担一定的经济责任和具有相应的管理权限。一般可以划分：成本中心、利润中心、投资中心等类型 划分责任中心是实施责任会计的首要步骤,具体取决于公司内部控制、考核的实际需要	了解上市公司责任中心划分情况,可以对每一个责任中心的责、权、利有更清晰的认识
	（4）质量控制系统	以系统的观念和方法解决上市公司一系列质量管理问题,形成质量控制系统。质量控制是上市公司全面质量管理的主要部分,也是公司生产经营控制的一项重要内容,其标准含义是为达到质量所采取的作业技术和活动。主要内容包括：产品质量、工序质量、工作质量、人员素质、质量保证等,每一项内容都包含诸多要素,如与产品质量有关且相互作用的全部活动或工作有：营销和市场调研、设计/规范的编制和产品开发、采购、工艺策划和开发、生产制造、检验和检查、包装和储存、销售和分发、安装和运行、技术服务和维护、用后处置等	质量控制的目的和作用过程在于保证质量的适用性,提高上市公司经济效益。审计师判断评估质量控制的关键是对质量控制设计和运行的完整性、有效性以及优化程度进行检查,查找存在的质量问题并找出其中的主要原因,按照重要性原则,重点关注是否存在质量控制的重大缺陷和潜在的质量风险

(续表)

主要判断评估事项	事项的分解	相关内容及要素	判断评估的目的
管理控制状况判断评估	(5) 项目管理系统	项目管理是使项目参与人利用各种资源实现项目的既定目标,以满足参与人及相关利益群体不同需求的综合活动。项目管理的基本要素包括项目、参与人和相关利益群体、资源、目标和需求	项目管理需要遵循管理学的基本原则,考察上市公司某些重大项目管理的各项要素,如需求导向性、效益性、整体优化性、适应性、创新性等,有利于审计师对重大项目管理计划和实施过程以及结果作出判断评估
	(6) 管理信息系统	管理信息系统是指支持管理活动正常运转的信息利用机制。管理信息系统内容一般包括:管理信息来源和生成、管理信息处理和利用、管理信息的物理组成和职能结构	审计师关注管理信息系统除了系统安全性之外,还应判断评估上市公司管理信息系统是否健全,信息处理是否及时、准确和适用,信息利用是否充分,对管理决策和作业过程影响程度等,有利于开展计算机审计或计算机辅助审计,极大提高审计工作效率
	(7) 电子商务	广义的公司电子商务系统是指公司利用简单、快捷、低成本的电子通讯方式,进行商务活动的各个方面。具体包括供应商、客户、银行或金融机构、信息公司或证券公司以及政府等利用计算机网络技术全面实现在线交易电子化的全部过程。一般的电子商务系统包括网络基础设施、信息分送基础设施、商业服务及基础环境等,还包括由此形成的公司资源计划系统、供应链管理系统、客户关系管理系统等	电子商务系统的建立和运转一定程度上表明管理控制的现代化。审计师应该了解整个电子商务系统的在上市公司运转的特点及效果
财务状况判断评估	(1) 财务报告分析	根据财务报表等资料对公司的财务状况、经营成果及其变动情况进行分析。主要方法有比较分析法和因素分析法以及综合分析法。内容及要素有很多,如变现能力比率、资产管理比率、负债比率、盈利能力比率等基本财务比率分析,还包括结构百分比、定基百分比、标准财务比率、杜邦财务分析以及信用能力分析等各项指标	财务报告分析目的是帮助审计师了解过去、评价现在、预测未来,这是所有财务报表审计的核心环节。具体分析时不仅要对本期数据比较分析和评价,还要进行不同时期的分析以及扩展到上市公司之间的分析,形成对上市公司的整体状况的综合分析判断

(续表)

主要判断评估事项	事项的分解	相关内容及要素	判断评估的目的
财务状况判断评估	（2）财务管理分析	财务管理是对有关资金的筹集、投放和分配的管理，主要内容涉及筹资、投资和股利分配等活动，主要职能是决策、计划和控制	财务管理是会计核算功能的扩展，由于参与资金的管理在资本运作领域里极为重要。考察上市公司财务管理的职能履行是否正常，有利于判断评估上市公司整体资金的安全性或风险敏感程度
	（3）融资政策分析	融资政策是指上市公司为了发展需要在多层次的资本市场中选择不同方式筹集可利用资金的计划和行动。如上市公司除了一般公司所具有的银行贷款、发行公司债券等融资方式之外，还可以首次公开发行和再融资方式	由于资本市场的活跃和开放，融资政策影响融资的方式的选择，融资是否规范（公司治理和财务指标符合各项条件）、是否与自身发展相适应，成为判断评估融资政策（保守、稳健、激进）的关键
	（4）财务失败预警	财务失败是指上市公司的盈利能力实质性衰减，其持续经营遇到极大困难。如何在财务失败临近时提前预测称之为财务失败预警。主要是通过计算财务失败上市公司和非财务失败上市公司的各财务比率的平均值，考察其平均值特征，用以分析比较目标上市公司财务状况及持续经营能力	关于财务失败的预警，目前存在一些可操作性和准确性较高的模型可以利用，但并不意味着失败是计算出来的。审计师对于财务失败的关注仍然是盈利能力方面、偿债能力方面、资产流动性方面、营运能力方面、现金流量等方面的综合体现，当任何重要的异常指标出现时，都要引起判断上的警觉
人力资源判断评估	（1）人力资源结构	人力资源是上市公司所拥有的以人为载体的智力资源和体力资源的综合，其构成包括数量和质量两个方面，涉及分析要素：知识结构、专业结构、年龄结构、性别结构、部门结构等	人力资源是推动上市公司有效运转的关键，是一项最重要的资源。了解上市公司人力资源及其利用状况，可用以判断人力资源结构的优劣以及该结构与目标公司既存状态和预期发展的契合程度
	（2）人力资源管理系统	人力资源管理系统是促进公司人力资源质量和人力资源利用不断与公司生产经营等情况互为适应的管理过程。主要包括：人员聘用机制、人员培训机制、团队管理建设、绩效考核机制等	了解上市公司人力资源管理系统应该成为审计师未来的主要审计事项，尤其是当人力资源质量和利用直接影响公司经营的情况下，对人力资源的管理是否稳

（续表）

主要判断评估事项	事项的分解	相关内容及要素	判断评估的目的
人力资源判断评估	（2）人力资源管理系统		定、高效，将成为审计师判断评估公司发展变化状态的柔性指标或主要依据之一
	（3）激励约束机制	激励约束机制是指上市公司为实现各项经营发展目标对员工设置的一系列奖惩措施，用以激发员工潜能和调动员工积极性。关于激励约束机制的建立有若干理论支撑，如弗鲁姆的效价—期望理论、马斯洛的需要层次理论、亚当斯的公平理论、阿德弗尔的 ERG 理论、麦格雷戈的 X 理论和 Y 理论、赫茨伯格的激励—保健理论。激励约束机制内容主要包括：诱导因素集合（如各种奖酬资源的提取与分配）、行为导向制度（如设置应该奖励的各种行为方式）、行为幅度制度（如奖酬与绩效的关联调节）、行为时空制度（如奖酬制度在时间和空间方面的规定）、行为归化制度（如组织同化、处罚和教育）。常见的激励方式有：员工持股计划、股票期权、员工参与与民主管理、目标管理、公司文化建设等	了解上市公司激励约束机制建立的理论基础，分析激励约束机制的运行情况和合理性。审计师可以通过对工资、奖酬等成本与利润等目标分析比较，对各项重大激励方式的决策、计划和实施予以必要关注，结合具体经营目标的设定和实现，判断评估激励约束机制是否规范、合理以及有效。重点关注是否存在：激励约束制度缺失或存在重大缺陷；薪酬奖励与经营目标不匹配，导致损害相关利害群体的利益；激励方式不规范，存在违规违法行为，如帮助员工偷逃税收等
战略决策与目标判断评估	（1）战略管理与战略决策	战略是指上市公司的主要宗旨、目标、政策和行动的整合以及与资源合理配置的机制或计划。围绕该战略进行的管理和决策活动构成战略管理和战略决策。一般包括相互关联的主要阶段：战略分析阶段、战略选择阶段、战略实施阶段和战略控制阶段等	了解上市公司战略的特征和类型以及战略制定和实施的特定时期、形势、条件等因素，关注审计期间上市公司重大战略制定的意图，判断评估重大战略的适用性、执行效益和预期影响
	（2）上市公司内外部分析	内部分析是指对公司当前经营状态和实力进行综合分析，包括公司当前业务发展现状、地位以及与外部环境具体适应情况；外部分析是指重点识别和评价超出公司控制能力的外部发展趋势与事件而带来的机会和威胁。内部分析内容包括公司自身管理、营销、财务计划、生产作业、研究与开发、计算机信息系统等整体运作的信息反馈状况，着重考虑优势与弱	围绕战略的管理和决策，需要进行内外部分析。内部分析的目的主要是了解公司自身各种条件组织的状态，确认公司现有的竞争优劣；外部分析的目的在于确认有限的可以使公司受益的机会和公司应当回避的威胁。内外部分析不仅是战略管理和决策的基础，而且该过程还能促进公司

(续表)

主要判断评估事项	事项的分解	相关内容及要素	判断评估的目的
战略决策与目标判断评估	(2) 上市公司内外部分析	点两个方面;外部分析内容主要是关键的外部因素:经济因素、相关法律因素、技术因素、竞争力因素以及社会、文化、人口和环境等因素;内外部分析始终是结合在一起的,是一项综合分析的过程	内部职能部门之间的关系。审计师通过了解公司内外部分析过程,获取公司的内外部分析的信息材料,有助于判断评估公司重大战略的可行性
	(3) 战略制定	战略制定主要是指在分析的基础上确定或调整相关的战略目标。通常战略制定的目标领域包括:盈利能力、市场、生产率、产品系列、资本资源、物质资源、研究与创新、公司变革、人力资源、客户服务、社会责任等,战略制定的具体方法可以是自上而下、自下而上、上下结合、成立战略小组等	了解公司确立或调整的具体战略目标的种类和性质,关注战略目标的分析和选择过程,判断评估某项战略目标的适宜性;公司的优势与公司面临的机遇是否相匹配;能否使公司面临的威胁最小化;能否弥补、消除公司的重要弱点
	(4) 战略实施	战略实施是指上市公司的战略计划和预期目标在经过决策后如何落实到行动中的一种机制或过程。战略实施主要包括:计划说明、组织保障、资源配置、行动管理、领导推行等过程	战略实施目的是上市公司成功实现其预定的各项目标以适应预期的未来环境,进而获得长期竞争优势。考察战略实施的各项内容,有助于判断评估上市公司的行动力及相关实力保证基础。如考察战略资源配置中的采购与供应实力、生成能力与产品实力、财务实力、人力资源实力、技术开发实力、经营管理实力等,能够进一步了解上市公司的整体实力,从而推断某些预期目标实施形成实质性成果的可能性程度
	(5) 战略控制	战略控制是指依照战略决策的目标标准对战略实施的过程进行控制。包括监督战略实施进程、及时纠正偏差、确保战略有效实施及实施结果基本符合预期计划等控制手段 影响战略控制的因素主要有:需求和市场的变化、资源和能力的调配、组织和文化的建设。战略控制的类型主要有:回避控制问题(如高效自动化、管理集中化、风险共担、转移或放弃某些经营活动);具体活动控制(如行为限制、工作责任制、事	战略控制主要目的是降低战略实施结果偏离预定目标的差异程度。审计师考察偏离的原因和具体因素,有利于判断评估整个战略控制系统的适应性和可行性。 ① 判断评估战略目标偏离的主要原因:制定公司战略的外部环境和内部条件是否发生变化;战略本身是否存在缺陷,而修正、补充和完善未能得到及时控

（续表）

主要判断评估事项	事项的分解	相关内容及要素	判断评估的目的
战略决策与目标判断评估	（5）战略控制	前审查）；绩效控制（预期绩效的确定、绩效责任制执行）；人员控制（改善工作分配、改进上下级沟通、团队建设）	制；战略实施过程中，是否受到公司内部某些主观因素变化的影响等 ② 判断评估战略目标偏离的具体因素：是否重视质量、价值和客户需求；是否重视关系建设和竞争导向；是否重视业务流程管理和业务功能整合；是否重视全球导向和区域规划的结合；是否重视战略联盟和网络组织；是否重视权力架构及其影响等 ③ 审计师需要对上市公司在战略控制过程（制定效益标准、衡量实际效益、评价实际效益以及纠正措施和权变计划）中各环节的成效进行测试和验证，如对效益衡量标准（销售额、销售增长、净利润、资产、市场占有率、价值增值、产品质量和劳动生产率等）和实际业绩进行测试和验证，以此判断评估战略控制系统运转的效率
适应能力和危机处理能力判断评估	（1）学习能力	学习能力是指上市公司各阶层不断学习、不断创新、不断超越的能力。这种能力的具体体现：共同愿景构建、学习型组织建设、学习模式先进、自主管理提升等	学习能力成为公司竞争的核心，目的是实现共同愿景。了解上市公司的学习型组织建设，通过对学习环境营造、学习型组织的基本理念、学习带来的实质性成果等分析，判断评估上市公司学习能力的状态和影响趋势。如审计师可以考察关于学习投入的各项成本、关于学习制定的各项制度、关于学习带来各种创新等
	（2）适应能力	适应能力是指上市公司在其不同发展阶段能够妥善处理内外部环境变化下的自我变革。适应能力集中体现在组织变革中，包括对组织的权力机构、组织规模、沟通渠道、角色设定、组织与其他组织的边界以及组织成员的文化理论进行系统调整和更新	提高上市公司的适应能力，目的是不断适应形势变化要求，找到适合自身发展的动态平衡。考察上市公司的适应能力应该重点关注组织的旧有模式、现存状态、变革压力、问题和困难、变革目标、变革措施等，从组织的若干

(续表)

主要判断评估事项	事项的分解	相关内容及要素	判断评估的目的
适应能力和危机处理能力判断评估	(2) 适应能力		调整和变化的事例分析当中,进一步把握公司整体适应能力的强弱
	(3) 预警管理能力	上市公司预警管理能力是根据公司生产经营活动过程与结果是否满足公司目标或管理目标的预期要求,来确定公司处于"顺境或逆境"的状态,并由此提出对策的管理活动。预警管理的内容包括预警分析和预警对策两方面,其中预警分析涉及的要素有:监控(对外界系统、生产系统、营销系统、决策系统等过程监控和信息处理);逆境识别(对现实逆境和逆境趋势的识别);逆境诊断(对产生逆境的成因、过程和趋势进行分析);逆境评价(对企业损失和社会损失作出评价);预控对策涉及的要素有:组织准备(建立相关制度、标准和规章以及运行方式和对策库);日常监控(开展日常对策和危机模拟等活动);危机管理(进行例外事项管理,并制定危机计划、组成特别机构和采取应急战略)	预警管理的目的在于及时把握公司面临或可能面临的不利环境变动,建立各项预警评价指标,明确并预控公司组织的运行状态。审计师需要了解上市公司的预警管理系统及其运作情况,从中获取重要的信息,通过定性和定量相结合的方法判断评估预警管理的有效性以及相关预警事项带来的影响。通常公司所设立的预警指标和预警事项与其经营活动和战略目标实施是紧密相关的,审计师正是通过对出现在预警范畴中的事项,将其列为重大审计事项和风险加以关注
	(4) 冲突管理能力	冲突管理能力是指上市公司对于行为主体之间由于目的、手段分歧而导致的行为对立状态进行处理的能力。冲突是客观存在的、不可避免的,既有消极的一面又有积极的一面,其带来的影响可分为建设性冲突(关心目标、对事不对人、促进沟通等)和破坏性冲突(关心胜负、人身攻击、阻碍沟通等)。冲突的类型通常包括:个体与个体之间的冲突,个体与群体之间的冲突,群体之间的冲突,组织内冲突,角色冲突,组织之间的冲突等	冲突管理的目的主要是通过了解冲突的原因和进行恰当处理,使之成为推动组织发生积极变革的力量。了解上市公司冲突管理能力,一方面可以掌握公司组织状态应对环境变化反应的能力,另一方面可以掌握具体冲突事项、原因以及可能的结果,判断评估组织状态的运行绩效。审计师一般采取询问和沟通等有效手段,从具体的事例当中以独立的第三方视角去把握相关情况,如对冲突的类型、过程和处理方式或原则进行分析判断

(续表)

主要判断评估事项	事项的分解	相关内容及要素	判断评估的目的
适应能力和危机处理能力判断评估	(5)危机管理能力	危机管理是指上市公司在经营过程中针对可能面临的或正在面临的危机,而就危机预防、危机识别、危机处理和公司形象恢复等行为所进行的一系列管理活动的总称。危机管理的内容主要包括危机预防(危机管理意识的培养、危机管理体制的建立、危机管理的保障、危机技能的培训);危机处理(危机信息的获取传递、建立危机处理机构、危机事态的初步控制、危机事件的全面评估、危机处理计划的制定和实施);危机恢复管理(危机处理结果的评估、恢复管理计划的制定和实施)	危机管理的目的是做好应对危机的准备和计划,逼不得已能够选择最佳的处理方式化解危机 上市公司危机管理的能力集中反映在是否具备管理智慧,危机事件导致公司产生巨大损失的案例有很多,审计师通过对公司危机管理的制度设置、机构建立和日常运作等了解,有利于判断评估上市公司的危机意识、危机类型(财务危机、司法危机、经营危机、组织危机、灾祸危机)、危机预防措施和危机处理方式等管理能力是否处于优良或成熟状态

第五节　评估方法与步骤

对整体的判断评估有许多方法,这就像欣赏或评析一件作品,可以从多个角度和层面出发,获得对作品的不同认知和评价。审计判断评估同样面临这样的问题,判断评估整体的视角和方法不同,其判断评估的效率和效果会有差别。当前,已基本形成两种较为稳定的出发点或视角,即从控制管理和风险分析两大领域出发实施整体判断评估。当视角问题得到认可或逐步稳固与规范后,就需要考虑具体的评估方法。关于判断评估的方法,可以通过对其他领域发展相对成熟的评估法加以借鉴,主要还是审计实践运用的积累,除了结合传统的审阅、检查、访谈和执行分析程序等,仍需创造性地尝试许多实用、有效的评估方法,尤其在大数据信息分析浪潮下,以使评估方法适应趋势发展。我们主要围绕整体评估的定性与定量,对不同的定性分析法与定量分析法以及不同的分支模型作简单论述。

一、定性分析法

定性分析法是从整体及其构成中,分析其内在的规律性的方法,部分定性分析法侧重于从事物"质"的角度分析问题,着重于分析事物的来龙去脉及因果关系,以说理的方式透过事物的表象抓住事物的本质。一般定性分析法包括标准化调查法、流程图分析法和管理评分法等。

1. 标准化调查法又称风险分析调查法,是指通过专业人员、调查公司等对整体可能遇到的问题进行详细的调查分析,并形成报告供管理者和审计师参考。这种调查往往是比较系统与标准化的,但可能会与整体的具体特点不完全相符。

2. 流程图分析法是一种动态分析法,它从整体的动态流程中标明图示,找出控制或风险关键点,进而分析相关内容要素。这种分析法简单实用,但较为主观,往往只凭经验根据流程图进行分析,存在经验的局限性,很可能造成误判和漏判,导致不及时预警或是错误预警。审计师在利用管理层的风险分析结果或自身运用该法时要多加注意防范错判。

3. 管理评分法有量化的结合,它对整体的经营缺陷、错误和征兆以打分形式评估,进行加权平均计算,得到一个总分数,以总分数的高低判断企业的危机状况。从一定意义上说,这种方法具备了定量分析中多元线性函数的思想,但是不同因素的选择、分数的确定和权数的认定却是从定性角度出发的,有很强烈的主观色彩。

定性分析法受主观判断的影响较大,对同一问题,不同的分析人往往会得出不同的结论。因此,审计师还要审慎考察对不同评估结论进行判断决策。

二、定量分析法

定量分析法是从可量化的角度出发,对事物运用数学、统计等多种方法进行量化分析的,侧重于以数据说明问题。从表象上看,定量分析法由于已将有关信息进行了量化处理,并规定了适用的标准,对同一信息集,一种方法只会得出唯一的结论,基本不会受执行人的影响,对整体反映较为客观。但同样存在对某些因素或参数的设定影响,导致判断差异。一般定量分析法包括单变量分析和多变量分析等。

1. 单变量分析是指运用单一变量,用个别比率来评估分析整体的分析方法。例如,人们很早对企业破产和财务危机预测研究时[①]运用的就是单变量分析。后期这种分析得到一定发展,但判断评估思维模式并没有得到根本转变,只是将单一变量不断复杂化而已。例如,通过评估企业安全率进行财务与经营预警的方法[②],将资金安全率与安全边际率结合起来,判断企业的经营状况和财务状况是否良好。按照单变量分析的解释,公司发生危机是由长期因素而非短期因素造成的,因此,应长期跟踪观察这些比率的变化情况,以预测危机发生。单变量分析的优点是直观、便捷;缺点是片面、不完整,如单个比率只反映公司风险程度的某个方面,并且当它们彼此不完全一致时,指标的预测作用可能被抵消,因而其有效性会受到一定限制。

2. 多变量分析的财务比率有其局限性,因为它是基于单一变量建立的,容易导致基于不同指标之间判断的矛盾。为了克服这种不足,人们试图将相互联系的比率组成一个

---

① Fitzpatrick(1932)以19家公司为样本,运用单个财务比率将样本划分为破产和非破产组,发现判别能力最强的指标是净利润/股东权益和股东权益/负债两个比率。William Beaver(1996)使用5个财务比率对158家公司财务危机进行了一元判断预测,发现债务保障率的效果最好,资产收益率次之,最后是资产负债率。

② 企业安全率由经营安全率和资金安全率组成,其中经营安全率用安全边际率表示:安全边际率=安全边际/预计销售额;资金安全率=资产变现率-资产负债率=(资产变现金额/资产账面金额)-(负债额/资产账面金额)=(资产变现额-负债额)/资产账面总额。

系统,从而建立有效的预测模型。多变量分析就是通过建立多元线性函数,运用对多种财务指标进行加权汇总得出的总判别分来预测各种危机。如 Z 记分模型、相对流动性指标(DRL)模型、回归法模型、神经网络模型等建立,都是同时考虑多个财务比率,将这些比率按照一定的研究方法汇集到某个多变量模型中,在模型的构建与分析中运用数学、统计在内的多种方法和理论,对企业财务状况进行综合评估与判断。多变量分析优点是体现出综合性和整体性,能够从整体角度对公司各种危机进行判断评估;缺点是复杂性和难操作性,需要大量的基础资料和建立准确的条件逻辑关系。

三、评估的步骤与具体方法

(一) 控制评估基本步骤举例

(1) 了解整体内部控制的设置和运行情况。

(2) 对整体内部控制系统进行解构,即将分解后的各系统或要素与审计对象和目标建立联系(如财务报表审计中是将各系统或要素与财务报表和可能错报建立联系)。

(3) 判断识别能够保证防止或发现和纠正错报(或错误)的控制程序,即明确内部控制相关程序的风险点。

(4) 判断识别内部控制中各系统或要素的控制风险,即内部控制可能存在的薄弱环节和缺陷。

(5) 计划并执行控制测试,以证实对内部控制的了解和判断识别。

(6) 评估控制风险水平,得出关于内部控制风险的初步结论;如控制本身设计是否合理、控制是否得到执行、是否可以更多地信赖控制。

(7) 根据控制风险评估状况,与审计程序建立联系,相应调整实质性测试的种类和范围。

(二) 控制评估具体方法举例

评估整体内部控制的方法根据实际步骤和具体内容而定。开展了解和判断识别步骤,主要有询问法、观察法、书面文档检查法等;开展控制测试主要有重复执行法或穿行测试法,重复执行法是指审计师在内部控制测试和评价中,就某项业务按照被审计单位规定的程序全部或部分重做一次,以验证既定的内部控制测试是否被贯彻执行的方法。穿行测试法是将多种程序按特定审计需要进行结合运用的一种方法,通过追踪交易在财务报告信息系统中的处理过程,来证实审计师对控制的了解、评价控制设计的有效性以及确定控制是否得到执行;开展评估控制水平有简单量化方法,例如,对每一个子系统设立不同的指标,按指标类型分别赋予一定的基础分值(如设定整体的内部控制系统运行良好的状态值为 100 分,进而设定控制活动为 40 分、控制环境 25 分、风险管理 20 分、信息与沟通 10 分、监督 5 分);分解不同指标系统,形成相关明细指标,并赋予明细指标一定基础分值。确定相关评价标准及评分系数(如设定:很好,系数为 1;较好,系数为 0.8;一般,系数为 0.6;较差,系数为 0.4;很差,系数为 0.2);单项明细指标的得分为基础分值乘以该档系数,最后加总得出综合评分;依据综合评分确定总体控制系统的评价结果。

此外,审计组内部的沟通、分析程序的支持、大量信息的收集都是控制评估的方法,该方法(包括询问管理层、检查信息和分析结果等)与步骤结合在一起运用,同样是识别和评估风险有效的具体方法。

(三) 风险评估的基本流程

根据审计准则要求,风险评估的实施程序主要是在了解被审计单位及其环境(不包括内部控制)和了解内部控制两个环节中开展的,很明显是将风险要素渗透到控制评估当中,是控制评估的拓展和深化。风险评估的基本流程如图11-1所示。

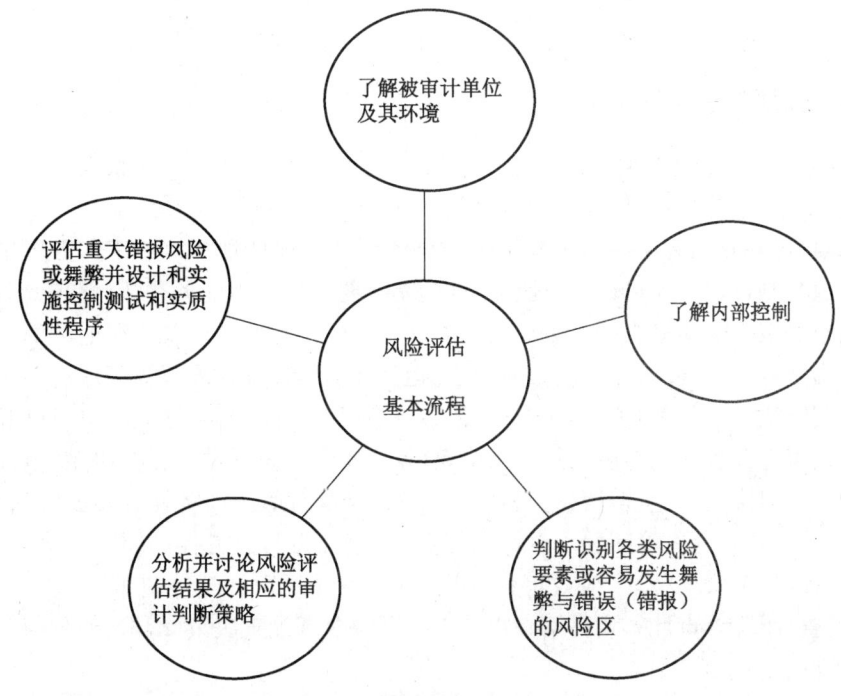

图 11-1 风险评估的基本流程

了解被审计单位及环境是一个连续和动态地收集、更新与分析信息的过程,贯穿于整个审计过程的始终,审计师应当运用职业判断确定需要了解被审计单位及其环境的程度,程度的恰当性的依据为是否足以识别和评估重大错报风险。

第六节 审计判断决策

一、审计判断决策概念

决策是以评估结果为基础作出的策略部署。决策在时间上滞后于评估工作,内容上包含了评估的过程与结果。审计判断活动始终在不断发现问题和解决问题的过程中行进,必然要伴随大量的决策行为。决策不单单是作出选择或决定,而是提供足够的信息用以支持选择或决定的可靠性,决策形成过程实质就是信息的收集、加工、分析和利用以及新信息形成的过程。

审计判断决策是指审计判断主体通过评估活动实现对整体的把握,包括对经济活动的外部环境、现实状况和内在规律的把握,为审计活动的有效开展进行的各项决策部署,用以指导具体审计事项的实施。审计判断决策建立在实施评估的基础上,需要整合诸多审计资源完成,决策的作用既着眼于宏观层面,又对具体事项有切实指导,是包括审计计划决策、项目实施决策、审计总体应对措施等一系列判断决策的总称。

二、审计判断决策层次与内容

审计判断评估与决策主要体现在两个层次上,一个层次属于审计机构或组织为履行审计职能,实现既定的目标任务,在战略部署上的具体运用,需要众多部门和人员的参与,是集体判断行为的结晶,主要的内容体现在审计项目立项计划和审计工作方案中。审计机构或组织为制订审计项目计划,社会审计为是否要接受某项业务委托,都需要对审计对象进行判断决策。对国家审计决策而言,审计工作方案主要是对国家和地区的一系列经济活动充分把握,具体针对经济政策的制定、运行和落实情况开展审计等。

审计判断决策所涵盖的内容非常广泛,主要涉及审计项目计划立项决策(国家审计、内部审计)、审计业务委托与被委托关系决策(社会审计);审计总体目标决策;审计活动开展的范围和内容决策(大数据信息分析结果决策,涉及对适应经济社会发展要求、经济运行的重点、社会热点等决策问题);审计功能决策(鉴证类与监督控制类审计决策,以及采取适合的财政财务收支审计、绩效审计、经济责任审计等审计功能决策);审计方式决策(就地或调查、跟踪等审计方式决策);审计人力资源合理配置决策(编组、外聘与合作等审计组织管理决策)。

审计判断评估与决策的工作及其成果主要反映在年度审计项目计划制定和审计工作方案编制中。年度审计项目计划的决策视不同审计类型(国家审计、内部审计、社会审计)而定,相比而言,国家审计的自由酌量权较大,内部审计较为灵活,社会审计需要根据业务承接实际情况而定。项目计划一般决策程序分为三个步骤:一是调查审计需求,评估审计目标,初步选取审计项目;二是对初选审计项目进行可行性评估,确定备选审计项目及其优先顺序;三是评估审计机关或组织可用审计资源(包括可以利用的外部审计资源),结合外部环境条件等影响,确定审计项目,编制年度审计项目计划。项目评估的结果主要是指对备选项目的评估以及对可用审计资源的评估结果。项目评估结果的质量高低取决于集体判断决策水平及相应的管理机制运行。现实中,项目评估与决策工作的开展还有待提高,主要问题在于:一是项目评估意识薄弱影响决策。年度审计项目计划作为一种审计工作思路或蓝图,体现了一个年度内审计工作的目标、任务、重点以及为实现这些目标、任务而采取的各项政策和保证措施,项目计划是否科学、合理,必然影响审计工作质量高低,是审计工作中非常重要的组成部分。对项目计划的深刻理解,会自觉重视项目评估工作,组织开展科学、有效的项目评估正是决策正确和保证项目计划执行的基础。二是行政管理强于专业管理。审计项目评估工作从属于专业领域,需要用专业判断规律解决各种问题和困难,过多地依赖行政管理而忽视专业管理,必然弱化项目评估的效果,从而影响决策的效果。例如,在国家审计中,有的计划管理部门相对弱化,宏观政策和审计资源情况等掌握有限,统筹协调能力不足,与业务部门的沟通和协调机制未能健全,使得对业务部门提出的备选审计项目评估不充分。三是集体判断决策运用不充分。例如,未能在项目调查和研究环节听取专家意见,集体判断决策的作用没有得到合理运用。就某一类审计项目而言,通过评估与决策能够为类似项目提供一定的指导性。例如,某省审计厅在对今后一段时期如何开展国有企业审计进行决策时,结合当前情况和以往开展国有企业审计的经验,认真加以探讨和研究,通过评估与决策,明确如表 11-16 所示的审计总目标,用以指导审计事项的实施。

表 11-16　　　　　　　　国有企业审计工作决策(简略)

决策事项	审计总目标	审计事项
审计如何在推动国企深化改革、科学发展中发挥作用	通过审计实现促进深化国有企业改革的审计目标	关注国家一系列围绕国企改革的重大决策部署和宏观政策措施落实情况 关注各项改革措施的协调配合情况 关注体制、机制和制度中存在的问题和风险 关注改革和发展中出现的新情况 注重揭示影响国有企业科学发展的突出矛盾和重大风险
审计如何在维护经济安全运行、深化国资运行效益中发挥作用	通过审计实现维护国有资产安全和提高企业保值增值能力的审计目标	揭示和反映决策失误、管理不善导致国有资产流失的问题 查处侵占国有资产的行为 关注企业经营发展过程中影响国有资产安全和效益的重大风险和隐患 发现国有企业经营管理过程中的薄弱环节和短期行为
审计如何在促进企业转型、完善治理、适应新常态中发挥作用	通过审计实现促进建立完善现代企业制度	关注企业治理结构的合法性和合理性 关注内控制度的建立和执行效果 关注国有企业财务管理和控制
审计如何在反腐倡廉建设中发挥作用	通过审计实现促进领导层忠实履职和廉洁自律	查处重大违法违规违纪问题,揭露以权谋私、失职渎职、贪污受贿、内幕交易等问题 关注权力运行设置和遵循情况,重大投资决策和项目审批

审计判断评估与决策的另一个层次,是具体审计项目小组或审计师为完成审计项目任务针对特定审计事项而开展的评估与决策,是个体判断经验在实践中的运用,主要内容

体现在审计实施方案中,包括审计内容重点、程序设置和应对措施等。两个层次既有联系又存在区别,区别在于评估与决策的总体目标、内容范畴和实施过程均存在差异,突出体现在实施评估与决策的深度和广度上[①]。

具体审计项目决策主要以审计实施方案、审计工作底稿等形式出现,一般包括以下内容:①项目实施决策(包括整体情况分析、审计目标和实施方法);②具体审计事项及重点关注内容;③风险判断评估的应对措施和修正;④总体应对措施决策等。

在财务报表审计中,总体应对措施是针对财务报表层次重大错报风险评估确定总体应对措施。若评估的财务报表层次错报风险属于重大,审计师应当确定下列总体应对措施:向审计项目组强调在获取审计证据过程中保持职业怀疑态度的必要性、分派更有经验或具有特殊技能的审计人员或专家,向项目组提供更多的督导。审计师应当针对认定层次的重大错报风险设计和实施进一步审计程序,包括测试控制的执行有效性以及实施实质性程序,以将审计风险降至可接受的低水平;审计师应当评价风险评估的结果是否适当,并确定是否已经获取充分、适当的审计证据;最后,审计师应当将实施关键的程序形成审计工作记录。审计师对控制环境的了解影响其对财务报表层次重大错报风险的评估,从而影响审计师的总体应对措施,包括进一步审计程序的安排。有效地控制环境可以使审计师增强对内部控制和被审计单位内部产生的证据的信赖程度。例如,有效地控制环境可以使审计师在期中而非期末实施更多的审计程序。如果控制环境存在缺陷则会产生相反的影响。审计师对这些问题的考虑,会对拟实施进一步审计程序的总体方案具有重大影响。在控制环境不好时,审计师可能更强调实质性测试(实质性方案),或者更多采用将控制测试与实质性程序结合起来的方案(综合性方案)。关于总体应对措施,审计师还需要适当把握审计程序的规律性,依据程序的目的和类型,确定程序的性质、时间和范围。如果通过实施进一步审计程序获取的审计证据与初始评估获取的审计证据相矛盾,审计师应当修正风险评估结果,并相应地修改原计划实施的进一步审计程序。根据风险判断的结果,审计师应提出总体应对措施,简要举例如表 11-17 所示。

表 11-17　　　　　　　　　　　风险评估下的总体应对措施

风险判断的结果	对总体应对措施的影响
低水平	更多地信赖管理层声明和被审单位内部产生的证据 使用内控测试和实质性程序的(综合性方案)的可能性更大 在中期执行更多的审计程序而非期末

---

① 在国家审计实践中,审计工作方案是指审计机关统一组织多个审计组共同实施一个审计项目或者分别实施同一类项目时所编制的方案,对审计目标、范围、重点和项目组织实施等进行确定,目的是为了加强对项目组织实施工作的管理,便于审计结果的汇总和综合利用。而审计实施方案是在审计工作方案指导下编制的,更加具体。两个方案的内容和要求等,在社会审计和内部审计实践中,可以视为审计战略、总体审计策略和具体审计计划的综合,实质上都是计划审计工作开展的集中体现。一般认为审计战略包括总体审计策略和作为总体策略实施方案的具体审计计划。

(续表)

风险判断的结果	对总体应对措施的影响
高水平	向审计小组强调在获取和评价审计证据时保持职业怀疑或高度的职业判断必要性 考虑管理层采取的应对内控缺陷措施的有效性 向审计组委派更有经验的审计人员或有专门技能的人员或者考虑利用专家的协助 保证项目审计人员的连续性,尽可能全面了解被审计单位 在审计过程当中提供更多的督导 从实质性程序中获取更多的审计证据 对用作风险评估程序的分析程序或其他程序进行修改 增加审计程序的不可预见性,将额外的不可预计的因素纳入进一步执行的审计程序的选择中。例如:增加纳入审计范围的内容和地点等 对审计程序的性质、时间和范围作出整体变更,例如:在期末而不是在期中执行实质性程序,修改审计程序的性质以获取更有说服力的审计证据

对单个审计项目而言,审计判断决策内容按照审计工作方案要求,明确审计具体目标和重点内容以及方法程序,用以指导审计项目实践。

三、审计判断评估与决策一般原则

1. 整体性原则。围绕整体从宏观到微观,再从微观到宏观,解决整体和局部、一般和特殊等问题,实现对整体的真实评判。

2. 重要性原则。围绕重要战略、重要事项或重大资金等重点内容和范围,解决体制机制制度及管理活动的主要矛盾和关键环节等问题。

3. 标准性原则。对整体实施评估决策需要建立一系列基本标准,作为衡量整体处于何种状态和性能的依据。审计师通常以重要法律法规等有效标准为准绳,以行业既定标准为参照,妥善处理标准模糊或滞后的新生问题,依据一定的标准正确把握定性与定量的关系,结合财务指标和非财务的综合绩效指标体系进行评估分析。在选取参照物时,通常选择与整体特征类似行业的平均标准、公认标准;在建立模型分析时,通常选择客观和实用的参照标准,一方面要减少主观推测的随意性,另一方面要防止不切实际地套用固定分析模式。

4. 客观性原则。评估决策的客观性主要体现如下:一是资料的客观性。资料的客观准确性是保证评估决策的前提条件,相关评估决策资料是实施对整体判断的基础,如果缺乏客观、完整的资料体系,评估决策活动寸步难行。审计师在收集资料时不仅要考虑资料的充分、完整,还有必要对获取资料的客观、真实性进行初步的评估判断。二是具体手段的合理性。通常评估决策会使用到集体会谈、实地调查、个别访问、报表分析、抽样调查、专家论证、组织评审、跟踪监测等多种手段,每一种手段的运用要确保对应整体的不同结构、状态和性能,尤其是要自始至终保证审计师独立性,这样才能对整体实施深入的调查和取证,以达成客观、准确的判断。此外,在标准性原则的指导下还应考虑标准设定的客观性。

  5. 可行性或效率性原则。评估决策活动能否得以成功实施,取决于审计方案和步骤的可行性。影响审计实施方案和步骤可行性的因素很多,除了审计师应当具备的能力和拥有的资源外,还必须考虑审计实施方案的可接受程度、审计成本效益状况、必要的技术和手段以及不同整体的差异等因素。

第十二章　审计判断策略与设定

"知是行之始,行是知之成。"

——《传习录》王阳明

"在命令与执行之间有着一条鸿沟。只有理解活动才能把这沟填平。""仅仅在理解活动中它才意味着我们应当做这个。那个命令——它什么也不是,只不过是声音、墨迹。"

——[奥]维特根斯坦

第一节　审计判断策略分析

一、审计判断策略概述

审计判断活动是一项涵盖多种事项和内容的判断行为,需要有科学的判断思维和理念作指引。在审计实务中首先要建立相关的判断策略,作为统领一系列审计判断行为的部署。如果说评估与决策侧重于战略部署,那么判断策略则侧重于战术安排,是执行审计项目的具体实施计划。

审计判断策略作为统筹各种影响判断因素的一种思维活动机制,具体指审计师根据自身条件和外部环境,围绕审计目标任务和整体的关系,确定其判断思路、判断标准、应对变化和调整措施等,是预期可以实现审计目标的诸多判断方案的集合。审计判断策略一般需要进一步明确:审计目标或目的、整体的构成及涉及的各要素的性质和状况、审计方法与措施(审计程序)等。审计判断策略所要考虑的内容包括对整体产生影响的、相关联的诸多要素。例如,确定可接受的审计风险和重要性水平,审计范围、时间、方向、人员配备以及具体审计程序的性质、时间与范围等。审计判断策略制定的具体过程中还要考虑成本效益原则。判断策略内容在审计项目计划阶段集中反映在审计实施方案当中,在审计项目实施阶段集中反映在审计工作底稿中。

在判断实践中,判断策略体现了个体判断经验的高级形式(在经验与转化中已讨论过)。经验在向着专长型经验和专家型经验等方面发展,最后会转化成一般规律性的总结,从而提炼出关于判断某类事物发展状态的策略。例如,军事家对战争的判断策略,《孙子兵法》在开篇中对战争胜负的判断就做过高度总结①,孙子把判断的对象确立在道、天、地、将和法五个方面,每一个方面都和战争这一整体相关联,以此作为判断分析的纲领,通过比较这几个方面的情况来掌握敌我双方在战争中所处的态势。审计判断经验同样需要进行提炼、总结并转化成一般规律性的东西,形成通识意义的总体判断策略,从而符合社会经济发展需要以及审计自身发展需要。例如,在审计对象和内容等范畴上,可以对被审计对象的基本情况、行业类别、管理运行、财务状况、外部环境等多个方面进行解构,以此作为判断分析的基本内容要素。措施与方法的选择和利用也是如此,逐步形成专业特有的审计程序。通识的判断策略并不代表不再需要审计师根据实际情况灵活运用,否则就变成了纸上谈兵。实践证明,合理的判断策略不仅起到规范和标准的作用,还有助于提高审计工作的效率与效果,避免审计工作的盲目性,有利于收集充分、适当的证据。

二、审计判断策略的构成

判断策略也可以按机构或组织和个体的相关判断活动分别讨论。作为个体的判断策略基本构成由判断准备与识别、判断策略模型、判断思路和判断线索等组成;作为机构或组织的判断策略还要注重整个判断活动及其结果的评估与决策,属于审计管理范畴。

(一)判断准备与识别

"凡事预则立,不预则废"。审计判断同样有对整体预判的过程和相应准备,这种判断准备是判断识别的具体运用。判断准备是在审计活动开始时,对审计目标和具体审计目标所要达成的要求作进一步明确,包括对所要判断的审计事项和内容的了解,以及结合了解的程度,对审计人力资源、时间、工作量等进行合理配置。审计判断准备通常是利用审前调查这一阶段来完成的。所有的准备越充分,判断识别的功能就能最大限度发挥,制定的判断策略就越丰富、越符合实际,能够为后期判断活动提供良好的基础。对审计判断准备而言,相比判断识别或许应该更提前一些。例如,会计师事务所在接受委托事项时,存在是否接受委托的判断准备;国家审计机关在制定项目计划时,针对项目实施的预期和可能结果,要有充分的判断理由;内部审计在安排工作计划时,同样要在管理层和股东会之间寻求平衡。不管是以何种方式实施审计行为,形成判断策略的准备工作是必须要做的。完善的审计组织或机构会单独设立项目信息计划部门,甚至从项目计划部门中分离出数据分析中心,该中心类似于医疗机构的检测中心,不仅存有大量有价值的数据库,还能对需要审计的项目提供最大支持和帮助。

我们主要关注个体的审计判断策略形成和作用。个体在项目开展的前期过程中,要

---

① 故经之以五,较之以计,而索其情:一曰道,二曰天,三曰地,四曰将,五曰法。道者,令民与上同意者也,可与之死,可与之生,民弗诡也。天者,阴阳、寒暑、时制也。地者,高下、远近、险易、广狭、死生也。将者,智、信、仁、勇、严也。法者,曲制、官道、主用也。凡此五者,将莫不闻,知之者胜,不知者不胜。故较之以计,而索其情。曰:主孰有道?将孰有能?天地孰得?法令孰行?兵众孰强?士卒孰练?赏罚孰明?吾以此知胜负矣。

计划好资料和信息来源渠道，采取多种手段获取全面的信息，为制定审计判断策略作准备。判断准备工作的主要任务之一就是充分获取有用的信息，通过外围和实地调查，全面掌握被审计事项、人员和环境等情况。获取信息途径可以包括以下方面。

1. 从内部获取信息，查阅被审计单位内部各类决策、管理和制度规范等资料，实地查看办公、生产、经营等场所，与内部审计人员沟通以及与其他重要职能部门的人交流。

2. 从外部获取信息，通过走访调查，对与被审计单位有关的部门和人员进行访谈调查。

3. 从宏观背景中获取信息，利用互联网以及外部信息了解近年来被审计单位发展变化情况，以及在整个行业或相关领域的状况。

4. 从微观背景中获取信息，查阅以前的审计档案和违规记录等，对问题和整改情况进行分析，听取相关监督部门情况介绍。

判断准备工作的另一个主要任务是判断识别的具体运用。就信息内容和利用而言，主要指获取内部信息和外部信息以及财务信息和非财务信息，并开展判断识别活动。例如，相关审计准则对审计师的判断准备工作主要归集在控制测试和风险评估两大程序当中，并对判断准备工作进行了规范，使得判断识别取得的成果能够运用到具体审计实践。由于判断活动是一个连续的动态过程，个体判断在收集和获取信息、了解被审计单位及其环境的过程与实施控制测试和风险评估过程并没有严格的时间界限划分，按照认知行为过程划分，了解或识别在先，可以为判断活动提供多一些的基础性素材，测试或评估是在此基础上的跟进和深入。例如，企业类审计及风险评估在准备阶段的判断识别，有其事项分类、相关内容和判断识别目的以及方式方法等，列举如表12-1和表12-2所示。

表 12-1　　　　　　　　　被审计单位及其环境的判断识别

事项分类	相关内容	判断识别目的
（1）行业状况、法律环境与监管环境以及其他外部因素	行业状况：市场竞争；生产经营的季节性和周期性；产品的生产技术；能源供应与成本 法律环境与监管环境：会计原则和行业特定惯例；被管制行业的管理框架；对经营活动产生重大影响的法律法规及直接监管活动；税收；影响被审计单位开展业务的政府政策；与被审计单位所处行业和所从事经营活动相关的环保要求 其他外部因素：宏观经济的景气度；利率和资金供求状况；通货膨胀水平及币值变动；国际经济环境和汇率变动	充分了解整体在行业及外部环境当中所处的状态，初步判断识别各种因素对整体的影响以及整体存在风险的可能性和相关领域
（2）被审计单位性质	所有权结构：所有权结构以及所有者与其他人员或单位之间的关系 治理结构：董事会、监事会等构成及运行情况	判断识别关联方关系及其交易 判断识别治理层的

(续表)

事项分类	相关内容	判断识别目的
(2) 被审计单位性质	组织结构：包括财务报表合并、商誉摊销和减值、长期股权投资核算以及特殊目的的实体核算等问题 经营活动：主营业务的性质；与生产产品或提供劳务相关的市场信息；业务开展情况；联盟、合营与外包情况；从事电子商务情况；地区与行业分布；生产设施、仓库的地理位置及办公地点；关键客户；重要供应商；劳动用工情况；研究与开发活动及其支出；关联方交易 投资活动：近期拟实施或已实施的并购活动与资产处置情况；证券投资、委托贷款的发生与处置；资本性投资活动，包括固定资产和无形资产投资，以及近期或计划发生的变动；不纳入合并范围的投资 筹资活动：债务结构和相关条款，包括担保情况及表外融资；固定资产的租赁；关联方融资；实际受益股东；衍生金融工具的运用	独立性以及监督能力 判断识别组织结构的复杂性带来的相关重大错报风险领域 判断识别经营活动所涉及的领域、范围和重要内容 判断识别重大投资策略及变化 判断识别筹资状况及压力影响，并考虑其可预见未来的持续经营能力
(3) 被审计单位对会计政策的选择和运用	重大和异常交易的会计处理方法 在新领域和缺乏权威性标准或共识的领域，采用重要会计政策产生的影响；会计政策的变更；被审计单位何时采用以及如何采用新颁布的会计准则和相关会计制度	判断识别会计政策的选择和运用是否恰当，并对与此相关的财务管理运行给予关注
(4) 被审计单位的目标、战略以及相关经营风险	了解与产生经营风险的相关情况及被审计单位的风险评估过程：行业发展情况；开发新产品或提供新服务情况；业务扩张情况；新颁布的会计法规情况；监管要求情况；本期及未来的融资条件情况；信息技术的运用情况；执行新战略的情况	判断识别目标和战略的恰当性以及对实现目标和战略产生不利影响的重大情况、事项、环境和行动；判断识别相关经营风险是否可能导致财务报表发生重大错报
(5) 被审计单位财务业绩的衡量和评价	关键业绩指标；业绩趋势；预测、预算和差异分析；管理层和员工业绩考核与激励性报酬政策；与竞争对手的业绩比较；外部机构提出的报告	判断识别被审计单位内部或外部对财务业绩衡量和评价可能对管理层产生的压力程度以及是否可能导致财务报表发生重大错报的风险
(6) 被审计单位的内部控制	内部控制框架一般涉及：控制环境、风险评估过程、信息系统与沟通、控制活动、对控制的监督等基本要素，审计师重点关注的是与审计相关的控制要素，包括被审计单位为实现财务报告可靠性目标设计和实施的控制。审计师还要考虑对内部控制了解的性质和范围、内部控制的人工和自动化成分、内部控制的局限性等相关内容	判断识别与审计相关的内部控制；评价控制的设计并确定是否得到执行，但不包括对控制是否得到一贯性执行的测试

表 12-2　　　　　　　　　　　　对风险的判断识别

一般方式列举	目的	判断识别内容及事项
询问	获取有助于识别重大错报风险的相关信息	审计师除了询问管理层和对财务报告负有责任的人员外,还应当考虑询问内部审计师、采购人员、生产人员、销售人员等其他人员,并考虑询问不同级别的员工,以获取对识别重大错报风险有用的信息
分析	获取有助于识别异常的交易或事项,以及对财务报表和审计产生影响的金额、比率和趋势	审计师应当预期可能存在的合理关系,并与被审计单位记录的金额、依据记录金额计算的比率或趋势相比较;如果发现异常或未预期到的关系,审计师应当在识别重大错报风险时考虑这些比较结果。如果使用了高度汇总的数据,实施分析程序的结果仅可能初步显示财务报表存在重大错报风险,审计师应当将分析结果连同识别重大错报风险时获取的其他信息一并考虑
观察和检查	获取可以印证对管理层和其他相关人员的询问结果,并提供有关被审计单位及其环境的信息	审计师应当实施观察被审计单位的生产经营活动;检查文件、记录和内部控制手册;阅读由管理层和治理层编制的报告;实地察看被审计单位的生产经营场所和设备;追踪交易在财务报告信息系统中的处理过程(穿行测试)等观察和检查程序
信息利用	进一步获取完整的、连续的、相关的有助于识别重大错报风险的信息	审计师应当考虑在承接或续约以及同时提供其他服务等过程中所获取的信息是否有助于识别重大错报风险。对于连续审计业务,如果拟利用在以前期间获取的信息,审计师应当确定被审计单位及其环境是否已发生变化,以及变化是否可能影响以前期间获取的信息在本期审计中的相关性
群体决策	获取关于宏观的、原则的有助于识别重大错报风险的信息,并采取合理避免判断偏差的行为	审计项目合伙人和其他关键审计小组成员应当讨论财务报表存在重大错报的可能性、运用的财务报告框架在具体情况下的适用性;审计项目合伙人应当确定向审计小组成员进一步沟通哪些在本讨论中没有涉及的事项(包括讨论的目标、内容及时间等)

判断准备工作的特点体现出三个特征:一是基础性,为审计判断策略制定、具体审计事项设定等奠定基础,创造有利条件;二是充分性,获取的信息量越充分越有价值,有利于从整体上把握项目特征、明确重点方向;三是渐进性,主要是判断识别的具体运用,体现出审计判断的预热过程。审计师面对纷繁复杂的信息,在收集、分类和梳理,直到评估分析等各阶段,都需要有效运用审计判断识别,从而一定程度提高审计效率。在判断识别的过程中,有些收集和整理后的信息,经过分析判断就会有阶段性的成果,容易快速形成正确的判断思路或相关审计判断线索。

(二) 判断策略模型

1. 一般决策模型的借鉴。审计判断策略可以作为一项更为细化和具体的决策过程,需要借鉴现存的一些决策模型和决策步骤得以发展和完善。例如,借助理性决策模型,按照以下要素内容和步骤对整体制定策略计划:①全面定义问题;②明确所有标准或目标[①];③依据偏好(主观经验判断)恰当地为所有标准赋予权重[②];④了解所有相关选项;⑤基于每一标准准确地评价每一选项;⑥准确地计算和选择最高感知价值的选项。

关于这样的决策要素内容和步骤,不同学者的观点大同小异。有些研究阐述了不同的步骤(一般有很多重叠之处)。例如,哈蒙德等人(Hammond、Keeney 和 Raiffa, 1999)提出一般决策模型的 8 个步骤:①解决正确的问题;②详述你的目标;③创设富有想象力的选项;④弄清最终结果;⑤利用权衡;⑥阐明不确定性;⑦尽量考虑你的风险承受力;⑧考虑相关的决策。

简要列举的这两个决策模型,给我们提供了一个关于最佳决策或策略过程的可能情况,对每一个重大审计事项的策略制定都有借鉴意义,只不过审计判断策略会显得更加复杂,因为审计师所面临的整体所包含的决策事项不是少数几个事项,而是整体之中所有能包容的重大事项或者是复杂整体本身,在这样的执业环境下,不得不考虑更为详尽地设定一套稳固的策略模型,而这样的策略模型已然建立或暗含在通用的审计作业流程当中。在审计实践中,判断策略模型已经得到一定的固化和规范,具体由审计实施方案(也称为总体审计策略和具体审计计划)、审计工作底稿等体现。

2. 判断策略或计划。判断策略或计划的内容主要是确定审计范围、明确审计目标和重点内容,以及相关程序选择、时间人员安排等,审计师在作出这些内容安排时,需要根据整体的具体情况,结合开展判断识别、评估分析所掌握的事实,依靠审计师的判断力予以进一步明确。例如,审计师制定判断策略或计划时,应考虑影响审计范围、时间和方向的相关事项以及初步风险评估、内部控制测试对总体应对措施的影响。一般而言,判断策略的详略程度应当随被审计单位的规模及该项审计业务的复杂程度的不同而变化。审计实践表明,判断策略或计划的有效性一定程度上取决于对整体的判断把握程度。对整体判断把握程度较弱,尤其面对复杂整体以及不确定性因素多的情况,判断策略或计划就越要充分详细以及刻意安排审慎的应对措施;反之,对整体判断把握度较高,判断策略或计划就可以相对简明而具有针对性。判断策略或计划的有效性一定程度上还取决于审计师的整体判断目的性。一般而言,当判断目的适应不同审计内容或方式,判断策略或计划所实现的审计功能作用就大;反之,判断目的与审计内容或方式产生偏差,判断策略或计划就会低效率运作。例如,在舞弊风险审计中,针对同一整体及事项,如果审计师存在不同的判断目的,就会产生激进的、积极的或消极的不同的判断策略或计划。

[①] 明确标准是指决策的多个目标,理性决策者将会明确决策过程中所有的相关标准。对于某一决策者来说,不同的标准将有不同的重要性,不同的具体审计目标也有不同的重要性。

[②] 理性决策者知道自己给每一确立的标准所赋予的相对价值。

由于判断策略或计划受审计师主观判断影响,并且由于未预期事项、条件的变化或实施审计程序中获取了相应审计证据等原因,导致原先初定的判断策略或计划发生变化。因此,审计师在具体审计过程中,当出现影响初定判断策略或计划的重大情况时,应该对策略或计划作出必要的调整和更新。例如,审计师对重大错报风险的评估与判断,可能无法充分识别所有的重大错报风险,必要时应根据具体情况对重要性水平进行调整,对某类交易、账户余额和列报的重大错报风险的评估和进一步审计程序作出修改和更新等。

三、审计判断思路

审计判断思路是围绕审计目标[①]对整体方向上的把握以及局部的重点关注,作为解决问题或达成目的的一种判断思考途径。一般而言,审计判断思路中有发散性思路、聚合性思路和介于两者之间的均衡性思路。把对整体的考虑放在首要位置,围绕整体从不同方面分别加以考量,容易形成发散性思路;把对局部的考虑放在重要位置,围绕各个局部的特性加以重点考量,容易形成聚合性思路;既考虑整体又考虑局部重点,在整体的结构和层次中寻求一种均衡,容易形成均衡性判断思路。无论哪一种判断思路,实质上都是试图将判断形成一个围绕整体与目标相互循环的统一思路,只是判断力的着力点不同。

发散性思路适用于一般整体的宏观判断,判断的意图宽泛,立意较高,判断视野相对较广,能够体现审计目标主旨,但实际运用中较难找到与之一一匹配的判断证据,信息或材料需要重新组合,多种现象或原因在于条件限制无法顺利聚合在一起,较难直接与具体审计目标相对应。运用发散性思路时,审计师要合理解决影响整体方向判断的诸多因素,处理好判断思路与审计程序、审计证据的关联关系。目前,在审计调查、绩效审计、经济责任审计、管理审计等新型审计判断领域,更多需要借助发散性判断思路。

聚合性判断思路是从实际的局部开始,有明确的指向和重点关注领域,相应的材料和信息等能够提供有效支撑,判断结果可以说明某个局部现存状况,体现的功效是快速、直接。但这种判断思路在处理复杂整体时会造成判断范围过大、内容偏多,容易出现对类似状况反复判断,判断效率滞后。当偏离整体方向的判断行为未能得到合理控制时,判断结果偏离整体与审计目标程度较高。目前,在财务收支审计、公司财务报表审计、基本建设项目审计、专项资金审计等审计领域中,聚合性判断思路运用较多。

审计判断实践研究表明,均衡性判断思路相比上述两种判断思路,属于优化了的判断思路,既能考虑整体和局部,又能考虑总体目标与具体目标,并且还能将它们紧密结

[①] 审计目标由宏观审计目标、总体审计目标以及具体审计目标等组成,审计目标一方面依据法定要求设定,另一方面还要根据具体事项情况作出判断分析确定,审计师对目标的恰当运用主要体现在对审计目标理解的基础上,判断设定与之相关的具体目标。

合在一起，形成局部判断为整体判断服务的效应。一般来说，均衡性思路需要审计师不断摸索和调整发散与聚合两种思路的融合度，在尝试建立这种判断思路时，初始阶段的时间成本将花费较多，随着审计经验在总结和规范上的提高，判断行为的时间成本将会下降，判断质量和效益之间的关系会逐渐稳定和优化。因此，优秀的审计师总是采用多种判断思路的结合，不断在判断实践中整合其判断思路，用以提升自身的审计判断力。

审计判断思路因审计师的不同判断习惯和判断特点而不同，呈现多样化和差异性。即便在遵循相同的审计流程并受相同约束或规范的情况下，也会存在较大差异。例如，在财务报表审计中，有的审计师仍然喜欢从被审计单位各类报表研究分析中整理判断思路，对内控测试和风险评估等并不热衷；而有的审计师喜欢从被审计单位内部控制、业务流程或风险管理等研究分析中理出判断思路，对具体细节和繁复数据缺乏热情。

审计判断思路还会受不同类型审计的环境和条件的影响，往往伴随整体和目标的不同而产生变化，这是由判断思路的适应性和创新性决定的，这种状况不仅在不同经济发展区域出现，就是东西方也有差异。不同的审计判断思路肯定会影响到判断策略，但对于审计师个体而言，有一点是共同的：即对被判断事项了解越深刻，审计目标理解越清晰，不确定性程度越低，判断思路就越正确。

审计判断思路的过程较难细致表述，总是以针对某项内容或事项采取某些措施或方法的结果来体现。一些基本的判断内容和事项，体现出来的是判断的初步结果，思维过程所体现的判断思路是被隐藏的。例如，就某类审计事项安排2名审计人员，为何选择2名而不是更多，这种判断思路已不再描述和体现，实际上是经过充分考虑的。其他如审计程序的性质、时间和范围等考虑也是如此。但对于一些重要的不确定事项或风险，判断思路是要适当体现并加以描述的，可以使用"关注、考虑、分析、识别和评估"等词汇限定相关重要事项而加以具体描述；有的判断思路会在判断设定过程，针对各种可能性的初步判断以"是否存在"等设问形式来表达。在一些审计案例中，审计师往往可以学习到不同的判断思路及其运用。

四、审计判断线索

审计判断线索是联结判断策略、判断思路和具体问题被证实结果的重要纽带。审计判断线索能够让审计师快速找到某类问题的症结，是比判断思路更为具体和细微的考虑或发现。它既是针对具体问题的判断需要，亦是制定判断策略、引发判断思路的需要（审计判断线索获取的时间如果在判断策略制定或判断思路形成之前，应该予以重点关注，纳入相关具体审计内容；如果在之后，应该考察审计判断线索的重要程度，适当调整判断策略和思路），其实质是为实现审计总体目标的一种具体的、深层次的判断需要。

审计判断线索因其来源、性质不同，具有相对明显的确指性。审计判断线索的来源主要有内外部举报、内部分析显现、审计师的发现等。形成判断线索的成因有很多。例如，类比问题的对照,表明存在问题的可能;检查或分析时发现的差异;按一般理解不能有效识别的信息,需要进一步询问,但询问结果依旧不能得到合理解释等。审计线索的来源更多地依赖于审计师的经验判断和职业敏感,通过想象力和推理的运用,能够合理地找寻到某些隐藏的关于真相或事实的端倪,这种经验判断和职业敏感是长期实践的必然结果。审计师发现线索的过程,需要个体具备一些内在的职业判断要求,如职业敏感要求。职业敏感要求审计师在整个审计判断过程中,面对审计对象所涉及的内容事项,能够从大量的业务资料和有限的调查与接触中,由表及里,由点到面,由小到大,敏锐地发觉和梳理出不同线索,从而进一步把握审计对象的特点、审计事项的重点以及普遍性、倾向性的问题等。审计师的职业敏感与审计过程保持审慎有所区别,这种敏感性往往在不经意间,在微不足道的数据和现象上或是一次平常的沟通和谈话中体现。审计师的这种敏感性更多地需要在审计前期和审计过程中发生,由于职业敏感通常会带来警觉,使判断力始终处于活跃状态,因而它往往是一次有质量的判断先导,是重大问题线索发现的前提。审计师应具有较高职业敏感性,即便在常规性审计活动中,往往也会取得意想不到的、具有质量的审计成果,尤其在一些审计对象舞弊行为和手段方式更为隐蔽的情形下显得十分宝贵和重要。审计师只有不断地在判断实践中积累大量经验,并通过经验转化有效地提升审计判断力,才能时刻保持良好的职业敏感。

审计线索的一般特征具有较为明确的事项内容、隐性的证据支撑、确定的范围或领域等。其中,隐性的证据或事实既可以存在于整体之中,也可以存在于整体之外。例如,对管理层的某些个人奢侈行为、异常举止的关注所引发的资产舞弊线索。审计师在处理审计线索时,一般要考虑线索确定的可能性、线索所指向的相关问题的重要性、预计取证的难易程度以及线索对审计策略的影响等。

第二节 审计程序或判断程序

审计判断策略的形成及作用的发挥,一定程度上需要有适当的程序提供保证[①]。从某种意义上说,审计程序实质上就是判断程序与规范,每一个具体的程序都融合了判断因素。审计程序是一个复杂而多变的概念,在审计界一直以来没有得到足够的重视。关于审计程序的描述或定义显得散乱无序,如实质性测试程序、控制测试程序、风险评估程序、分析性(复核)程序等,基本是从对应审计判断活动过程在时间序列上或判断事项上进行分类的,还有把一些方法作为获取审计证据的审计程序,如检查、观察、询问、函证、重新计算、重新执行、分析或评估等。此外,一般的审计准则还会着重在以上程序中提出关于审

[①] 审计程序不同于审计工作流程,它不包括下达审计计划、出具审计通知书或签订审计约定,以及征求审计意见等工作程序,在这里讨论的审计程序属于判断活动,一般不涉及审计工作流程,包括审计内部管理系统设计及运行程序。

计程序的性质、时间和范围等概念,并列举大量的相关要求,使得审计程序概念及运用错综复杂。

一、审计程序的考察

审计程序的形成是建立在技术与方法的基础上,为实现正确的判断目标服务的。关于技术与方法的概念,其间是有一定差别的。技术是人们驾驭各种技能的本领,侧重于对物质资源的利用,以开发或利用的程度性和先进性加以考量体现;方法是人们解决各种问题的途径,侧重于对意识能动开发的把握,以把握的适用性和效率性加以考量体现。现实中人们通常把技术与方法结合在一起理解和运用,并不需要细究两者的区别。而程序是一种被总结、被提炼的技术与方法使用的结合物,侧重于行为活动的指导和规范,以使用的序列性和固化性(关于固化性的理解,是指在被经验证明有效后形成的基本固化,但在一定的条件下可以对技术与方法形成新的组合)加以考量和体现。因此程序是一种更为严格、更为规范的技术与方法的结合物,本质上是在技术与方法的结合中得到某种升华。不同的专业领域会形成不同的专业程序,并且每个专业的不同发展阶段会形成不同的专业程序,各种专业程序的使用是不能完全照搬照抄、彼此互用的,这种程序的专属性和限定性正是从不同技术与方法中不断被提炼的结果。

考察专业程序中的种类、结构、性质和效能等因素,对理解程序的严密度、复杂性以及合理性等有所帮助,一方面可以通过程序的成熟程度透视专业的成长发展阶段,另一方面可以使得程序能够吸收更多领先的技术与方法使之更新。很显然,审计专业发展到现在,程序的更新和变化发展还有很大的空间。随着审计活动的深入发展,审计程序的内涵与外延还会一直拓展,诸如沟通程序、重大审计事项审议程序、计算机辅助运用程序、专家系统利用评价程序等将得到较多运用。而且,某些程序在具体运用过程中由于其本身内涵丰富,能够更多地为审计师针对整体有效使用。例如,分析程序与其他程序相比,不仅成本较低廉,还有利于提高审计效果,因此在国际审计准则中,就分析程序还细化出实质性分析程序(ISA520)[①],以强调在临近审计结束时设计和执行分析程序,帮助审计师对财务报表是否与对被审计单位的了解一致形成总体结论。

笔者认为,审计程序作为审计行为的规范与指导,是审计师为确定是否达到具体审计目标而获取审计证据时采用的措施,因而是围绕审计判断活动要求所采取的多种技术与方法的一种组合措施或手段,伴随审计事物的发展而发展,既体现综合性,又体现一定的规律性。由于当前的审计程序还处于不断发展阶段,有些无法厘清的细节较多,相信总有一天会得到适当梳理并给予规范统一,走向科学。鉴于审计界对审计程序设计和执行等

[①] 分析程序作为风险评估程序由ISA315"了解被审计单位及其环境以识别和评估重大错报风险"规范;ISA330"审计师对已评估风险的应对"包含了应对所评估风险的审计程序的性质、时间和范围,这些审计程序可能就包含了实质性分析程序。

要求的现实状况,本节只是为了引导审计师能够对审计程序作多一些了解和把握,帮助审计师在实施审计判断活动中恰当运用审计程序,并不试图改变既定审计程序的概念或运用要求,如有可能会在某些细节中加以讨论。

二、审计程序的综合性

审计程序的综合性体现在多种技术与方法的结合、审计判断行为的采取与变化应对。审计程序的选择和使用受外部环境和条件的影响,受具体判断事项的内容和要求的影响,受审计时间成本和效益等要求的影响,同时还会受审计师的判断经验、习惯或偏好的影响。这就好比某个人为了实现到达某个地方的目标时,他要考虑走哪些路线、使用何种交通工具以及应对哪些不确定情况等多种因素,这些因素在现实中的表现是综合的。这种综合性并非是散乱的,相反在实践中容易得到配对组合,固化成某一类型。由于审计判断所面对的整体是一个复杂整体,赋予审计师的任务和要求也不尽相同,因此对审计程序的规范是顺应专业发展需要的。目前,有三种审计程序属于基本规范范畴:实质性程序、控制测试程序和风险评估程序。这三种基本的审计程序分别对应审计专业发展的特定要求,在以查错纠弊为主的账项基础的传统审计中需要进行大量细节测试,此时形成实质性程序;在以管理控制为导向的制度审计中需要关注内部控制与整体的关系,此时形成控制测试程序;在以风险控制为导向的审计中需要关注风险与整体的关系,此时形成风险评估程序。这三种审计程序都属于广义的审计方法,亦可称为总体程序,在某种程度上也分别体现出一定的综合性,属于母程序,即每一种程序都包含众多的子程序(具体程序),如所有能实现实质性程序功能的技术或方法,都有可能成为其子程序。当这三种程序如今以一种彼此独立的形式存在时,它们的关系并非彼此孤立,而更多地体现为继承与发展的关系,共同服务于审计判断活动。此外,由于风险导向审计的发展,一些审计准则在针对重大错报风险评估时提出"总体应对措施"和"进一步审计程序"概念,从严格意义上分析,针对财务报表层次的重大风险制定"总体应对措施",该概念并不属于审计程序范畴,而是一种应对重大错报风险的决策或计划行为;同样,针对财务报表认定层次的重大错报风险设计和实施"进一步审计程序",该概念已然包括测试控制执行的有效性以及实施实质性程序,只是在面对重大错报风险时更加突出谨慎原则的要求,是应对措施的一种延伸或深入。

在前述谈到的子程序中,有许多是从传统审计方法中演变而来的,主要是为了获取相关审计证据,目前各类准则中提及的有检查、观察、询问、函证、重新计算、重新执行、分析程序七种。由于审计师所做的大部分工作就是根据判断目的或需求获取和评价审计证据,如果失去这些程序将无法完成这项工作,所以对这些子程序有给予重点规定和提示的必要。在这些旧有的子程序中,各自有独特的功能,有的仍然保留原样,有的则得到相应发展,如分析程序,前述内容提及,这种程序的概念和内涵本身就非常丰富,因此能够融入包括实质性程序、控制测试程序和风险评估程序等任何一种程序以及不同的子程序中。

国际审计准则专门为分析程序设定了标准,使得分析程序不仅纳入审计程序范畴,并有望成为基本的审计程序规范。

以上是在综合性考虑的基础上对审计程序进行适当的来源及分层解释,其中基本审计程序构成了当今审计判断测试与验证活动的重要手段。如果我们单纯从判断过程突出测试运用的话,可以将审计程序简略分为符合性测试和实质性测试两大类,所有的审计技术和方法都能够在两种测试中得以运用。测试是为验证以及得出判断结果服务的,在测试前加上"符合性"和"实质性"不同目的的限定,突出两者在运用目的上的区别,前者是考察整体的状态或性能以及该状态或性能与审计师判断设定的相符合程度;后者是在掌握不同的相符合程度结果的情况下进一步开展测试,此时的测试有接近验证的意思(对于验证来说,测试仍旧是一种可能性)。测试的目的不同,必然影响测试所使用技术和方法的不同。由于测试是审计师判断思维和行为的一种体现,会伴随判断活动呈延伸的、联结的运动变化,不能在时间序列中严格划分出"符合性"测试何时停止,"实质性测试"何时开始,所以在审计实践中,两种测试肯定有交集的地方,并且两者的运用都能获取一定的审计证据,只不过实质性测试会获得更多的审计证据。在当今财务报表审计中,由于考虑到风险与控制等因素在财务报表层次和认定层次的区别,因此相关准则中针对财务报表层次提出"总体应对措施"概念,针对财务报表认定层次提出了"进一步审计程序"的概念,由此淡化了测试的概念,充实扩展了"实质性"及"进一步"的概念。测试毕竟不是程序的综合,只是判断行为的一个关键步骤,尽管在测试中除了目的限定外也可以限定某些具体内容或事项,如风险测试、控制测试等来表达某些判断行为,但不能由测试来代替程序。明显的例证,在测试中限定某类具体方法,如穿行测试、随机测试、截止测试等,就容易理解成一种技术方法了。

如果从审计程序的种类加以考察并试图对其梳理和规范,也许会存在许多不确定性和困难。在不同的审计准则或某些审计理论与实践的信息资料中,关于审计程序会提及诸如收集、核对、审阅、盘点、沟通等不同的审计行为,还会提及估计、抽样、计算机辅助等不同的审计方法,由于这些行为和方法目前还没有上升到重要的以及权威认同归结为程序的程度,即对一些技术方法和行为与专业程序概念的界定始终存在分歧,随意将其等同或归属于审计程序反而会使它们之间的模糊边界扩大,不利于规范和调整。明智的做法是,我们只能接受一般准则中规定的一些审计程序,而将其他技术方法或行为视为宽泛意义上的某种审计程序并加以运用。当前,用审计程序来规范审计判断行为应该成为一种趋势。

三、审计程序的规律性

如前所述,审计程序的形成不能离开判断实践,而对审计程序的选择和利用就是一种重要的判断行为。审计理论工作者与审计实践工作者最主要的区别之一,在于判断活动中对审计程序选择和利用的熟练性、灵活性和效率性等存在差异,主要原因就是判断经验或判断力在起作用,能够合理设计和熟练运用不同的审计程序是审计师必备的要求。审计程序的自身体现及变革,从大的方面可以透过它考察审计专业的不同发展阶段,从另一方面还可以透过它考察判断活动的复杂程度以及判断行为的效能。

审计程序的综合性表明判断行为的综合性,审计程序的特征及规律同样也能表明判断行为的特征及规律。审计程序的规律性体现在许多方面,包括借鉴、选择和运用的规律。审计程序的形成具有一定规律,它是通过借鉴其他学科的技术和方法在实践中形成的,审计判断活动中运用的各种技术方法(如询问、观察、计算、核查、分析、归纳、综合等)也是从其他领域中借鉴过来的,这种借鉴过程在实践中有一定规律可循,最终演变为审计专业特有的程序。审计判断与审计程序的关系,很大程度上可以确定,审计程序的运用是为审计判断服务的。这就像到医院就诊时,医生在作出准确诊断时,需要运用各项检测技术和方法[①],检测的过程和结果都是为诊断服务的。

审计程序选择的规律性表现为每种程序所对应的事项的作用是不同的。一些方法在具体使用中并不复杂,困难的是要根据审计判断活动设计某种既定程序,使其固化并指导和规范相关操作,确保既定程序一旦规范运作,行为的效能可以得到合理保证。常见的程序选择包括公认标准认可的某些程序和实践中上升且被证明行之有效的程序等。审计判断的运用其涵盖面很宽,每种方法的运用要恰到好处,保证合理有效,那么方法本身的选用就需要审计判断。当方法运用成为某些程序,程序的稳定性和规范性就能更好地实现审计目标,如一些程序能够证明某些事项的完整性、存在或发生等会计认定,充分表明了审计判断的依据大部分是在程序恰当运用的结果上作出的。由于程序运用所带来的根本性目的是使大量的信息展现或反馈给运用者,如何实现信息反馈的及时性、针对性以及有效性,仍然需要选择判断,因此程序的选择是具有一定目的的判断行为,在作用效果上也是有规律的。例如,采用控制测试程序来证明控制运行的有效或缺陷,有时不能获得证据,有时会取得相关证据;而风险测试程序却极少能取得相关证据,只是得到关于整体的重要风险领域和某些风险点。控制测试程序与实质性测试程序的作用效果也不一样,在没有相关证据支撑的情况下,控制测试程序和风险测试程序所带来的结果仍然是出于主观判断,其导致整体状态和性能发生变化的真相或事实还处在不确定性中,要想得到实质性证明必须经过实质性程序。

审计程序运用的规律性可以体现在不同程序之间的相互作用,即每种程序不是孤立存在的,彼此之间有内在关联。例如,不同基本审计程序运用中,控制测试中有风险评估,风险评估中有控制测试,实质性程序应对两者的变化而不断调整,几种程序在实践运行中

---

① 中医有"望、闻、问、切"之法,"望"是指医生通过观察人的全身或局部的神、色、形、态而诊断出病情的方法;"闻"是通过声音和嗅病气预测病况;"问"是指对病人或陪诊者进行系统而有目的的询问;"切"是指医生用手指触按病人的动脉搏动,以探查脉象,从而了解病情的一种诊断方法。西医检测技术和方法则要广泛和进步,包括利用许多先进的医疗仪器设备作专门检测。

相互影响,共同作用。从简化的运行轨迹来看,风险评估程序为审计师确定重要性水平、识别需要特别考虑的领域、设计和实施进一步审计程序等工作提供重要基础;控制测试在评估认定层次重大错报风险时,预期控制的运行是有效的,审计师应当实施控制测试以支持或修正评估结果,据以确定实质性程序的性质、时间和范围;审计师计划和实施实质性程序,以应对以上程序带来的影响。从三种程序运用的关系来看,审计师要同时考虑三种程序共同运用的结果来作出决策。例如,对整体的重大风险评估是基于判断,可能无法充分识别所有的重大错报风险,并且由于内控存在固有局限性,无论对重大错报风险的评估结果如何,审计师都应当对所有重大的各类交易、账户余额、列报实施实质性程序。尽管实质性程序在大多数人眼里是最值得信赖的一种程序,经过它处理的信息所获得的证据最具有可信度,但由于它费时费力,而且它并非总是能解决所有的问题,在审计判断活动中有时会存在其他程序揭示的有价值的信息(通过控制测试程序或风险测试程序所得到的关于控制的信息、风险的信息等)不能在实质性程序中得到印证,如存在有些重大错报风险仅通过实质性程序是无法应对的。审计师依据风险评估得出某些推断结果,但他尝试通过实质性程序获取的审计证据却无法将认定层次的重大错报风险降低至可接受水平,即他无法找到更加充分的理由来印证风险评估推断结果,可又不能完全消除内心形成的判断信念。此时,他应当再次回到原先的程序中,再次评价客户针对这些风险设计的控制,并确定其执行情况。如在客户对日常交易采用高度自动化处理的情况下,审计证据可能仅以电子形式存在。其充分性和适当性通常取决于自动化信息系统相关控制的有效性,审计人员应当考虑仅通过实质性程序不能获取充分、适当审计证据的可能性。

程序的规律性还体现在可替代之外的独特性,每一项审计程序都有自身的功能特征,在性质上存有差异。如某类程序应对某些识别和认定的效果会更加突出。这种情况在总体程序和具体程序中都会得到显现。例如,不同的审计程序应对特定认定错报风险的效力不同:对于收入完整性认定相关的重大错报风险,控制测试程序通常更能有效应对;对于收入发生认定相关的重大错报风险,实质性程序通常更能有效应对。再如,实施应收账款的函证程序可以为应收账款在某一时点存在的认定提供审计证据,但通常不能为应收账款的计价认定提供审计证据,关于其计价可通过审查应收账款账龄和期后收款以及了解欠款客户的信用情况等加以验证。

审计程序的规律性还体现在不同程序的组合运用,具有互补性。例如,对审计证据的相关性和可靠性的要求太高,可能影响进一步审计程序的类型及其综合运用。例如,当审计师判断某类交易协议的完整性存在更高的重大错报风险时,除了检查文件外,审计师还可能决定向第三方询问或函证协议条款的完整性。此外,程序的运用涉及目标、内容事项及证据诸多关键要素。程序选择根据实际情况有目的性和针对性地选择运用,要体现合理配置审计资源,提高审计效率和效果的作用,即确保获取审计证据的效率和效果。当多种程序都能达到目的要求时,遵循简便易行和有效原则。在判断策略中要合理处理这种影响,目前讨论最多的是关于审计程序的性质、时间和范围。根据这些不同情况进行有效选择程序并加以运用。

此外，审计程序与步骤是紧密结合的。任何专业判断都有步骤可循，步骤是实施一项行为基本规定的动作，从何而起到何结束，对应判断的内容和要求，每个不同的判断都具备自身特点的步骤。如推断统计学经常采取的步骤包括：设计试验—样本数据搜集—数据分析—估计或预测—假设检验—置信度—作出决定。本书介绍的审计判断活动一般步骤包括评估或识别整体—研究与制定判断策略—判断设定—测试、验证与认定—评价整体。当然，每一个步骤当中将涵盖特有的内容，其中会随着判断事项的变化或判断要求的改变，增添一些特殊的应对步骤。而审计程序的使用既可以遵循判断步骤也可以穿插其中，使得每一个判断步骤最终得到完满。

第三节 审计判断设定运用

审计判断设定是依据假设判断原理开展的，其运用涉及审计对象和范围、审计目标、审计标准、审计重要性水平、审计风险、审计问题等所有组成审计判断活动要素的判断设定。以下选取相关要素加以讨论。

一、审计对象和范围的判断设定

审计范围和对象属于审计客体范畴，但并不等于审计客体，需要作出明确的判断设定。审计范围和对象如果不加以设定，审计判断活动是无法开展的。一般理解，审计对象有主次之分，可以按不同整体的结构和层次划分，如母公司和子公司、主管部门和协管或下属部门等，审计范围包括所要判断对象活动的内容和事项。审计范围与审计对象的关系，存在对应和统一的关系。审计范围和对象存在对应关系，如存在时间上的对应，对某公司2018年财务报表的审计，判断对象是某公司，判断范围是2018年财务报表所涵盖的会计信息，在时间上两者是对应的。审计范围和对象也存在统一关系。如一项专项资金审计调查，相同资金可能会涉及许多的使用部门或单位。

审计范围和对象的判断设定较为简单，运用时要考虑明确性和规范性。一般的审计报告中，都会明确具体的审计范围和对象，当出现特定的情况，审计师会延伸或追溯不同范围和对象，此时也应加以明确。由于审计范围和对象的判断设定涉及审计责任和一系列判断活动，因此需要强调规范性。例如，在立项计划评估决策和判断过程中都需要运用判断设定，因此对审计范围的判断设定要明确和规范一系列审计内容和重点，包括审计事项的组成及相关定量定性。

二、审计目标的判断设定

审计判断是为审计职能履行和各项功能实现提供保障服务的，针对被判断对象进行目标设定，是为了更好地指导判断行为。判断行为必须先有判断目标，审计师才能识别或利用影响目标是否得以实现的诸多要素。审计判断目标设定可以围绕审计目标开展，即需要围绕法定的或现有准则中的审计目标，结合具体的审计事项开展判断目标设定，确保在审计判断活动中能够采取适当的程序去实现目标，确保所选定的目标支持和契合审计任务要求，并且与判断行为的可行性相符。一般而言，审计目标可按不同审计类型划分为：政府审计目标、社会审计目标和内部审计目标。三种审计类型的总体目标是不完全一致的，需要运用判断设定加以明确。例如，国家审计类型目标与社会审计类型目标不完全一致。国家审计主要工作目标是通过监督被审计单位财政收支、财务收支以及有关经济活动的真实性、合法性、效益性，维护国家经济安全，推进民主法治，促进廉政建设，保障国家经济和社会的健康发展。其中真实性、合法性和效益性是不同的总体审计目标，后续还发展出经济性、效率性等"五E"审计目标。社会审计一般从事的是财务报表审计，其审计目标的设定要根据公司法和行业准则等要求变化。社会目标的发展演变主要有三个阶段：查错纠弊为主、报表公允为主、查错纠弊与报表公允并重。这三个阶段性的目标仍然是总体目标，在制定具体审计目标时，通常的做法是针对管理层认定或财务报表认定等要求，还需要设定不同的具体审计目标。

审计目标是不同审计类型参与社会经济活动设定的目标，也是被实践证明了的不同审计类型经过功能定位后在现实中通过努力可以实现的目标。在实施具体审计项目时，目标判断设定要将这些高度概括、浓缩的目标不断进行分解，继而形成众多的具体目标，从中找到与之适应的具体审计事项，并随同判断实践过程加以分别实现，这就是目标判断设定。目标判断设定要考虑目标层次、基本要求以及目标的合理转化与分解。

一是针对目标层次，如宏观目标、中观目标、微观目标（具体目标）等进行判断设定。具体审计目标设定实质上是将宏观目标或中观目标转换成具体的行为和结果，这种行为和结果的设定就是具体审计目标的真实内容。

二是目标设定的基本要求。目标设定需要服从法定目标、遵循目标可行性原则和考虑整体的特征等基本要求。服从法定目标要求，是指不脱离既定目标的一般内容；遵循目标可行性原则，是指目标与审计事项结合紧密、切实可行；考虑整体的特征，是指合理把握目标与标准的关系以及与程序的关系，不要把目标视作标准的同一表现，不考虑整体的特点而轻易按违反相关标准的内容去设定目标，认为这样可以应对所有遵循相同标准下的整体，使得目标设定千篇一律，无法保证审计目标得到合理执行。实际上，目标设定还要取决于审计判断主体对整体的真实感悟和经验。此外，目标判断设定还与审计管理要求有关，目标的切实可行是由审计管理提供保障的。

三是目标设定的合理转化与分解。要善于把总体审计目标，通过转化和分解，设定为判断活动可具操作性的目标，这一过程是判断目标设定的核心。例如，目标设定是有层次的，从真实性到合法性再到效益性，层层递进，审计法一般规定对经济活动或事项的真实性、合法性和效益性进行审计，以此作为审计目标，这是从长期审计实践中提炼和总结得来的，符合人们对经济活动的要求，同时也是符合目标判断设定内在规律的。第一，要确保所有的经济活动是真实发生的,唯有真实发生才值得去评价,真实是基础,不具备真实的活动是无法加以准确判断的。由于经济活动的发生常常有赖于会计记录,有赖于会计信息的反映,在审计实践中,会计信息是否真实,成为审计判断目标设定的基础。第二,在判断所有经济活动真实的基础上,需要重点关注经济活动在整个法律法规等框架中运行的状况,合法或者合规是整个经济社会构建的秩序,任何经济活动都必须遵守。第三,至于效益性问题或者其他"五 E"的提法,都可以看做由审计需求和审计功能演化而来,目标设定因此也要跟进。从判断实践来看,目标设定中每个层级的总目标,都包含许多的子目标,经济活动越复杂,相应的会计核算的体量和内容越多,伴随的活动要求和目标也越多。例如,关于真实性目标,就要包括在所有的经济活动和事项以及形成的信息中得到真实反映。在合理转化与分解目标时,要考虑目标与目标之间的关系,判断设定中的真实性、合法性和效益性等目标,既有区别,相互之间又是统一的。例如,某一项经济事项的不真实,往往导致经济行为的不合法和结果的无效益。同样,某一项极低效益的经济事项,往往隐藏着不真实和违法的可能。因此,在判断目标设定转化与分解中既要分层次设定目标,又要考虑目标转化后的相互统一。

三、审计标准的判断设定

所谓审计标准,可以理解为判断尺码的刻度,没有刻度的尺码无法准确度量事物或物体的属性或长度。法律、法规制度、行业标准、政策规定等,都可能成为判断的标准或依据。还有一种通用的标准,类似公允概念,即普遍理性的接受。可以设定这样一个概念,即一个理性的人在对某类事实状态的接受上持普遍认同态度,可以称之为普遍理性标准或依据。这种标准在审计判断中得以广泛运用,是多种标准的一种集合,虽没有明确性、目的性等特征,但具有方向性,起到坐标系象限的作用。审计标准设定直观上犹如一个坐标系,象限代表各类通用标准,坐标轴上的刻度是上述法律法规行业等具体标准。

关于一个审计事项产生的问题,究竟用什么标准加以衡量。有些准则中有具体列明[①],也有提出合理、合法、合情的综合参考依据,审计师可以根据审计事项和问题的具体情况,加以判断设定。当标准处于既存状态,审计师对于标准的具体选择和利用就是一种判断设定。标准设定要遵循一些原则,即标准的有效性、标准的明晰性、标准的包容性(可以选择不同标准,但不违背客观事实)、标准的可操作性、标准的适用性等。这样的设定过程通常发生在审计策略和计划时。例如,某国有资产审计事项的相关判断设定举例如表12-3 所示。

---

① 《国家审计准则》第六十五条规定:"审计人员在调查了解被审计单位及其相关情况的过程中,可以选择下列标准作为职业判断的依据:……审计人员在审计实施过程中需要持续关注标准的适用性。(一)法律、法规、规章和其他规范性文件;(二)国家有关方针和政策;(三)会计准则和会计制度;(四)国家和行业的技术标准;(五)预算、计划和合同;(六)被审计单位的管理制度和绩效目标;(七)被审计单位的历史数据和历史业绩;(八)公认的业务惯例或者良好实务;(九)专业机构或者专家的意见;(十)其他标准。"

表 12-3　　舞弊审计中造成国有资产权益损失的判断设定[①]

主体判断设定	具体审计目标(行为和结果)判断设定		标准或依据判断设定
	表现形式	具体金额	
国家机关工作人员： (1) 政府、司法部门等行政部门工作的人员 (2) 行使国家行政管理职权的组织中从事公务的人员 (3) 受国家机关委托代表国家行使职权的组织中从事公务的人员 (4) 未列入国家机关人员编制但在国家机关从事公务的人员 (5) 依照法律、法规规定在国有控股、参股公司及其分支机构中从事公务的人员 (6) 国家出资企业中负有管理、监督国有资产职责的组织，批准或者研究决定，代表在国有控股、参股公司及其分支机构中从事组织、管理、经营的工作人员	① 是否存在不按规定进行评估，或者在评估中故意压低资产评估价值的行为 ② 是否存在违反国家规定或超越法定权限或擅自处置，将国有资产低价出让或无偿转让给非全民单位或者个人的行为 ③ 是否存在国有企业承包或租赁经营中，违反国家规定，低价发包或出租，造成国有资产损失的行为 ④ 是否存在国有企业股份制改造时，违反国家规定将国有资产无偿、低价折股、低价出售，造成国有资产权益损失的行为 ⑤ 是否存在公司制企业、中外合资、合作企业设立或经营管理过程中，国有股持股单位人员与他人恶意串通损害国有权益，或对损害国有权益的行为不反对、不制止，造成国有资产权益损失的行为 ⑥ 是否存在国有企业经营者在行使经营权时，不受所有者约束，滥用企业经营权，造成国有资产权益损失的行为 ⑦ 是否存在国有资产运营、管理机构在行使出自权、管理监督权时，非法干预企业经营权，造成国有资产权益损失的行为 ⑧ 是否存在在企业重组中，不依法办理资产转移手续，或借机逃避国家债务，造成国有资产权益损失的行为	① 按国有股比例计算国有持股企业的权益损失 ② 国有企业与民营企业之间的业务纠纷，应深入分析民营企业获利的具体情节，与违规情节的关联关系，排除各种可能存在的合理利润，计算确定国有权益损失 ③ 国有企业之间某一方有损失存在风险，应慎重分析违规情节中可能存在的个人行为导致的损失金额 ④ 国有企业在收购过程中出让资产价格不得低于评估价格的90%	① 法律、法规、规章和其他规范性文件等对造成损失的明文规定(如参照滥用职权罪和玩忽职守罪) ② 损失行为属于法律明确禁止、人为造成、应当承担责任的行为 ③ 严重违反各类决策过程、议事规则的行为导致损失发生，如超越权限、玩弄职权严重不负责任、明知自己的行为可能造成国有资产损失而为之的行为 ④ 损失结果与损失行为具有高度关联，符合逻辑关系 ⑤ 损失结果的判断认定核心是不可挽回，即损失从性质上、法律状态上已经发生质变，且不可退回从前状态

[①] 陈喆：《渎职犯罪的审计认定浅探》，《中国审计报》第 2443 期。

四、审计重要性水平的判断设定[①]

重要性水平本身也是一种标准,由于它主要是针对"重要性"而言的量化(除了重要性的定性解释外,在财务报表审计中重要性的程度要有一个定量的水平来衡量),受到不同整体、不同使用者以及不同审计师的影响,只能表现为一种"概念"上的标准,尽管在有些行业协会或审计组织内部给出了具体的标准设定,但仍然属于指导性的,主要目的在于规范审计作业。既然重要性在量上可以设定出一种标准,从而表现为审计重要性水平,大多数审计师仍然愿意在实践中尝试这种量化的判断设定,借助这种判断设定可以帮助审计组更好地计划审计范围和评价审计测试的结果,尽管审计准则没有要求审计师量化和记录这种判断设定。值得注意的是,由于审计准则阐释的重要性是由涉及整体的错报或漏报引起的,于是对重要性的量化实质上转化成为影响整体的最大可容忍标准。

(一) 重要性水平判断设定的一般步骤

在审计实务中,尤其是实施财务报表审计,重要性的应用主要体现在对重要性水平的判断设定,一般而言包括以下三个步骤。

步骤1:计划或估计阶段——初步确定重要性水平。

审计师在对相应整体判断设定重要性水平时,往往会设定一个或多个与整体密切相关的基本参考量,如总资产、总收入、税前利润、毛利润以及3年税前净利润的平均值等,通过这些基本参考量和一个百分数相乘[②],得出对重要性水平的初步定量判断,即相应整体的计划重要性水平。在这样一个步骤当中,审计师将面临多重选择判断,一是对基本参考量的选取判断。如选择近3年平均值时,需要考虑每一年的变化幅度和差异;如选择某个基本参考量,需要考虑这个基本参考量的大小和稳定性;如选择多个基本参考量,需要考虑综合后的基本参考量与对应整体的离散程度。二是对百分比的选取判断。如选择的百分比较低或较高,势必影响审计范围的大小。对百分比适当性的判断会涉及许多因素,直接影响重要性水平的高低。例如,相对于大规模企业选取的重要性水平比率比小规模企业的重要性水平比率要低。三是对不同使用者的选取判断。审计准则中认为重要性判断设定的出发点是依据财务报表来进行决策的不同使用者,审计师需要在判断设定重要性水平之前,评估财务报表不同使用者对整体中错报或漏报的容忍程度,由于不同使用者对重要性的要求存在差异,审计师需要在这种差异中寻求平衡。

步骤2:运用阶段——合理分配或调整计划重要性水平。

审计实务中,审计师需要将初步确定的重要性水平分配给各个账户余额或各类交

---

① 参阅吴琮璠:《审计学》第80~84页,中国人民大学出版社2005年版。
② 一些事务所根据审计实务经验,计划重要性水平通常有如下几种方法:①税前净利润的5%~10%;②资产总额的0.5%~1%;③净资产的1%;④营业收入的0.5%~1%;⑤根据资产总额或营业收入两者中较大的一项确定一个百分比。前四种方法统称为固定比率法,后一种方法称为变动比率法。

易①,主要目的在于为审计各个账户余额或各类交易设定一个合理的范围。例如,可以计算出财务报表各账户的余额占需要分配的重要性水平的所有账户总额的比例或权重,以此比例或权重乘以初步确定的重要性水平,于是得出关于该账户的余额的重要性水平。被分配后的某个账户余额或某类交易的重要性水平,通常被称为该账户余额或交易的可容忍误差。关于重要性水平分配的方法由于涉及的因素过多,没有形成具体的规定或最佳途径,需要审计师根据具体情况逐一判断。目前,在审计实务中存在两种分配方法:一种是在没有考虑错误金额与审计成本的情况下,将财务报表层次的重要性水平按同一比例分配给各账户,叫平均分配法;另一种是考虑到特定账户发生错报漏报的可能性和审计策略或资源的限制,将财务报表层次的重要性水平不按同一比例分配给各账户,叫针对分配法。表面看起来分配重要性水平的主要目的在于为诸多因素分别设定一个合理的审计范围,其实更为深层的意义在于审计师对整体重要性的理解和对各因素影响整体程度的把握。分配的步骤中,审计师同样面临多重判断,一是合理判断账户或交易相对于整体的重要性。基于假设判断原理、逻辑判断原理以及重要性判断原理等可知,当账户余额越大或交易额越大,分配给它们的重要性水平应该越大;反之,亦然。如果同一期间各财务报表的重要性水平不同,根据谨慎性原则,审计师应当取其最低者作为整个财务报表的重要性水平。二是合理判断可容忍误差的预期值。当重要性被量化转换成某种标准,在具体分配这种估计的最大可容忍标准值时,需要判断整体中各要素的错报或漏报的可能性程度,当某个账户或某类交易被判断出现错报或漏报的可能性很低时,分配给它们的重要性水平应该较大,以此缩小相应的审计范围;反之,亦然。三是合理判断选择测试方式及范围带来的影响。当审计师根据具体情况对只包括较少交易并且容易核实的账户采取实质性测试时,一般不需要给它们分配重要性水平,原因之一就是分配重要性水平是为了帮助确定合理的审计范围。一般而言,审计师不期望出现初步确定的重要性水平无法被分配或留有大量余额,进而增大相应测试范围。由于分配的重要性水平降低,相应的测试范围就要增大,因而审计师往往采取一种折中的测试态度,在坚持谨慎性原则的前提下,适当扩大初步确定的重要性水平,以此来平衡重要性水平与相应测试范围的关系。例如,有的审计师将初步确定的重要性水平按任意的百分比(一般在50%和75%之间)来分配给每个账户,以此来确定可容忍误差,这样分配的重要性水平其合计要比初步确定的重要性水平大,但相应测试的范围会变得更为合理。四是合理判断初步确定的重要性水平的调整。这种调整判断是基于多种情况产生的,在分配过程中不得不加以考虑,如针对以前年度已经审计过的账户或交易结果,既可以设定更低的重要性水平,以保证在一个更低的容忍度上被重新审计,也可以结合风险与控制评估的结果,设定一个新的重要性水平加以调整。调整判断的过程,从初步设定、修正设定到最终设定,实质上是一个使计划的重要性水平

---

① 账户余额是指组成财务报表的某类项目,如应收账款或存货。交易类别是指客户交易行为引发的会计系统处理的某类交易,如收入或采购。

不断接近实际的重要性水平的过程,一旦对初步确定的重要性水平进行调整,审计师应该详细记录调整的原因,以保证重要性水平前后一致,便于与测试结果进行比较。

步骤3:评价阶段——估计可能的错报并将其总额与计划确定的重要性水平进行比较。

相关审计准则中规定,当可能的错报①小于计划确定的重要性水平时,审计师能够得出财务报表已做到公允表达的结论;当可能的错报大于计划确定的重要性水平时,审计师应该提出调整财务报表的要求,并根据具体调整情况发表审计意见。在评价过程中,审计师主要关注的是各种错报的性质和影响,一方面通过分配到相应账户的重要性水平(可容忍误差)与出现的错报进行判断比较,另一方面还需要判断认定错报本身的性质以及对整体的影响。

(二)重要性水平判断设定的关注

当重要性水平普遍用于审计判断活动时,审计师设定重要性水平需要进行一定的实证分析,充分关注重要性水平的各种特性。

1. 关注重要性水平的变动性:重要性水平作为一种标准具有变动属性,并非恒定不变,受不同整体不同时期的约束。例如,适用于某一个公司财务报表的重要性水平未必适用于其他公司;某一时期的财务报表重要性水平未必适用于不同时期的财务报表。

2. 关注重要性水平的综合性:对财务报表错报问题,审计师在判断错报是否重要时,通常会综合考量错报的性质和金额以及对整体的影响,有些金额小的错报有可能对财务报表产生重大影响;对审计事项分类问题,审计师往往要判断事项的重要程度,以便合理分配审计资源。

3. 关注重要性水平的层次性:整体财务报表的重要性水平与组成财务报表的个别账户的重要性水平是不一样的,体现出不同的层次。如对财务报表错报问题,按分解原理,审计师往往会对整体报表设定一个初步的整体标准(可容忍错报金额),然后分解到与整体有关的各个账户或各类交易。

4. 关注重要性水平的限制性:重要性水平在设定时不是随意的,而是受到限制的。这是基于重要性水平必须有特定的参照物或对象作为判断基础才能设定,否则重要性水平的设定将毫无意义。重要性水平的设定往往会涉及总资产、负债、股东权益、总收入、利润总额等参照物或对象,由于参照物或对象的多样化,并非每一个参照物或对象都能作为判断基础合理地代表整体,使得重要性水平的设定限制性凸显。例如,整体净利润较低或亏损、本年利润变动较大,选择净利润或本年利润作为判断基础将受到限制;整体以劳动密集或技术密集为主,选择资产总额或净资产作为判断基础同样受到限制。

5. 关注重要性水平的值域性:理论上,经过量化的重要性应该存在一个明确的临界

---

① 可能的错报是指审计师通过执行审计程序对每一项账户或交易的错报结果进行的汇总,既包括已知的错报,也包括基于选取样本数据作出的推算,还包括以往被确认不重要而没有调整的错报产生的影响等。

点,以此作为重要与非重要的判断分水岭,计划重要性水平在表现形式上也突出了这一点。但由于重要性水平是个类似程度的指标,即便把计划重要性水平视为临界线,也不能保证其真实地等于实际重要性水平。因此,经过量化的重要性其结果始终应存在一定的值域空间,当错报或漏报处于这一值域空间时,审计师将给予足够的重视。

6. 关注重要性水平与相关审计概念的关系:审计判断实证表明,重要性水平与审计程序、审计证据、审计风险、审计意见都存在密切的关系。一是关注重要性水平与审计程序和审计证据的关系。重要性水平与审计程序和审计证据之间存在反向关系,设定的重要性水平越低,相应的测试范围就越大,相应的审计证据就会越多;反之,设定重要性水平越高,相应的测试范围就越小,相应的审计证据就会越少。其主要原因在于,当设定的重要性水平较低时,表明利益互信群体对该信息的敏感度较高,允许的错报较小,审计环境较严格,审计师对一些在重要性水平之上的错报漏报要予以关注,因此执行较多的审计程序、扩大审计范围,增加审计工作量,以收集更多的审计证据。当设定的重要性水平较高时,表明利益互信群体对该信息的敏感度较低,允许的错报较高,审计环境较轻松,审计师对一些在重要性水平之下的错报无需重点关注,因此执行较少的审计程序,缩小审计范围,减少审计的工作量,收集较少的审计证据。二是关注重要性水平与审计风险的关系。重要性水平与审计风险存在反向关系,设定重要性水平越高,表明审计风险越低;反之,设定重要性水平越低,表明审计风险越高。其主要原因在于,重要性水平的设定不是简单地按照一定步骤计算出来的,实质上受到风险和控制评估结果的引导。当审计师通过风险和控制评估,确定整体中存在错报的可能性较高,表明审计风险较高,应该设定较低的重要性水平,扩大审计测试范围,以期合理发现那些可能存在的错报;反之,亦然。三是关注重要性水平与审计意见的关系。在财务报表审计中,根据审计意见类型,审计报告一般可分为四种,即无保留意见、保留意见、否定意见和拒绝表示意见。究竟发表何种类型的审计报告,重要性是审计师考虑的主要因素。

此外,设定重要性水平判断还应考虑其他因素:

(1) 以往的审计经验。如果以前年度所使用的重要性水平适当,可以作为本次审计确定的直接依据。如果被审计单位的经营环境、业务范围或职责发生变化,则应作相应调整。

(2) 有关法律法规对财务会计的要求。法律法规对财务会计作出了特殊要求,就应当谨慎地确定其重要性水平。一般而言,法律法规对财务会计作出的要求越严格,被审计单位出现错报漏报的可能性就越大,审计师应对其重要性水平定得低一点。

(3) 被审计单位的性质、经营规模和业务范围。整体自身特征与重要性水平存在相互影响的关系。如果被审计单位是上市公司,一方面,由于其涉及的会计报表使用人范围较广,确定的重要性水平是各个会计报表使用人重要性水平的并集,另一方面,会计报表使用人主要根据会计报表提供的信息作出判断,故应将其重要性水平的比率定得低些。如果被审计单位的业务范围较广、经济业务比较复杂,会计处理可能比较容易出错,审计师也应将其重要性水平定得低些。不同的企业面临不同的环境,因而判断重要性的标准也不同。这个特定的环境包括企业的规模、所处的行业、企业所处的会计期间、财务报表使用者涉及的广度等。一般而言,企业的规模与其重要性水平的相对比率呈反方向,如规模越大的企业,其重要性水平的比率越低;财务报表使用者涉及的广度与重要性水平呈反方向,如财务报表使用者涉及的范围越广,其重要性水平越低。

(4) 内部控制与审计风险的评估结果。如果内部控制较为健全,可信赖程度高,可以将重要性水平定得高一些,以节省审计成本。由于重要性与审计风险之间呈反向关系,如果审计风险评估为高水平,则意味着重要性水平较低,应收集较多的审计证据,以降低审计风险。

(5) 错报或漏报的性质。不论错报或漏报的金额多少,审计师都必须将其视为是重要的。如涉及舞弊与违法行为的错报漏报、能引起履行合同义务的错报漏报、影响收益趋势的错报漏报、不期望出现的错报或漏报等。

(6) 财务报表各项目的性质及其相互关系。财务报表项目的重要性程度是存在差别的,财务报表使用人对某些报表项目要比另外一些报表项目更为关心。一般而言,财务报表使用人十分关心流动性较高的项目,审计师应当对其从严制定重要性水平。由于财务报表各项目之间是相互联系的,审计师在确定重要性水平时,不得不考虑这种相互联系。

(7) 财务报表各项目的金额及其波动幅度。财务报表项目的金额及其波动幅度可能成为财务报表使用人作出反应的信号,因此,审计师在确定重要性水平时,应当深入研究这些金额及其波动的幅度。

重要性判断设定同样体现在整个审计流程中,重要性概念及其内涵在每一个具体审计事项中都要运用,因而,也可以说重要性判断是针对整体的核心判断。

五、审计风险判断设定

由于风险导向基础的审计正日益受到重视,审计师在判断活动中不得不面临审计风险的判断设定。审计准则对于什么是可以接受的或什么是不可以接受的审计风险并没有提供具体或明确的指导,只是提出了一个"重大错报"的概念,因此审计风险的判断设定需要审计师的主观判断。审计实务中,审计师一般通过识别风险、评估风险等活动,并借助于审计风险模型,把审计风险控制在一个可以接受的水平之内,以此来完成对审计风险的判断设定。审计对象开展的经济活动偏离标准而出现不被发现的可能性,这种可能性是始终存在的,因此一方面要合理控制风险发生,尽量找到足够多的风险点加以揭示,另一方面不得不接受风险,需要明确一个容忍空间。如设定可容忍误差、设定可接受的抽样风险等,此类判断设定直接影响样本规模。

关于风险评估在前面已经详细阐述,这里介绍审计风险模型的运用。审计风险模型在实务中是一种依靠主观设定的风险模型,即模型当中所设定的审计风险是审计师根据整体实际预先确认的可接受风险,主要取决于审计判断,目的在于帮助审计师制定具体的审计判断策略或计划,把实际的审计风险降低到可接受风险之下,以及帮助审计师在对一个具体的账户余额或各类交易进行审计时确定实质性程序的范围。尽管审计风险模型有自身的局限性,且在实务中已逐渐被分析程序所替代,但作为一个判断设定风险的框架,还是可以建立某种审计判断的数学模型,将各风险要素合理量化的,通过检查风险确定实质性测试的样本规模,把审计计划和实质性程序有机结合起来,提高审计判断运用的一致性,始终还有其积极的意义。

(一) 审计风险模型

审计风险模型表示如下:

$$P(AR) = P(IR) * P(CR) * P(DR) \text{(修正前)}$$
$$P(AR) = P(ROSM) * P(DR) \quad \text{(修正后)}$$

其中:P——概率;AR——审计风险;IR——固有风险;CR——控制风险;$ROSM$——重大错报风险;DR——检查风险。

审计风险模型中各要素相关情况:

1. 审计风险是审计师未能对含有重大错报的财务报表发表适当审计意见的要求;对财务报表整体和认定两个层次使用的审计风险水平必须是相同的。

2. 固有风险是假定不存在相关内部控制时,认定中存在重大错报的可能性;控制风险是内部控制未能防止或发现认定的重大错报的风险;固有风险和控制风险互为交织影响,在无法区分风险归属与固有风险或控制风险,固有风险和控制风险组合成重大错报风险,有时亦合称为被审计单位风险。

3. 重大错报风险是财务报表在审计前存在重大错报的可能性,这种可能性由财务报表整体层次和认定层次两方面组成。

4. 检查风险是指审计师的实质性程序和财务报表检查未能发现重大错报的风险性。检查风险进一步分解为实质性分析程序风险(分析程序和其他相关的实质性测试未能检查出重大错报的风险)和细节(详细)测试风险(未能发现那些内部控制或分析性测试以及其他相关的实质性测试未能发现的重大错报的可接受风险);检查风险在审计抽样中实质上由两种风险或不确定性组成,一种是抽样风险(所抽取的样本不能代表总体特征的风险),另一种是非抽样风险(由于使用不适当的审计程序,或者虽然使用了适当的审计程序但未能查出错报,或错误地解释了审计结果),审计风险模型没有考虑非抽样风险。

5. 固有风险、控制风险的估计水平和检查风险的可接受水平都是针对账户余额或各类交易层次的认定而确定的。

6. 审计风险模型当中的审计风险及其组成的各风险要素评估结果取决于审计师的经验和职业判断,评估的审计风险实际水平不等于审计风险的真实水平。

(二) 审计风险模型运用

1. 审计风险模型运用的关键在于处理好各风险要素的量化关系,只有量化之后才能运用模型得出检查风险水平,以决定审计计划、审计抽样等范围或规模。审计师在账户余额和各类交易的层次上运用审计风险模型主要涉及以下步骤:

(1) 设定审计风险的计划水平。例如,根据审计判断经验,大多数的会计师事务所把审计风险水平确定为5%,视作可接受的审计风险水平,以便在审计结束时作为一种可利用的参考标准对财务报表发表意见。

(2) 评估固有风险和控制风险。审计师应使用定性或定量的方法评估或确定每一个风险因素。对固有风险和控制风险的评估既可以结合在一起评估(综合评估)也可以分开来评估,考虑到各风险要素之间的关系,评估时还要考虑重大错报风险和经营风险。关于固有风险和控制风险的量化设计,可以借助定性估计转化定量估计表,完成各风险要素的量化。

(3) 依据模型等式求解出适当的检查风险水平。

$$DR = AR/IR * CR$$

其中,固有风险水平的设定应遵循稳健性原则,如果有某种明显迹象表明可能存在重大错报,可设定为100%,相反,在整体状况较好的情况下,可按评估定性情况适当递减,但仍需考虑固有风险依旧存在且应保持一定水平,如大于50%。控制风险水平的设定基于评估结果,以及对内部控制测试当中出现的偏差率的把握,通过控制风险转化使其适当量化。

假设审计风险计划水平为5%,表12-4列示了检查风险的量化过程,红色部分为检查风险估计水平。

表12-4 检查风险计算表[①]

偏差发生上限	内部控制评估	控制风险	固有风险				
			10%	30%	50%	70%	100%
偏差发生上限≤1%	极好	10%	*	*	*	71%	50%
1%<偏差发生上限≤3%	好	30%	*	55%	33%	24%	16%
3%<偏差发生上限≤5%	中等	50%	*	33%	24%	14%	10%
5%<偏差发生上限≤7%	贫乏	70%	71%	24%	14%	10%	7%
偏差发生上限>7%	不可靠	100%	50%	16%	10%	7%	5%

*表示5%的可接受的审计风险水平超出CR和IR的乘积,实质性测试程序可能就没有必要。

[①] 参阅美国《审计准则公告》第39号。

2. 审计风险模型运用应至少注意以下情况：

（1）审计准则不强求对审计风险进行量化，但如果审计师打算应用统计抽样进行实质性程序，风险各要素的量化很有必要。

（2）量化固有风险时，按照审计准则规定不能未经了解或测试就人为设定100％，由于固有风险的量化没有特定的模式，应按照稳健性原则，即使错报的可能性较小，固有风险估计水平的设定也不应太低。

（3）控制风险量化时，应将可能的偏差发生上限与内部控制的定性评估结合，该结合过程的恰当性取决于审计判断；内部控制的定性评估转换成控制风险的定量估计时，遵循以下推断：内部控制政策和程序越是有效，可设定的控制风险的估计水平越低；反之，可设定在最高水平。

（4）检查风险在模型当中是可控的要素，取决于固有风险和控制风险的分析。控制风险水平越高、固有风险越接近100％，检查风险设定的水平就越低。

（5）检查风险与实质性程序的范围呈相反关系，较高的固有风险和控制风险导致检查风险较低，为使可接受的风险最小，实质性程序的范围就必须扩大；基于上述关系，检查风险与审计证据数量也存在相反关系，检查风险越低，意味着检查和收集的审计证据数量越大。

六、审计问题或错报的判断设定

在所有的判断设定之中，一般审计人员最愿意关心的是问题或错报发现的判断设定，由于这类判断设定如果被测试及验证符合当初设定，那么至少可以证明一个审计人员的合格程度和工作价值体现。如果以问题导向观点来看的话，这样的理解也是成立的。利益互信群体总是提出这样的问题：审计不能发现问题，需要审计干什么？的确，这样的要求同样具有现实性，假如一个审计项目中真的没有发现任何问题，摆在政府审计和内审人员面前的现实是，这种情况下很难出具审计报告。社会审计一般是发表标准无保留意见报告，并没有这方面的现实压力，但不代表不履行发现问题的责任和义务，不代表出现问题后需要承担风险的可能。关于这类判断设定，其实成了审计执业界的核心设定，上述所有设定一定程度上都要围绕其开展，因此，有必要进行讨论。现在的教学中审计案例研究的盛行，其实除了理论研究和审计程序、技术方法等认知外，主旨还是要引导审计人员提高发现问题的能力。

关于问题发现的判断设定，我们尝试讨论问题框架判断设定。所谓问题框架判断设定，即审计师充分运用类似整体在历史期间所查到的诸多问题，并将其分类归集形成问题框架。然后根据问题框架的指引对常规的、普遍反映的问题进行设定，通过快速测试验证与认定，确保基本任务完成，合理控制相关风险，最后留有足够的时间研究新的问题，以便深入揭示整体的特殊性以及为日后丰富框架判断设定内容。在运用问题框架设定时，判断经验显得尤为重要。因为同样的问题框架判断设定的指引作用和效果不一样，这是由于不同的审计师在实际运用时会存在差异。问题框架判断设定实质上是对某类整体最有可能出现问题的全面分析，而分析结果的合理性本身来自审计因果判断原理和审计逻辑判断等原理影响，重要的是审计判断个体如何理解这些结果以及熟练地运用审计程序加以证明。问题框架判断设定的基础在于理解，假设你在一个屋子里曾经住过一段时间，某一天和同样住过这间屋子的人讨论关于这间屋子的问题，那么对屋子的整体和局部，客厅、卧室以及屋子里面的重要摆设等，双方有足够的体验加以讨论，沟通或理解会很顺利，也许你指出卧室的某一盏灯有些暗，或床头柜有些矮，他会表示认同。同样，对于住过类似这样屋子的人，这些话题的讨论一样会顺畅，这是相似经验的扩展，属于判断经验的延伸和转化。

如何利用好问题框架设定，涉及判断经验的转化运用，审计判断主体一定要重视。我们尝试与担任过项目主审的人员，在第二次接受类似项目任务时，提出了问题框架判断设定的理念，在进行消除疑虑、激发兴趣、达成共识的沟通后，加深了对问题框架及内容的理解，适当调整其固有的审计判断思路，并要求他对近3年所有类似项目发现问题等内容建立问题框架判断设定文本，然后与之讨论此次项目任务最有可能发现哪些问题。当这些问题的判断设定列举之后，我们接着开始讨论如何最有效地运用审计判断程序进行测试和验证，以证明列举的那些问题判断设定的正确性，实践中取得较好成效。我们也尝试与没有担任过项目主审的助理审计人员，同样就问题框架判断设定内容进行沟通，一切似乎都很顺利，但在实际执行时还是遇到了一些困难。困难之一：普遍对问题框架判断设定文本理解不够深入，对从文本中列举项目任务最有可能发现哪些问题，表现出疑虑和不自信，不能最大限度地利用框架设定文本，证明提出的列举设定有限；困难之二：在讨论如何运用审计判断程序，对提出的列举设定进行测试和验证，往往不能切中要害，有效手段和方式不多；困难之三：在实际执行某一项列举设定的测试和验证期间，有的审计助理人员会表现出不知从哪里去收集相关证据加以验证，有的即便找到了相关证据线索又会抛开当初判断设定的理念，依赖自己以往形成的固有判断经验。尽管存在这些困难，但在执行问题框架判断设定主审的帮助下，这些助理人员大多能有效解决上述困难，并在以后的工作中使其审计判断能力和工作效率得到较快提升。主审针对助理审计人员的帮助有几种：一是对问题框架判断设定中的内容理解不深的助理，详细讲解问题框架判断设定的原理，以及判断设定中某个问题的起因、问题违背的标准、存在的方式及查找的范围；二是对没有类似项目执行经验的人，安排单独的某一个问题的判断设定，按照上述沟通后具体进行操作，适当评价其操作过程，注重引导经验感受，直至熟悉整个细节，使之成为理解并能合理运用问题框架判断设定的人；三是对有过类似问题发现经验的助理人员，在查找出问题后，分析整个判断思维过程，探讨类似问题设定吻合情况，及探讨工作效率的提升感受。经过多次的实践，得到了一定的收获：一是对于有过类似项目经验的主审，使之能更加完整地执行整个问题框架判定内容，现场工作效率明显提升，并且可以拓宽原来问题框架判断设定范围，判断的主动性得到提升。二是对于没有过类似项目经验或问题发现经验的助理人员,对问题框架判断设定的理解和运用能力得到规范,判断思维模式有一定提升。

七、审计成本判断设定

一般认为,审计成本是审计主体为完成审计任务而投入或消耗的审计资源。某个审计项目的审计成本主要体现在审计资源的具体耗费和费用归集上,主要涉及审计人员数量、作业时间、工作量等。由于审计成本的问题要考虑审计事项复杂程度、程序的合理运用、人力资源的配置、环境条件的影响等,审计成本判断设定主要归结在如何有效整合和利用审计资源上。因此,成本判断设定需要考虑一系列的因素:审计环境及影响、整体的规模及管理状况、审计程序和技术的运用、审计目标的定位、审计质量的高低、审计风险的大小、审计人员的结构、审计人员的整体素质等。此外,审计成本判断设定还包括对审计时间和工作量的判断设定。

审计成本判断设定不能简单确定,应与具体因素结合考虑,妥善处理好审计成本与各类因素的关系。例如,在财务报表审计中,存在重要性分配和成本设定的关系把握。当审计师量化财务报表层次的重要性之后,需要将财务报表层次的重要性水平分配到各账户中去,如果采取平均分配方法,其优点是操作简单易行,但没有考虑到成本效益原则,也没有考虑各项目的具体情况。审计师应该从审计质量和成本设定两个方面来把握,不采用平均分配法,而是从审计质量出发,对于重要性的账户或报表使用人特别关注的账户,重要性水平可定得低一些,从成本设定出发,一般性的账户或常规业务交易较大的账户,重要性水平可以定得高一些。因此,审计师需要在不降低整个报表审计质量的前提下,促使审计总成本下降,从而体现成本效益原则。审计成本设定需要审计师充分利用自身已有的审计判断经验和判断实践指南,寻找到审计成本和审计质量的最佳结合,从而完成各项成本判断设定事项。

第十三章 审计判断测试、验证及认定

"行动生困难;困难生疑问;疑问生假设;假设生实验;实验生断语;断语又生行动;如此演进于无穷。"

——陶行知

"因此,间接的或潜在的证实过程可以像完全的证实过程同样的真实。"

——[美]威廉·詹姆士

第一节 判断测试与验证概述

一、测试与验证的意义

如果最终要判断认定一些事实,即对整体的事实发表意见或得出判断结论,始终离不开测试与验证。对于判断活动而言,仅仅是对整体的诸多方面作再多判断设定,而没有经过有效测试并加以验证,那么判断活动是不完整的,结果永远无法让人确信。不可否认,测试与验证是人们认知和判断事物的一种进化的技术运用①,测试是有选择的检查,验证是针对测试的结果进行说明,两者密切关联,合在一起能够合理地共同完成检查的任务。因此,对于判断活动而言,测试与验证是判断策略与设定后必经的一道程序。

在审计实务中,关于测试与验证,曾几何时它的前身就是详细、全面的检查。随着审计对象的变化发展,复杂性程度越来越高,加上审计判断主体限于时间和成本效益等条件的限制,详细检查的手段发生了改变,用测试与验证来代替详细检查符合审计职业的发展方向。但是,这种改变将带来一项更加艰巨的挑战,或者说存在一些问题需要解决,那就是在一个整体当中为何选择这些线索或事项内容进行测试与验证,而不是选择其他?这种选择是否需要科学的判断作为引导,从而使得测试与验证更加合理?当在审计活动中借用这种技术,建立和运用的基础又是什么?很显然,要使测试与验证显得更有意义(即目的性和功能性都能得以体现),必须受到判断设定的正确引导,必须证明审计判断活动本身就

---

① 一叶知秋与整体观并非矛盾对立而是认知的统一。测试与验证借用了统计学当中的抽样、概率等理论,涉及数字数据的搜集、展示、分析和使用并以此在面对不确定性时进行推断和作出选择。

是一项有规律的活动,这些在审计实践中已被充分证明,如至少可以依赖测试与验证得到的审计证据和判断认定推断整体,这是基于审计判断意见的表达,是说服性的而非结论。

当前,结合对整体及重要性概念的深入探索,人们从对整体的风险评估和内部控制运行中寻求到了较为满意的答案,并形成普遍认同和与之适应要求的审计程序(在之前已讨论过审计程序,测试与验证属于审计程序范畴并受审计程序规范)。审计判断活动中这样变革的理由和更新的趋势,一方面优化了旧的检查手段,绕过了费时费力的坡段,能够使成本和效益得到充分体现,尤其是面对复杂整体时,其判断功效更为明显。但另一方面,对判断主体的判断力提出了更高的要求,使得测试与验证的运用需要更多地与判断融合。测试与验证并非是简单的一种技术运用,而是在了解和识别的基础上融合了程序选择、判断分析、预期目的和可能结果的一种行为过程,测试与验证本身不仅具有工具性质,而且具有主观目的性。如审计程序应于何时执行以获得审计证据,就是审计判断的一部分。在审计判断活动中,测试与验证主要是围绕判断策略与设定展开的,根据对整体的风险评估和内部控制调查的判断结果,从不同的角度寻找影响整体性能、状态的相关事实。

审计判断所面临的事项及活动具有客观性,审计判断具有主观性,如何使审计判断符合或接近客观规律,从而正确反映事项及活动的原本状况,这就需要运用审计判断验证。验证所能体现的特点:一是连续性,每个线索或每个事项内容都要得到适当的验证,伴随线索或事项内容以及不同时点、空间的变化,验证需要通过持续不断的检查而求得确证;二是归集性,在确认某种事实时,依据审计判断目标的设定,都有一个明确的归集点,如判断目的、思路或目标等归集点,验证需要围绕众多归集点展开而具备明显效率;三是证明性,验证是在测试的基础上,通过证据收集,从证据的证明力当中找到依据。

测试与验证最大的意义在于它顺应了审计及其目标的发展,最大的功用在于它提供了审计证据[①]。对于审计师而言,测试与验证既是一种规范的技术,又是一种具体行为,更为重要的是它是一种结合审计师判断思维的活动。失去判断设定或问题提出,测试与验证则徒有其表。因此,我们可以把此种测试与验证称为审计判断测试与验证。

二、影响判断测试与验证的几种因素

(一) 相关审计判断原理的影响

审计判断测试与验证的概念及其在审计活动中的具体运用,其实离不开审计判断基本原理的指导。例如,考虑转化原理影响,会涉及信息或资料可验证性,基于整体事实转化之后形成信息或资料,对事实的关注和对信息或资料的关注,给审计师的测试与验证有着不同影响;考虑假设原理的影响,会涉及内部相关性假设、风险可控性假设,基于这种假设形成的判断策略和设定,直接影响审计判断测试与验证的运用。如在了解内部控制和风险环境的情况下,往往会形成值得信赖或不值得信赖的判断策略,那么在这种策略的主

---

① 关于审计证据将在下一节判断认定中讨论。

导下,审计判断测试与验证的执行在范围、方式以及力度方面都不同;考虑逻辑原理或因果原理影响,会涉及审计证据及证明力的判断差别等关键内容。此外,风险原理、解构原理和价值原理同样都会对判断测试与验证有深刻的影响。

(二) 相关审计判断经验的影响

测试与验证并不天然地在策略与设定之后开展,有些测试与验证其实在制定策略过程中就得以运用。测试与验证行为的开展并非只是受方法或方式的影响,更多的是受判断经验的影响。为何要进行测试与验证以及对什么进行测试与验证,这些都涉及判断思维活动。因此,在审计策略中的目标与事项,包括一些审计事项关注、审计样本选取、目标预判等,是由判断经验主导的。测试与验证过程中也会产生判断事项和技术运用自身的经验,其针对性和适用性就是测试与验证的经验发展。例如,在测试与验证行为中,通过判断经验引导,审计师往往要考虑异常情况,合理区别一般和特殊,如零售业存在大量现金流量,较少往来账户;往往要考虑不同事项特征,交叉或组合使用不同技术方法;往往要考虑审计判断效率,依据判断经验寻求最佳测试与验证方法,充分体现成本和效益原则。

(三) 相关审计事项和内容的影响

审计判断测试与验证所要考虑的范围和内容十分丰富,主要涉及审计目标、内容和重点的确定,问题或线索的提出,信息的分析和利用,证据事项的收集等。因此,相关审计事项和内容对判断测试与验证存在影响,至少在适用性和针对性方面有一定限制。不同的审计事项和内容需要不同的测试方法与之适应,这将取决于不同审计事项和内容的性质或属性,而这些不同的性质或属性,都要在判断设定时给予充分考虑,以便于测试与验证的运用。判断测试与验证的过程是紧紧围绕判断设定中那些审计事项和内容开展的,主要针对一系列判断设定有效地加以实施,直至完成目标任务。

(四) 相关审计判断工具借鉴与选择的影响

审计实务中曾经介绍过几种测试,如符合性测试、实质性测试等,主要涉及抽样方法,如统计抽样、随机抽样等,包括那些不在当前审计程序中规定的而在实践中已被运用的审计技术与方法,其实这都是审计活动向其他领域借鉴的技术方法,用来具体执行审计测试与验证。审计判断测试不仅需要完成判断策略中设定的一系列目标任务,还需要从众多的专业判断领域去借鉴成熟的方法,从而形成自身有效的判断测试技术和方法。因此,测试与验证的过程自始至终离不开判断的运用,如何选择合适的测试技术和方法达成目标,如何在验证中对审计证据进行取舍,时刻与判断的结合构成判断测试与验证的重要内容。

三、审计判断轨迹

测试与验证一定程度体现了判断活动的轨迹。审计判断轨迹从更宽泛的意义上来讲,属于审计流程的范畴,体现了一种专业在不断发展过程中的总结。但是尽管这种总结是高度有效并且稳定的,却只是提取了某些框架要素,而具体的判断细节活动却始终隐藏着,无法对其进行有效提炼。医学诊断中有着各种疾病的判断经验总结,已形成不同的分支体系,从中可以较为清晰地辨明各种判断轨迹,而审计判断轨迹只能在一些案例中得到明示,并未形成足够稳定的分支体系,进而表明审计判断本身需要得到足够重视和发展。因此,对于审计判断而言,作为一项日益发展的专业,寻找其职业判断的轨迹非常重要,即便是由于审计主体中每个个体有所差异,但针对同一类经济事项的判断,应该建立或体现共同的判断轨迹。审计判断轨迹与以下内容相关。

1. 与判断认知规律相关。人的判断认知在实践中积累了大量经验,找到了一条符合理性判断思维发展的路,使直觉服从于认知规律,形成判断活动的基本步骤。例如,审计师在了解和把握整体的基本情况下,可以根据审计目标和整体的情况适当地作出判断策略,并对与审计目标相关的事项作出具体的判断设定,通过判断测试与验证获取相应的审计证据,从而对不同的设定加以认定,进而对整体得出合理的判断意见。这一判断认知过程,遵循认知规律形成了基本步骤或审计流程,而审计判断轨迹正是沿着这些基本步骤显现。

2. 与整体的构成相关。在对整体进行分解时,无论是简单整体或是复杂整体,其构成都是由时间、空间、事实或行为组合的一定内容或结果。整体的内容或结果是判断的核心,围绕内容或结果展开的判断需要借助其形成的过程。整体的构成有其固有的过程,而这一过程必然深刻影响着判断轨迹。如在财务报表审计中,企业的信息系统是在业务循环或交易循环的过程中生成的,按照这种形成过程,审计师的判断轨迹可以沿着购货循环、生产循环、收入循环等显现。

3. 与审计目标及测试的方向有关。不同审计目标的实现,要求审计师具备不同的判断目的,并且针对隐含不同目标的事项开展判断。审计判断围绕不同目标事项或内容开展决定其轨迹运行状态,如围绕收入事项的真实性目标,那么销售发票、债权或货币资金入账、产品或服务提供等的测试与验证就是重点,相应的判断轨迹就会在各重点之中运行。审计判断轨迹不仅与审计目标相关,有时候还与测试的方向有关。例如,当判断真实性和完整性时,考虑会计记录和文件(如销售发票和发运单)的测试方向非常重要。如果先从会计记录出发,判断测试方向是从日记账或分类账到原始文件,主要目的出于对真实性的判断。审计师从账本中选择了部分交易以测试它是否真实并非虚假交易,如果原始文件中对每个交易都有足够的证据来证明其真实性,那么这些交易就是真实存在的;如果判断测试方向是从原始文件到会计账簿,主要目的出于对完整性的判断。审计师选择了部分发运凭证并追查至销售发票和销售日记账,那么确定销售的完整性的判断更易实现。

此外,审计判断轨迹本身就是审计师判断思维活动的表现形式之一,不同的判断轨迹取决于审计判断主体专业知识和经验的积累,还取决于个人习惯和喜好。在判断测试与验证中会出现不同的判断轨迹,如有的审计师会从一张会计原始凭证开始,追溯到会计报表,这是从小到大,由点及面延伸的判断轨迹;有的审计师会从会计报表追溯到会计原始凭证,这是从大到小,由面及点延伸的判断轨迹。除了严格遵循审计准则要求的关于整体的控制、风险及业务循环的测试与验证外,有的审计师会从资源消耗、产能需求等作判断测试,有的审计师甚至会从沟通或观察到的某些线索开始判断测试。种种判断轨迹表明,不同判断思维习惯的养成,其原理主要是基于事物之间的联系,而且这种联系在会计领域当中表现得尤为严密,如数量金额或会计科目的钩稽关系。审计实践证明,由大到小的测试轨迹对于审计判断主体要求更高,需要从事项的整体进行把握。举例来说,一个房间如果需要打扫卫生,有人是进了房门看见脏的地方就开始工作,有人则是进了房门四处观察,确定范围然后开始工作。同理,如果从整体的某个内部控制环节开始测试,尽管看起来多了一道程序,当内部控制在影响会计报表的程度上是能够显现的,那么这道程序反而能提供另一个简捷的途径。内控与结果的关系得以成立,内控测试也就得以运用。由于风险对整体的诸多影响,审计测试发展为结合风险导向,评估风险并进行测试,也为现代审计测试开拓了另一个新途径。

因此,审计师在针对整体开展判断测试时,需要充分考虑整体以及相关要素的联系,以宏观判断思维对应整体,以微观判断思维对应局部,突出判断思维模式的优化,掌握一些测试方法的运用,重点在判断活动中能够明白不同测试的目的和作用,清晰把握审计判断轨迹的运行状态。在选择何种测试方法时,可以针对那些忽视整体及要素关联的纯统计或数理测试提出怀疑,思考一些新的能够对应整体的分析测试,着重考虑测试时的整体及其要素的关联性,使与整体关联的各要素都能得到统一。例如,对年度销售收入的测试,可以考虑对库存产品的检查,通过出库单据汇总数量,减去退库汇总数量,乘以恰当的平均销售单价,可以大致推断出年度总销售收入;也可以考虑应收账款、销售货款和销售收入的关联性,将当年发生的应收账款数与货币资金销售款,剔除一些特殊情况可以大致推断年度总销售收入;同样地,只要从整体及其要素的关联出发,还可以考虑原材料的耗费,哪怕是生产活动的细微要素如电能、水能耗费,都能够围绕销售收入进行判断分析测试。通过以上种种测试,来综合判断年度销售收入,其效果是明显而有效的。关于整体及其要素的测试是否有效,可以针对不同的整体进行对应分析,先通过整体判断,然后才进行各种有效测试,其中包括控制测试和风险测试。当判断轨迹显现在这种因果或逻辑的内在关系里,测试与验证是有成效的;当判断轨迹偏离了这种内在关系,测试与验证是无效的。审计判断轨迹一定程度还会显现出其他审计判断原理的运用,如运用分解原理和重构原理时,审计判断轨迹将会显现出分解和重构的规律,可以将整体分解为不同层次进行测试,通过趋势分析判断重构对应的整体,进而推导出整体的情况。

第二节 判断测试与验证的具体运用

一、三种测试程序

关于审计程序的形成及原理在上一章已进行专门讨论,这里进一步讨论其具体的运用。测试作为一种技术可以用于更宽泛的领域,一旦形成某类程序,就具备了该专业在运用测试时的基本规范或要求,明显带有该专业自身的特点。在审计准则中,归纳提炼出三种测试程序:即控制测试程序、风险测试程序和实质性测试程序。审计测试程序的规定,为审计判断活动提供了基本规范和引导,在测试的过程中考虑程序的性质、时间和范围等内容以及变化,使测试与判断思维活动有机结合起来,共同完成既定目标。表 13-1 是三种测试程序及运用。

表 13-1　　　　　　　　　　　审计判断测试程序

种类	定义或描述①	具体运用			相关说明
		性质	时间	范围	
(1) 控制测试程序	用来评价内部控制在防止或发现并纠正认定层次的重大错报上是否运行有效的审计程序	执行形式或要素:询问、沟通 执行目的与要求:了解控制的存在及完整性程度,如设置情况、分布情况、健全情况 确定控制是否得到执行 测试控制运行的有效性:控制在被审计期间相关时间上如何被运用、被运用的一贯性以及被谁或通过什么方式运用;确定将被测试的控制是否取决于其他控制(间接控制) 评价是否已经在内部控制的设计、执行或维护上识别出重大缺陷	判断分析控制在整体的不同时期和时点的运行状况:如期中控制测试、剩余期间的时间长度、再次测试控制的时间间隔	涉及内部控制系统所有组成因素和预期控制目标或不同目的:包括一般控制、特定控制等,每项控制相对应影响整体中的局部及要素内容或事实。此外还包括测试被审计单位对控制的监督情况:如执行控制的频率、预期偏差率	① 建立内控与整体关系假设:内部控制对整体的性能及状态表现是有实质影响的;内部控制的建立及有效运行能够合理解释整体相关信息 ② 内控测试的意义和目的:利用内部控制测试可以确定审计目标适应的重点内容和关键事项。审计师的关注重点是内控是否存在、是否与整体有密切关联、是否有效运行等 ③ 审计师关于内控有效性的判断结论如拟信赖、确定或否定等,都需要有相关证据支撑 ④ 当识别出内控中的重大缺陷要及时与适当层次的管理层或治理层沟通
(2) 风险测试程序	为了了解被审计单位及其环境(包括内部控制),从而识别和评估因舞弊	执行形式或要素:询问、分析程序、观察和检查、评估及修正等,获取对识别重大错报风险有用的信息 执行目的与要求:在于了解被审计单位	风险评估主要集中在审计活动初始阶段,但风险导向的要求将贯穿整个审计阶段	了解被审计单位及其环境:行业状况、法律环境与监管环境以及其他外部因素;被审计单位	① 风险测试程序是每次财务报表审计都应实施的必要程序,对其他类型审计并非必要,需要视具体情况而定 ② 风险评估程序并不能识别出所有重大错报风险,但可以实质性地帮助审计师

---

① 参阅国际审计准则。

(续表)

种类	定义或描述①	具体运用			相关说明
		性质	时间	范围	
(2) 风险测试程序	或差错引起的财务报表和认定层次的重大错报风险而执行的审计程序	及其环境的整个过程中识别风险,并考虑各类交易、账户余额、列报;将识别的风险与认定层次可能发生错报的领域相联系;考虑识别的风险是否重大;考虑识别的风险导致财务报表发生重大错报的可能性;关注需要特别考虑的重大错报风险;考虑仅通过实质性程序无法应对的重大错报风险(如风险与重大日常交易类别或账户余额存在不完整或不准确相关);对风险评估的修正	根据审计实施推进的时间要求,在报表层次和认定层次识别、评估重大错报风险,并在获取和比较审计证据过程中对风险评估进行修正。对于连续审计业务,如果拟利用以前期间获取的信息,应当确定相关变化及变化给本期带来的影响	的性质;被审计单位对会计政策的选择和运用;被审计单位的目标、战略以及相关经营风险;被审计单位财务业绩的衡量和评价;被审计单位内部控制关注可能表明被审计单位存在重大错报风险的事项和情况	获取有价值的信息以识别和评估财务报表的重大错报风险 ③ 风险评估程序可作为评估财务报表层次和认定层次重大错报风险的基础,但并不能为发表审计意见提供充分、适当的审计证据
(3) 实质性测试程序	用来发现认定层次的重大错报的程序,包括对各类交易、账户余额、列报的细节测试以及实质性分析程序	充分考虑风险的性质和认定类型的相关性,将风险降低至可接受程度,可以只执行细节测试或实质性分析程序,也可以将细节测试与实质性分析程序组合运用;实质性测试程序包括实施细节测试以及实质性分析程序,其具体运用时还包括检查、计算、函证等多种程序	实质性程序作用于整体的时间:期中测试、期末测试(包括对剩余期间测试) 考虑审计时间成本的影响	适用于在一段时期内存在可预期关系的大量交易,主要包括:具体控制测试结果不满意的领域,与具体风险相关的范围 在设计详细测试时,测试范围通常从样本规模的角度考虑	① 对每一项重大交易、账户余额和列报设计和执行实质性程序;尤其当重大风险评估的判断存在不确定或内部控制存在固有局限性 ② 审计师应当考虑期中测试的满意度,并充分关注影响期中实施实质性测试的因素:如控制与风险的评估结果、信息的重要程度、期末或剩余期间的重要信息风险变化等,并获取充分、适当的审计证据

---

① 参阅国际审计准则。

此外,随着审计目标的演变、测试与验证的深入,分析程序在一定程度上已上升到重要地位(主要是基于人们发现它具备有效发现错误且执行成本较低的功用),运用分析程序一般是通过研究财务和非财务数据中可能存在的关系来评估财务信息,即采用更多元的视角考察整体。分析程序的运用目的在于帮助审计师计划其他审计程序的性质、时间和范围,为更为便捷、正确地运用其他审计程序提供合理保证;分析程序还可以作为上述三种基本审计测试程序的手段使用,融合在不同测试程序之中,实现自身的功效,如作为实质性测试的直接手段,可用来测试除所有权外的所有审计目标,获取与账户余额或交易类型相关认定的证据;不仅如此,分析程序还可以在审计不同阶段运用,无论是计划阶段、执行(测试与验证)阶段和判断认定阶段或最终复核阶段,都能适当地发挥其功用。常用的分析程序包括:比较分析本年度与以前年度的财务信息(历史分析)、比较分析本年度财务信息与预算值或计划数(预测分析)、比较分析财务信息各要素之间的关系(财务比率分析)、比较分析客户的财务信息和行业数据(相关外部环境分析)、比较分析财务信息和非财务信息的关系(构建整体的分析)、比较分析关于整体的全部判断认定(全面复核分析)等。当然,分析程序的具体运用必然要着重考虑其适当性,确保与审计目标的实现保持适当一致,毫无目的或意义不大的分析程序运用只会为审计师徒添纷乱和增加成本。

二、内部控制测试与验证举例

测试本身在操作层面就存在选择性或抽查之意,无论是面对数量还是不同事项的内容都要经过判断选择后加以抽查,即在被测试的总体中选择一定的样本量进行抽查。我们开展内部控制测试时,主要是通过符合性测试来进行,其中"符合性"更是强调了这种选择性以及验证范围。如从对执行内部控制(制度)所规定的业务中抽查一部分凭证或记录(在这里通常要判断识别相关内部控制制度和相关业务之间的关联关系,只有判断识别出两者之间的关系,才能有效建立起被测试总体),通过判断测试与验证,以确定内部控制(制度)的状态是否有效运行等。内部控制判断测试与验证一般有以下几种方法:一是信息轨迹法,是指审计师利用内部控制行为所转化的信息轨迹进行测试。信息轨迹法是一般通用的测试法。如对会计核算的控制活动系统进行测试,审计师可以检查经济业务发生过程中的各种凭证,看业务记录是否及时清晰,有关人员是否签名,是否执行了相应的审核程序等,以判断授权和批准等控制活动轨迹的异常;二是实地观察法,是指审计师直接观察某类内部控制行为以及该行为产生的结果,常常通过不同时间点和地点,观察工作人员的某类控制行为,来判断内部控制是否存在以及是否得到有效执行等;三是重点验证法,是指审计师对重要的内部控制内容,通过重新执行相应的经济业务活动来验证该控制内容是否被严格执行。重点验证法与前两种方法的主要区别在于其着力于重新执行和对重点的全面测试,相对更侧重于重点验证;而实地观察法是较为特殊的一种方法,目的是想获取现存信息之外更为丰富的资源反馈,以兹利用,相对更侧重于信息转化前的控制行为测试,但受制于控制行为本身的可观察性以及时间和空间。另外,谈话沟通、行业了解、外部调查等所有与取得内部控制活动有关信息的手段都有可能成为测试与验证的方法。

判断内部控制测试与验证主要围绕内部控制具体内容、测试与验证目的及判断设定和具体方法开展,如审计中对部分判断内部控制测试与验证的运用列举如表13-2所示。

表13-2　　　　　　　　　部分内部控制判断测试与验证①

判断测试与验证内容	判断测试与验证的目的及各种判断设定
(1) 财务制度	判断测试与验证的目的:财务制度的完善和健全是内控有效的基础,当制度存在严重缺陷,内控的实际运行很难有保障,往往预示相关工作质量受到影响 判断设定:是否建立了适合本单位的内部财务管理制度;是否建立公平、合理而有效的结余资金的内部分配制度等
(2) 会计岗位、人员及工作流程	判断测试与验证的目的:内部控制的执行需要工作岗位、人员配置和流程指引等要素共同发挥作用,各要素的合理性、健全性是保证内部控制活动规范有序的基础 判断设定:是否建立明确的会计人员岗位制;会计人员岗位制是否清晰;会计与出纳职责是否严格分离;是否有独立于会计出纳的人员对财务收支定期审核;会计人员是否有足够的胜任能力;是否建立合理的财务会计工作流程
(3) 货币资金管理	判断测试与验证的目的:货币资金的流动性、安全性需要得到有效控制 判断设定:现金是否妥善保管,是否定期盘点、核对;现金收入、支出是否有合理、合法的凭据;是否做到现金日清月结,账实相符;是否按月编制银行存款余额调节表
(4) 应收账款和应收票据系统	判断测试与验证的目的:债权管理意味着资产的合理保有和市场往来的良性关系 判断设定:出纳员是否和应收账款明细账、应收票据明细账的记录员职责分离;应收账款明细账、应收票据明细账是否定期与总分类账进行核对和调整;是否由独立于应收账款记账员和开单员以外的人员向欠款单位寄发对账单;对账单是否每月寄发,并由应收账款部门进行控制;信用和收款部门是否定期对应收账款进行账龄分析;注销的坏账是否记录于备查登记簿以备参考;贷项通知书是否预先按顺序编号,并定期与有关资料核对和调整;发生销售退回的货物是否有验收票据的询证;是否定期进行应收账款和应收票据的询证;应收票据的出具是否经过专人审批;对于向员工或有关当事人提供的大额借款或预付款是否经过领导书面批准;对于附有抵押物的应收票据是否有出纳和会计人员以外的人员保管
(5) 存货管理系统	判断测试与验证的目的:存货控制对会计成本核算的真实性的基础,其流动性和循环性是生产活动的关键环节 判断设定:负责存货永续盘存记录的职员是否与负责采购、仓储、运输业务职员职责分离;存货的存放点和保管设计是否合理,以保证免受自然和人为的损失;存货是否指定专人保管;存货保管人是否在审查领料单、销售发票、发货单和提货单之后才发出存货;领料单、销售发票、发货单和提货单是否预先顺序编号、妥善保管;是否定期检查存货,以便及时发现存货的短缺、毁损和呆滞;存货因变质、过时等原因造成的存货价值的变化是否合理估计并正确进行记录;是否定期对存货进行盘点;存货验收入库是否由两人以上经手并签字

---

① 丁朝霞主编:《案例通略:由内审案例透视审计方法与技巧》,中山大学出版社2006年版。

(续表)

判断测试与验证内容	判断测试与验证的目的及各种判断设定
(6) 固定资产管理系统	判断测试与验证的目的：一般固定资产在数量上的重要性、重大性表现显著，其管理控制的核心是如何购置、运用和处置 判断设定：固定资产的购入是否均有适当授权；固定资产是否实行卡片式管理并有专人负责保管；新增固定资产是否有验收手续；资产验收入库是否由两人以上经手并签字；大额的资本性支出和租赁费支出，是否经过董事会审批；是否对设施、设备进行适当的维护和及时的修理；是否定期检查和盘点固定资产；是否对固定资产进行适当保险，并定期评估投保险种和投保金额；固定资产处置和租约终止是否由董事会的董事或其他被授权的管理人员进行审批；是否由董事会的董事或其他被授权人员负责审查严重超出预算的资本性支出
(7) 对外投资和对外合作	判断测试与验证的目的：投资与合作涉及整体战略计划，整体运行当中需要合理控制权力运行、程序运行和风险应对 判断设定：对外投资是否经过集体讨论，并作出决定；对外投资是否有可行性研究报告；对外投资是否签订了投资合同；对外投资手续是否完备；与外单位的合作项目是否进行了风险分析
(7) 收入管理	判断测试与验证的目的：收入是整体最初的逐利动机，涉及众多利益群体，其表现状态需要在管理控制下得到真实、及时和完整记录 判断设定：是否建立年度收入预算；所有收入是否完整、及时上交财务；所有收入是否都合理分类并及时入账；所有产品的价格是否制订了相应的标准；各种收入是否开出合法的凭据；发票管理是否健全
(9) 费用管理	判断测试与验证的目的：费用是实现收入的耗费，当得到合理控制时也是另一种意义上的收入 判断设定：年初是否编制费用计划；编制费用计划是否经过预测；费用计划是否经过财务负责人审查以及企业负责人审批；各项支出是否经过必要的审批；重大支出是否经过集体讨论决定；各项支出是否有书面的审批记录；是否建立了明确的费用开支范围和标准；费用是否实行内部承包限额制；批准的费用计划是否作为控制日常费用支出的依据；费用报销单据是否先经过企业负责人审核签字；负责人签费用单据是否重新经过会计人员严格审查；如有不合理、不合规的费用支出是否能拒绝报销；支出情况是否定期在一定范围内披露；是否定期进行费用分析和考核；费用单据是否集中保管；费用单据是否经过会计人员核对
(10) 分配管理	判断测试与验证的目的：利益或资源分配需要结合权责利关系考虑，该项控制实质是重大事项的管理 判断设定：有关酬金的计算与分发是否有必要的职责分工；酬金的发放手续是否齐全
(11) 市场和销售系统	判断测试与验证的目的：合理处理整体与市场的良性关系，需要许多因素和环节的组合，该组合的优越性取决于多项控制 判断设定：是否制定与组织目标和组织战略协调一致的营销目标和营销战略；是否有

(续表)

判断测试与验证内容	判断测试与验证的目的及各种判断设定
(11) 市场和销售系统	专人负责应收账款的核算和会计记录；是否有专人负责核准信用和催收账款；是否有独立于上述各职能的人员负责坏账的核销和销售退回及转让的审批；制定营销的政策和程序是否形成书面文件并经过一定层次的主管人员审批；产品计划和产品开发是否配合销售、市场和产品研究、广告、财务及生产；是否定期审查广告和促销代理机构提供的广告和代销服务；销售部门职员是否有定向培训和发展机会
(12) 采购和验收系统	判断测试与验证的目的：采购实际上是整体的资金流出或债务产生，其活动行为取决于整体各种现实意图，控制管理这一活动实质是对各种现实意图的谨慎实现 判断设定：采购部门是否与仓储、会计、验收和运输部门分离；大额采购是否通过招标的方式选择供应商；所有采购是否均由采购部门填写请购单并经审批；采购部门是否指派专人审批购货价格；采购是否有经审批的购货订单或合同；接触购货单的人员是否经过授权；验收部门是否及时对所收货物的数量和质量进行检查并出具验收报告；单已到，货未到时，是否对发票进行经常的检查，以监督在途货物的送达；货已到，单未到时，是否对相应的验收报告进行经常的检查；为雇员需要进行的采购是否经过专人审批
(13) 生产和成本会计系统	判断测试与验证的目的：整体提供合理产品和服务以期得到更大回报，必须对其过程和结果进行准确计算 判断设定：生产计划、生产预算和生产日程安排、销售管理、存货管理是否协调；是否建立了独立于生产部门的产品质量控制部门；是否对生产设备和设施进行适当维护和及时修理；是否对设备和设施进行适当的布局，以满足生产经营流程的需要；是否定期、准确和及时地向管理部门提供繁简适度的生产和成本报告；是否只有被授权的人员才能编制和审核生产通知单
(14) 基建修缮工程管理	判断测试与验证的目的：重大项目的控制集中在程序上，合规、有效是管理的意图 判断设定：工程项目是否立项、审批；工程项目是否按规定进行招投标；工程项目是否签订施工合同；工程预付款、进度款是否按合同约定支付；工程施工中变更是否签证；工程竣工是否按组织验收；工程竣工结算是否按程序送审
……	

表 13-2 所列部分内部控制判断测试与验证的具体方法有：查阅资料、观察工作流程、问卷调查、沟通；通过计算、比较和分析，完成对整体的重点领域、重大业务、重要资产等内部控制设计和运行效果的评估、测试与验证。

审计师对内部控制测试与验证的内容选择，应视整体自身结构、状态和性能而定，依据审计准则指明的相关内容，并结合判断目的和以往的判断经验确定其具体内容。这种选择会随着整体的内部控制活动变革而不断更新，如在开展计算机系统的控制测试与验证时，就要考虑组成计算机系统控制的各要素及其结构、状态和性能，可运用解构判断原理将其分解为：常规控制（计算机运行环境控制）和应用控制（保证每个单独的应用程序能够稳定而准确运行）两个层次，进而对常规控制分解为发展控制、组织控制和安全控制等；

将应用控制分解为输入控制、处理控制和输出控制等。各类判断设定需要依据判断目的和内部控制相关内容提出相应的目标或问题,依据这些目标或问题进行测试与验证。此外,审计判断测试与验证中还会涉及风险评估测试与验证、实质性测试与验证和其他审计程序测试与验证的运用,这些测试与验证的运用在一般审计学教材中都会提到,其测试与验证的原理是基本一致的。

第三节　审计判断认定

一、判断认定概述

(一) 不同的认定

认定是对事物及组成事物的各要素所作出的结论。认定因要求以及要求程度的不同,其表现种类和形式是多样的,在种类上可简单分为专业认定和非专业认定,如司法认定、医学认定、会计认定、审计认定等属于专业认定;在形式上可体现为:陈述、说明、命题、结论等,可简要归纳为明确型、模糊型和综合型等不同认定。认定的实质是主观意识作用外部事物的产物,无法脱离判断思维,是判断行为的一种结果。

审计判断认定不同于管理层认定或财务报表认定[①],区别在于认定主体的不同、目的性不同以及认定程度不同,由于审计判断认定是在管理当局认定基础上作出的,因而也是一种再认定。我们认为,管理层认定是指管理当局作出的、体现在财务报表中的明确或隐含的表达。审计判断认定是审计师作出的有相应证据支持的一种重申性意见表达。关于认定主体和认定目的不同的问题,有必要适当加以讨论。我们所看到的,是一般审计准则来对管理当局认定进行定义和分类,并不表示实际的管理当局认定不存在,相反,财务报表认定的主体依然是管理当局,财务报表内容的反映就是管理当局认定的证明,所有的认定不论是明确或是隐含,都是基于无重大错误的管理层认定责任,这种认定责任可以理解为包括对自身以及对利益互信群体的一种真实承诺。一般审计准则只不过对管理当局的认定结合一般公认会计原则进行分类,便于明确审计目标、归集主要错误来源,这主要是出于审计职业规范的考虑。但正是由于好像做了越俎代庖的事情,人们往往把管理层认定与审计认定混为一谈,产生理解上的偏差,主要原因是对审计认定的认识还不够完整和清晰。其实,在具体的审计判断实务中,审计师还需要进一步细化管理层的认定以证明更为详细和具体的层次。在财务报表审计之外,如国家审计、内部审计的某些非财务报表审计事项,尽管不会指出被审计单位的管理层其他认定或进行分类指导,但同样会涉及被审计单位的认定,出于对被审计单位发生事项的认定责任或承诺能够被证明,需要审计师根

---

① 一般审计准则通常把管理层认定分为:存在或发生、完整性、权利和义务、估价或分摊、表达与披露。这些认定主要是针对财务报表审计而言的,所有的认定既涉及事实,又涉及报表。

据现实情况加以把握审计证据作出再次认定,此时的审计认定是一个复杂的分析判断过程,而这一过程必然要求对事项的诸多关系进行深入认知与分析,才能形成真正意义上的判断认定。因此,我们提出审计判断认定概念,与管理层认定、审计认定相区别。在报表审计中,审计师往往通过管理层的认定建立相应的审计目标(如针对存在或发生认定建立真实性的审计目标),并通过测试与验证获取证据重新作出判断认定。在审计判断活动中体现的认定,被称为审计判断认定。

(二)认定分解

由于审计判断认定内容涉及整体及有关局部的管理层认定、审计目标、审计程序和有关整体公允表达的证据,最后在认定表达上与审计报告建立关系。以上诸内容的关系只是以审计判断一般步骤构建的关系,其实从对整体的认定开始,任何一个内容的变化,都会具体影响到其他内容的变化,而这种变化才是关系的实质。如关于管理层的认定,从总括认定到一般认定或具体认定,本身就是一个根据要求不断变化发展的过程。在报表审计中,"财务报表公允反映了被审计单位的财务状况、经营成果以及现金流量的情况"是对整体的要求,其中公允性就是财务报表的总括认定(总括认定表明遵循了一般公认会计原则,且会计控制系统是可靠的),而依据这个总括认定可以分解出许多的一般认定,以前国际审计准则规范的是以下七个认定:存在、权利和义务、发生、完整性、估价、计量、表达和披露(IAS500,IASC,1998),后又归结为五个认定,其后又推出了一个包含三层次的十三个一般认定,这是把相关认定分解到以下层次:交易类型和事项层次、期末账户余额层次、列报和披露层次。认定分解如表13-3所示。

表 13-3   财务报表中的管理层认定概览

管理层认定的层次分解	管理层的一般认定	管理层认定的含义
与交易类型和事项有关的认定	(1) 发生	记录的交易和事项已发生与被审计单位有关,无重大错误
	(2) 完整性	所有应当记录的交易和事项均已记录,无重大错误
	(3) 准确性	与交易和事项有关的金额及其他数据已恰当记录,无重大错误
	(4) 截止	交易和事项已记录于正确的会计期间,无重大错误
	(5) 分类	交易和事项已记录于恰当的账户,无重大错误
与期末账户余额有关的认定	(1) 存在	记录的资产、负债和权益是存在的,无重大错误
	(2) 权利和义务	记录的资产由被审计单位拥有和控制,记录的负债是被审计单位应当履行的偿还义务,无重大错误
	(3) 完整性	所有应当记录的资产、负债和权益均已记录,无重大错误
	(4) 计价和分摊	资产、负债和所有者权益以恰当的金额包括在财务报表中,与之相关的计价或分摊调整已恰当记录,无重大错误

(续表)

管理层认定的层次分解	管理层的一般认定	管理层认定的含义
与列报和披露有关的认定	(1) 发生以及权利和义务	披露的交易事项和其他情况已发生且与被审计单位有关,无重大错误
	(2) 完整性	所有应当包括在财务报表中的披露均已包括,无重大错误
	(3) 分类和可理解性	财务信息已被适当地列报和描述,且披露内容表述清楚,无重大错误
	(4) 准确性和计价	财务信息和其他信息已公允披露、且金额适当,无重大错误

(三) 认定与目标

一些认定的变化必然对审计目标等内容产生影响,势必产生一系列连锁反应(关于审计目标的内容已在判断目标设定一节进行了讨论,这里只讨论一般认定与具体目标的对应情况以及如何运用两者的关系)。最早意识到一般认定与审计目标之间的关系这一问题是莫茨与夏拉夫,他们认为,"审计涉及对财务报表和类似资料的验证与测试,这些报表与资料又是由一系列的认定组成。……审计师为了能合理判断其所审报表中的各种认定,应收集审计证据,再根据适当的证据作出判断和形成意见"。由于一般认定具有概括性,是关于事实的各种属性,不能被直接证明,需要设定具体的目标与之对应,通过测试与验证收集能够实现具体目标的证据,并对证据进行专门的再次认定,才能还原或证明一般认定各种属性。实际上,从更深层的意义出发,认定和目标的起源是利益互信群体共同的指向和诉求,当这些共同的指向和诉求形成一定的法律法规等明确的约束规范和许可规范时,认定与目标都要服从并来源于这些规范。因此,认定与目标之间的关系属于同质和共生关系,其存在或演变的理由核心在于不同主体的运用,两者仿佛同母而生,只是寄养在不同的家庭生长但又要完成走在一起的使命。就审计主体而言,当认定依据相应规范在不断变化时,审计目标必定也要依据相应规范不断变化,以此来不断完善和调整与认定之间的关系。例如,审计发展至今,它为目标的实现而使用的方法与技术在不断变化,统计抽样、风险评估等新技术的运用,以及经验判断更趋于程序性和科学性,使得原先审计方法或技术中所蕴含的目标与认定之间简单明了的关系变得复杂。在这一变化发展的过程中,审计目标与一般认定之间的关系,将成为新的技术是否可行、新的审计目标能否实现、利益互信群体是否接受审计的关键命题。

在财务报表审计中,普遍认为可以对财务报表认定设定对应的具体目标并采取适当程序加以判断测试,如表13-4所示。

表 13-4　　　　　管理层认定、审计目标和审计程序举例①

管理层认定	审计目标	具体审计目标（按报表层次及相关部分进行分解）	审计程序及考虑	具体审计程序
存在或发生	真实性	财务报表中所列的资产或负债是否确实存在,记录的全部交易确实已经发生	运用控制测试程序、风险测试程序、实质性测试程序,以及利用分析程序,确定不同审计目标能够应用于财务报表及相关部分的测试 (1) 考虑目标侧重点:由于财务报表相关部分的性质不同,测试程序围绕审计目标的侧重会有差异,如对资产的测试侧重于真实性,而对负债的测试侧重于完整性 (2) 考虑方向性:审计目标大多数是互为关联的,但在测试程序作用下,判断结果的方向性很可能是不一致的。如对真实性的错误判断会导致财务报表相关账户金额的虚增,对完整性的错误判断会导致财务报表相关账户的虚减 (3) 考虑对应和变化性:测试程序往往伴随不同目标而变化,形成某类程序适合某项目标的对应关系。但这种关系是相对的,一项审计程序可以为不同审计目标提供证据;不同审计程序也可以为同一个目标提供证据	实地观察存货盘点、对应收账款进行函证
完整性	完整性	所有的已发生各类交易或事项是否包括在财务报表中		分析与计算某类交易或事项,如检查应收账款明细账合计数与应收账款总账是否相符
	截止	真实的交易或事项是否计入适当的会计期间		运用截止测试,检查财务报表中某类交易或事项截止日前后一段时期的相关原始附件,确定该交易或事项是否计入了正确的会计期间
权利和义务	所有权	资产负债表中所列的资产和负债为企业所有		询问管理层关于资产或负债的情况,如询问应收账款是否被售卖
估价与分摊	准确性	总分类账和日记账交易金额是否正确		利用顺查或逆查测试,对选取的交易或事项进行追溯,以证实金额和时间是否准确
	估价	某类交易和账户余额的估价方法是否符合一般公认会计原则		检查固定资产准备、存货准备、坏账准备等估价的合理性
表达与披露	分类	交易是否归类到正确的账户		检查应收账款中关联方、管理人员、董事和其他有关各方的金额
	披露	所有应该披露的事项是否在财务报表和附注中得到披露		检查和评价各类事项在附注中的披露情况

---

① [美]小威廉·F·梅西尔著,刘明辉主译:《审计与保证服务:一种系统的方法》第 129 页,经济科学出版社 2008 年版。

仔细考察一般认定和审计目标的关系,我们发现,审计目标不仅在属性或内容上与一般认定存在一一对应关系,而且形式上也具有类似的概括性。虽然满足了基于一般认定而设定审计目标的要求,但对于审计实务判断来说,似乎并没有提供更好的证明路径。因为按照审计目标要求与按照一般认定要求开展测试与验证并无任何区别,同样要面对不能直接证明的困难。是否有必要对这一类具有概括性的审计目标进行进一步分解,为了更好地加以测试与验证呢？实际上,对于不同整体的状态和性能,在概括上可以形成一般的认定和一般的目标,一旦要落实到每一个具体事项,就会千差万别,无法穷尽。此时,就需要审计师的具体判断解决这一问题。审计师应该是在一般认定的基础上生成类似的目标,这些目标实质上是起到指导或引领作用,更多的是通过对整体的测试与验证去发现和感受与一般目标的差距,形成关于目标的经验,进而使目标成为判断信念的重要组成部分。最为显著的事例,就是审计师的判断行为中,考虑的审计程序与审计目标之间并不存在一一对应关系,往往是一项审计程序可以为多项审计目标提供审计证据。因此,在判断活动中,对一般审计目标的进一步分解,就是根据不同的判断对象,按照目标经验或判断信念,结合不同的审计程序而加以测试与验证的过程。目标分解过程与对整体的认知以及不同程序的运用在判断活动中是一体的,其紧密性不能出现断裂。审计师通常把这类分解了的目标设定在判断策略(或审计实施方案)当中,描述时结合具体的事项以"是否"等词来设定并拟待解决。值得注意的是,如果审计师在目标经验中并不具备实际的分解能力,也不具备对分解后的具体目标有实际的把握,这些判断目标是难以实现的。现实中,有一部分审计师总是习惯于借用或照搬其他人的实施方案,并没有对其中目标设定的内容加以理解,这是非常不好的职业习惯,往往导致次等的审计判断质量后果。总体而言,"从宏观、中观到微观,再从微观到中观、宏观",目标设定也要完成好这样一个循环过程,这是审计师专业判断认知和判断行为需要解决的重要命题。

(四)审计判断认定的依据、内容和标准

由于审计判断认定不能缺少证据支撑,判断认定的过程包含审计证据形成过程,其认定的依据、内容和标准核心主要是围绕审计证据的判断认定。

1. 审计判断认定的依据。审计判断认定的依据主要是证据和参考标准。证据是指其本身所提供的证明力,参考标准是外部的法律法规等衡量尺度,在宽泛意义上也可以把相关的外部标准作为证据,以合理利用其证明力,成为判断认定的依据。按照判断行为的轨迹来看,参考标准其实就是审计目标的源头,审计师针对整体的不同情况以及相应的一般认定,将参考标准分解为可操作和现实性的具体目标,利用技术和方法取得审计证据,此时的证据也就蕴含了当初的目标以及相关的参考标准。

2. 审计判断认定的内容。如果从判断步骤中去理解,认定的具体内容应是测试与验证之后的结果,该结果包括在此期间形成的证据内容。如果从判断目的上理解,认定的内容是对所有重大审计目标是否实现的多个命题的认定,如财务报表审计中,审计师主要关注的是对财务报表中所认定的公允反映这一命题进行证明并进行回答。

3. 审计判断认定的标准。主要是对审计证据予以证明或评价的标准,审计准则和具体审计实务都给出了"充分适当"的标准。也有不少学者给出了"客观事实"的标准、"审计事实"的标准以及"排除重大疑问"的标准,除了"客观事实"这一理想标准之外,其他标准都清楚地看到了主观因素影响审计师对被审项目或认定的判断,因此对于审计证据的判断认定标准,都给予了符合实际的标准,即在此类标准之下能够最大限度地贴近客观事实。

二、审计证据与判断认定

审计判断认定必须在审计证据基础之上形成。如为了就整体形成意见,审计师必须对审计证据的数量和类型作出判断。审计证据就是证明审计判断认定的根据,没有任何证据支撑的判断认定是不被人们接受的,至少在专业领域当中,对于缺乏根据的判断认定是被限制的(如审计师在实施必要的审计程序后,仍不能获取所需审计证据,应该对此作出声明,即作出保留意见或无法表示意见)。关于审计证据,我们已在逻辑判断一章中讨论过其生成来源,在判断认定中讨论审计证据可以将要关注的问题集中在以下方面:什么可以成为审计证据(即审计证据的构成分析);人们对审计证据有哪些要求(即审计证据的内涵);审计证据与判断认定存在什么样的关系。

(一)审计证据构成分析

分析审计证据的构成,实际上是讨论审计证据的表现形式和具体含义。对此有不少学者进行了研究,我们尝试通过表 13-5 得到启迪。

表 13-5　　　　　　　　　审计证据的构成分析

表现形式	具体含义	简要分析
信息或资料（转化物）	审计证据是审计人员在审计过程中采用各种方法获取的真实凭据,用于证实或否定被审计单位财务报表所反映的财务状况和经营成果的公允性的一切信息或资料	这是一般审计准则当中把审计证据界定为审计证明所用的信息或资料
事实（原生物）	在最广泛的意义上,把证据假定为一种真实的事实,成为相信另一种事实存在或不存在的理由的当然事实	这句话是美国审计学者沃尔特借用英国法学家边沁对证据的定义。由此,关于审计证据和事实的理解,还将引申出:审计证据本身是一种事实;审计证据必须是客观事实
根据或依据（证据的功用）	审计证据是为了表示审计意见所必须具备的根据或作出审计结论和建议的依据	这是把审计证据界定为审计证明的基础或依据
更为宽泛的领域（主客观的结合）	凡是物质界的一切东西,以及精神中可以成为我们领会的一切东西,都可以成为审计证据	Anderson 认为,审计证据是与形成财务报表意见相关的任何感觉的事物、行为或情况

具体分析审计证据的构成，笔者认为应当涉及三个主要因素：

一是证据的来源，即审计证据从何而来。很明显，证据受转化原理影响，既来源于外部世界又来源于思维和行动，就证据本身而言，外部世界只是一个基本载体（证据可以是一部分资料或信息，也可以是一部分事实），更为关键的来源是出自人的思维和行动。如果没有审计师的思维判断活动以及证据收集、筛选和整理等行为（审计程序和技术方法的运用），审计证据不会自发出现、自我生成，即便是存在未被发现的部分"证据"，那些部分"证据"也只是一种可能性，仍隐藏在外部世界的载体之中，严格地说并不属于审计证据的概念。因此，作为审计证据的来源，应该是受到限制的，这种限制就是审计证据必定要经过判断思维和行动。

二是证据的表征，即审计证据的表现形式以及所传递的意思。审计证据的确是以信息或资料等形式加以显现的，这一点毋庸置疑，但一切信息或资料并不能等同于审计证据。当审计证据从外部世界获取基本载体中凸显后，其表现形式不仅在类型和状态上已经发生变化，还传递出自身特有的丰富含义。审计证据是经过一定判断思维和行动生成的，它含有假定、推断、选择和确认等成分，形式上往往被重新组合，传递的意思总是服务于判断意见和审计目标，无法脱离主观意识的作为，因此，审计证据始终作为表象而存在。审计证据即使作为一种事实，也不会是绝对完整、客观的事实，只是一种趋向于真实的事实。

三是证据的功用，即审计证据是用来证明审计判断意见成立的依据。判断意见或结果的表达，只能依靠审计证据来加以证明，证据本身就是证明的根据，证据的这一功用符合实践论。人们正是通过大量实践，利用证据的功用，总结出各种证据理论，并引导认知朝着客观、理性的方向发展。审计证据同样具备这种功用，不同的利益互信群体在审计师发表意见时，都承认或期望这一功用得到足够显现。因此，我们可以从证据功用的角度把审计证据理解为：审计证据是审计师用以证明其判断意见的相关依据。

对审计证据的理解，只要能合理地阐述以上要素，结合判断实践加深领悟，基本上不会出现大的偏差。

（二）审计证据的内涵

审计证据的实质是它自身的证明力（或证据力），不具备证明力的证据只能徒有其表。审计证据一旦从信息或资料等载体中通过审计师的判断思维加以选择和确认，就能生成证据自身，具备一定的证明功用，但如何使这种证明功用得到满足，就要面临人们诸多的要求。人们围绕证据的证明力的要求，构成证据的内涵。在法学证据理论中，这些要求已经较为深刻，涉及证据、证据力及证明力等概念，还涉及证据规则、证据内容和形式等要求，已然形成严密而庞大的证据理论体系。审计证据理论还处于萌芽阶段，按照一般审计准则规定，主要涉及如何利用审计程序合理取证以及对证据的适当性（包含相关性和可靠性）及充分性等规定。因此，我们讨论审计证据的内涵时，主要围绕证明力的相关性、可靠性和充分性等要求作分析。相关性要求侧重于解决证据的证明力与什么有关联的问题；

可靠性要求侧重解决证据的证明力强弱程度问题；充分性要求侧重解决证据的证明力覆盖面的问题。以上"三性"组合在一起，可作为对审计师获取证据、判断证据和提供证据的综合要求。

1. 审计证据的相关性。审计证据的相关性是指某项证据所能提供的证明力与被审事项、判断意见和审计目标等因素都具备相关性。相关是一个相对的概念，其表现出某种特定的客观联系，如逻辑、因果、条件的或时空的联系。审计证据的相关性不仅是实质性和证明性的有力结合①，还要充分考虑被审事项、判断意见和审计目标等诸多因素自身之间的关系，使审计证据的相关性分别投射到诸多因素并与之建立稳定、和谐的联系。因此，基于审计证据相关的复杂性和多样性，在审计判断活动中，这种相关性的考虑只能交给审计判断主体去完成。对这种相关性的考虑反映在审计师的具体判断中，无论是审计证据与被审事项、判断意见和审计目标的相关，还是与认定中内含错报的相关，尽管所表现的就是一种"事实的、经验的"联系，但实践目的之一还是说明审计证据在实质上具有证明作用，使得证据的证明力有所指向和体现。

2. 审计证据的可靠性。审计证据的可靠性是指证据本身所含证明力的强弱程度。要判断这种证明力的强弱，不仅要确定证据本身的真实性（证据所包含的那一部分事实是否真实存在），还要进一步评价证据的证明力强弱程度，会涉及审计证据的来源、形式和类型以及外部环境、审计程序利用等诸多因素的考虑。一般审计准则建议审计师在判断证据的可靠性时，考虑审计证据提供者的独立性、内部控制的有效程度、审计师所掌握的专业知识等因素。具体列表如表13-6所示。

表13-6　　　　　　　　　　对审计证据可靠性予以考虑的因素

影响因素	可靠性程度的一般判断	分析说明
审计证据来源	(1) 从企业外部独立组织获取的审计证据通常比从企业内部获取的审计证据更具有可靠性 (2) 从客户获得的审计证据得到了独立于客户机构的认可，那么这种证据要比从客户获得的审计证据更具可靠性 (3) 审计师直接获取的审计证据比其间接获取的审计证据更具可靠性（审计师自己或其代表获取的审计证据要比其他人提供的审计证据可靠）	人们的理性认知通常认为审计证据的可靠性与内外部、独立性以及获取方式密切相关

---

① 证据的实质性指的是，待证事实是证明主体按规定必须予以证明的事实，且待证事实的证明结果对证明主体的判断有直接影响；同时，证据与待证事实之间具有因果的、条件的或时空上的联系。证据的证明性是指证据对待证事实是否具有证据支持关系，即当证据事实存在时待证事实也存在或存在更为可能；当证据事实不存在时待证事实也不存在或不存在更为可能。——[美]乔恩·R·华尔兹著，何家弘等译：《刑事证据大全》第64页，中国人民公安大学出版社1993年版。

(续表)

影响因素	可靠性程度的一般判断	分析说明
外部环境（内部控制、风险管理等）	(1) 内部控制有效时生成的审计证据比内部控制薄弱时内部生成的审计证据更具有可靠性 (2) 对容易滋生舞弊的事项进行审查所获取的证据可靠性一般要弱一些	审计证据的可靠性取决于整体生存的环境，因而那些伴随环境而产生的内部控制和风险管理等活动深刻影响审计证据的可靠性
审计程序或技术利用（专业知识、取证能力）	(1) 当审计师不具备获取某些证据的具体技术要求时，源于这些技术的证据可靠性相对较弱 (2) 当审计师未能充分利用某项审计程序获得的审计证据其可靠性相对较弱	审计证据的可靠性会受到技术的局限性影响，如未经函证对象处理的函证，其可靠性要弱于要求函证对象处理的函证
审计证据形式	(1) 以文件、记录形式存在的审计证据比口头形式的审计证据更可靠 (2) 以原件形式获取的审计证据比以传真或复印件形式获取的审计证据更可靠	审计证据的可靠性同样还会受到其状态的影响，稳定性、波动变化在形式上能够体现出来，审计证据具体的表现形式分为实物证据、书面证据、试听证据、口头证据、鉴定和勘查证据以及其他证据等
审计证据类型①	实物盘点、重新执行等审计证据类型可靠性程度较高 检查记录或文件、函证和分析程序等审计证据类型可靠性程度适中 询问和观察等审计证据类型可靠性程度较低	审计证据的可靠性还与取证的各种行为有关，按照实施审计测试与验证的不同，划分不同类型的审计证据：实物盘点、重新执行、检查记录或文件、函证、分析程序、询问、观察等类型审计证据
审计师的知识、经验和声誉等	不同专长型、专家型的审计证据的生成效果存在差异，知识经验丰富、认真尽责、富有创新、工作业绩良好的审计师所生成证据的可靠性程度较高	审计证据的可靠性还取决于生成它的人的各种因素影响，在判断内部审计、社会审计等同行业审计证据的可靠性时需要引起关注

证据本身含有证明性质，所谓可靠性考虑的诸多因素是从证据生成过程的不同角度而划分的，这些因素彼此之间是相互联系和影响的，彼此的差异是相对的，需要根据具体证据结合多种因素综合考虑。在考虑证据相关性、消除证据误解的基础上，证据的可靠性显得尤为关键，尽管这种可靠性主要是基于比较分析得出的，但是在认知判断中，人们更倾向于这样的结果：越是具备可靠性的证据，其证明力越强。

---

① 有不少学者把审计证据划分为以下几个类型：实物盘点、重新执行、检查记录或文件、函证、分析程序、询问客户的员工或管理层、观察等，实质上是指审计师通过不同审计程序或技术方法可以获取到不同的审计证据，其所表达和传递的含义有自定的内容，是证据形式（书面证据、实物证据和口头证据等）的进一步深化，表现出不同的类型。其主要原因是在获取证据的过程中考察了不同的取证行为，正因为有不同的取证行为，使得证据和行为结合形成了特有的专业类型证据。

3. 审计证据的充分性。审计证据的充分性是指证据的证明力所达到的圆满状况。人们通常从证据的数量上来加以理解充分性，但毕竟还是从直观现象中获得的通识经验。其实，对证据充分性应该有更深的思考。在审计判断活动中，至少有两个问题需要明确，一个是为什么审计证据的相关和可靠影响着证据的充分性？例如，审计证据实践表明，审计证据的相关性和可靠性越高所需审计证据的数量越少，反之就越多；另一个是为什么取证的时间与成本影响证据的充分性？例如，审计证据数量的增加自然会增加审计成本，审计准则要求以合理的时间与成本取得充分的证据；在回答这两个问题时，我们不能轻易地从证据数量上寻找答案，而应该关注证据的性质即证明力本身。证据的证明力在客观上是动态的，这一特质决定证据也是动态的，但证据的证明力并非是以杂乱无序的状态运转变化的，而是以自身特有的规律运转变化的。就任何一个待证事实而言，证据的相关性和可靠性是影响待证事实本身的，那些与待证事实无关或不可靠的证据，其证明力依旧是存在的，只是对于待证事实本身作用不大。审计师在获取证据的过程中，关键是捕捉证明力的核心运转力量以期能够获得最大证明效果，考虑被选中证据的种类是否具有代表性，这种代表性是否在数量上具备了足够的证明力。最佳的实例就是捕捉证据的闭合状态，也称为构建证据链，此时证明力在有序的链条上自由运转，仿佛达到自给自足的境地，增一分减一分反而有损这种圆满。证明力只有在这种状态下，才能真正表现其充分性，而不仅仅是考虑数量问题。

（三）审计证据与判断认定的关系

审计证据与判断认定存在以下三种关系：

1. 相互依存的关系。判断认定在很大程度上是针对审计证据展开的，离开审计证据，判断认定就失去了着力的对象。同样，通过测试与验证取得的审计证据，如果缺少最终判断认定，只能是一堆散乱的、价值不明的信息或材料。能够正确地评价审计证据是审计师应该具有的一种判断认定能力，只有合理运用这种能力，才能判断审计证据的数量和类型与证明力的契合程度，两者相互依存的关系表现突出。

2. 指向一致的关系。审计判断认定服务于审计目标，按照审计判断的基本步骤，从审计判断设定、测试与验证到审计判断认定，都是和审计判断策略中的具体目标的实现紧密联系的，判断认定需要根据审计证据与审计目标的关系，合理进行认定。审计证据正是在这些基本步骤当中，由审计师利用审计程序或技术方法取得，它同样服务于审计目标。因此，审计证据与判断认定共同服务于审计目标，两者在服务审计目标的方向上是一致的。

3. 相互影响或制约的关系。考察审计证据与判断认定的关系，除了将两者与审计目标共同建立一致关系外，还要深入分析审计证据与判断认定的具体关系。这种关系是更为复杂的一种关系，即相互影响和制约的关系。审计证据和审计判断认定都是伴随审计判断活动出现的，在某种程度上说，都会受判断主体的目标经验或价值判断等信念影响，会追随精神意志的主导而显现，既有它本身客观的一面，也有主观意识的体现。因此，审计证据与判断认定之间的关系所呈现的并非是单纯逻辑的或因果的关系,更多地会受到环境、条件、目的、信念等主客观因素的综合影响,因而是相互影响和制约的。

审计证据可以作为判断认定的一种表现形式,但两者都需要完成自身的运动变化,审计证据与判断认定相互影响和制约,这是两者之间的核心关系。一方面,审计判断认定需要足够的根据或依据(这种根据或依据主要包括证据和标准,其中最能说明问题的是证据。这里的标准是指各类法律法规及通识等,不能简单地把标准纳入证据的范畴当中,由于标准直接影响审计目标,既是审计判断认定的参考,又是证据的目的物),审计判断认定缺乏证据难以成立;另一方面,审计证据的形成无法脱离判断设定、测试与验证过程,而这种过程实质上最终的指向是判断认定,同属于审计目标实现的过程。因而要了解两者相互影响和相互制约的关系,应考虑以下几个方面:

一是在时间序列上的影响和制约。审计证据的产生通常滞后于判断设定、测试与验证,早于审计判断认定。而在判断经验的法则中,某些判断设定其实意味着有明确的判断方向,使得某些判断认定早于审计证据的产生,只不过需要寻找审计证据的匹配。这种时间序列上的交错,反映出两者相互制约、相互影响的一种现象。如审计师在审前的调查中,依照事实和经验的联系,了解到某项确定无疑的事项,关于这种事项判断认定(如果要揭示这种事项以实现某项审计目标)只需要完成相关证据匹配即可。

二是在动态与变化上的制约和影响。从同一种判断设定当中出发,并不能保证得到相同一致的证据。审计证据不是静止的,在其生成过程,稳定性之中还有变化,这主要是受动态的思维判断和行为的影响造成的,当审计证据中的不同链条以不同方式组合,审计证据会表现出相应的变化,这样的变化影响着判断认定。同样地,当证据作为一部分事实(当然事实或客观事实)的层面理解,其稳定性扎根于存在之中,那一部分事实是无法轻易改变的。证据的稳定性制约着动态的思维判断和行为,使得影响证据变化的一切因素包括时间的、条件的,都要统一到稳定性当中,这种制约对于判断认定是必要的。

三是在差异上的影响和制约。从同一种证据中也不能必然得出唯一的判断认定。审计判断活动中,审计判断主体的差异、整体的差异以及标准选择的差异,不仅影响证据的生成过程,最终还会影响判断认定。审计证据和判断认定在这种现实的差异性中,很难形成一一对应的关系。此外,同一种审计证据所包含的逻辑或因果的性质,其证明力差异也制约着判断认定。[①]

[①] 第三节中关于审计目标、审计证据和审计认定的关系,可参阅谢盛纹博士所著的《审计证据理论研究》一书(西南财经大学出版社 2007 年版)。书中序言里张龙平专家指出该书的三项研究成果:一是在获取审计证据过程中,应该存在一个审计人员内心信念达到令其作出最终决定的时点,审计人员在这一时点上所达到的内心确信度就是审计证据的证明标尺。二是论证了审计证据证明的理性标准应该是"排除合理怀疑"。三是证实了审计证据与审计认定的关系并非是一个类似与公设式的、纯逻辑的推算关系,建议引入科学说明理论中的语境实用说明法来整合审计证据与审计认定间的关系,以正确显现审计人员在审计过程中的思维脉络。由于上述三项研究思考都与审计判断活动有密切关系,是关于审计证据和审计师判断思维或行为的一部分思考,故为推荐参阅以示启迪。

三、对错报的判断认定

在不同审计类型中,审计师对审计目标的把握程度是不同的①。但基于真实性目标而延伸出的查错除弊的目标区别不大,如果在国家审计中发现整体存在的问题,在审计报告中经常表述为"审计发现存在以下问题";在社会审计中,问题一般是指差异或错报。以下我们主要讨论对错报的判断认定。

(一) 错报及判断认定

1. 错报性质的判断认定。错报是指财务报表项目的金额、分类、列报或披露与按适用的财务报告框架要求的金额、分类、列报或披露之间的差异。错报可能来源于差错或舞弊,对其性质的判断认定,始终是审计师关注的核心问题,因为对这种判断认定的结果将导致审计师采取或变更一系列的措施,甚至会直接影响到对整体的最终判断意见。差错一般是指在金额或披露方面非故意的错报或漏报,而舞弊是故意的错报,两者的主要区别在于某种错报是故意的还是非故意的。如果要判断清楚这种区别,就会涉及对动机、意图等的判断认定,这对审计师来说具有一定困难。因此,审计师通常是根据审计证据所能提供的关于错报行为、错报结果以及错报影响的证明,结合具体环境、条件等因素加以综合判断认定。审计准则对错报的故意或非故意的判断认定给出了一般性指导,如表13-7所示。

表 13-7　　　　　　　错报判断认定的一般性指导

错报的来源或性质		一般性指导	综合分析判断要素
差错或错误		① 由于某些数据收集或处理过程出现偏差导致财务报表编制错误	① 管理层或其他雇员是否具备足够动机或迫于压力实施舞弊 ② 是否存在给实施舞弊提供机会或可能的环境 ③ 涉嫌舞弊的人员是否存在态度、性格或道德观念上的欺骗性 ④ 是否具备了舞弊的一般行为特征:合谋、操纵、拒绝提供、不实陈述、伪造文件、凌驾于内部控制之上等非合理行为特征 ⑤ 是否具备了舞弊的一般行为后果:资产转移、灭失、毁损
		② 由于对事实的疏忽或误解而产生不适当的会计估计	
		③ 由于误用与金额、分类、列报或披露方式有关的会计原则	
舞弊	① 虚假财务报告导致的错报	① 操纵、伪造或篡改据以编制财务报表的会计记录或相关文件 ② 虚假陈述或故意漏报财务报表中的事项、交易或其他重要信息 ③ 故意误用与金额、分类、列报或披露方式有关的会计原则	

---

① 国家审计的审计目标、社会审计的审计目标、内部审计的审计目标,抽象到一定程度会归于一致,具体上有所区别。

(续表)

错报的来源或性质		一般性指导	综合分析判断要素
舞弊	② 侵占资产导致的错报	① 盗窃资产 ② 盗取收据 ③ 导致企业为未收到的商品或服务付款	
……			

2. 错报与整体关系的判断认定。错报本身是构成整体的一个局部或要素,是经过审计师测试验证与认定的与应该如此的(实际)局部或要素存在的差异,因此,同样要运用重要性原则,判断认定审计证据中某个错报或归集的错报对整体的影响程度,其判定的基本依据从定性角度分析可以是一个渐进的程度,如明显微不足道、有点影响、存在影响、存在重大影响等,也可以从定量角度利用重要性水平作为基本依据,通常采用比率、区域值、上下线等量化指标分析,两者结合一起对照整体进行分析判断,通常会得到一个合理的判断结果。例如,当错报无论单独考虑还是汇总考虑,无论从规模、性质还是从具体情况分析,如果该事项对整体的影响都是明显无关紧要的,那么它符合明显微不足道的程度;反之,则要进行进一步分析。

当错报与整体的关系影响到审计判断活动,审计师应当确定是否需要修改总体审计策略和具体审计计划:一是已认定的错报性质及其发生的具体情况表明可能存在其他错报,导致审计中归集的错报汇总时将可能出现重大错报;二是审计中归集的错报的汇总数接近确定的重要性水平。这种接近往往预示着错报对整体的影响程度有可能增大,需要审计师慎重对待。关于错报的判断认定,审计师在审计判断中除了使用重要性原则加以区分之外,如果依据职业谨慎并不能得出最终的认定,还需要根据错报的类别以及对错报的相应处理情况综合地加以考虑。

3. 错报类别的判断认定。在审计准则当中,一般将错报分为三种类别:事实上的错报,即经过审计师测试和验证并认定的事实,该事实是有明显证据支持不存在疑问的错报。涉及主观决策的错报,即针对某个事项的处理或结果,审计师的判断与管理层的判断存在分歧,审计判断与会计判断在运用时是由于判断主体的差异导致的。如管理层与审计师对会计估计的判断上的差异,审计师认为该估计是不合理的;管理层与审计师对会计政策选择和运用的判断上的差异,审计师认为该会计政策是不恰当的。推断的错报,是指审计师采取了抽样测试等方法,根据错报的样本情况形成对总体中错报的最佳估计数,这种估计是符合一定统计规律或概率的推断,它涉及将审计样本中识别出错报推断到总体。

对以上不同类别的错报,审计师在与管理层就错报问题交换意见时,除法律法规禁止之外,应该按照错报的不同类别与适当层次的管理层进行沟通。适当层次的管理层是指有责任和权力去评价错报并采取必要行动的人员。只有与适当层次管理层沟通才能获得新的信息以及对错报的处理情况。因此,审计师还需要采取相应的措施,对错报的处理情况进行分析判断。错报的处理情况对于管理层而言有多种方式,纠正(部分纠正)或拒绝纠正(部分拒绝)。不同处理情况下,会形成纠正的错报和未纠正的错报,审计师要采取不同措施应对,为最终的判断认定奠定基础。如某类错报在审计师要求下,管理层采取措施进行纠正,审计师还应当执行进一步的审计程序予以确定该类错报是否仍然存在;如管理层拒绝纠正,审计师在了解管理层不纠正的原因后,需要重新评价未纠正错报的影响。

(二) 错报判断认定的一般考虑

审计师判断认定错报时,应考虑以下具体因素:

1. 运用重要性原理及重要性判断,检视审计师设定的重要性水平。根据错报以及影响实际的情况,重新建立一种基本的判断认定错报的标准,以此判断重要性水平与实际财务成果的适当性,如判断初始的重要性水平是否出现偏差,高低情况是否需要进行调整等。

2. 运用解构原理及整体判断,判断认定未纠正错报单独或与其他错报一起是否重大。如错报的大小和性质,相对于特定交易类别、账户余额或披露以及财务报表整体而言,是否产生重大影响;为了谨慎起见,判断该错报还可以包括以前未纠正的错报以及错报发生的特定环境等。如果单个的错报被判断为重大,有许多证据作为支持,那么这种错报就是确实可信的,不可能被其他错报所抵销。由于会计核算的设置影响,某项错报所处理会计科目会涉及相应会计科目变化。例如,收入与费用或成本相对应时,如果收入存在重大高估,即便该错报对利润的影响被同等金额的费用或成本高估所抵销,那么财务报表整体仍将存在重大错报;如果是在同一个账户余额或交易类别中抵销错报可能是适当的,这一点有必要予以关注。

3. 考察错报的类别,判断认定不同的分类错报是否重大。审计师对那些分类错报判断是否重大时,除了考虑该分类错报对单个报表项目或报表小计项目的影响,或者对关键比率的影响,还需要考虑对财务报表整体的影响程度,即使某分类错报超过了重要性水平或者运用到其他错报类型的重要性水平,审计师也有可能认为该分类错报对财务报表整体没有重大影响。例如,在资产负债表内项目之间的某分类错报相对于相关项目的大小而言较小,并且不影响利润表或其他关键比率时,该分类错报可能对财务报表整体是不重要的。

4. 考察错报的性质,判断认定错报是否重要涉及定性的因素。当某类错报可能高于或低于财务报表整体重要性水平时,并非必然是确定无疑的重大错报或不重要错报。出于对错报的定性考虑,审计师在判断认定的错报是否重大时,除了以财务报表整体重要性水平作为参考依据,往往还要对错报进行定性分析以及考虑错报的具体环境。

以上关于错报的判断认定,可以综合列表分析如表13-8所示。

表 13-8　　　　　　　　　判断认定的错报涉及定性因素分析①

定性分析相关因素(可以分解不同层次：对报表利用者的影响、对报表整体的影响、对重要局部的影响、对法律法规的影响、对管理层的影响)	分析或列举
(1) 错报对遵守法律法规要求的影响程度	考虑错报与相关法律法规要求的关系,从影响程度、重大或重要法律法规适用性、主客观程度,以及整改修复的可能性等因素判断认定
(2) 错报对遵守债务契约或其他合同要求的影响程度	考虑重大债务引发的风险、潜在的信任危机和初始动机与最终状况等因素判断认定
(3) 错报对会计政策选择或运用的影响程度	考虑错报是否超越会计政策选择或运用的设定范围,故意或非故意状态引发的后果等情况判断认定
(4) 错报对关键财务比率的影响程度	例如,对利润指标的影响带来相应的不良后果
(5) 错报对经营趋势变化的影响程度	例如,掩盖收益或其他趋势变化的程度,尤其在联系宏观经济背景和行业状况进行考虑时
(6) 错报对财务报表中列报的分部信息的影响程度	例如,错报事项对分布或被审计单位其他经营部分的重要程度,而这些分部或经营部分对被审计单位的经营或盈利有重大影响
(7) 错报对增加管理层报酬的影响程度	例如,管理层通过错报来达到有关奖金或其他激励政策规定的要求,从而增加其报酬
(8) 错报对于某些账户余额之间错误分类的影响程度,这些错误分类影响到财务报表中应单独披露的项目	例如,经营收益和非经营收益之间的错误分类,非营单位的受到限制资源和非限制资源的错误分类
(9) 错报对已发布或传递的重要预测信息不符程度	相对于审计师所了解的以前向报表使用者传达的信息(如盈利预测)而言,其错报的重大程度
(10) 错报是否与涉及特定方的项目相关	例如,与被审计单位发生交易的外部单位是否与被审计单位管理层的成员有关联
(11) 错报对信息漏报的影响程度	在有些情况下,适用的会计准则和相关会计制度并未对该信息作出具体要求,但是审计师运用审计判断,认为该信息对财务报表使用者了解被审计单位的财务状况、经营成果或现金流量很重要
(12) 错报对已审计财务报表一同披露的其他信息的影响程度,该影响程度能被合理预期将对财务报表使用者作出经济决策产生影响	考虑某项错报本身的同时,由于因果或逻辑的关系,需结合对其他信息与使用者的影响程度一起判断认定
……	

---

① 邓川等编著：《国际审计准则——阐释与应用》第174～175页,立信会计出版社2009年版。

随着审计社会化的发展,涉及不同问题和事项的判断认定会越来越多。除错报之外的一些认定,政府或内部审计中还存在关于绩效、管理、政策执行等问题或事项的认定。如绩效管理审计、经济责任审计、自然资源资产审计等问题或事项,其中的每一种问题或事项都需要探索建立其概念、范畴和相关标准等要素,结合这些要素内涵和实际情况,审计师才能有望依据这些要素规定作出合理的判断认定。

第十四章 现代审计判断发展

"人法地,地法天,天法道,道法自然。"

——《道德经》老子

"按照完美的谨慎、严格的正义和合宜的仁慈这些准则去行事的人,可以说是具有完善的美德的人。"

——[英]亚当·斯密

第一节 现代审计判断

一、现代审计判断的标志

伴随审计事物的发展,审计判断和所有现存的各个专业判断一样,在不同的历史时期经历了不同程度的发展。审计判断是作为判断种群的一种特殊形式,和一般判断存有共通之处,其间也必定存有审计事物发展的特殊性。因此,我们可以从审计事物发展的过程中找到审计判断的一些内在规律,最直接的方法就是围绕审计这一事物本身的发展来研究,并且在现存审计判断的模式中找寻或印证,不需要追溯到审计历史漫漫长河当中,即探讨的是现代审计判断。

现代审计判断的产生与发展有三大重要因素:经济社会的发展、审计思想渊源和审计实践活动。首先,经济社会发展在推动现代审计判断形成起到决定性作用,我们可以把围绕经济社会发展而影响审计判断发展的诸多因素简单归结为外部因素,诸如:社会经济活动的客观存在及其发展的复杂性、会计领域的形成及不断进化、利益群体的互信需求及不断深化、经济责任模式的确立及不断完善、法律体系建立和职业道德约束及不断健全等;其次,审计思想渊源引导审计判断不断前进,为审计判断适应经济社会发展指明目标方向,主要包括:审计的本质要求、审计理论及其架构,以及审计判断原理的构建等;最后,审计实践活动是推动审计判断发展的基础,具有最直接的力量,诸如:审计机构或组织和审计人员自身的完善、审计技术手段的革新、审计实践积淀的共同认知和经验等。我们可以把围绕审计思想渊源和审计实践活动而影响审计判断发展的诸多因素简单归结为内部因素。当外部因素和内部因素相互结合共同发挥作用时,能够促进审计判断的不断发展,随着外部因素的不断扩展变化,内部因素也在不断变革,两者的统一,为现代审计判断的存在和发展,奠定了坚实的基础。

为了更加有意义地来探讨现代审计判断,可以把眼光聚焦在当下。我们把一个国家或地区出现依法独立的专门审计机构或组织,并且依据相关法律法规对审计实践活动中出现的审计判断事项,明确纳入了相关审计准则加以规定的时期,称为现代审计判断的开端。之所以这样讨论审计判断发展,主要考虑审计判断存在以下几个标志性的属性:

一是统一性,各判断体系逐步走向统一。如个体判断更加趋向集体判断和个体判断相结合模式发展,同时集体判断越来越体现出判断的重要作用。

二是规范性,审计判断更加趋向规范性、程序性框架运行。由于外部经济环境的推动和审计自身适应发展的需要,两者结合的结果必定是达成规范。

三是开放性,审计判断的运行不仅能借鉴和利用一切有效的知识和技术,而且还能脱离国家审计、民间审计和内部审计等分类带来的束缚,能够以更加开放和融合的态度,形成独特的判断体系。

四是国际性,审计判断以及这种专业独有的判断精神得到普遍推行,可以不分国家地域广泛运用各类经济活动,主要原因有经济社会需求的国际化、审计准则的技术特性和国际审计组织的积极贡献,因而产生如国际审计准则[①]等指导和协调审计判断的事物。

二、审计准则的重要性

审计主体在运用其判断活动中积累的所有经验和认知,想要在业内和业外得到人们的普遍认可,必定有一个从量变到质变的过程,当人们试图把审计主体的判断行为做充分总结和归纳的时候,审计判断行为实质上就已经从散乱的、分离的状态中解脱出来,逐渐走向一个新的发展变革,审计准则正是起到了这方面的重要作用。因此,审计准则构成了现代审计判断学的重要组成部分,促使审计判断在审计准则的框架中运行。

人们制定和实施审计准则,可以为规范和指导审计工作提供依据,有助于审计工作规范化的实现,实质上就是对审计判断框架的设定和具体内容规范,使得审计判断在整个审计活动中有序运行。一般审计准则是总结广大审计人员的实践经验,适应时代需要,为保障审计的职业声誉而产生的。把审计判断纳入审计准则中,一方面,可以为衡量和评价审计工作质量提供依据,从而有助于审计工作质量的提高;另一方面,有助于社会公众对审

---

① 考察世界范围审计准则发展的历史和现状,可以发现各种审计准则正在不断趋向国际统一,国际化已经成为审计准则发展的历史趋势。在政府审计方面,1977年在联合国支持下,最高审计机关国际组织在秘鲁首都利马举行的会议上通过了一份关于国家审计机关审计规则的国际性文件《利马宣言——审计规则指南》。此后该组织又多次召开有关审计准则问题的国际研讨会,并设立审计准则委员会负责国际政府审计准则的制订工作。在民间审计方面,对审计准则达到国际间协调化作出最大贡献的是1977年成立的国际会计师联合会,它的7个常设委员会之一的国际审计实务委员会先后发表了一系列的《国际审计指南》,对各国审计界产生了重大的影响。在内部审计方面,国际化倾向也日趋明显。如美国内部审计协会20世纪50年代以后逐步发展成为一个国际性学术组织,已有100多个会员方。

计工作结果的信任,有助于维护审计组织和审计人员的正当权益,使得他们免受不公正的指责和控告。相比而言,早期的审计是审计师凭自己的经验审查账目,如何进行审计、应进行到何种程度,没有统一的规范,缺乏衡量审计工作质量的统一标准,在承担法律责任和职业道德方面也没有恰当的衡量尺度。目前关于审计准则,人们有着许多共同的认识,一是审计准则乃审计实践经验的总结,为适应审计自身需要和社会公众对审计的要求而产生和发展的。二是审计准则规定了审计人员应有的素质和专业资格,并对其审计行为予以规范和指导,是对审计主体的规范和要求。三是审计准则提出了审计工作应达到的质量要求,是衡量和评价审计工作质量的依据。四是审计准则具有很高的权威性和很强的约束力,审计人员在执业过程中必须遵守,一般由国家审计组织机构或注册审计师职业团体制订颁布。审计准则在一定程度上对判断目标和行为以及职业道德进行规范,尽管较少涉及审计判断本身,但仍是现代审计判断的重要组成部分。

三、审计判断效能与控制

判断行为在审计准则的指导和规范下,不仅仅是为审计师如何完成审计任务提供保障,实质上还在强化审计判断效能与控制。审计判断效能与控制是指审计判断主体能够合理控制判断行为,有效避免判断误差。判断效能主要体现在判断行为的有效、判断设定的目标得以实现、判断意见的准确等方面。判断控制为审计工作质量和效率奠定基础,促使判断活动符合审计准则要求并合理遵循成本效益原则。现代审计判断因此更加关注判断效能与控制,围绕审计责任采取一系列方式和手段防范误差和风险。例如,审计复核与审理机制、审计现场管理体系、重大项目审议制度等建立和完善,以及强调审计技术更新、审计思路拓展等提高判断效能的手段运用。

一般而言,审计判断效能与控制充分体现在审计判断活动的整个过程,如计划阶段、实施阶段和结论阶段,每一个阶段的效能与控制既各具特点和作用且又彼此统一贯通。在计划阶段,对判断活动的效能与控制,主要是应对和防范审计判断策略风险。审计判断策略风险是审计师制定的判断策略和具体设定的内容不恰当而无法有效实现审计目标的可能性。判断策略风险产生的原因有许多。例如,判断主体的独立性缺失或不具有专业胜任能力。此时容易对审计判断策略产生系统性影响,导致判断策略与具体计划不恰当,从而无法有效实现审计目标。当出现审计工作方案过于宏观(宏观转化为微观的途径并不清晰),或不切实际(不能与审计实施方案紧密联系),或制订程序不严格(有关起草、审批和复核等程序流于形式)等情况,实际上就不能指导审计实施方案的制订和控制具体计划的落实。同样地,从某种意义上讲,审计判断策略的制定过程其实就是职业判断的过程,为防范审计师在具体判断活动中产生判断偏误,现代审计判断强调利用集体判断决策,以使判断策略更具科学性和合理性,因而关注对被审计单位及其环境的充分了解、关注评估与决策的科学合理性、关注重点审计领域、关注及时发现和解决潜在问题的可能性,以及恰当地组织和管理审计工作,以使审计工作更加有效。在计划阶段,审计判断效能与控制的强化,可以帮助审计师把握审计方向,明确审计目标和重点,提高审计工作的效率与效果。在实施阶段,审计判断效能与控制的强化,主要是审计管理体系的建立和完善,包括现场管理、项目质量控制和复核制度、审议制度①等建立完善,其中现代审计判断更加强调集体审议制度,审议的内容包括对关键领域所作的判断,尤其是执行业务过程中识别的疑难问题或争议事项、特别风险以及审议成员认为重要的其他领域。在结论阶段,也存在判断效能与控制,主要包括证据与标准选择、判断结论表达等控制,以避免最终的定性发生判断歧义,造成行政复议或法律诉讼等风险。审计师在处理判断结论时都要面临选择与表达,证据与标准选择的控制强调集体决策,审计意见表达的控制强调遵循清晰性、准确性、简练性和重要性等原则。例如,当判断事项(有证据表明)出现违反多个法规规章的时候,一般遵从严格条款,选择较为严重的法规规章作为判断标准,意见表达可突出事项性质的严重程度;当判断事项中存在若干相同或类似问题,应加以归类梳理,违反法规规章相同条款的,应避免不断地被重复引用作为判断意见标准;当判断事项之间有所联系,要考虑事项与事项之间的内在的因果或逻辑联系,突出判断意见的准确性。此外,判断意见的说明和表达不仅只反映了审计判断结论,而且包含了审计师判断思路、验证和认定等一系列的过程,它属于审计判断效能与控制范畴,现代审计判断关注判断结论的客观和规范表达描述,避免发生定性不准(标准误用或衡量尺度出现偏差)、逻辑不严密(依据证据链描述的问题结构涣散、问题混杂、模糊不清)、综合性不强(归纳或提炼不够、重点不突出)、因果性不明(相关性弱化、事项之间联系牵强)、主观过于明显(证明力不强、原因与结果不明、现象与本质不分)等问题。

第二节 审计判断现状分析

一、东西方审计判断思维比较

我们认为,群体的判断思维在一定的历史时期,会表现出不同的特征,通常具有源生性、继承性和变革性。东西方判断思维有着很大差别,这种差别基于源生性不同、继承发展不同和变革程度不同而产生,其实质是受到东西方不同文明长期浸润的结果。在不同文明影响下的东西方判断思维是有差异的。例如,西方判断思维体系体现追求精确性、确定性和明晰性等特征,其判断思维基础有数理逻辑支撑(数理逻辑性博大精深),产生逻辑思维,审视察微,程序严密,善于定量判断,重视分析,擅长推理与验证,其判断思维趋向于实际的、功用的和客观的等状态发展。东方判断思维体系则体现宏观性、整体性和圆满性等特征,其判断思维基础有因果和统一观支撑,整体观、重要性把握特征明显,善于定性判

---

① 项目质量控制复核和审议的成员是指审计机构或组织中那些不参与具体项目组的审计成员,但有充分、适当的经验和职权去客观评价项目组作出重大判断和在准备审计报告时得出的结论。

断,重视关联,善于类比,想象力丰富,其判断思维趋向于现实利益与幻想或整体的辩证统一,主观判断成分居多。傅雷先生在长期翻译的过程中更是体会到文字"距离"的背后,实质上是"民族思想方式"的差异①。

比较两种判断思维的差异,并非为了说明两种判断思维谁是谁非,唯有适用于自身经济社会良性发展,就能保持和谐的判断。但在东西方文明相互浸润、相互影响,经济活动和相关规则紧密联系一体的情况下,某些专业领域的判断思维应该有一个统一革新。中国人应该清醒地看到,我们确实拥有其他文明无法相比的"固有经典"文明,但在继承与抛弃固有文明、吸纳和消化西方文明两方面仍有许多功课要做,尤其在专业判断思维的革新上存在空间。文明的概念拥有较为宏大的内涵,其基础性的表现仍在于人的思维和活动,对于审计判断活动而言,人是这个过程的重要主体,单纯模仿、照搬西方判断思维体系去完成现有整个判断活动,注定是一个艰难而崎岖的过程,甚至会出现与现实经济活动不相和谐的阶段且要维持一个漫长的时期,直接影响审计功能和作用的发挥。同样地,西方判断思维体系也要借鉴和吸收东方文明产生的判断思维结晶,那些妄自尊大、自以为是,始终面临职业风险的考验,从而会遭遇一次次重大损害的事实,让人感受到整个职业基础的撼动,以至于要不断修补审计规则,其实这正表明了某种判断思维的局限和裹足不前,需要得到完善和改进,而东方判断思维恰好可以提供这方面的养料。

正如季羡林先生所说:"世界上各个民族都有了两只眼睛,都要睁得大大的,明亮而睿智。我们共同学习,努力相互了解。"东西方两种判断思维尽管有着明显差异,似乎是朝着两种不同的方向发展,但最终却会殊途同归。至少,在审计判断专业可以看见这样的未来,即对于审计判断思维而言,在相互学习和理解中融合的最终归途应该是智慧判断。

二、有待发展的审计判断

(一)审计判断理论有待完善

审计判断活动作为应用行为的一种,最终会形成自身科学的理论和方法,运用科学的理论和方法指导审计判断活动,必将大大改善其质量和效率。关于审计判断理论的构建,正是出于对判断实践的关切以及对从事审计判断活动主体的期望,那些无法对审计判断进行总结和否定判断主体需要判断理论指导的意见都是虚伪的,至少在应对审计职业的发展中缺乏足够的真诚和应有的尊重。审计职业发展进程表明,审计正逐步走向一个新的阶段,审计社会化理论的提出和应对,对现代审计判断的构建至关重要。无论审计判断面临回归传统还是顺应时代的不同抉择,是继续保持沉寂还是有所建树,审计判断本身都需要有理论提供讨论和指导。审计判断既是认知论哲学范畴的产物,又是审计专业发展不可或缺的重要组成,零散的、片段式的审计判断理论无法支撑审计专业深入发展,当审

---

① 傅雷先生认为:我人重综合,重归纳,重暗示,重含蓄;西方人重分析,细微曲折,挖掘唯恐不尽,描写唯恐不周,这两种心智很难彼此融合交流。

计判断学如医疗诊断学那样丰富,其理论框架更为坚实之时,才表明审计专业判断得到了人们应有的重视,现代审计判断的发展才会真正开始。

(二)审计判断经验有待总结

伴随审计法律和规则及一系列审计标准的制定,应该尝试研究建立审计判断准则,这是对审计判断经验作最好的经验总结。审计判断经验如果只停留在无数个体经验的运用上,倾向于依赖简便的启发式、传统和习惯,分散和流失的判断经验正逐步消解,那么它的发展注定是缓慢无比的,不仅无法为审计活动提供合理的保证,同样无法适应外界形势和需要的变化。作为审计判断研究者应该注意到这一问题,要把审计判断经验进行提炼总结,对如何完善判断决策体系作为重要领域加以深入探索。当前,一些审计准则的运用对审计判断运用起到了很好的规范效果,表明对某些审计事项判断的规定已经涉及审计行为关键或引进了理性判断,但这还远远不够,仍需要付出更多的努力。从依赖有缺陷的直觉判断逐步过渡到直觉与理性的充分结合,从个人判断经验过渡到专家和团队经验支持的高度结合,从对整体的研究、行业的类比、信息数据的分析、标准规范的梳理以及自身判断行为等,建立起一系列科学判断原则并形成经验完善机制,以提高判断的实际效用。

(三)审计判断方法和手段有待发展

审计判断方法和手段是根据审计自身实践和吸收外部技术而发展成的各种判断工具。如计算机辅助、统计概率抽样等,能够有效提升判断的效率。实际上,在审计活动中存在判断技术与工具的严重滞后的问题。一是人们在审计基础理论当中投入太多精力,无暇顾及审计技术与工具的开发研究,一些新型的数据分析模型仍处于探索阶段;二是判断活动中技术与工具的滞后性还没有整体显现,没有特别突出的问题提出,和一些具体的困难出现,以至于审计判断活动的主动应对性不强;三是审计判断技术与工具的储备、前瞻性都不够。以医学诊断为例,在各种设备上的研发和投入与审计专业判断比较,具有明显优势。任何没有先进技术和工具支撑的专业,总有一天会面临重大困难。当然,在审计判断方法和手段发展过程中,我们也要关注应对技术发展的影响,一方面,长期依赖技术运用会形成判断思维定式,容易向判断工具论发展,如迷信数学或统计模型、追求数理计量;另一方面,固守传统审计判断方式,以主观判断经验为主,拒绝新技术运用和新工具的探索,疑虑重重,因而离现代审计判断较远。

如何通过信息技术来发展我们固有的判断经验,这是当前面对工具革新的重要命题。关于这个命题,应该解决以下几个问题:

一是转变观念,提倡实践。工具以及工具革新中孕育的思想,只有在实践中不断地被重复运用,才能找寻到一个新的符合现实的判断路径。拒绝是不理智的,但盲目运用,夸大新工具的力量而割裂以往历史判断经验同样是危险的。二是提供保障,合作分工。要求每一个审计师都精于数据采集、建模和分析这是不现实的,必须借助团队力量促使审计师参与和互动实践,使审计师的判断经验得到更新和完善,同样也使技术运用更加切合实际。三是总结经验,开发理论。在不断尝试工具革新的基础上,及时总结新工具运用经验，进而结合判断原理和规律，开发出判断活动与工具运用的基础理论。

现代审计判断的发展有赖于工具的革新（计算机辅助、联网、智能机器及大数据的普及运用），而新工具的使用需要有与之适应的判断思维和方法，这是对判断主体的新要求。传统工具的使用会带来传统判断经验，而新工具的使用必将获得新的判断经验，两种判断经验的融合是未来经验整合的发展方向。因此，强化审计判断方法和手段的发展，实质可以促进提升审计主体的判断思维重构和提高审计判断效率。

（四）审计判断主体有待提升

随着审计客体的变化（经济事项的复杂、多元和发展变化）、外部环境对审计的市场需求，审计判断主体面临着机遇与挑战，如当前处于经济发展繁荣期，新的经济事项出现，法制有待完善和诚信体系有待健全，这些都会导致经济行为中出现大量的问题，为审计判断主体的跟进提出挑战，同样为积累各种审计判断经验提供大量素材。关于判断主体的要求与提升，已在第二章讨论过，这里仅列示一些目前还存在的有待解决的问题。例如，我国国家审计机关中面临的问题：职业门槛的问题及后续发展，如专业化程度不高，专业培训少；组织管理运行中行政化管理色彩浓厚，如专业领导弱化、专业指导少；新工具运用与标准普及的适应性不够；审计任务繁重与人力资源较少以及判断活动时间限制等矛盾；集体判断作用发挥有限以及人员交流机制缺乏等。内部审计也面临上述状况，尤其是公司治理弱化下的内审独立性不强。社会审计也面临一些困难：注重业务拓展导致趋利性偏重；忙于固化型业务导致判断思维狭窄；判断经验总结以及专业判断交流讨论少；判断实践活动分散趋势明显，审计判断系统缺乏统一；后期人才培养缺乏等。

第三节 现代审计判断发展需构建的内容

现代审计判断的发展，需要考虑的问题很多，如外部环境和条件的革新、新型业务的开拓、审计理论与实践的总结、现代审计判断系统构建等，以下着重讨论现代审计判断系统构建的几个问题：

一、人机互动判断系统构建

伴随计算机技术的发展，计算机审计[①]（辅助审计的概念）已得到迅速运用，这是计算机科学与审计学交叉的新兴学科，相对于传统审计，计算机审计技术运用除了审计方式的变革，更为重要的是带来了审计判断思维的转变。人的判断思维在不同技术运用的影响下会产生差异和变革，依据计算机审计技术运用所获得的经验与依据传统审计技术运用积累的经验，两者是有所差别的。计算机审计通过对信息数据的采集、转换、清理、验证，

---

① 计算机审计与计算机辅助审计有所不同，前者是对信息系统本身的安全、可靠和效率等属性的审计，后者是将计算机技术运用到审计的活动。

进行查询分析、多维分析、数据挖掘等多种技术来构建模型数据分析,能够快速发现整体趋势、异常和错误,在把握总体、突出重点、精确延伸上有其特定效率和效果,从而为收集审计证据,实现审计目标开启了新的方式。不远的将来,随着人工智能机器的开发和运用,计算机审计会有更大的发展空间,部分为人工智能的判断运用,判断认知的过程不再限于判断主体,而是扩充到了智能辅助,真正意义上的人机互动判断系统完全有可能得以建立。

人机判断互动系统的建立,除了审计人力资源的配置,还需要考虑判断经验和客观条件等因素。计算机审计技术的运用不能离开判断思维活动,仍然要解决审计判断经验的问题,如从单纯重视财务数据系统的转化分析到财务、业务系统的融合,都要在审计判断思路的引导下才能有针对性地构建模型进行数据分析。计算机审计技术的运用还必须依靠相应的物质技术条件和环境,如数据库建立、信息资源共享、信息标准化、信息管理制度完善等。

二、独立判断系统构建

独立判断系统是围绕审计独立性构建的。无论审计社会化步伐迈进到哪一步,或者是技术手段更新到何种程度,独立判断系统始终是现代审计判断的核心。独立性一般从实质上独立和形式上独立两个方面不断强化构建,其实两者是紧密联系而统一的。实质的独立构建更倾向于判断主体的判断思维活动的独立性,强调以此为基础的人的真正独立性判断,保持不偏不倚、光明磊落,这是维护审计活动客观、公正的关键。当前关于审计独立性建设得到了较大发展,但仍然有诸多不完善的地方,因此需要加强科学研究,探究如何构建保证实质上独立趋向完善的各项内容。例如,并非人人适合从事审计专业,尤其是担任项目主审,独立性判断思维以及主审需要的观察、沟通和协作等能力不是人人都具备的。强化从事审计专业的实习制度,只有引入那些真心愿意从事审计专业的人,经过一定时期的审计实践期,在导师的推荐和实习考核合格的情况下,才有望取得相应的职业考试资格和从事职业。相应地,我们需要对审计专业所要系统学习的东西,应该有所梳理和更新,围绕审计专业特点、独立性判断系统等实务和理论深入研究,丰富和发展审计专业现有的知识系统建构,促使审计判断主体在思想和理念上强化内在独立性建设。除了本书所强调的独立思考判断和能力提升外,未来需要解决的主要问题,还有形式上独立的各项保障机制。形式独立是为实质独立服务的,重点解决利益问题、判断准则的建立和公开透明机制的运行,这需要信心和勇气打破旧有的机制束缚,探索实践新的符合独立性判断系统构建的内容。例如,社会审计从事的上市公司报表审计的报酬问题,一直是独立性的阴影,长久以来挥之不去,可以考虑建立利益托管机制,使审计师的业务开展与报酬获取远离上市公司的利益制约;当前中国的国家审计管理体制改革,也适应了独立性变革的发展。建立和完善审计判断准则,在审计准则的框架下,不断丰富判断目标、判断行为和判断意见等具体内容,使审计判断所涵盖的内容要素更加明晰化、职业化,解决审计判断一直以来有其义而无其实的尴尬问题,更好地指导和规范审计师的判断活动。强化公开透明机制的运行,审计判断活动及其结果应在现代法律框架下,逐渐走出自成一体的封闭状态,强化同业互核互查、审计信息公开、经验交流共享等机制运行。

三、道德判断系统构建

和社会上任何一种职业一样,审计判断需要职业道德与规范,只不过这种职业道德和规范也有自身的特征和要求。通常来说,可以理解为全部的审计职业道德规范和要求,关于这方面的要求各国基本上都有成文的规定,现实中以准则或规定等形式出现。例如,审计准则中对职业道德的规范和要求。这些道德和规范要求的产生,一方面是基于这种职业长期实践的需要,另一方面是符合这一职业不断发展的特色要求和外在要求的结合。这些道德和规范要求对审计判断主体而言,不仅影响审计事物的正常发展,同样会影响审计判断的质量。道德判断系统的构建不仅在于重申基本的审计职业道德[①],还要完善不同业务领域判断行为的具体道德规范,以及职业道德风险与防范的具体要求,这将促使审计师能够通过具体的规范和要求,培养和训练出良好的职业道德习惯并愿意切实遵守。道德判断系统是全部职业道德规范的关键部分,最高审计机关国际组织在《职业道德规范》提出,审计人员的行为在任何时间、任何环境下应当无可非议。任何职业行为中的不足和私人生活中的不适当行为都会影响审计人员及最高审计机关的正直品质,使他们审计工作的质量及正确性受到不利影响,甚至引发对于最高审计机关本身可信度及能力的怀疑。道德判断系统既涉及独立性系统构建,又涉及判断行为本身的立足,诸如职业品质、职业谨慎、自我控制、证据认定、消除不利影响等要求,它完全是审计专业和审计人员的自我约束和自我规范,是围绕确保审计判断活动光明(行为的合宜性)、判断质量可靠、赢得他人信任的一种自我判断系统,并非用来判断评价被审计对象或事物的,因而完善这种自律性、反思性和规范性的道德判断系统,能够促使判断活动有效避免职业风险和防范不测。

四、团队判断系统构建

团队判断亦称集体判断,同样受到整体概念的影响,个人审计判断力的强大,并不能代表应对复杂审计事项是最具成效的。无论多么超群的个人,其判断能力毕竟是有限的,只有个体判断力汇集变成群体的共识,才能产生巨大力量。因此,现代审计判断发展需要团队判断系统的构建。随着审计环境的变化,审计项目的规模越来越大,要求的事项越来越多,审计目标越加综合,审计团队的协作应运而生,旧有判断模式的弊端及不适应新形势的情况已然发生,以往的"单打独斗""作坊式"的审计判断模式必将接受变革。团队判

[①] 如《国家审计准则》第十五条明确了"严格依法、正直坦诚、客观公正、勤勉尽责、保守秘密"五项基本审计职业道德。

断系统的构建将围绕协同、共享和优化等基本要素开展,一是构建全面协同机制,确保审计人员配备、判断行为协作等符合目标事项需要,组织成一个有共同目标的、相互协调的整体。二是构建全面共享机制,确保信息资源共享、判断经验共享,相互借鉴、相互启发,促进判断活动中行为与效率的提高。三是构建全面优化机制,确保审计目标的高效实现、判断风险有效应对以及任务变化的适应性提高,建立团队领导机制、有效沟通机制、相互信任机制、个性品质融合机制、技术能力提升机制等符合现代审计判断发展的内部基础结构,也包括优化外部必要的资源条件,促进团体凝聚力、稳定性、示范性和规模性全面优化。

审计团队判断系统的构建还需要借鉴成熟、先进的团队管理理论与经验成果,使之运用于审计实践活动,并形成符合审计团队判断特色的全新架构。例如,引入信任与协作基础规范,可以引导审计团队无论是出于自发组合和工作任务分派,都能保持紧密信任联系[①],进而达成判断共识和默契,能够有效培养团队的归属感和认同感,从而使彼此协作、相互支持、共同完成审计目标成为现实。此外,按照团队管理理念,还可以引入团队管理诸多有效机制,如建立各类有效的协作机制,使团队成为完成审计目标任务的核心[②],协作机制的内容要素需要根据审计判断活动的特点不断进行优化:优化团队科学决策机制,充分形成正确的判断策略和基本判断思路;优化分工合作机制,明确具体工作目标和职责,确保审计成员角色任务的合理分派;优化协作判断机制,确保审计成员间能够充分理解和尊重彼此判断观点;优化资源和信息共享机制,确保审计成员间的信息传递、反馈与证据判断互享处于安全畅通;优化考核和评价机制,确保审计复核、审理与审议等考核评价工作的质量提升;优化激励和外部环境维护机制,确保审计精品、审计成果的有效利用;优化培训和能力提升机制,确保团队学习结构、能力结构等集体智慧全面提升,促进判断决策和判断行为的科学统一。

五、群体判断思维的演进

群体判断思维伴随社会发展会发生变化,受制于政治、经济和文化等发展,也能够实现判断思维的融合,始终历经继承与发展的演化过程。除了外界诸多因素的作用,审计事物的发展也将促进审计判断(包括判断的方法、组织和思维)的发展。首先,在技术手段上的不断进步,这是显而易见的;其次,审计组织或机构的审计管理和质量控制也得到大步提升并日益完善,这些都构成现代审计判断的组成部分。但还有另一个重要组成即判断思维的演化,群体判断思维的演化也是现代审计判断的产物。群体判断思维是指审计判

---

① 一般而言,信任包含正直、能力、忠实、一贯、开放五个维度。正直,即诚实、可值得信赖;能力,即具有技术技能和人际知识;忠实,即愿意为他人维护和保全面子;一贯,即可靠,行为可以预测,在处理问题时具有较强的判断力;开放,即愿意与别人自由地分享观点和信息。——丁朝霞主编:《案例通略》,中山大学出版社2006年版。

② 审计活动至今为止已建立了一套较为规范的团队协作机制,通常是以审计组或主审负责制建立的,但这样的协作机制在现代审计中暴露出许多不适应,有必要不断完善。

断思维的融合和进化,在一定时期能够得以稳定和普及,具体包括结果导向判断思维、反思导向判断思维和光明导向判断思维。结果导向判断思维是现实的、庸俗化的一种判断思维,它追随的是结果作为引导的判断境况并因此受到普遍认可。例如,能够达成"金多位高"的肯定是成功人生,能够考上名牌大学的肯定是好学生,能够实现大额盈利的肯定是优质企业等,结果导向判断思维在审计事物的发展中延续了相当长的历史,如加深了会计账项基础审计的固化,虽有其实用性和普遍认可度,但其局限性也逐渐显现。结果引导的判断思维偏重于结果的认定和处理,往往忽视形成结果的过程和变化,以及过程和变化中隐藏的矛盾或问题,使判断思维趋向单一、武断,非黑即白,非此即彼特征明显,进而缺乏判断的完整性。例如,会计估计或变更、可持续经营能力等提出使得结果导向判断思维充满危机。反思导向判断思维在结果导向的基础上得到发展。反思引导的是整个过程和变化,在审计判断中主要围绕问题反思和重要性反思,因而不得不考虑内部控制和风险等因素,如发展了控制基础和风险基础为导向的现代审计,使得控制或风险中的问题和结果、问题和重要性、结果与财务报表使用者经济决策的重大影响等内容有机统一起来。反思引导的内容和范围较为广泛,不仅判断整体,还可以判断审计师自身,既是对整体的结构、状态和性能的全面反思,也是对审计师判断行为的反思。反思导向判断思维注重对结果乃至形成结果的诸要素考察,包括问题的分析、风险应对、环境和效率的把握,因而反思导向判断思维更加丰富多元,具有辩证性、整体性等特征,一定程度促进了审计事物的发展。随着现代审计判断的发展,在不久的将来,群体判断思维还会面临着演变,反思导向判断思维还有前进的空间,就目前来看,极少数优秀的审计师拥有光明导向判断思维,光明导向判断思维实质上是一种智慧判断,光明导向判断并非抛弃前两种判断,而是有所扬弃,同样也不是单纯的道德或价值判断。在光明判断思维作用下,整体中的结果不再是那个结果(结果导向判断的结果),整体中的问题也不再是那个问题(结果或反思导向判断的问题),即不再纠结于结果以及问题,而是更多关注整体的初始起因以及在去私去利中的适应性。经济的核心基础长时间以来是由利来控制的,在经济领域中整体无法脱离趋利避害的规律,群体判断思维同样受其制约,当整体逐渐减少逐利而更谋求较高层次的济世时(更突出公益以及与精神或文化的结合),群体判断思维也会受到影响,因而判断整体的初始或初心、整体的经营发展(行为、过程或结果)是否过于逐利、整体的济世应对以及未来前景,更多关注利益或价值的平衡,这正是继结果导向、反思导向演进为光明导向判断思维———一种智慧判断系统的未来。